HISTOIRE GÉNÉALOGIQUE

DE LA MAISON

DU PASSAGE

EN SOISSONNAIS ET PICARDIE

PAR

LE COMTE DE BRANDT DE GALAMETZ

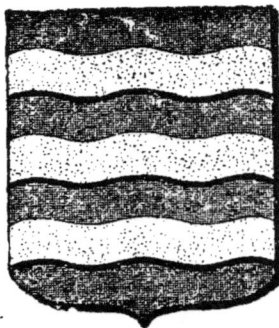

ARRAS

IMPRIMERIE DE LA SOCIÉTÉ DU PAS-DE-CALAIS

P.-M. LAROCHE, DIRECTEUR

41 et 43, rue d'Amiens

M.D.CCC.LXXXVII

HISTOIRE GÉNÉALOGIQUE

DE LA MAISON

DU PASSAGE

Imprimé à quatre-vingts exemplaires
pour la Famille.

HISTOIRE GÉNÉALOGIQUE

DE LA MAISON

DU PASSAGE

EN SOISSONNAIS ET PICARDIE

PAR

LE COMTE DE BRANDT DE GALAMETZ

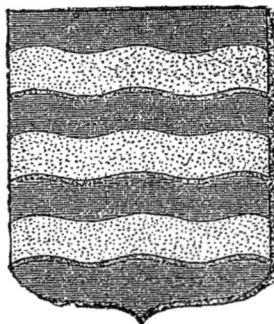

ARRAS

IMPRIMERIE DE LA SOCIÉTÉ DU PAS-DE-CALAIS

P.-M. LAROCHE, DIRECTEUR

41 et 43, rue d'Amiens

—

M.D.CCC.LXXXVII

AU VICOMTE

DU PASSAGE

ET A LA VICOMTESSE

NÉE

DE RIENCOURT

————

HOMMAGE FILIAL

« Icy, vous y treuverez tout avec preuve de la
vérité et anticquité qui estoit couchée non dans le
puits de Démocrite, mais ès vieils manuscripts presque
perdus d'oubly, et avec un stil sincère. »

(*La Saincteté Chrestienne,* par Desguerrois, Troyes, 1637.)

*Cette œuvre, due au désir plusieurs fois exprimé par le doyen
d'âge de la Maison du Passage, est le fruit d'un travail persévérant
dans les titres particuliers de la Famille. Scrupuleusement conservés
comme une partie intégrante de son patrimoine, ils furent, à l'extinction de la branche de Caillouel, devenue aînée depuis 1683, gracieu-
sement envoyés au château de Sainte-Segrée par* Madame du Passage,
née de Macquerel de Quesmy. *Je tiens à rappeler cet acte, dont la
famille a toujours conservé un souvenir reconnaissant.*

*Après épuisement complet de ces titres, de nombreuses et fécondes
recherches m'ont permis d'y ajouter des renseignements jusqu'ici
inconnus : leurs sources nettement indiquées donneront au lecteur,
assez patient pour le tenter, la possibilité de les contrôler.*

*Un avant-propos exposant entre autres l'origine allemande de la
Maison du Passage, six Livres traitant de ses diverses branches, les*

pièces justificatives enfin, formeront une Histoire complète de cette vieille race militaire.

Mon mariage m'y a fait entrer. Encouragé par le Vicomte du Passage, mon beau-père, dans ce difficile travail, j'éprouve aujourd'hui une véritable satisfaction en le priant de vouloir bien l'agréer comme un témoignage de mes sentiments affectueux.

Cte DE BRANDT DE GALAMETZ.

Abbeville, le 2 Septembre 1887.

PIETAS INTEGRITAS MAGNANIMITAS

CHAPITRE PRÉLIMINAIRE

I. ARRIVÉE DE JACQUES *DU PASSAGE* EN FRANCE — ORIGINE
DE SA FAMILLE

Le duc d'Orléans, Charles de Valois, premier Prince du Sang, pair
de France, comte de Valois, d'Ast et de Blois, seigneur de Chauny et
de Coucy, n'avait eu qu'une fille de son premier mariage avec Isabelle
de France, Jeanne d'Orléans, qui mourut pendant la captivité de son
père en Angleterre [1]; de Bonne d'Armagnac, sa seconde femme, n'était
issu aucun rejeton. Revenu en France à la faveur du traité d'Arras
du 25 septembre 1435, qui réconcilia les deux maisons de France et de
Bourgogne, et au prix d'une rançon de 300,000 écus d'or [2] payée par le
duc de Bourgogne, Charles d'Orléans rencontra à la cour de ce prince,
la plus fastueuse de cette époque, les grands seigneurs de ses riches États
et des princes étrangers, alliés ou parents. Parmi ces derniers figurait
Adolphe IV, comte de La Marck, marié depuis 1406 à Marie de Bourgogne, la fille de Jean-sans-Peur, qui, créé duc de Clèves en 1417 par

---

[1] Charles d'Orléans avait été fait prisonnier à la bataille d'Azincourt le 25 octobre 1415.

[2] 300,000 écus d'or valaient 400,000 livres tournois, près de quatre millions de notre
monnaie (*Art de vérifier les dates*). Cette somme énorme fut levée sur les sujets du duc
de Bourgogne : les prévôtés de Péronne, Montdidier et Roye payèrent pour leur quote-
part 500 saluts d'or (*Recueil de Documents inédits concernant la Picardie*, par Victor de
Beauvillé, p. 102), et Amiens 1100 saluts d'or (4e Rég. aux délibérations de l'Échevinage
de ladite ville, fo 67 vo).

l'empereur Sigismond, en avait toujours, depuis lors, porté le titre. De cette union du duc de Clèves et de Marie de Bourgogne naquit, entre autres enfants, Jean I, second duc de Clèves et comte de La Marck, qui prit alliance avec Élisabeth de Bourgogne, comtesse de Nevers et d'Eu [1] ; il en eut : 1° Jean II, duc de Clèves, dont postérité [2] ; 2° Engilbert, comte de Nevers, *dont il sera parlé plus tard* ; 3° Philippe, évêque d'Amiens en 1500, puis d'Autun et de Nevers.

D'Adolphe IV, premier duc de Clèves, et de Marie de Bourgogne, naquit aussi une fille, Marie de Clèves, élevée à la cour de son oncle, le duc Philippe-le-Bon. C'est sur elle que celui-ci avait jeté les yeux pour cimenter par une union plus intime la réconciliation des deux branches de la maison de France, trop longtemps ennemies acharnées [3]. D'après D. Plancher [4], le contrat de mariage aurait été passé en Angleterre — d'où la connexité vraisemblable de la rançon et de cette alliance — et ratifié à Saint-Omer le 16 octobre 1440 ; Derheims [5] dit qu'il fut décidé le 25 octobre à Gravelines et célébré le 26 du même mois ; de Barante [6] fixe au 6 novembre les fiançailles qui furent faites à l'abbaye de Saint-Bertin et la célébration du mariage à huit jours après ; enfin, suivant Enguerrand de Monstrelet [7], « le samedi devant la saint Andrieu [8], espousa,

---

[1] Élisabeth de Bourgogne était fille de Jean de Bourgogne, comte de Nevers et d'Eu, cousin germain de la duchesse de Clèves.

[2] A la descendance de Jean II, duc de Clèves, a appartenu Philippe de Clèves à qui, de nos jours, le général Guillaume a consacré une intéressante notice dans les *Bulletins de l'Académie royale de Belgique* (2ᵉ série, t. XXIX, n° 3 ; 1870), sous le titre de : LE DERNIER HÉROS DU MOYEN-AGE EN BELGIQUE.

[3] Les dispenses du mariage de Charles, duc d'Orléans, avec Marie, fille du duc de Clèves, en date à Bourges du 7 juin 1440, scellées du sceau de Barthélémy de Zarabellis, archevêque de Florence, légat *a latere* du Saint-Siège, existent aux Arch. Génér. K. 553.

[4] *Histoire générale et particulière de Bourgogne*, par D. Urbain Plancher, 1739-1781, 4 vol. in-f°. — Aux Preuves, n° CXXXIV, est rapporté le contrat de mariage non daté du duc et de la duchesse d'Orléans d'après les Archives de Dijon. On y lit que Philippe-le-Bon donna à sa nièce 100,000 saluts d'or assis sur les comtés de Soissons et de Conti (*lire Coucy*), qui deviendront propres à la duchesse en cas de dissolution du mariage ; ils furent remis au duc le 2 décembre. — Il existe une copie de ce contrat de mariage aux Archives du Nord, B. 1524, également sans date, et la *Kronijcke van den Lande ende Graefscepe van Vlaenderen*, par Nicolas Départ, vol. III, p. 407, n'indique que l'année 1440.

[5] *Histoire de Saint-Omer.*

[6] *Histoire des ducs de Bourgogne*, t. VI, p. 242, édition de 1839.

[7] *La Chronique d'Enguerran de Monstrelet*, publiée pour la Société de l'Histoire de France, t. V, p. 439.

[8] Le 26 novembre 1440 (*Ibid. — Note de l'éditeur*).

Nous engelbert conte deneuers deu de Rethel et danceurs Baron de donzy seigneur
de saint Wallery du pays de cayeu sur la mer de Boullonceur euscoy et des terres
de oultre meuse Certiffions a tous ceulx quil appartiendra que Jaques du passaige
est gentil homme filz legitime de Noble homme poffi du passaige natif
du pays et duchie de teues en alomaigne En tesmoing de ce nous auons
signes ces psntes de noz main et faict seeller de noz seel en icelle en plaecquant
le vingt ungiesme Jour de feurier Lan mil CCCC quatre vingtz et unze

Butelbert

« le dessusdit duc d'Orliens ladicte damoiselle de Clèves. Et le lende-
« main, qui estoit diemenche, fu faicte la feste très honnourable. Et
« tenoit, ledit duc de Bourgongne, sa niepce, en le tenant par le
« senestre bras. Et au dextre costé estoit sur le derrière messire Jehan,
« bastart de Saint-Pol, seigneur de Habourdin, qui portoit la manche
« de ladite duchesse d'Orliens. Et une dame portoit la robe par der-
« rière, qui estoit moult riche. Et après, ung petit plus derrière,
« sievoit le duc d'Orliens, qui menoit la duchesse de Bourgongne,
« accompagniés des plus grands seigneurs, comme les contes d'Eu, de
« Nevers, d'Estampes, de Saint-Pol et de Dunois ». Le comte de
Cornouaille, les seigneurs anglais qui avaient accompagné le duc d'Orléans et le roi d'armes d'Angleterre [1], assistèrent à la cérémonie [2].

La maison de la jeune duchesse d'Orléans [3] fut organisée selon sa
haute position d'épouse du premier Prince du Sang. Parmi ses officiers,
quelques-uns arrivèrent du duché de Clèves, et la tradition nous a conservé le nom d'un des gentilshommes de sa suite, originaire de ce
pays ; il s'appelait JACQUES DU PASSAGE. Son extraction repose sur un
document authentique : elle lui fut établie le 21 février 1491 par un
certificat d'Engilbert, comte de Nevers et autres lieux, seigneur de
Saint-Valery, Cayeux, Bouillancourt en Sery [4], ainsi conçu :

[1] *Histoire générale et particulière de Bourgogne.*

[2] La suite des officiers du duc de Bourgogne se composait de :

Le sire de Montagu,	Bauduin d'Ongnies,
Le sire de Ternand,	Fedric de Moingesieure (?)
Le sire de Créquy,	Joffroy de Choisy,
Le sire de Saveuse,	Jean de Villers,
Messire Jean de Luxembourg,	Antoine de Vaudrey,
Le bâtard de Saint-Pol,	Guillaume Rolin,
Messire Jacques de la Viesville,	Jean de Courtembach,
Messire David de Brimeu,	Maillart de Fléchin,
Messire Florimond de Brimeu,	Louis Moriau,
Messire Antoine de Wissoc,	Bertrandon,
Jean de Poitiers,	Simon de Chasteler,
Antoine de Rochebaron,	Louis de Masmines,
Jacques de Villers,	Pierre de Livron,
Guillaume du Bois,	Guillaume, bâtard de Bavière, etc.

(Archives du Nord, B. 152).

[3] Marie de Clèves avait quatorze ans lorsqu'elle épousa le duc d'Orléans.

[4] Engilbert de Clèves, comte de Nevers, était, comme il a été expliqué plus haut,
le neveu de Marie de Clèves, duchesse d'Orléans. Par sa mère Élisabeth de Bourgogne, il
avait hérité des comtes d'Eu, de la branche royale d'Artois, plusieurs terres considérables
dans le Vimeu : Saint-Valery, Cayeux, confisqué par Louis XI le 3 juin 1485 sur Jean de
Bourgogne, son beau-père, et à lui rendu par ce monarque ; Bouillancourt en Sery enfin,
avec château-fort hexagonal à six tours.

Nous Engelbert, comte de Nevers, d'Eu, de Rethel et d'Aucerre, baron de Donzy, seigneur de Saint-Wallery, du pays de Cayeu-sur-la-Mer, de Boullencourt en Sery et des terres d'Oultre-Meuse, certiffions à tous ceulx qu'il appartiendra, que Jacques du Passaige *est gentilhomme filz légitime de noble homme* Christofle du Passaige, *natifz du pays et duché de Clèves en Allemaigne. En tesmoing de ce nous avons signées ces présentes de nostre main et fait seeller de notre seel cy mis en placquart le vingt ungiesme jour de février l'an mil CCCC. quatre vingt et onze.*

Engelbert.

Scellé en placart d'un sceau où se voit un *écartelé*, au 3e quartier duquel figurent trois fleurs de lys ; l'écusson est entouré du collier du Roi dit de Saint-Michel et surmonté d'une couronne fermée.

A cette époque déjà, Jacques du Passage avait été page et sommelier de la duchesse d'Orléans et gentilhomme de la chambre du Duc son mari : dans la suite, avant la recherche de la noblesse de 1666, plusieurs de ses descendants servirent dans la Maison de nos Rois ou des Princes du Sang. Qui eût alors pensé que les traitants de la généralité de Soissons argueraient un jour contre la famille du Passage de l'absence de lettres de naturalisation pour la faire condamner[1]? Ils échouèrent devant la possession d'état, et Dorieu, intendant dans ladite généralité, rendit le 2 juillet 1667, en faveur de Jean du Passage, seigneur de Sinceny, et de François du Passage, seigneur de Charmes, un jugement qui les maintenait dans leur noblesse. Une circonstance cependant est à noter : ni le certificat du 21 février 1491, ni le jugement de maintenue du 2 juillet 1667, ne font connaître le nom allemand des du Passage, nom qu'ils portaient avant leur arrivée en France. Dom Labbé[2], curé de

---

[1] Enquête sur la noblesse de la généralité de Soissons, élection de Laon. Copié sur le manuscrit que MM. les commissaires (de 1661 à 1662) ont conservé, dont peu de personnes peuvent se flatter d'avoir un état si vrai (*Bulletin de la Société académique de Laon*, t. VI, p. 137. — *Revue Historique, Nobiliaire et Biographique*, nouvelle série, t. III, p. 220. — Bibl. nat. Collection D. Grenier, vol. 188, f° 136).

[2] Dom Labbé, natif de Blois, était prieur-curé de Saint-Sulpice de Ham, lorsqu'il devint, le 11 janvier 1704, curé de Saint-Martin de Chauny ; il permuta en juin 1714 pour la cure de Saint-Martin de Blois, sa paroisse natale, et y mourut le 15 avril 1716 (*Histoire populaire de Chauny*, par M. l'abbé Caron, curé d'Autreville, p. 56). — Il existe plusieurs copies de l'*Histoire de la ville de Chauny et de ses environs*, dont une à la bibliothèque communale de Noyon.

Saint-Martin de Chauny et auteur de l'*Histoire de la ville de Chauny et de ses environs*, aborde la question en parlant de cette famille, à cause des charges publiques qu'elle y occupa et des seigneuries de Sinceny et d'Autreville. Je ne sais sur quelle donnée, il déclare que le nom primitif des du Passage est *Lan der Weche*[1].

C'est sur cette allégation qu'une demande de renseignement fut adressée dans le courant de l'année 1883 au premier Président Royal de la Province-Rhénane, Monsieur de Bardeleben, qui, avec grande obligeance, la renvoya au docteur Harless, archiviste royal et conseiller secret des Archives de l'État à Dusseldorf. D'une part, répondit ce dernier, parmi les familles du Bas-Rhin dont les noms ressemblent à *Du Passage*, les unes *Van der Steghem, zo der* ou *der Steghem, Van der Straeten*, ont des armoiries sans analogie avec les fasces ondées de la famille du Passage; les autres *Van dem Poogterwege, Van dem Herweg, Herweg*, n'ont pas de blason connu des héraldistes. D'autre part, les *Van dem Wege* et *Wamme Dorwege*, dont les noms se rapprochent le plus de *Lan der Weche*, se rencontrent bien dans les listes des nobles et des chevaliers du duché de Clèves au XVe siècle, mais encore avec un blason tout différent des fasces ondées. Le docteur Harless ajoute qu'un blason à *trois fasces ondées* ne se rencontre dans aucun livre héraldique sur la chevalerie du Bas-Rhin et les familles qui lui sont alliées, mais bien parmi les chevaliers de la Basse-Allemagne, c'est-à-dire des Pays-Bas, alors partie intégrante de l'Empire, et dans les seigneuries de Wederhorst-den-Berg — Hollande du Nord — et de Piershil — Hollande du Sud [2]. Sa conclusion est que la maison du Passage, habitant le duché de Clèves au XVe siècle, serait originaire de la Hollande, et il appuie encore cette opinion sur un sauf-conduit

---

[1] Le terme *Lan der Weche* semble rendre, en effet, le sens du mot *Passage*, en latin *Via*, comme l'indique une note en marge du Tableau Héraldique des Preuves de Louis du Passage, pour l'Ordre de Malte, en 1646, rapporté au chap. V du livre I de cet Ouvrage.

[2] Voir d'Ablaing Van Giessemberg, *Nederlanche Gemeentewepens*, 'S-Gravenhage (Armoiries communales néerlandaises, La Haye), 1862, Nord-Hollande, pl. 9, n° 126, et Ozuid-Hollande, pl. 8, n° 113. — Voir aussi une Carte Héraldique néerlandaise imprimée à Amsterdam, sans date, et ayant pour titre : *Wapenen der Steden en ond-adelijke geslachten in de machtige republijke van Holland en West-Vriesland* (Armoiries des villes et des anciennes familles nobles de la puissante république de Hollande et de la Frise occidentale).

délivré par la ville d'Utrecht, le 10 mars 1455 [1], à quarante-huit chevaliers de l'Ordre Teutonique, dont le 20ᵉ est *Her Gerit Van dem Wege* (Monsieur G... du Chemin). Ainsi, l'érudition du docteur Harless n'a pu résoudre complètement la question si importante du nom primitif des du Passage : mais, en rapprochant le *Van dem Wege* du docteur Harless et le *Lan der Weche* de D. Labbé, nous conclurons avec lui à une origine hollandaise.

D'autres démarches à Utrecht, Bruxelles, Lille et Dijon n'ont donné aucun résultat.

Jacques du Passage, page et sommelier de Marie de Clèves, duchesse d'Orléans, devint l'auteur de la famille de son nom qu'il implanta en France. Elle s'établit avec lui à Sinceny, près Chauny, puis passa à Caillouel dans le Soissonnais, et, dans la seconde moitié du XVIIᵉ siècle, en Picardie où elle compte aujourd'hui de nombreux représentants fixés à Sainte-Segrée, Frohen, Lignières, Bezencourt et Woirel.

Ses descendants furent pendant plus de deux cents ans attachés à la Maison Royale. Au XVIIᵉ siècle se firent remarquer Charles du Passage, seigneur de Sinceny, gentilhomme de la chambre de Louis XIII et chevalier de l'Ordre du Roi ; Louis du Passage, chevalier de Malte, et Jacques du Passage, commandeur de l'ordre du Saint-Esprit de Montpellier, son frère ; François du Passage, seigneur de Charmes, successivement aide-de-camp des Armées du Roi, lieutenant-colonel de cavalerie, major des ville et citadelle de Brissac, et lieutenant de Roi à Colmar. Au XVIIIᵉ, Bernard-Angélique, Bernard-Gabriel, Claude, Claude-Louis-François, Jean-Baptiste, Jean-Baptiste-Bernard, Louis-Antoine-Bernard, Louis-Bernard, Louis-Gabriel du Passage, et d'autres encore dont les noms se rencontreront dans la suite de cet Ouvrage, prodiguèrent leur sang au service de la France, comme l'attestent *Dix croix de l'Ordre Royal et Militaire de Saint-Louis ;* une abbesse de l'abbaye royale de Monchy, ordre de Fontevrault, fut un modèle des vertus chrétiennes.

Leur noblesse, maintenue par les arrêts des 11 mars 1599, 27 no-

[1] Voir le *Buurspraakbock* de la ville d'Utrecht de l'année 1455, fᵒ 72. — Ce sauf-conduit est imprimé dans *Archive der ridderlijcke Dietschen Orde* (Archives de l'Ordre de la Chevalerie allemande), Balie van Utrecht, chez J.-J. de G'heertot Oudegein, vol. II, p. 419.

vembre 1634, 2 juillet 1667, et 21 décembre 1697, a été jurée pour
l'Ordre de Malte en 1646 et trois fois pour la Maison Royale de Saint-Cyr.

Nos recherches dans les dépôts publics de Paris et des départements
de l'Aisne et de l'Oise ont permis de rendre plus intéressants les documents conservés au château de Frohen-le-Grand [1]. Par suite encore il
nous a été rendu possible d'ajouter à un travail généalogique du siècle
dernier, fait en vue d'obtenir les Honneurs de la Cour [2], des additions
importantes, notamment sur la branche des seigneurs de Charmes, qui,
presque ignorée jusqu'à nos jours, n'était pas la moins illustre. Le
concours d'un ami dévoué de la famille, M. l'abbé Normand, curé
de Sainte-Segrée depuis plus de quarante-cinq ans, membre de la
Société des Antiquaires de Picardie, nous a été d'un précieux secours.
Des souvenirs enfin, recueillis par Monsieur de Boncourt auprès de sa
mère, née du Passage, et de sa tante maternelle, Mademoiselle de Sainte-
Segrée, ont conservé des détails plus intimes, qui, pleins d'intérêt, per-
mettront de jeter sur le XVIIIe siècle un air de vie auquel les époques
antérieures ne participeront guère. La faute en est à l'absence du
Livre de famille que nos ancêtres n'ont pas tenu et dont, hélas ! on ne
s'occupe guère plus aujourd'hui. Notre regret à l'endroit du passé ne
nous fait pas sortir d'une habitude invétérée, avec laquelle nos petits-
neveux seront en droit de suivre les errements de leurs devanciers. Au
moins faut-il essayer aujourd'hui de sauver ce qu'un petit nombre de
parchemins nous ont conservé, et surtout rappeler, en la transcrivant
ici, au commencement de cet ouvrage, cette noble et belle devise :

PIETAS, INTEGRITAS, MAGNANIMITAS.

La Piété, l'Intégrité et le Courage
Sont chemins toujours frayés par les Du Passage.

---

[1] Toutes les pièces sans provenance indiquée existent aux archives du château de
Frohen-le-Grand.
[2] Ce projet ne put aboutir avant la catastrophe révolutionnaire qui fit alors sombrer
la Royauté et les Institutions de la France.

II. ARMOIRIES DE LA FAMILLE *DU PASSAGE*.

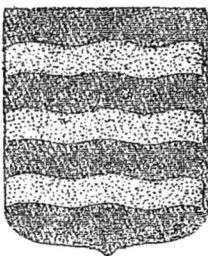

Les armoiries de la famille DU PASSAGE sont : *De sable à trois fasces ondées d'or.*

Elles ont figuré dans d'anciens Armoriaux, notamment sur une Carte Héraldique des alliances de cette Maison, datée, au château de Sinceny, du 19 mai 1609 et signée : CHARLES DU PASSAGE ; dans le *Recueil des noms et armes des Grands Maîtres de l'Ordre de Saint-Jean de Jérusalem dit de Malte et des Chevaliers Français, avec l'abrégé de leurs preuves*, vol. III, p. 1143 [1], comme cela sera dit au chapitre IV du Livre premier, à l'occasion de Louis du Passage dit le Chevalier de Sinceny, chevalier dudit Ordre ; et dans l'*Armorial général*, généralité de Soissons, élection de Noyon, n° 142, sous le nom de François du Passage, chevalier seigneur de Caillouel en partie, de Crespigny et Béthencourt en Vaux [2].

A notre connaissance, aucune des branches cadettes ne les a brisées.

[1] Bibl. nat. Cabinet des Titres.

[2] François du Passage avait présenté ses armoiries le 21 octobre 1697 au bureau de Noyon pour les faire enregistrer, et, suivant le tarif réglé par l'Arrêt du Conseil d'État du 20 novembre 1696, paya vingt livres de droits, quarante sous pour les deux sous par livre et trente sous pour les frais du blason (Pièces justificatives, n° XLVIII).

La partie de cet Armorial général concernant la généralité de Soissons, a été imprimée en 1878.

III. PRINCIPALES SEIGNEURIES DE LA FAMILLE DU PASSAGE.

I. AUTREVILLE *et* SINCENY. — Du diocèse de Laon, du bailliage et de l'élection de cette ville, Autreville est très anciennement connue ; car les Mérovingiens et les Carolingiens y possédaient une *villa*, un *palatium regium*, où Charles-le-Chauve donna, le 3 des calendes de novembre an XXVII de son règne (30 octobre 867), à l'abbaye de Saint-Vaast d'Arras, une charte confirmative de tous ses biens [1], et fit, la même année plusieurs donations à l'abbaye d'Elnon [2] à la sollicitation de son fils Karloman, alors abbé de ce monastère [3]. Déjà auparavant, en 661, Childéric II avait donné à saint Amand, abbé d'Elnon, un domaine à Autreville, domaine qui fut rétrocédé aux moines de Hombières [4], le 20 juin 1018 [5]. On trouve encore qu'en 1153 le chapitre de Saint-Quentin abandonna aux Cisterciens de Longpont [6] ses possessions de *Sinceny*, Forest, *Autreville*, Crépigny, Commenchon, Caillouel, Neuli..., Montescourt et Béthencourt [7].

Sinceny, Cincinniacum en 665 [8], Cinceni en 1195 [9], Sinceni en 1215 [10], Chinchenui en 1223 [11], Chinchinuich [12], était du diocèse et de l'élection de Laon, du bailliage de Coucy et de la généralité de Soissons.

Cette seigneurie appartint jusqu'au XIVᵉ siècle aux châtelains de Coucy. Jacques de Saveuse dit Morlet, seigneur de Sinceny et de Bonnay, servit le 12 janvier 1475 le dénombrement de sa terre de Sinceny

---

[1] Cartulaire Guimann publié par le chanoine Van Drival, qui, par erreur, donna à ce diplôme la date de 877, alors que Charles-le-Chauve n'existait plus à la date du 30 octobre.

[2] *Elnon*, depuis *Saint-Amand*, célèbre abbaye bénédictine au diocèse de Tournai.

[3] Karloman était fils de Charles-le-Chauve.

[4] *Hombières*, abbaye bénédictine au diocèse de Noyon.

[4] Cartulaire d'Hombières, fᵒ 67. — Imprimé dans le *Dictionnaire historique du département de l'Aisne*, par Melleville.

[6] *Longpont*, abbaye cistercienne au diocèse de Soissons.

[7] Cartulaire du chapitre de Saint-Quentin. — *Notice sur Sinceny*, par Ed. Lambert.

[8] Cartulaire de l'abbaye de Saint-Amand.

[2] Titres de la léproserie de Chauny.

[10] Cartulaire dit de Philippe-Auguste.

[11] Cartulaire de l'abbaye de Saint-Éloi-Fontaine au diocèse de Noyon.

[12] Cartulaire du Chapitre de Saint-Quentin.

à Marie de Clèves, duchesse d'Orléans, à cause de son donjon de Coucy [1]. Il était le fils cadet de Bon de Saveuse, capitaine de grand renom, gouverneur d'Artois en 1466, seigneur de nombre de terres en Picardie et en Artois, et de Renaude d'Inchy, veuve de Renaut, seigneur de Folleville, dont elle avait eu un fils nommé Antoine de Folleville, seigneur de Bonnay près Corbie [2].

N'ayant eu de son mariage avec N... qu'Antoinette de Saveuse, épouse d'Antoine d'Auxy, seigneur de La Tour, Jacques de Saveuse vendit en 1486 les terres d'Autreville et de Sinceny [3] à Jacques du Passage.

II. — CAILLOUEL. — Du diocèse de Noyon, de l'élection de cette ville, du bailliage de Chauny et de la généralité de Soissons, Caillouel possède une église sous le vocable de saint Pierre.

Apanage d'abord des seigneurs de son nom, la seigneurie arriva à une branche de l'illustre maison de Folleville. Guillaume de Folleville la possédait en 1366 [4] comme nous l'apprend son dénombrement du 18 mai, servi à l'abbaye de Saint-Éloy-Fontaine, d'un fief qu'il y détenait [5]. Les preuves de noblesse pour l'Ordre de Malte, rapportées au Livre premier, chapitre V, nous fourniront la suite des seigneurs de Caillouel jusqu'en l'année 1588, que Josias du Passage, seigneur de Sinceny, épousa Madeleine de Folleville : leurs descendants en étaient encore adhérités en 1789.

III. — CHARMES.— Du diocèse de Laon, des bailliage et élection de cette ville et de la généralité de Soissons, il fut d'abord nommé Charmes-la-Chapelle, n'étant alors qu'un hameau, puis posséda une église sous le vocable de saint Remi.

En 1243, Godefroy était seigneur de Charmes. Ce domaine passa plus tard dans la maison d'Héricourt, branche de Barastre, et fut échangé le 30 mai 1601 entre Charles d'Héricourt, seigneur dudit lieu,

---

[1] Bibl. nat. fonds français, ms. 1383.
[2] Titres de Corbie aux Archives de la Somme.
[3] Sur Sinceny, voir le *Bulletin de la Société académique de Chauny*, t. II, p. 125; le *Bulletin de la Société académique de Laon*, t. V, p. 90; la *Notice hist. et généal. sur les Châtelains de Coucy*, par Melleville, etc., etc.
[4] *Dictionnaire historique du département de l'Aisne.*
[5] *Notice sur Sinceny*, par Ed. Lambert.

Courcelles et le Bassinet, et Jean du Passage, auteur de la sixième branche de sa famille, qui le posséda jusqu'en 1688 [1].

IV. — LE PASSAGE. — Parmi les nombreuses localités connues dans onze départements actuels de la France sous le nom de *Le Passage*, se rencontre un hameau de quinze habitants, de la commune de Saint-Gobain, et du département de l'Aisne. Il constituait jadis un fief qui fut possédé par Jean du Passage, seigneur de Sinceny, et prit très vraisemblablement son nom de celui de ses seigneurs.

Quant aux autres seigneuries du même nom possédées par diverses familles, au nombre desquelles se rencontrent les Gélas de Leberon, les Grolée, les Lévis-Lagny, les des Maizières, les Poiseux ou Poisieux, dont un contrôleur au grenier à sel de Montpellier en 1441, et plusieurs dits Cadorat ou le Poulailler [2], elles n'entrent pas dans le cadre de cet ouvrage : aussi nous dispenserons-nous d'en parler davantage.

V. — LES GRENAUX et PLÉNOI. — Ces deux seigneuries, situées à Marchais-en-Brie, près de Montmirel, dans la Brie pouilleuse, étaient du diocèse de Soissons, des bailliage et élection de Château-Thierry et de la généralité de Soissons.

Elles entrèrent dans la famille du Passage, la première en 1721 lors du mariage de Bernard-Gabriel du Passage, seigneur de Plénoi, et la seconde au moyen d'un échange fait en 1626 par Marie du Passage [3].

VI. — SAINTE-SEGRÉE. — Du diocèse d'Amiens, du bailliage, de l'élection et de la généralité de cette ville, cet endroit a pris son nom de sainte Segrade, mère de saint Léger, évêque d'Autun, et de saint Guérin.

Cette seigneurie relevait du duché de Poix et de la vidamé de Picquigny. Elle appartint de temps immémorial à la maison de Monsures, de la plus ancienne noblesse de Picardie [4], dont le nom s'y est conservé jusqu'à nos jours ; de plus, une pierre tombale, posée dans le haut de la nef de l'église, la rappelle par la syllabe *Mons...* seule lisible.

Possédée depuis 1653 par les Hébert [5], elle passa dans la maison du Passage dans la seconde moitié du dernier siècle.

[1] Voir le Livre VI de cet Ouvrage.
[2] Cabinet des Titres ; pièces originales.
[3] Livre V, chapitre premier. — Livre I, chapitre quatrième.
[4] Grand Nobiliaire de Picardie.
[5] Les armoiries des Hébert se voient encore dans le bas de l'église, côté de l'évangile.

IV. Division de cet Ouvrage.

Livre 1.

Les seigneurs de Sinceny, de la maison du Passage, éteints en 1684.

Livre II.

Les seigneurs de Caillouel, issus des précédents au VIe degré, éteints dans la première moitié du XIXe siècle.

Livre III.

Les seigneurs de Sainte-Segrée, branche cadette des seigneurs de Caillouel, dont elle se détacha au VIIIe degré, la seule existant actuellement.

Livre IV.

Les seigneurs du Clos, issus des seigneurs de Caillouel au VIIe degré, éteints en 1800.

Livre V.

Les seigneurs de Plénoi, issus au même degré des seigneurs de Caillouel, éteints en 1778.

Livre VI et dernier.

Les seigneurs de Charmes, issus des seigneurs de Sinceny au IVe degré, éteints en 1688.

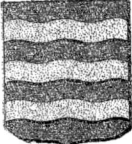

TABLEAU GÉNÉALOGIQUE DE LA MAISON DU PASSAGE

CHRISTOPHE DU PASSAGE, gentilhomme du Duché de Clèves, vivant en 1420.

Jacques DU PASSAGE, sr de Sinceny, page de la duchesse d'Orléans, sommelier de sa chambre. 1465, 1491 — Marié à GILLES DE VAUX.

François DU PASSAGE, sr de Sinceny, Autreville, — Marié en 1515 à BARBE DE FLAVIGNY. | Claude DU PASSAGE — Mariée en 1504 à DAVID DE HALESCOURT, écuyer.

Nicolas DU PASSAGE, sr de Sinceny, page, puis gentilhomme de la comtesse de Saint-Pol.— Marié en 1558 à Éléonore DE JOUENNE. | Méry DU PASSAGE, mort avant le 8 octobre 1559. | Marie DU PASSAGE — Mariée en 1560 à Gui DROUIN, écuyer, sr du Pré.

Josias DU PASSAGE, sr de Sinceny, l'un des Cent gentilshommes de la Maison du Roi, capitaine de Cent hommes de pied, mort en 1625. — Marié en 1588 à Madeleine DE FOLLEVILLE, dame de Caillouel. | Jean DU PASSAGE, sr de Charmes, mort en 1603 — Marié en 1588 à Marie D'Y, remariée à Josias DU CHESNE, sr de Verdennes. | Pierre DU PASSAGE, mort jeune. | Jacques DU PASSAGE, sr d'Autreville, gentilhomme du duc de Mayenne, sans alliance. | Gédéon DU PASSAGE, mort jeune. | Esther DU PASSAGE, mariée à Hector DE HARZILLEMONT, sr de Fressancourt, sans hoirs. | Marie DU PASSAGE, veuve en 1616 de Charles Bouvenois, sr de Brétigny, dont postérité. | Claude DU PASSAGE, mariée à Jacques DU COURTES, sr de PASTOUR, dont postérité. | Susanne DU PASSAGE, — Mariée en 1614 à Charles DE PASTOUR, sr de Servais, dont postérité.

François DU PASSAGE, sr de Charmes, aide-de-camp des Armées du Roi, capitaine de cavalerie dans le régiment de Gassion, lieutenant-colonel aux régiment de Lannoy et de Manicamp, major des ville et citadelle de Brissac, etc., mort le 20 janvier 1679. — Marié le 8 février 1643 à Anne de FLAVIGNY.

Bernard DU PASSAGE, sr de Charmes, mort sans postérité le 8 mai 1688. — Marié en 1677 à Françoise-Catherine DE FLAVIGNY.

Charles DU PASSAGE, sr de Sinceny, gentilhomme ordinaire de la Chambre du Roi, commissaire de l'Artillerie de France, chevalier de l'Ordre du Roi. — Marié en 1692 à Madeleine DE BOURSSE. | Marie DU PASSAGE, dame de Plénoi. — Mariée en 1617 à Pierre MORIN, sr du Désert.

Jean DU PASSAGE, sr de Sinceny, écuyer de Gaston d'Orléans, gouverneur de Coucy, Folembray et Chauny, mort en 1684. — Marié 1° en 1658 à Marie NACQUART; 2° en 1681 à Angélique DE COMTES, en 1715. — Marié en 1688 à Louise DE GRAMMONT, sr d'Erlon. | François DU PASSAGE, sr de Caillouel, Plénoi, etc., capitaine de cavalerie, mort en 1715. — Marié en 1688 à Jeanne-Pervette REGNAULT. | Louis DU PASSAGE, chevalier de Malte, tué en 1647. | Jacques DU PASSAGE, commandeur du Saint-Esprit de Montpellier. | Charles DU PASSAGE, sr de Plénoi, lieutenant au régiment de Piémont, mort en 1657.

1° Marie-Madeleine DU PASSAGE, religieuse au Charme. | 2° Marie-Marguerite-Angélique DU PASSAGE, mariée à Adrien-Maximilien GRANGIES, sr de Bellesme. | Claude DU PASSAGE, sr de Caillouel, capitaine d'infanterie, mort en 1725. — Marié en 1714 à Louise DE PASTOUR. | Pierre-François DU PASSAGE, sr du Clos, capitaine d'infanterie, mort en 1720. — Marié à Marie-Thérèse DE SILVA. | Bernard-Gabriel DU PASSAGE, sr de Plénoi et de Grenaux, capitaine de cavalerie, chevalier de Saint-Louis, mort en 1756. — Marié en 1721 à Marie-Thérèse DE BONAVAL, dame des Paraclet. | Geneviève-Françoise DU PASSAGE, reçue à la Maison Royale de Saint-Cyr en 1701, religieuse au Paraclet.

Bernard-Gabriel DU PASSAGE, sr de Caillouel, lieutenant-colonel d'artillerie, chevalier de Saint-Louis, mort en 1768. — Marié 1° en 1761 à Marie-Joséphe-Catherine LE PELLETIER; 2° en 1764 à Marie VIÉVILLE. | Jean-Baptiste DU PASSAGE, sr de Sainte-Segrée, Plénoi, capitaine d'infanterie, chevalier de Saint-Louis, mort en 1810. — Marié 1er en 1759 à Catherine DE HÉNET; sans enfants; 2° en 1764 à Geneviève DE LAMMIE. | François DU PASSAGE, chanoine de la Fère. Antoine et Claude DU PASSAGE, morts jeunes. Louis-Antoine-Bernard DU PASSAGE, capitaine d'infanterie, chevalier de Saint-Louis, sans alliance. Anne DU PASSAGE, reçue à Saint-Cyr en 1727. Marie-Louise DU PASSAGE, sans alliance. | Louis-Bernard baron DE Plénoi, lieutenant-colonel de cavalerie, chevalier de Saint-Louis, mort en 1776 à Walburge DE COCO, sans postérité. | Bernard-Gabriel DU PASSAGE, sr des Grenaux, au Royal-infanterie, Saint-Louis, — Marié Louis, mort en 1776 sans postérité. | Adrien-Maximilien-Pierre-Joseph et Claude-Antoine-Constantin DU PASSAGE, morts en bas âge. Madeleine DU PASSAGE, morte jeune. Marie-Marguerite DU PASSAGE, abbesse de Mouchy. Anne-Geneviève DU PASSAGE, morte jeune. Françoise-Marie-Anne et Françoise-Louise DU PASSAGE, mortes en bas âge.

1° Marie-Louise-Gabrielle DU PASSAGE, sans alliance. | 2° Marie-Jean-Baptiste-Gabriel DU PASSAGE, sr de Caillouel, officier de cavalerie, chevalier de Saint-Louis. Marié à Anne DU CLOSEL. | 3° Louise-Françoise DU PASSAGE, — Mariée à César DE LANNOY, dont postérité. | | | | François-Joseph-Gaspard DU PASSAGE, sans alliance. | N... chevalier DU PASSAGE, servit en Louisiane, sans alliance. | N. DU PASSAGE, tué à Madras, niait au chef à Pondichéry, sans alliance. | Bernard-Angélique DU PASSAGE, ingénieur de Saint-Louis, sans alliance.

François-Gabriel-Alexandre DU PASSAGE, garde du corps, mort en 1815. — Marié en1812 à Marie-Adélaïde DE MACQUEREL DE QUERMY. | Gabrielle DU PASSAGE, morte jeune. | | | Jean-Baptiste-Bernard DU PASSAGE, sr de Plénoi, capitaine d'infanterie, chevalier de Saint-Louis, mort en 1850. — Marié en 1805 à Charlotte-Marie-Ursule LE ROY DE VALANGLART. | Marie-Louise-Charlotte DU PASSAGE, sans alliance. | Louise-May the DU PASSAGE, — Ma-riée en 1802 à Louis-François de Paule DU PASSAGE, dont postérité. | Claude-Louis-François DU PASSAGE, capitaine d'infanterie, chevalier de Saint-Louis, sans alliance. Claude-Louis DU PASSAGE DE LAGNY, chanoine de Noyon. Marie-Élisabeth DU PASSAGE, dame du Clos, reçue à Saint-Cyr en 1727, morte sans alliance en 1800.

Charles-François-Gabriel DU PASSAGE, mort jeune. | Marie-Jean-Baptiste-Édouard, comte DU PASSAGE, mort en 1879 — Marié en 1835 à Sidonie PERROT DE FERCOURT. | Casimir-Marie-Louis, vicomte DU PASSAGE, mort en 1889 à Claudine-Eulalie DE RIBECOURT. | | Marie-Louis-Eugène, baron DU PASSAGE, mort en 1881. — Marié en 1847 à Élisabeth DE GILLES. | Alfred-Marie-Louis-Gustave DU PASSAGE, mort en 1878. — Marié en 1871 à Pauline DE BUSSY.

Marie-Gabriel-Arthur, comte DU PASSAGE, officier de cavalerie. — Marié en 1870 à Marie VAN DEN BOSSCHE. | Marie-Charles, vicomte DU PASSAGE. — Marié en 1873 à Marie Berthe PLANTARD DE LAUCOURT. | Marie-Léonie DU PASSAGE, — en 1882 mariée en 1887 à Gabriel LE ROY, vicomte de VALANGLART, dont postérité. | Marie-Adèle DU PASSAGE, mariée en 1881 à Rodolphe, comte DE BRANET DE GALAMETZ, sans postérité. | Léontine-Marie-Stéphanie DU PASSAGE, — Mariée en 1886 à Louis VAN DER CRUISSE, comte DE WAZIERS, dont un fils et une fille. | Marie-Louis-Maurice DU PASSAGE, — Marié 1er en 1874 à Gabrielle Gossin; 2° en 1879 à Berthe DE BONRAULT. | Marie-Jean-Baptiste- André DU PASSAGE, non marié. | Marie-Al-bert- André de DU PASSAGE, non marié. | Marie-Mathilde-Blanche DU PASSAGE, — Mariée en 1887 à Goniran DE MILLE-VILLE, officier de cavalerie, dont postérité. | N. mort en bas âge. | Marie-Gaston-Louis DU PASSAGE, en 1871 à Jeanne DU HAU DE STA-PLANDE. | Gabriel-Marie-Louis DU PASSAGE, en 1875 à Marie DU HAU DE STA-PLANDE. | Marie-Raoul DU PASSAGE, né en 1886 à Octave DE GILLES. | Marie-Mathilde DU PASSAGE, mariée à Octave DE GILLES. | Marie-Joseph-Antoine-Gérard DU PASSAGE. | Marie-Joseph DU PASSAGE, dont postérité.

Marie-Henri-Arnold DU PASSAGE. | Marie-Angèle DU PASSAGE. | Marie-Berthe-Odile DU PASSAGE.

Marie-Charles-Édouard-Gui DU PASSAGE. | Marie-Joseph-Léon-Jacques DU PASSAGE. | Marie-Albert-Fursi-Humbert DU PASSAGE. | Marie-Sidonie-Eugénie-Madeleine DU PASSAGE.

1° Marie-Joseph-Pierre-Eugène DU PASSAGE. | 2° Marie-Max DU PASSAGE. | 2° Marie-Josèphe DU PASSAGE. | 2° Marie-Marthe DU PASSAGE. | 3° Marie-Odette DU PASSAGE. | Joseph-Marie-Ernest DU PASSAGE. | Gustave-Marie-Joseph-Pie DU PASSAGE. | Robert-Marie-Joseph-Ernest DU PASSAGE. | Louis-Marie-Joseph-Robert DU PASSAGE. | Alice-Marie-Joséphine-Eugénie DU PASSAGE, morte en bas âge.

Henri-Joseph-Marie DU PASSAGE. | Gaston-Joseph-Marie DU PASSAGE. | Ernestine-Marie-Antoinette DU PASSAGE. | Marguerite-Marie-Joséphine DU PASSAGE. | Marie-Thérèse-Louise-Josèphe DU PASSAGE. | Madeleine-Ernestine-Josèphe-Marie DU PASSAGE.

HISTOIRE GÉNÉALOGIQUE

DE LA MAISON

DU PASSAGE

LIVRE PREMIER

CONTENANT

LES SEIGNEURS DE SINCENY

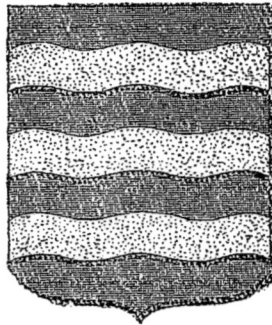

CHAPITRE I

JACQUES DU PASSAGE, *seigneur de* SINCENY *et d'*AUTREVILLE, *page de Marie de Clèves, duchesse d'Orléans, sommelier de sa chambre, gentilhomme de la chambre du duc d'Orléans, maître des eaux et forêts de Chauny.*

JACQUES DU PASSAGE, fils de Christophe du Passage, et, dit-on, de Marguerite Michiels, vint en France avec Marie de Clèves, lorsque cette princesse épousa Charles de Valois, duc d'Orléans, de Milan et de Valois; comte de Blois, de Pavie et de Beaumont; seigneur d'Ast et de Coucy. Il la servait alors en qualité de page, remplit ensuite la charge de sommelier de sa chambre[1] et resta attaché à la personne de ce prince, alors premier prince du sang, jusqu'à sa mort. En raison de ces circonstances se trouvent expliqués deux faits : l'un, l'achat à Jacques dit Morlet de Saveuse[2], seigneur de Sinceny près Chauny où Marie de

---

[1] *Sommelier*, nom de différents officiers chez le Roi (Du Cange, *Glossaire français*) ; celui ou celle qui dans une maison, une communauté, a la charge de la vaisselle, du linge, du pain, du vin, etc. (E. Littré, *Dictionnaire de la langue française*).

On trouve des sommeliers de chambre, du corps, du « materaz (*Matras*, trait de grosse arbalète (Frédéric Godefroy, *Dictionnaire de l'ancienne langue française ; — Du Cange, Glossaire français*) », des épices, des armures (*Comptes de l'Hôtel des Rois de France aux XIVe et XVe siècles :* Collection des ouvrages publiés pour la Société de l'Histoire de France, p, 25); la reine Isabeau a un sommelier de chapelle (*Ibid.*, p. 156); le duc de Bourgogne a un premier sommelier de corps, six sommeliers de corps, six sommeliers de chambre, un sommelier de joyaux, douze sommeliers de la paneterie, douze sommeliers de l'échansonnerie et six sommeliers de la fruiterie (État des officiers et domestiques de Philippe le Bon, duc de Bourgogne (*Mémoires de Jacques Du Clercq*, t. I, p. 139 à 201).

[2] Jacques de Saveuse, seigneur de Flesselles et de Brouilly, gouverneur de Chauny de 1446 à 1495 (Pièces justificatives, n° XXXVIII), serait-il ce seigneur de Sinceny?

Clèves viendra finir ses jours, des terres et seigneuries de Sinceny et d'Autreville relevant du duc d'Orléans à cause de sa châtellenie de Coucy; l'autre, l'achat également, en mai 1483, à Blois, d'une maison située rue Bourreau, dans la paroisse Saint-Nicolas. Cette maison relevait en censive de la Duchesse comme comtesse de Blois, et ces deux terres relevaient d'elle aussi, toutefois féodalement, comme ayant son douaire établi sur le donjon et la châtellenie de Coucy. La première acquisition, dont nous perdons de suite complètement la trace, avait coûté 200 livres [1] : le prix de la seconde était de 666 livres 8 sous, et les droits dûs pour chacune s'élevaient d'un côté à 16 livres 13 sous 4 deniers tournois pour la censive, et de l'autre au quint et au requint [2] du prix des deux fiefs. Par actes des 9 février 1485 [3] et du 10 septembre 1487, Marie de Clèves « pour considération des bons et agréables services « que fait nous a notre cher et bien amé Jacques du Passage en estat « de somelier de chambre et autrement et encore faire pourra au temps « advenir » ordonne à son receveur des finances de les porter en remise pleine et entière.

Jacques du Passage devait hommage à la duchesse d'Orléans, dame de Coucy, pour ses terres de Sinceny et d'Autreville : il le lui prêta le 24 janvier 1486. A la mort de cette princesse arrivée après le second acte de sa libéralité envers lui, sur la fin de l'année 1487, il dut renouveler le même devoir à l'égard du jeune duc d'Orléans [4], son fils. Son nouveau serment de fidélité fut reçu le 24 février 1489 [5], sous la condition de prêter hommage et de bailler dans les quarante jours son dénombrement, dont le bailli de Coucy reçut le 20 février 1491 ordre de lui donner récépissé [6].

---

[1] En 1483 la livre tournois valait 22 francs 50 centimes de notre monnaie.

[2] *Droit de quint et de requint*, terme de jurisprudence féodale ; c'est le droit de prendre la cinquième partie et le cinquième du cinquième du prix d'un fief : c'étaient 24 livres sur 100 (E. Littré).

[3] Pièces justificatives n° I.

[4] Louis, duc d'Orléans, fils unique de Charles, duc d'Orléans, et de Marie de Clèves, monta sur le trône en 1498, sous le nom de Louis XII.

[5] Voir page 2 et Pièces justificatives n° II.

[6] *Ibid.*, n° III.

A cette époque, Jacques du Passage exerçait la charge de maître des eaux et forêts de Chauny aux gages de douze livres par an [1], et celle de gentilhomme ordinaire de la chambre du duc d'Orléans.

C'est en cette même année 1491, le 21 février, qu'Engilbert, comte de Nevers, duc de Rethel et d'Auxerre, baron de Donzy, seigneur de Saint-Walery, du pays de Cayeu-sur-la-Mer et de Bouillencourt-en-Sery, par un acte [2] signé de sa main et scellé en placard de ses armoiries, attesta que Jacques du Passage était gentilhomme, fils légitime de noble homme Christophe du Passage, natif du pays et duché de Clèves en Allemagne. Comme il a été dit plus haut, Engilbert, comte de Nevers, était le neveu de Marie de Clèves, duchesse d'Orléans.

Fixé dans le Soissonnais par sa résidence à Sinceny, Jacques du Passage y prit alliance dans une famille noble de ce comté, en épousant GILLES DE VAULX; ses armoiries, d'après la Carte Héraldique datée du 19 mai 1609 et signée : CHARLES DU PASSAGE, étaient *de gueules au lion d'argent armé et lampassé d'azur; à trois besans d'argent en chef.* Aucun titre passé pendant leur union n'est parvenu à leurs descendants; force est donc de parler seulement de la veuve de Jacques du Passage. Elle obtint le 6 mai 1500 au bailliage de Coucy une sentence de Jean Cottereau, bailli de ladite châtellenie, qui lui adjugea la seigneurie foncière de la maison de *La Renardière* comme étant tenue de la seigneurie de Sinceny, et, le 14 juin 1510, des lettres de Louis XII [3] pour le renouvellement du terrier de cette seigneurie, dont les titres avaient été perdus. On voit que ces lettres furent suivies d'une commission obtenue le 9 août de Robert de Dronai, lieutenant du gouverneur et bailli de Coucy, pour faire ajourner les hommes de fief et cottiers de Sinceny et d'Autreville; ce qui eut lieu à Sinceny le 15 septembre et à Chauny le 29 du même mois de ladite année.

Gilles de Vaulx assista au contrat de mariage de ses deux enfants en 1504 et en 1505 : elle avait alors sa résidence à Chauny, dans une maison achetée par Jacques du Passage et par elle pendant leur mariage.

---

[1] Quittance du dernier juin des années 1488, 1490 et 1491 au Cabinet des Titres, collection des Pièces Originales, t. 2209, dossier 49878 La charge de maître particulier des eaux et forêts de Chauny fut supprimée en août 1669 par édit du Roi vérifié en Parlement le 13 du même mois (Coll. D. Grenier, t. 167, f° 260).

[2] Pièces justificatives, n° IV.

[3] *Ibid.*, n° VI.

Enfants de JACQUES DU PASSAGE, *seigneur* de Sinceny *et* d'Autreville, *et de* GILLES DE VAULX, *son épouse.*

1° François du Passage est rapporté au chapitre II.

2° Claude du Passage épousa, suivant contrat du 11 juin 1504 [1] un gentilhomme du Beauvaisis, David de Halescourt. Par cet acte, passé par devant Charles Le Roulx et Jean Mouret, tabellions royaux à Chauny, on apprend que les comparants *du côté du futur époux* furent Jean de Halescourt, bachelier ès lois et en droit, prieur de Saint-Nicolas d'Evreux [2] et chanoine de Noyon ; Raoul de Halescourt, écuyer, seigneur de Canny en Beauvaisis [3] ; Louis de Beauvais, écuyer, Bonne de Halescourt, son épouse ; et Jeanne de Halescourt, frères et sœurs du futur, qui, pour parvenir à la conclusion du mariage projeté, firent

---

[1] Pièces justificatives, n° V.

[2] Jean de Halescourt, titulaire de la chapelle de saint Thomas martyr, fondée dans la chapelle de l'hôpital Saint-Antoine de Rouen, devint prieur du prieuré établi à la léproserie Saint-Nicolas près Evreux, par la permutation qu'il fit de ces bénéfices avec Charles Hangest. Les bourgeois, manans et habitans des ville et faubourgs d'Evreux le présentèrent le 18 septembre 1494, et il jouit de ce prieuré depuis le 11 du mois suivant jusqu'au 9 décembre 1507, jour où il le résigna à Antoine Fauvel, diacre, pour la cure de Saint-Martin de. . . . . . au diocèse de Noyon (Archives de l'Eure, G. 22; Grand Pouillé du diocèse d'Evreux. — Communication de M. Bourbon).

[3] Raoul de Halescourt, seigneur en 1501 de Canny-sur-Térain, Saint-Arnoul, Doudel et le Thisel en partie, archer des ordonnances du Roi sous Monsieur de Piennes en 1503 *(Etat des fiefs du bailliage de Caux)*, comparut en 1507 à la rédaction de la coutume de Gerberoy (Pillet, *Histoire de Gerberoy*, p. 236). Il épousa Isabeau de Fricourt, dont il eut Christophe de Halescourt, seigneur de Canny, et Audibert de Halescourt, tous deux en 1527 et 1530 sous la tutelle de Antoine de Rouvroy, seigneur de . . . . et de Waregnies, mari de Claude de Halescourt, leur sœur. Antoine de Halescourt, seigneur de Canny, fils de Christophe de Halescourt, seigneur de Canny, épousa Françoise Doullé qui se remaria à Antoine d'Imbleval, seigneur de Saint-Macheu et de Maurepu à Grandcourt Il en eut Antoine de Halescourt, seigneur de Canny, marié par contrat du 6 janvier 1600 *(Archives de la Somme,* B. 86) à Marie de Passart, dont : 1° Jean de Halescourt, seigneur de Saint-Arnoul en 1630 ; 2° Catherine de Halescourt, mariée par contrat du 31 janvier 1622 à François de Cannesson, seigneur de Bellefontaine et de Granssart *(Grand Nobiliaire de Picardie)* ; 3° Antoinette de Halescourt, mariée par contrat du 12 janvier 1628 à Antoine de Vaudricourt, seigneur d'Allenai *(Ibid.)* ; 4° Élisabeth de Halescourt, mariée par contrat du 7 juillet 1630 à Antoine de Rocquigny, seigneur de Roquefort *(Mêmes archives).* Les noms de Françoise Doullé, Antoine d'Imbleval et Antoine de Halescourt sont inscrits sur la petite cloche de Canny-sur-Thérain datant de 1593, où se voient les armoiries des Doullé et des d'Imbleval *(Les Cloches du pays de Bray,* t. II, p. 427).

donation à leur frère de leurs terres et seigneuries patrimoniales situées à Saint-Arnoul et Doudeul en Beauvaisis ; ils se portèrent fort du consentement du seigneur de Neufville et d'Adrienne de Halescourt, son épouse, aussi leur sœur [1]. Quant à la future, Claude du Passage, elle était assistée de Gilles de Vaulx, sa mère, et de David de Halescourt, son fiancé ; elle apportait en mariage une somme de onze cents livres tournois [2], dont six cents comptant et le surplus exigible au décès de sa mère ; cent livres tournois « tant en bagues comme en ustencilles pour emmesnagier » ; une maison avec jardin, lieu et pourpris, séant à Chauny dans la rue Labbé, et tenant à l'hôtel de Saint-Eloi-Fontaine [3]; enfin, la moitié de la communauté qui avait existé entre son père et sa mère.

Par contre, la future renonçait, en faveur de son frère, à ses droits sur Sinceny et sur une maison à Chauny habitée alors par sa mère. Ce contrat fut passé en présence d'Adrien de Hangest, chevalier, seigneur de Genlis [4], de Pierre de Blécourt [5], chevalier, seigneur de Béthencourt-en-Vaux [6], et de R. P. en Dieu messire Jean Cauffourier, prêtre, abbé de l'église et du monastère Notre-Dame de Saint-Eloi-Fontaine [7].

[1] Le seigneur de Neufville en Beauvaisis s'appelait Antoine Doullé. Il eut de son mariage avec Adrienne de Halescourt, Charles Doullé, qui épousa Gabrielle de Brouilly. Antoine Doullé, seigneur de Neufville, leur fils, épousa Catherine Bavent. François et Réné Doullé de Neufville, fils de ces derniers, furent reçus chevaliers de Malte en 1585 (*Recueil des noms et armes des Grands Maîtres de l'Ordre de Saint-Jean de Jérusalem dit de Malte, et des Chevaliers français, avec l'abrégé de leurs preuves*, vol. I, f° 311).

[2] Comme terme de comparaison, on peut se rappeler que vingt ans auparavant les terres de Sinceny et d'Autreville ont été achetées 666 livres tournois.

[3] Saint-Eloi-Fontaine était une abbaye de l'ordre de Saint-Augustin fondée avant 1130 dans l'église de Notre-Dame de Chauny, et transférée au siècle suivant à Saint-Eloi-Fontaine, près cette ville où elle conserva un refuge (*Gallia Christiana*, t. IX, col. 1126).

[4] Adrien de Hangest, seigneur de Genlis, de l'illustre maison de ce nom, devint grand échanson de France en 1520. Sa terre de Genlis, où existait un hôpital fondé par ses ancêtres qui fut transformé en 1495 en abbaye de Prémontrés, fut appelée au siècle dernier Villequier-Aumont ; elle était du bailliage de Chauny.

[5] C'est sans doute Pierre III de Blécourt, seigneur d'Origni-en-Thiérache, la Neuville, Housset et Trosly en partie.

[6] La terre de Béthencourt-en-Vaux, au bailliage de Chauny, sera possédée en partie par la famille du Passage à partir du XVIIe siècle, comme on le verra plus loin.

[7] Jean Caufourrier, 22e abbé de Saint-Eloi-Fontaine dès 1500, assista en 1505 à la bénédiction de Jacques Paillard, abbé de Saint-Barthélemy de Noyon, célébrée dans l'église de Saint-Martin de Chauny ; il mourut le 10 des calendes de juin, 22 mai 1518 (*Gallia Christiana*, t. IX, col. 1128).

La famille de Halescourt prenait son nom du village de Halescourt connu depuis longtemps sous le vocable de saint Michel, son patron ; Saint-Michel de Halescourt, au pays de Brai, est du canton de Forges (Seine-Inférieure). Louvet en ses *Anciennes Remarques de la Noblesse Beauvaisine et de plusieurs Familles de France*, mentionne sur cette famille quelques actes du XVIe siècle rapportés ici. Son continuateur, l'abbé Du Caurroy, chanoine de Beauvais [1], donne l'extrait d'un titre de l'abbaye de Beaupré, en Beauvaisis, où sont nommés *Ingelrannus de Halescurt et filii ejus Drogo, Godardus, Anscherus et Joannes circà* 1180 *vel* 1190. Parmi les fieffés de « Beauvesis » à cheval montés et armés, convoqués pour la guerre le 4 septembre 1337, figurèrent « le seigneur de Saint-Ernoul, lui tierch, et Robert de Halescourt » [2]. La famille de Halescourt était donc d'origine chevaleresque ; elle portait pour armoiries : *d'argent à la fasce de sable chargée de trois coquilles d'or et surmontée de trois merlettes rangées de sable* [3].

---

[1] *Additions au Nobiliaire de Beauvaisis de Louvet et Simon*, un vol. in-f°, manuscrit du XVIIe siècle à la bibliothèque du château de Troussures (Oise), par Claude du Caurroy, prêtre, chanoine de Saint-Barthélémy de Beauvais, p. 78.

[2] *Rôle des Nobles et Fieffés du bailliage d'Amiens, convoqués pour la guerre, le 25 août 1337*, publié pour la 1re fois. . . . . par Réné de Belleval.

[3] Preuves de François et Réné Doullé de Neufville pour l'Ordre de Malte, citées plus haut.

CHAPITRE II

FRANÇOIS DU PASSAGE, *seigneur de* SINCENY *et d'*AUTREVILLE.

FRANÇOIS DU PASSAGE, fils de Jacques du Passage, seigneur de Sinceny et d'Autreville, et de Gilles de Vaulx, eut en partage lesdites terres et la maison de Chauny, habitée par sa mère, en vertu des réserves stipulées en sa faveur dans le contrat de mariage de Claude du Passage, sa sœur. Il fit acte de féauté de ces fiefs par devant Guillaume Darson, lieutenant du gouverneur et bailli de Coucy, et le 4 août 1508, reçut ordre d'avoir à bailler son dénombrement dans les quarante jours ; mais il n'y obtempéra guère, puisque son dénombrement ne porte que la date du 25 août 1519 [1]. Quant à l'hommage qu'il devait prêter au roi Louis XII, seigneur de Coucy, l'acte susdit de féauté porte « que « le plus tôt qu'il saura le Roy notredit seigneur ès marches de par- « deçà [2] il se tire pardevers luy pour luy faire hommage ».

Par contrat passé par devant Florent de Cambrai et Nicaise Benoit, notaires royaux à Laon, le 3 juillet 1515 [3], François du Passage, assisté de Gilles de Vaulx, sa mère, épousa BARBE DE FLAVIGNY, fille de Nicolas de Flavigny, écuyer, licencié ès lois, seigneur de Joncourt et de Chigny, lieutenant à Saint-Quentin du bailli de Vermandois, et de Barbe de Thumery. La future, de son côté, fut assistée de Jeanne Piat, sa

---

[1] Cabinet des titres, même dossier. — Pièces justificatives, n° VIII.

[2] L'année 1508 vit signer la Ligue de Cambrai contre les Vénitiens, entre le pape Jules II, l'empereur Maximilien, le roi de France et Ferdinand, roi d'Espagne : elle eut pour conséquence de faire passer Louis XII en Italie.

[3] Cabinet des titres, *ibid*. — Pièces justificatives, n° VII.

grand'mère, veuve de Pierre de Thumery, écuyer, seigneur d'Escury ; de Nicolas de Thumery, écuyer, seigneur d'Escury, son oncle ; et de Marie de Thumery, sa tante, veuve de Jean Mousquet, élu pour le Roi en l'élection de Laon. L'apport de François du Passage consistait dans les terres et maison ci-dessus spécifiées ; celui de Barbe de Flavigny en soixante livres de rente sur Violaines en Soissonnais [1], et quarante autres livres sur des terres situées à Saint-Simon, Tugny, Seraucourt et Beauvoir.

Barbe de Flavigny appartenait à une famille noble du Vermandois. Elle était fille de Nicolas de Flavigny, seigneur de Malezy, Harcigny, Joncourt et Chigny, lieutenant du bailliage de Vermandois à Ribemont [2], et de Barbe de Thumery, son épouse. Il mourut de la peste à Saint-Quentin le 21, *aliàs* le 22 juillet 1521 et fut enterré le lendemain dans l'église des Cordeliers de cette ville vis-à-vis de la chaire, sous une pierre grise. On y voyait gravés : en tête l'écusson des FLAVIGNY, *échiqueté d'argent et d'azur à un écusson de gueules en cœur ;* aux deux angles d'en haut les écussons de HARCIGNY *de. . . . . à un lion de. . . . .* et JONCOURT *de. . . . . à un léopard de. . . . . .;* aux deux angles d'en bas les écussons de THUMERY *de. . . . . à trois corps de femme renversés la tête en arrière, regardant le ciel, les pieds à terre passant sous la jupe et les bras aussi posés à terre,* et de FONTENAY [3] *de. . . . . à deux chevrons de. . . . .*

D'après la déposition de Nicolas du Passage, son fils, du 16 mars 1573, dans l'enquête faite par devant l'élection de Laon sur la noblesse de Guillaume de Flavigny [4], leur parent, conseiller au présidial de cette ville,

---

[1] La terre de Violaines devint dans la suite la propriété de Barbe de Flavigny ou de ses héritiers ; elle était aliénée avant le 5 octobre 1559, date du partage fait entre Nicolas du Passage et Marie du Passage, sa sœur, où il est fait mention de l'emploi de partie du prix de vente (Pièces justificatives, n° X).

[2] Nicolas de Flavigny exerçait à Saint-Quentin en 1512 et 1515 ; il est appelé lieutenant général de M. le bailli de Vermandois dans le cartulaire de la ville en 1518, comme aussi dans un cartulaire de l'abbaye d'Isles de l'année 1520 *(Histoire particulière de la ville de Saint-Quentin,* par Quentin de La Fons, publiée par Charles Gomart, t. II, p. 172).

[3] Isabeau de Fontenay avait épousé Nicolas de Flavigny, seigneur de Chigny, grand'père de Barbe de Flavigny (Enquête du 17 août 1541 sur la noblesse de Pierre de Flavigny, bailli de Marle ; Cabinet des titres, Pièces Originales, vol. 1162, f⁰ˢ 44-46).

[4] Guillaume de Flavigny dut, malgré une enquête favorable, se faire anoblir en 1586 ; de lui sont descendus les seigneurs de Chambry et d'Espuisart en partie, rapportés au *Dictionnaire de la Noblesse,* 3ᵉ édition, t. VIII, col. 91, et au *VIᵉ Registre de l'Armorial général.*

Barbe de Flavigny avait trois frères. L'aîné, Nicolas de Flavigny, sei-gneur d'Espuisart en partie, fut chanoine et official de Laon, secrétaire du cardinal de Bourbon, évêque, comte et pair de Laon, et mourut le 28 février 1547. Du second, Pierre de Flavigny, seigneur de Chigny, Ailleval, Escury, vicomte de Monampteuil, licencié ès lois, mayeur de Saint-Quentin en 1526 [1], conseiller, bailli et garde des sceaux du duc de Guise en 1557, bailli de Marle pour Marie de Luxembourg, com-tesse de Saint-Pol, vint Antoine de Flavigny, seigneur de Chigny, qui fut élevé au collège de Navarre et laissa nombreuse postérité [2]. Le troi-

[1] Pierre de Flavigny n'est pas cité par Quentin de La Fons parmi les mayeurs de Saint-Quentin. Cette qualification est tirée de l'enquête de 1572-1573.

[2] Antoine de Flavigny avait pour frère et sœur Charles de Flavigny, vicomte de Mo-nampteuil, et N. de Flavigny, épouse de Jean de Romeries, écuyer, seigneur de Fressancourt, qui donnèrent à l'église de cette paroisse une verrière armoriée de leurs armes. Le premier, âgé de 65 ans, et le second de 75 ans, furent témoins dans l'enquête du 6 août 1572. Nicolas du Passage, leur cousin germain, y comparut aussi le 16 mars 1573 et fit la déposition suivante :

« En la maison et chasteau d'Ailleual noble homme Nicolas du Passage, escuier, sei-gneur de Chincheny, âgé d'environ 52 ans, dépose qu'il est filz de feue damoiselle Barbe de Flauigny, sœur de deffunctz nobles hommes maistre Nicole de Flauigny, chanoine et official de Laon, et Pierre de Flauigny, bailli de Marle, nourri page et gentilhomme ordinaire de la maison de feue Madame Marie de Luxembourg, douairière de Vendosme et comtesse de Marle, de laquelle ledict maistre Pierre de Flauigny estoit officier domes-tique ; scait que la race des Flauigny de laquelle sadicte mere et les susdicts de Flauigny ses oncles estoient issus venoient dancienne noblesse et que ceulx de ce nom auoient tousiours esté tenus et reputez gentilshommes par les princes, seigneurs et gentilshommes auec lesquels ils frequentoient journellement ; qu'ils auoient tousiours joui des priuileges de noblesse et sestoient tousiours qualifiez telz comme ils estoient et qu'il auoit pu le con-noistre par anciens tiltres de partaige et de mariaige daucuns de ce nom quil auoit pardeuers luy et quil auoit representez, dans lesquelz ceulx de ce nom de Flauigny sont qualifiez escuiers ; que ledict feu Pierre de Flauigny en faisant bastir une maison en la ville de La Fere lieu de la residence de ladite dame de Vendosme auoit faict poser au-dessus de la porte et entrée de ladicte maison et en plusieurs endroictz les armoiries des Flauigny qui sont en forme d'*eschiquier dazur au champ dargent et un escu de gueules bordé de sable au milieu*, ce que les gentilshommes ordinaires et domestiques de la maison de Vendosme neussent souffert si ledict maistre Pierre de Flauigny neust esté vraiment extraict de la noble lignée ; que ledict sieur de Flauigny du temps du chancelier Poyet (a) prouva amplement sa genealogie et noblesse pour satisfaire a ledict du Roy ordonnant que tous nobles de son royaume fissent preuue de la noblesse de leur race sils vouloient jouir des priuileges de noblesse, sur laquelle preuue quil a oui dire auoir esté des plus grandes que les gentilshommes firent alors il fut declaré noble et issu de noble race ; quil se conuient que ledict Pierre de Flauigny son oncle en sa production produisit une vieille assiette de taille faicte pour la rançon du Roi Jean sur laquelle il y auoit trois

(a) Guillaume Poyet fut chancelier de France du 12 novembre 1538 au 23 avril 1544 (*Messire Guil-laume Poyet, chancelier de France*, par M. Armand Perrot, Paris 1867).

sième enfin, Mathieu de Flavigny, habitait La Fère en 1541 et laissa un fils mort sans postérité. Malgré la similitude de nom, le meuble d'armoiries identique et la résidence dans une même région, trois familles du nom de Flavigny existaient, qui ne connaissaient aucun lien de parenté entre elles [1]. Celle dont il est ici question forma trois branches connues sous les dénominations de seigneurs de Chigny, Joncourt, Ailleval et Escury; seigneurs de Chambry, Malaize, Macreny et Revillon; et seigneurs de Chocrise, toutes éteintes actuellement [2].

La terre de Sinceny fut, en 1553, pendant que Charles-Quint assiégeait Metz, ravagée par l'armée impériale sous les ordres d'Adrien de Croy, comte de Rœux, lorsque celui-ci fit brûler Chauny et le château royal de Folembray, bâti par François Ier [3].

François du Passage, en sa qualité de seigneur de Sinceny et d'Autreville, comparut le 31 octobre 1556 au procès-verbal des coutumes générales et particulières du bailliage de Vermandois [4]. Il mourut en 1558.

chapitres de ceulx qui y estoient cottizez, au chapitre et rang des nobles de laquelle assiette estoit compris Jaquemart de Flauigny qui y estoit cottizé a une très grande somme ; dit quil a souvent ouï dire et certifier a ladicte Barbe de Flauigny sa mere et auxdictz Nicolas et Pierre ses oncles que maistre Guillaume de Flauigny opposant estoit leur parent du costé et lingne dés Flauigny et quil les auoit entendu le nommer et appeler cousin » (Extrait du procès-verbal d'enquête déjà cité sur la noblesse de Guillaume de Flavigny, conseiller au présidial de Laon, signé Bouchet et Cousin). La somme à laquelle fut taxé Jacquemart de Flavigny s'éleva à 1000 livres, ainsi que le fit apparaître Pierre de Flavigny en 1539 (Enquête susdite du 17 avril 1541 où il est dit aussi que Jacquemart de Flavigny avait été inhumé sous un riche mausolée dans l'église Saint-Marc au faubourg de Guise).

[1] Voir *Notice généalogique sur la famille de Flavigny de Liez*, par Fernand du Grosriez, extrait de *La Picardie*, année 1884 ; *Nobiliaire de Soissonnais (Archives Généalogiques et Historiques de la Noblesse de France*, t. III). — On y voit que Flavigny, vicomte de Renansart, porte le seul échiqueté, et Flavigny, seigneur de Liez et de Charmes, le même échiqueté, avec écusson en cœur, mais sans bordure. Il sera parlé de cette dernière famille au livre VI, à cause de deux alliances contractées par François et Bernard du Passage, seigneurs de Charmes, avec Anne et Françoise-Catherine de Flavigny de Liez.

[2] Pour plus de détails, voir le *Dictionnaire de la Noblesse*, t. VIII, art. FLAVIGNY, seigneurs de Chambry. Dorieu, intendant de la généralité de Soissons, maintint dans sa noblesse le 29 novembre 1668 Marie de Lezine, veuve de Valentin de Flavigny, seigneur de Chambry, et ses enfants, demeurant audit lieu. Leur dernier descendant a été Emmanuel, comte de Flavigny, préfet du Cher pendant la présidence de Thiers.

[3] On trouve au t. 170 de la Collection de D. Grenier une vue du château royal de Folembray en 1616. Elle est reproduite dans le *Dictionnaire historique du département de l'Aisne*, par Melleville, t. I, p 395.

[4] *Coutumier général de France.*

Enfants de FRANÇOIS DU PASSAGE, *seigneur de* SINCENY *et d'*AUTREVILLE, *et de* BARBE DE FLAVIGNY, *son épouse.*

1° NICOLAS DU PASSAGE est rapporté au chapitre III.

2° MÉRY DU PASSAGE était mort lors du partage du 6 octobre 1559 entre son frère et sa sœur.

3° MARIE DU PASSAGE fit partage le 6 octobre 1559 [1] avec Nicolas du Passage, son frère, des successions mobilière et immobilière de leur père : d'après la coutume de Chauny, elle eut le quint viager des fiefs et la moitié des rotures. Suivant contrat passé par devant Lhostelier et Treux, notaires à Chauny, le 21 mai 1560 [2], elle épousa GUI DROUIN, écuyer, seigneur du Pré en partie, archer des ordonnances du Roi [3] sous le seigneur de Genlis. Par cet acte, son frère lui fit donation des quatorze setiers de blé sur les moulins de Chauny faisant partie de sa terre de Sinceny [4], et le seigneur du Pré fit assiette du douaire de sa future sur son domaine de Marcelot.

Le nom de Drouin a appartenu à une famille du diocèse de Soissons qui portait *d'argent à trois roses de gueules* : Claude de Drouin fut reçu chevalier de Malte au Grand Prieuré de France en 1570 ; il était fils de Claude de Drouin, seigneur d'Ampleu —aujourd'hui Dampleux [5]— et d'Antoinette de Guiry, fille de Jean de Guiry et de Jeanne Lempereur, et petit-fils d'Antoine de Drouin, seigneur d'Ampleu. Au

---

[1] Pièces justificatives, n° X.

[2] *Ibid.*, n° XI.

[3] Aux francs-archers créés par ordonnance de Charles VII du 28 avril 1448 et supprimés par Louis XI en 1480, succédèrent les compagnies d'ordonnance composées de gens d'armes et d'archers, dont il existe nombre de rôles dans la Collection Gaignières, Bibl. nat.

[4] Les coutumes de Chauny et de Coucy qui donnaient aux puinés le quint des fiefs à vie, réservaient au fils aîné le droit de le retirer à lui dans les cinq ans du décès du *de cujus*, en récompensant en terres féodales ou autres de la même succession en valeur à dire d'expert. — Cette rente sur les moulins de Chauny appartint depuis à Josias du Passage, neveu de la dame du Pré (Acte du 28 février 1852).

[5] Voir le *Dictionnaire historique du département de l'Aisne*, art. DAMPLEUX. Nous avons emprunté à cet excellent ouvrage tous les détails topographiques concernant les localités situées actuellement dans ce département.

XVII° siècle se firent connaître les Drouin de Vandeuil, qui portaient *d'or à un arbre de sinople,* et furent maintenus par de Machault, intendant de la généralité de Soissons, le 11 juin 1670. Faute de connaître les armoiries de Gui Drouin, il n'a pas été possible de le rattacher à une de ces deux familles.

On ignore s'il y eut postérité du mariage de Gui Drouin et Marie du Passage.

CHAPITRE III

NICOLAS DU PASSAGE, *seigneur de* Sinceny *et d'*Autreville, *page, puis gentilhomme ordinaire de Marie de Luxembourg, comtesse douairière de Vendôme, comtesse de Saint-Pol et de Marle.*

Nicolas du Passage, fils unique de François du Passage, seigneur de Sinceny, et de Barbe de Flavigny, naquit vers 1520 [1]. Grâce à Pierre de Flavigny, son oncle, bailli du comté de Marle pour Marie de Luxembourg, comtesse douairière de Vendôme [2], il fut attaché au service de cette princesse comme page d'abord, puis en qualité de gentilhomme ordinaire de sa Maison. Devenu, à la mort de son père, son héritier féodal, il prêta serment de fidélité le 16 mai 1558 pour ses trois fiefs de Sinceny, Autreville et Chauny à Nicolas Lefebvre, licencié ès lois, conseiller du Roi et son lieutenant-général au bailliage de Coucy; il en reçut ensuite l'ordre « de se tirer le plus tôt qu'il saurait le Roi (Henri II) ès *marches de pardeça* [3], pardevers lui pour lui faire hommage ». Quant au dénombrement qu'il était tenu de servir dans les quarante jours, il le donna le 7 mars 1562, avant Pâques, à

---

[1] Voir la note 2 de la page 23.

[2] Marie de Luxembourg avait épousé le 8 septembre 1487 François de Bourbon, comte de Vendôme, qui décéda le 2 octobre 1495; elle en eut Charles de Bourbon, duc de Vendôme, aïeul de Henri IV, et François de Bourbon, comte de Saint-Pol, dont postérité.

[3] Que signifie cette phrase? car ni François de Rabutin dans la *Continuation des Commentaires des dernières guerres en la Gaule-Belgique*, Paris, MDLIIII, ni Varillas dans son *Histoire de Henri Second* ne parlent d'un voyage du Roi en 1558 en Italie, comme celui que fit Louis XII en 1508. Cette mention « ès marches de pardeça » ne serait-elle que la reproduction de la même formule insérée dans l'acte de l'hommage de François du Passage? On pourrait le supposer.

Charles IX, seigneur de Coucy. On apprend par cet acte [1] que Nicolas du Passage faisait alors sa *demourance* à Sinceny ; il paraît avoir été le premier de sa famille qui y ait habité [2].

Le 7 mai 1566, Nicolas du Passage acheta de François de Hangest [3], seigneur de Genlis, des terres et des prés à Sinceny, dépendant de l'abbaye de Sainte-Elisabeth de Genlis [4], sous la condition de céder à ce monastère onze setiers de terre à Genlis, près du *cestier* de Sombrai : ce qui fut agréé par D. Noel Carlier [5], abbé commendataire de Genlis, et par Pierre Rachine, prêtre, prieur de ladite abbaye, assisté de Pierre-Antoine Lebel, son receveur. Il obtint quelques années après, le 28 octobre 1572, du duc d'Anjou, de Bourbonnais et d'Auvergne [6], lieutenant-général du Roi dans tout son royaume, des lettres de sauvegarde pour ses terres et seigneuries de Sinceny et d'Autreville et lieux en dépendant, avec permission de « faire mettre et afficher noz armes et pannonceaux en signe et memoire de notre presente sauvegarde a ce qu'aucun n'en prétende cause d'ignorance » [7].

Par acte du 6 octobre 1559, Nicolas du Passage partagea avec Marie du Passage, sa sœur, la succession mobilière et immobilière de leur père ; il comparut à son contrat de mariage le 21 mai de l'année suivante.

Nicolas du Passage épousa par contrat du 21 avril 1558 [8], passé par devant Lebrun, notaire royal, ELÉONORE DE JOUENNE, fille d'Arthur

---

[1] Cabinet des titres ; Pièces Originales, vol. 2209 déjà cité : récépissé du 8 avril 1562, signé Michel, collationné sur l'original le 20 mai 1621 à la requête de Josias du Passage et signé Gaillard.

[2] Comparer le dénombrement du 20 août 1519, aux Pièces justificatives, n° VIII.

[3] François de Hangest, seigneur de Genlis, était de la famille des fondateurs de l'abbaye ; il fut capitaine du château du Louvre, se lia avec le prince de Condé, l'un des chefs des coréligionnaires, et devint colonel de leur infanterie (*Histoire des Grands-Officiers de la Couronne*, t. VI, p. 747).

[4] Sur cette abbaye de Prémontrés, voir le *Gallia Christiana*, t. IX, col. 1142.

[5] Noel Carlier, religieux de l'abbaye de Genlis, succéda à Philippe de Rouvroy-Saint-Simon ; il était abbé dès 1564, abdiqua en 1568 et devint alors curé de Genlis : Albin d'Oigne lui succéda (Voir le *Gallia Christiana*, où il est nommé Carlier *aut* Chartier).

[6] Henri de France, duc d'Anjou, devenu l'année suivante roi de Pologne et en 1575 roi de France sous le nom de Henri III.

[7] Original donné à Paris, signé : *Par Monseigneur filz et frere du Roy*, signé *Darte*, et scellé en placart d'un sceau aux armes de France brisées d'un lambel à trois pendants, surmonté d'une couronne à cinq fleurons et entouré du collier de l'ordre de Saint-Michel (Pièces justificatives, n° XII).

[8] Pièces justificatives, n° IX.

de Jouenne, écuyer, seigneur du Joly-Fief[1] et du Donjon, prévôt royal
à Soissons, alors décédé ; et d'Anne Hennequin[2], dame d'Ozon, au bailliage de Chaumont en Bassigny. Les comparants furent Louis de
Jouenne, écuyer, licencié ès lois et lieutenant de la prévôté de Soissons ;
Jacques Alvequin, écuyer, seigneur de Tanières[3], et Balthazar de Béry,
écuyer, seigneur de Laffau[4]. La famille de Jouenne, *aliàs* Jouengnes,
portait *d'azur à un massacre de cerf d'or en chef, accompagné de
trois molettes de même en pointe, posées 2 et 1*[5] ; d'après les preuves
présentées à Malte en 1646 pour Louis du Passage, arrière petit-fils
d'Eléonore de Jouenne, les molettes étaient posées différemment, savoir
1 en chef et 1 sur chaque côté.

Suivant son épitaphe qu'on voyait encore en 1776 dans l'église de
Sinceny, Nicolas du Passage serait mort le 11 janvier 1577. Eléonore de
Jouenne, sa veuve, transigea le 21 décembre 1582 pour son douaire
avec Josias du Passage[6] ; elle s'était vu déférer au bailliage de Coucy
la garde-noble de ses enfants mineurs et l'exerça jusqu'au jour de sa
mort, où elle fut remplacée par Anne Hennequin, sa mère.

[1] Le *Joly-fief*, tenu de Soissons, avait été relevé le 14 octobre 1559 par Artus de Jouenne,
écuyer, au duc d'Enghien, comte de Soissons.

[2] Anne Hennequin devint tutrice de ses petits-enfants après la mort de sa fille ; elle
testa le 13 juillet 1593 par devant Guillaume Tavernier et Jacques Moilin, notaires à
Coucy (Expédition signée des dits notaires), et fut remplacée dans sa tutelle le 11 septembre suivant.

Hennequin est une ancienne famille du Parlement de Paris à laquelle avait appartenu
Michel Hennequin, grand oncle d'Anne Hennequin, auteur de la branche des marquis
d'Ecquevilly. La branche des seigneurs de Charmont qui a donné le jour à un conseiller
d'Etat, un conseiller et deux procureurs généraux au Grand-Conseil, un premier président au Parlement de Normandie, s'est terminée en la personne de Marie-Louise-Elisa-
beth Hennequin, dame de Charmont et autres lieux, mariée le 26 juillet 1714 à Joseph
Trudaine, seigneur d'Oissy et de Riencourt au bailliage de Picquigny, commandeur de
l'ordre royal et militaire de Saint-Louis, brigadier des armées du Roi et capitaine des
gendarmes de Bretagne, parent de Marie-Anne Trudaine, dame de Roberval, mariée
en 1696, à Claude Le Roy, marquis de Valanglart, dont postérité. A la branche des seigneurs de Cury en Valois a appartenu Robert Hennequin, seigneur, puis commandeur
dudit lieu, dont il sera parlé à ce même chapitre, art. JACQUES DU PASSAGE, seigneur
d'Autreville.

[3] *Tanières*, village de l'ancien Tardenois, aujourd'hui arrondissement de Soissons et
canton de Braine.

[4] *Laffau*, localité entre Soissons et Laon.

[5] Carte Héraldique des alliances de la famille du Passage du 19 mai 1609, déjà citée.

[6] Inventaire fait au décès d'Esther du Passage le 30 octobre 1618.

Enfants de NICOLAS DU PASSAGE, *seigneur de* SINCENY,
*et d'*ÉLÉONORE DE JOUENNE, *son épouse.*

1° JOSIAS DU PASSAGE continua la descendance des seigneurs de
Sinceny.

2° JEAN DU PASSAGE fut l'auteur de la branche des seigneurs de
Charmes, rapportée au livre VI de cette histoire.

3° PIERRE DU PASSAGE fut, ainsi que Jean du Passage et ses autres
frères et sœurs puînés, successivement sous la garde noble d'Eléonore
de Jouenne et d'Anne Hennequin, et sous la tutelle de Josias du Passage[1] ; il avait aussi le 23 novembre 1593 pour curateur nommé par
justice Jean Jorien, licencié ès lois, avocat à Coucy.
 Pierre du Passage mourut jeune.

4° JACQUES DU PASSAGE fut seigneur d'Autreville et est désigné en
1617[2] comme gentilhomme de la maison du duc de Mayenne[3]. Le
11 mars 1599[4], il fut maintenu dans sa noblesse avec Josias et Jean
du Passage par les commissaires du Roi dans la généralité de Soissons,
après enquête et sur le vu des actes de relief de la terre de Sinceny
des 24 février 1491, 4 août 1508 et 17 mai 1558. Il transigea le 16 décembre 1617 d'une part avec Josias du Passage, agissant en son nom et
en qualité de tuteur des enfants mineurs de son frère, le seigneur de
Charmes, et de Jacques de Comtes, seigneur de Brétigny, ses neveux et
nièces; et d'autre avec Charles de Pastour, seigneur de Servais, mandataire de Marie du Passage, veuve de Charles Bourgeois, seigneur de
Saint-Martin, et Anne du Passage. L'objet de cet acte de famille était
la donation que lui avait faite Esther du Passage, le 2 décembre 1605.

---

[1] Lettres de tutelle données à Coucy, le 11 septembre 1593, à Josias *du Passaige* des enfants mineurs de Nicolas *du Passaige* et demoiselle Aliénor de Jouenne, au lieu de demoiselle Anne Hennequin. — Constitution de rente du 2 juin 1603 par le même Josias du Passage, tuteur de Pierre, Gédéon, Jean, Jacques, Claude et Suzanne du Passage, ses frères
et sœurs (Inventaire du 30 octobre 1618 déjà cité. — Copie collationnée, signée Carlier).
[2] Transaction du 16 décembre 1617 sur la succession d'Esther du Passage, signée Gossart, notaire à Chauny.
[3] Henri de Lorraine, duc d'Aiguillon en 1599, second duc de Mayenne en 1611 à la
mort de Charles de Lorraine, son père, fut tué d'un coup de mousquet dans l'œil le
20 septembre 1621, au siège de Montauban, où assista Charles du Passage en qualité de
gentilhomme de la chambre du Roi (Voir chapitre V du présent livre).
[4] Pièces justificatives, n° XVI.

Quoique acceptée par ses cohéritiers le 28 mars 1616, elle n'avait pas été insinuée [1] et excédait la part disponible.

Robert Hennequin, seigneur et commandeur de Curi [2], par un testament, écrit de la main de Lazaro Boret, daté de Messine le 17 octobre 1630, signé du testateur en présence dudit Lazaro et de Pierre Lugoc, et par l'intermédiaire du comte de Brassac [3], ambassadeur de S. M. T. C. auprès de Sa Sainteté, déposé entre les mains de Jean Russo, notaire royal à Chesse (?), donna à Jacques du Passage trois cents doublons d'or, c'est-à-dire trois cents pistoles [4], et le dénomma son exécuteur testamentaire [5].

[1] L'*Insinuation*, ancien terme de pratique, était l'inscription d'un acte sur un registre faisant autorité, afin de donner l'authenticité à l'écriture (E. Littré). Rendue obligatoire par ordonnances des années 1539, 1549 et 1566, l'*insinuation* devait être faite dans le quatrième mois qui suivait la donation aux greffes des bailliages et des sénéchaussées où les biens donnés étaient situés. Après l'*insinuation* les donations devenaient irrévocables.

[2] Robert Hennequin, chevalier, seigneur de Curi, aujourd'hui Cuiry-House (Aisne), donna en 1629 ladite seigneurie, par donation entre vifs, aux chevaliers de Saint-Jean de Jérusalem dits de Malte *(Dictionnaire historique du département de l'Aisne*, t. I, p. 329). Goussancourt, de son côté, dans son *Martyrologe de l'Ordre de Malte*, rapporte la donation de Curi, Genicourt et Villepinte par Jean-Jacques Hennequin, fils de Jean Hennequin, seigneur desdits lieux, et de Charlotte Le Grand : « Etant chevalier de Malte (il) donna à « la religion le 12 avril 1627 les seigneuries de Curi près Soissons, de Genicourt et « de Villepinte, à la condition que ce serait un bailliage joint à celui de la Morée et « qu'il en serait le premier bailli portant la grande croix, et après lui ses neveux, « Robert et Nicolas de Boufflers, à la charge de deux messes en la chapelle de Curi « les 24 février et 4 novembre de chaque année et d'une messe à la sainte Vierge tous « les samedis; ce qui fut confirmé par le pape Urbain VIII par bulle du 16 octobre 1627. « Il mourut en Sicile, allant à Malte, en 1628 ». Enfin Blanchard, dans son *Histoire des Présidens du Parlement et des Maistres des Requestes*, dit qu'un Robert Hennequin était le frère dudit Jean-Jacques Hennequin et qu'il mourut le 12 janvier 1579. Ils étaient cousins germains d'Anne Hennequin, grand'mère de Jacques du Passage.

[3] Jean de Galard de Brassac de Béarn, comte de Brassac, capitaine de cent hommes d'armes, fut ambassadeur de Louis XIII à la cour de Rome : il devint ensuite ministre d'Etat, Cordon-Bleu, chevalier des Ordres du Roi, maréchal de camp, etc. Jean de Galard était d'une branche cadette détachée de celle des Galard, marquis de Terraube, à la fin du XIVe siècle.

[4] « Io Roberto Hennechino de Curij signore e comandatore di detto luoco dichiaro « che oltra li miei testamenti che ho fatto di quali Monsignore lo conte di Brassacq « imbasciatore di sua Maesta Cristianissima verso sua Santita ma fatto l'honore renderse « depositario mia intentione e pure volùta e che sia preczo sopra ij denarii cio denarii « che ho con me se tanto sara che Idio li piace disponere di me.

« Primeramente *tre cento duppia di oro cio pistolle per dare à M. Iacomo de Passagio,* « *signore Doutravilla,* e questo per la bona amicitia che saij mi a portato e porta, et « che ci ho intrincigamenti..... »

[5] Expédition en italien légalisée par le Sénat de la ville de Chesse (?) le 17 octobre 1630.

5° GÉDÉON DU PASSAGE, connu par les actes de 1593 et 1594, mourut jeune.

6° ESTHER DU PASSAGE, mineure émancipée en 1593, fit le 12 décembre 1605 une donation entre vifs à Jacques du Passage, seigneur d'Autreville, qui donna lieu à la transaction du 16 décembre 1617 entre ses héritiers. Elle eut en partage avec Anne du Passage la cense de Fromentel, à Lœuilly [1], et sa part échue, après elle à Jacques du Passage, fut vendue par ce dernier le 7 décembre 1619 [2] à Charles du Passage, leur neveu, alors gentilhomme ordinaire de la maison du duc de Vendôme [3].

Esther du Passage fut alliée à HECTOR DE HARZILLEMONT [4], seigneur de Fressancourt [5]. Cette union n'est pas rapportée dans les preuves de noblesse des de Harzillemont faites en 1668 par devant Caumartin, intendant en la généralité de Champagne, sans doute parce que de ce mariage ne sortit aucune postérité. Cependant on y trouve à la même époque un Hector de Harzillemont, fils de Charles de Harzillemont, seigneur de Savigny, et de Marie Drouart, qui eut de N. de Mérélessait un fils unique seigneur de Fressancourt, Jacques de Harzillemont, devenu lieutenant de Roi à La Fère. Il délaissa de N. Giroust Claude de Harzillemont, seigneur de Fressancourt, et Françoise de Harzillemont, épouse de N. de Ciron, seigneur de Novion-le-Comte, gouverneur de La Fère et de Sainte-Menehould, lieutenant-général des armées du Roi [6].

Harzillemont portait *de gueules à trois paus de vair; au chef d'or*

---

xix des ides et scellée en placart d'un sceau représentant un écusson avec croix, surmontée d'une couronne fermée; comme légende on lit : ✝ SPQR. DECRETO..... AN.. NOBILIS. ET. REGNI. CAPVT.

[1] *Lœuilly*, village de l'ancien Soissonnais, aujourd'hui canton de Coucy.

[2] Expédition signée : Gossart, notaire à Chauny.

[3] César, duc de Vendôme, légitimé de France, duc d'Estampes et de Mercœur, chevalier des ordres du Roi, était fils naturel de Henri IV et de Gabrielle d'Estrées ; il a été l'auteur de la branche des derniers ducs de Vendôme éteinte en 1727.

[4] Inventaire du 30 octobre 1618, cité plus haut, par devant Marc et Lebon, notaires à La Fère. — Partage de la succession d'Esther du Passage, épouse d'Hector de Harzillencourt, seigneur de Fressancourt, le 14 juin 1619, par devant Jacques Rillard, notaire à La Fère (Pièces justificatives, n° XXII).

[5] *Fressancourt*, village de l'ancien Laonnais, aujourd'hui canton de La Fère.

[6] *Grand Nobiliaire de Champagne.*

chargé de trois merlettes de gueules. D'après Du Chesne [1], cette famille descendait des seigneurs de Villesavoir, de la maison de Chastillon-sur-Marne [2]. Dorieu, intendant de Soissons, l'a maintenue après justification de huit générations depuis 1450 ; elle a possédé les terres de Loupeigne, Branges, Bruys, Merval et Fressancourt, élections de Laon et de Soissons; Romeri, élection de Guise; Seraucourt, élection de Saint-Quentin; et Arnicourt.

7° ANNE DU PASSAGE, mineure en 1593 et 1594 [3], ne contracta pas d'alliance et demeurait en 1618 chez sa sœur, la dame de Servais. A la moitié de la cense de Fromentel, qu'elle possédait, vinrent s'ajouter deux cinquièmes de la succession de la dame de Fressancourt, l'un à titre d'héritage et l'autre à titre de cession de ladite dame de Servais.

Son testament en date du 28 octobre 1636, passé à Chauny en l'hôtel de la Croix d'Or, par devant Dehagues et Gossart, notaires en ladite ville, porte que Anne du Passage était alors âgée d'*environ 70 ans;* c'est évidemment une erreur. Par cet acte de dernière volonté, elle demanda à être inhumée dans l'église Saint-Martin de Chauny ; légua cent livres pour la décoration et la réparation de l'église de Sinceny, et trois cents livres à Anne de Comtes, sa petite-nièce et sa « filliole ». Elle fit un partage égal de ses biens entre ses collatéraux, savoir : les enfants de Charles du Passage, ses petits-neveux ; François et Charles du Passage, ses neveux [4]; Jacques Bourgeois, seigneur de Saint-Martin, Charles et Françoise de Comtes, et les enfants de Suzanne du Passage, tous ses neveux et nièces. A Jacques du Passage, son plus jeune frère et le seul alors existant encore, incomba la charge d'être son exécuteur testamentaire [5]. Une quittance qui lui fut donnée le 10 mars 1638 [6] témoigne du décès alors arrivé d'Anne du Passage.

---

[1] *Histoire de la Maison de Chastillon-sur-Marne,* livre XII, ch. XIV : *De la Branche de Harzillemont.*

[2] Cette opinion, fondée sur la ressemblance des armoiries, a été combattue de nos jours dans l'*Histoire généalogique et héraldique des Pairs de France,* par le chevalier de Courcelles, ancien magistrat, t. XI, p. 29.

[3] Pièces justificatives, n° XV.

[4] Il sera parlé de François et de Charles du Passage au livre VI, chapitres I et II : DE SEIGNEURS DE CHARMES.

[5] Expédition signée desdits notaires.

[6] Voir ci-après art. CLAUDE DU PASSAGE, § 9.

8° MARIE DU PASSAGE était majeure ou mariée en 1603 et veuve en 1617 [1] de CHARLES BOURGEOIS, seigneur de Saint-Martin, gentilhomme servant du prince de Condé, Henri II de Bourbon [2], père du *Grand Condé*. La famille Bourgeois, qui portait *d'azur à la fasce d'argent accompagnée en chef d'un croissant et en pointe d'une rose de même*, est ancienne. Antoine Bourgeois, seigneur de Saint-Martin, élection de Soissons, l'un des chevau-légers de la garde du Roi, demeurant en 1667 à Jouaigne, près Braine, et Benjamin Bourgeois, garde du corps du Roi, furent maintenus dans leur noblesse par un arrêt du Conseil d'Etat du 1er décembre 1667. Jean de Bourgeois, seigneur de La Fosse, garde du corps du Roi, demeurant à Ventelay, élection de Rheims, et Samuel de Bourgeois, demeurant à Oye, élection de Sezanne, d'une famille originaire de Champagne, le furent également en septembre 1670 par Caumartin, intendant en cette province, sur preuves remontant à 1545 [3].

Du mariage de Charles Bourgeois, seigneur de Saint-Martin, et de Marie du Passage naquit Jacques Bourgeois, seigneur de Saint-Martin, l'un des légataires d'Anne du Passage, sa tante. Il devint gentilhomme ordinaire de la Maison du Roi et laissa de Judith de Vignolles, son épouse, Antoine Bourgeois ci-dessus, Benjamin Bourgeois, et plusieurs filles [4].

9° CLAUDE DU PASSAGE, pupille tour à tour de sa mère, de sa grand'mère et de son frère aîné, était émancipée avec ses deux sœurs aînées le 23 novembre 1593. Elle épousa JACQUES DE COMTES, écuyer, seigneur de Brétigny [5], d'une ancienne maison du Soissonnais, qui fut maintenue par Dorieu le 7 septembre 1697 sur preuves remontant à l'année 1495. Ses armoiries sont *d'argent à deux fasces de gueules chargées chacune de trois besants d'or* ; mais d'après le *Nobiliaire du Soissonnais* [6] on lui donne aussi pour blason *d'argent à trois fasces de gueules surmontées de trois tourteaux de sable.*

[1] C'est à Jouaigne que demeurait Marie du Passage en 1617. *Jouaignes* est un village de l'ancien Soissonnais, dans le canton de Braine (Aisne).
[2] Il sera longuement parlé de Henri II de Bourbon au chapitre IV.
[3] *Grand Nobiliaire de Champagne.*
[4] Partage de la succession de Jacques Bourgeois, en date du 19 novembre 1668 (*Nobiliaire du Soissonnais*, man. 564 de la bibliothèque de Laon).
[5] *Brétigny*, village du département de l'Oise, près de Noyon.
[6] *Archives généalogiques et historiques de la Noblesse de France*, par Lainé, t. III.

Du mariage de Jacques de Comtes, seigneur de Brétigny, et de Claude du Passage naquirent : 1° Charles de Comtes, et 2° Françoise de Comtes, tous deux sous la tutelle de Josias du Passage, leur oncle, lors du partage de la succession d'Esther du Passage, et repris avec lui dans le testament d'Anne du Passage du 26 octobre 1636. Françoise de Comtes épousa peu après Henri Tachet, seigneur de Montbertaut, qui donna avec elle le 10 mars 1638 à Jacques du Passage, seigneur d'Autreville, leur oncle et l'exécuteur testamentaire de leur tante, décharge de la délivrance d'objets mobiliers dépendant de sa succession. Charles de Comtes eut entre autres enfants Anne de Comtes, petite-nièce et filleule d'Anne du Passage (Voir § 7). De lui est certainement descendue Angélique de Comtes, seconde femme de Jean du Passage, petit-fils de Josias du Passage, puisqu'elle eut la velléité de retraire lignagèrement la terre de Sinceny que son mari, comme cela sera dit au chapitre VI de ce livre, venait de vendre à Théophile Bouzier, seigneur d'Estouilly.

10° Suzanne du Passage, la dernière des filles de Nicolas du Passage et d'Eléonore de Jouenne, épousa par contrat du 7 novembre 1604 par devant Benoit, notaire à Chauny [1], Charles de Pastour, seigneur de Servais [2] et de la Tour-Bourdin [3], fils de Renaut de Pastour, seigneur de Servais, et de Louise de Héricourt [4]. Josias du Passage, Esther et Anne du Passage, ses frère et sœurs, y comparurent [5].

Charles de Pastour était le chef de nom et armes de la famille de Pastour, qui portait *d'azur à cloches d'or* et fut maintenue dans sa noblesse le 12 mai 1707 sur preuves remontant à 1506 [6]. En 1617, son

---

[1] Preuves faites en novembre 1617 de la noblesse de Marie-Louise de Pastour pour la Maison Royale de Saint-Cyr. — Carrés de d'Hozier, t. 483, f° 37.

[2] *Servais,* village de l'ancien Laonnais, aujourd'hui canton de La Fère.

[3] Le fief de la Tour-Bourdin relevait de Surfontaine : il en fut fait hommage le 1er septembre 1603 à noble dame Cauchon de Maupas par Jérôme d'Inval, seigneur du Caurroy, comme tuteur dudit Charles de Pastour (Preuves de Saint-Cyr).

[4] Louise de Héricourt était fille de Jacques de Héricourt, seigneur du Hamel, gentilhomme ordinaire de la maison du Roi et maître d'hôtel du cardinal de Bourbon, et de Michelle de Vaux : son contrat de mariage fut passé le 17 février 1579 à Amigny, par devant Donnay, notaire à Coucy (Mêmes preuves).

[5] Bibl. nat. : Cabinet des Titres, vol. 5908. — On trouve en Bretagne Pastour de Kerjan : *d'or au lion de gueules accompagné de cinq billettes d'azur, 2, 2 et 1,* reçu en la Grande Écurie en mars 1725.

[6] Il sera encore question, livre II, chap. II, de la famille de Pastour, à cause du mariage en 1714 de Claude du Passage, seigneur de Caillouel, arrière-petit-neveu de Suzanne du Passage, avec Louise de Pastour, son arrière-petite-fille.

épouse et lui transigèrent avec Jacques du Passage sur la succession d'Esther du Passage, et cédèrent le 14 juin 1619 leurs droits successifs à Anne du Passage.

De leur union naquirent :

A. Philippe de Pastour, qui continua la succession des seigneurs de Servais ;

B. Marie de Pastour, morte à 33 ou 34 ans. Elle avait épousé, par contrat passé en 1646, César du Clozel, seigneur de Varipont et de Crespigny, vicomte de Chevregny, capitaine au régiment de Vaubecourt, et depuis, en 1647, au régiment d'Entragues, qui fut maintenu dans sa noblesse par Dorieu, le 15 juillet 1667, sur preuves remontant à l'année 1425. César du Clozel avait alors 62 ans ; il eut de son mariage avec Marie de Pastour Charles et Suzanne du Clozel, sans doute aussi Louis du Clozel [1].

---

[1] *Nouveau Nobiliaire de Picardie ;* Man. de la bibliothèque de Laon, n° 562.

POSTÉRITÉ DE SUZANNE DU PASSAGE.

Suzanne DU PASSAGE

épousa le 7 novembre 1614 Charles DE PASTOUR, *s^r de Servais.*

| Jacques DE PASTOUR, sans alliance. — | Philippe DE PASTOUR, s^r de Servais, marié le 10 janvier 1645 à Antoinette DE COLLEMONT. | Félix DE PASTOUR, sans alliance. ——— Charlotte DE PASTOUR, sans alliance. — | Marie DE PASTOUR, mariée en 1646 à César DU CLOZEL, s^r de Varipont, capitaine au régiment de Vaubecourt. |

Bernard-Gabriel DE PASTOUR, s^r de Servais, marié

| Charles DU CLOZEL, s^r de Varipont, dont postérité. | Louis DU CLOZEL. | Suzanne DU CLOZEL. — |

1° le 3 février 1671 à Louise PONTAINE ; 2° le 13 janvier 1684 à Louise DE HÉBERT.

| 1° Bernard-Charles DE PASTOUR, s^r de Servais, marié le 13 novembre 1698 à Marie-Madeleine LAUMOSNIER, dame de Travecy, remariée à Louis DE TUFFEREAU. | 2° Claude et Jean-Baptiste DE PASTOUR, morts jeunes. — 2° Thérèse DE PASTOUR, sans alliance. — | 2° Louise DE PASTOUR, mariée en 1714 à Claude DU PASSAGE, s^r de Callouel, morte en 1772, dont postérité. (Voir liv. II, chap. II.) — | 2° Marie-Marguerite DE PASTOUR, mariée à Bernard-François DE HURTEBIE, s^r de Rogecourt, dont un fils officier d'artillerie. — |

| Bernard-Louis DE PASTOUR, s^r de Servais, marié à Elisabeth DE BAUDRAN, sans hoirs. — | Philippe et Claude-Charles DE PASTOUR, morts en bas-âge. — | Marie-Louise DE PASTOUR, élève de la maison de Saint-Cyr, mariée le 28 mai 1735 à Jacques-Joseph DE VASSAN. | Madeleine-Louise DE PASTOUR, sans alliance. — |

Madeleine DE VASSAN, dame de Servais, Travecy, mariée en 1753 à Jacques-Charles-Hubert DE RÉGNIER, s^r de Rohault, capitaine au Royal-Artillerie.

| Laurent-Hubert DE RÉGNIER. | Julien-Hubert DE RÉGNIER. | Marie-Madeleine DE RÉGNIER. |

CHAPITRE IV

JOSIAS DU PASSAGE, *seigneur de* Sinceny *et d'*Autreville,
l'un des Cent gentilshommes de la Maison du Roi.

Josias du Passage, fils aîné de Nicolas du Passage, seigneur de
Sinceny, et d'Eléonore de Jouenne, se trouvait être leur seul fils majeur
au moment du décès de Anne Hennequin, sa grand'mère ; aussi lui
succéda-t-il, le 11 septembre 1593, dans la tutelle qu'elle avait eue
après leur mère, de Pierre, Gédéon, Jean[1] et Jacques du Passage, ses
frères, et de Claude et Suzanne du Passage, ses sœurs[2]. A la mort de
Jean du Passage, seigneur de Charmes, devenu son frère cadet par le
décès de Pierre et de Gédéon, il exerça la tutelle de ses fils mineurs[3]
jusqu'au jour où, par le fait du mariage de Marie d'Y, leur mère, avec
Josias du Chesne, seigneur de Verdenne, ils devinrent les pupilles de
ce dernier. Enfin, il fut encore tuteur de Charles et Françoise de Comtes,
son neveu et sa nièce[4].

[1] Josias du Passage rendit son compte de tutelle à Jean du Passage, le 6 avril 1600.

[2] Lettre de rente du 17 septembre 1593, de 300 livres, au profit desdits mineurs, sur
Ezéchias de Flavigny, seigneur d'Escury, par devant Donnay et Michel, notaires à Coucy,
suivie d'une ordonnance de nantissement rendue le 2 juin 1603 par Bernard Potier,
chevalier, seigneur de Blérancourt, gentilhomme ordinaire de la chambre du Roi, cor-
nette-colonelle de la cavalerie légère de France, gouverneur de Langres, lieutenant de
S. M. au pays de Bassigny et son bailli de Coucy. — Inventaire fait au décès d'Esther
du Passage du 30 octobre 1618, cote 1 ; original en parchemin passé à Coucy et signé
Belin a. p.

[3] Transaction du 16 décembre 1617 sur la donation faite par Esther du Passage, dame
de Fressancourt, à Jacques du Passage, seigneur d'Autreville, son frère.

[4] *Ibid.*

Une sentence des commissaires députés par le Roi pour le régalement des tailles [1] et la réformation des abus commis sur le fait des finances, aides, tailles et gabelles dans la généralité de Soissons, datée du 11 mars 1599 [2], maintint Josias du Passage et ses frères, Jean et Jacques, dans les droits et les privilèges de leur naissance.

En sa qualité de seigneur de Sinceny, Josias du Passage servit après la mort de Nicolas du Passage, son père, le 28 février 1582 [3], son acte de foi et hommage au bailliage de Coucy et comparut le 5 octobre 1609 en personne à la réformation de la coutume du bailliage de Chauny [4]. Il eut en 1596 l'honneur de recevoir le roi Henri IV. Ce monarque faisait alors le siège de La Fère et vint à Sinceny de son camp de Servais, d'où il avait le 4 mars écrit au Connétable. Le 6, de Sinceny, il lui écrivait de nouveau pour lui annoncer que la rivière (l'Oise) était arrêtée [5] et, le même jour il annonçait au duc de La Force [6], les efforts des Espagnols pour venir secourir les assiégés et son espoir de les battre avec l'aide de Dieu, espoir qui ne se réalisa pas, car le capitaine Basti réussit le 13 mars à ravitailler La Fère [7]. Dans la suite, le 30 octobre 1626, Josias du Passage obtint de Louis XIII, en considération de ses services, des lettres de sauvegarde pour « sa maison, village et seigneurie de Sincheny, sise en Picardie, près Chaulny » [8] et diverses

[1] Le règlement de Henri IV qui établit les commissaires pour le régalement des tailles est du 23 août 1598 (*Armorial de France*, registre I, seconde partie, p. 671).

[2] Voir Pièces justificatives n° XVI, et pour plus de détails art. JACQUES DU PASSAGE, au chapitre III, p. 30.

[3] Acte de foi et hommage prêté par Josias du Passage, seigneur de Sinceny, devant Christophe Le Febvre, conseiller du Roi et son lieutenant général au bailliage de Coucy, en présence des procureur, receveur et conseillers pour le Roi et Madame la duchesse de Chatellerault, douairière de Montmorency, dame de Coucy et de Folembray, pour trois fiefs à Sinceny dits *La Prévôté*, *le Rez d'avoine* à Autreville et *de Vassen*, et pour le fief sur les moulins de Chauny. Signé Michel, greffier (*Simple copie*).

[4] *Coutumes de Chauny*, par Louis Vrevin, 1641, in-4°. — *Coutumier de Vermandois*, t. II.

[5] *Bulletin de la Société Archéologique de Laon*, t. XV, p. 110.

[6] *Mémoires du duc de La Force*, t. I, p. 268. — *Le Correspondant*, 10 mai 1885, p. 406.

[7] Même bulletin, p. 111.

[8] Original en parchemin, signé LOUIS et, plus bas, par le Roy *Phelypeaux*, a. p., et scellé du petit sceau royal en placard. Cet acte identique, quant au fond, aux lettres de sauvegarde de 1572, mentionnées au chapitre III, autorise le seigneur de Sinceny à faire poser aux lieux plus éminents de sadite seigneurie les armoiries, panonceaux et bâtons royaux.

autorisations, notamment les 26 décembre 1617 [1] et 29 mars 1625, pour lui comme pour Charles du Passage, son fils, de porter des armes [2], faire usage des bâtons à feu, faire chasser [3] et tirer de l'arquebuse. Enfin, suivant titres des 23 mars 1607, 26 décembre 1617, 31 janvier 1618 [4] et 21 juillet 1622, Josias du Passage est qualifié l'un des Cent gentilshommes de la Maison du Roi [5], compagnie composée de seuls nobles de race [6], qui était le 2 septembre 1622 sous les ordres du seigneur de Rambouillet [7].

Remontant de quelques années en arrière, nous rencontrons, à la date du 21 octobre 1615 [8], une commission délivrée par le prince de Condé à Josias du Passage, au sujet de laquelle il est nécessaire de présenter certains détails historiques préliminaires.

Henri II, prince de Condé, connu sous le nom de *Monsieur le Prince*, s'était éloigné de la cour de Louis XIII pour la seconde fois, le 20 mai

---

[1] Pièces justificatives, n° XXI.

[2] Diverses ordonnances des 25 novembre 1487, juillet 1546, 25 novembre 1548, 28 novembre 1549, 21 juillet et 17 novembre 1559, etc., avaient porté une défense générale de port d'armes et révoqué les autorisations données antérieurement (*La Grande Conférence des Ordonnances et Edits royaux.......* par Jacques Joly, advocat en Parlement, livre XI, titre X).

[3] L'ordonnance du mois d'août 1547 déclarait qu'aux gentilshommes seuls appartenait le droit de chasse ; mais elle leur défendait expressément de tirer des arquebuses et des arbalètes ; elle fut confirmée par un édit d'Henri III, donné à Paris le 14 août 1578 (*Ibid.*, livre XI, titre XII). Suivant un autre édit de Charles IX, Etats d'Orléans, art. 108, l'exercice de la chasse était prohibé sur les terres ensemencées dès que le blé était en tuyau ; toutefois les gentilshommes pouvaient chasser à grosse bête ès terres où ils avaient droit *pourvu que ce fût sans le dommage d'autrui, même du laboureur (Ibid.)*.

[4] Pièces justificatives, n° XXII.

[5] Les Cent gentilshommes de la Maison du Roi portaient une espèce de hallebarde armée d'un crochet, d'où leur sobriquet de Becs-de-corbin ; ils formaient une compagnie de la garde du Roi. Etablis par Louis XI, ils furent supprimés en 1776.

[6] Extrait de l'édit de janvier 1579 concernant les ordonnances faites sur les cahiers des Etats-Généraux de Blois en 331 articles, article 259 : « N'entendons que par cy-après aucun soit receu aux Estats de Gentilshommes de nostre Chambre ou *ès compagnies de cent Gentilshommes* et ès Compagnies des Ordonnances ny aux places de nos Maistres d'Hostels, Gentilshommes seruans, Escuyers d'Escurie, qu'ils ne soient Nobles de race » (*La Grande Conférence des Ordonnances...*, livre XII, titre I).

[7] Il s'agit ici de Charles d'Angennes, marquis de Rambouillet, vidame du Mans, etc., grand maître de la garde-robe du Roi, capitaine des Cent gentilshommes de sa Maison, maréchal de camp des armées du Roi, chevalier de ses Ordres, etc. (*Histoire des Grands-Officiers de la Couronne*, t. II, p. 426).

[8] Pièces justificatives, n° XX.

1615[1], à cause, disait-il, de l'inexécution du traité de Sainte-Menehould[2]. Il quitta Saint-Maur le 26 juin pour se rendre à Creil, arriva ensuite à Clermont[3], puis abandonna cette ville isolée pour gagner Coucy, petite place forte environnée de plusieurs autres, où ses adhérents commandaient. Du côté de ceux-ci, le maréchal de Bouillon s'était rendu à Sedan, le duc de Mayenne à Soissons et le duc de Longueville en Picardie[4] ; mais ils vinrent rejoindre leur chef, vers la fin de juillet 1615, à Coucy, avec le comte de Saint-Pol[5]. Condé venait d'être, le 26 juillet, convoqué par le Roi pour accompagner Sa Majesté dans son voyage de Guienne. Il avait refusé de la suivre, et voulant d'ailleurs rejeter sur qui de droit la responsabilité des évènements ultérieurs, dénonça comme les véritables fauteurs des désordres[6], à l'encontre de lui et des siens, le maréchal d'Ancre, le chancelier de France[7], le commandeur de Sillery[8], Dollé et Bullion, conseillers d'État et créatures du Maréchal. Déclaré pour cet acte de hardiesse, le 30 dudit mois, rebelle à Sa Majesté, il lança le 9 août de sa forteresse de Coucy une protestation[9] contenant la déclaration de ses véritables intentions, et crut de toute prudence de faire ses préparatifs de défense. Soissons, Laon, Noyon, Saint-Quentin, Cor-

---

[1] *Mémoires de Phelypeaux de Pontchartrain, concernant la régence de Marie de Médicis* (Collect. Michaud et Poujoulat, IIe série, t. V, p. 343).

[2] Le traité de Sainte-Menehould, du 15 mai 1614, avait accordé aux Mécontents tout ce qu'ils demandaient (*Histoire de Louis XIII*, par Michel Le Vassor, t. II.—*Histoire générale de l'Europe*, par le même, t. I. — *Histoire de France*, par Anquetil, t. VIII, p. 123 et suivantes). Sully, dans ses *Mémoires*, l'appelle *La Paix Malotrue*.

[3] La Reine-Mère venait de donner au prince de Condé la ville et le comté de Clermont pour l'aider à payer ses dettes.

[4] *Mémoires du maréchal d'Estrées* (Collect. Michaud et Poujoulat, IIe série, t. VI, p. 406).

[5] François d'Orléans, comte de Saint-Pol, duc de Fronsac et de Château-Thierry, était l'oncle du duc de Longueville.

[6] *Mémoires de Richelieu* (Collect. Michaud et Poujoulat, IIe série, t. VIII, p. 97).

[7] Nicolas Brulart, seigneur de Sillery, Puisieux et Berny, président au Parlement de Paris, fut chancelier de France du 10 septembre 1607 au mois de mai 1616.

[8] Noel Brulart, frère cadet du précédent, chevalier de Malte, dit *Le commandeur de Sillery*, devint chevalier d'honneur de la Reine, ambassadeur de la *Religion* en France et à Rome, puis ambassadeur extraordinaire de France en Espagne.

[9] Cette protestation fut remise au Roi en même temps que les lettres du prince de Condé à Sa Majesté, à la Reine-Mère et au Parlement : elle fut envoyée aussi à tous les princes, ducs, pairs et officiers de la couronne, aux parlements, aux gouverneurs des provinces, et elle amena de la part de la Reine une tentative de conciliation qui échoua.

bie, La Fère, Le Catelet, Clermont, Chauny [1] et Pierrefonds étaient alors entre ses mains [2]. Il signa les 11 et 14 août diverses commissions pour lever sept compagnies de cent hommes de pied chacune, donna ordre au sieur de La Rainville de prendre ou de se faire délivrer, dans les recettes des tailles ou des greniers à sel, 12,000 livres pour l'entretien des gens de guerre *au service du Roi et sous son autorité;* permit au sieur de Meullier de prendre la ville de Nonancourt [3] et toute autre qu'il jugerait à propos pour la cause du Roi, comme de garder prisonnière toute personne qui tiendrait le parti des dissipateurs de l'Etat [4]. Puis, le 25 du même mois, il se rendit de sa personne à Sedan auprès du duc de Bouillon [5].

Dix jours après, Condé était à la tête de ses troupes, et, le 5 septembre, de son camp de Mouzon [6], il déclarait n'avoir eu en vue, en délivrant ces commissions et ces ordres, que le bien public et la vengeance de la mort du feu Roi. Il affirmait cependant sa volonté ferme d'user de représailles, si Beaulieu-Fryaise [7], son agent, venait à être maltraité, parce qu'il était coupable de fait de guerre et non de crime. Le Parlement, qui avait été saisi de l'affaire, rendit alors le 18 suivant un arrêt de surséance en faveur de Fryaise, tout en enjoignant à chacun de rentrer dans le devoir vis-à-vis du Roi. Il n'en fut tenu aucun compte. L'armée des Princes s'ébranla de Noyon sous les ordres du duc de Bouillon, pour aller joindre en Guienne les troupes du comte de Saint-Pol [8].

[1] M. le prince..... se présente devant Chauny, petite ville et qui a un pont sur ladite rivière (d'Oise) ; les habitants lui ouvrirent la porte, encore que le sieur de Genlis qui y commandoit montrât s'y vouloir opposer, mais on ne sait s'il y apporta ce qu'il devoit (*Mémoires de Pontchartrain*).

[2] *Histoire de Lovis le Juste XIII dv nom Roy de France et de Navarre,* par M. Scipion Dvpleix historiographe de Sa Majesté, t. V, p. 64.

[3] *Nonancourt,* ville du département de l'Eure (?)

[4] *Mémoires de Mathieu Molé, procureur général, premier président au Parlement de Paris et garde des sceaux de France,* publiés par la Société de l'Histoire de France, t. I, p. 86 et suiv. — *Mémoires de Pontchartrain.*

[5] *Mémoires du duc de La Force,* t. II, p. 420.

[6] *Mouzon,* arrondissement de Sedan, département des Ardennes.

[7] Beaulieu-Fryaise, agent du prince de Condé, avait été arrêté à Chartres porteur desdites commissions et permissions, et renvoyé devant le Parlement par lettres du Roi du 25 août 1615 (*Mémoires de Mathieu Molé*).

[8] Cette marche avait été arrêtée dans une assemblée tenue par les Princes à Noyon (art. 5 des Résolutions : Malingre, *Histoire des derniers troubles arrivés en France,* p. 546).

Elle passa la Marne le 28 septembre; le 30 elle prit Château-Thierry, puis Épernay, et le 14 octobre elle campait à Méry-sur-Seine [1]. De cette dernière ville, Monsieur le Prince fulmine une nouvelle déclaration contre « tous ceux qui ont mis sur pied des troupes et des armées sous « le nom du Roi, et leurs adhérents de quelque qualité et condition « qu'ils fussent, avec mandement de l'autorité du Roi en laquelle nous « procédons, par l'avis des princes, ducs, pairs et seigneurs susdits, de « faire publier partout où leur pouvoir s'étend, et ailleurs où besoin « sera, la présente déclaration, et icelle faire exécuter selon sa forme « et teneur; car telle est notre intention ». Il se sépare alors de ses alliés [2] qui, le 20 octobre, échouèrent devant Sens [3] et furent obligés de remonter jusqu'à Joigny pour passer l'Yonne.

C'est ce même jour, 21 octobre, que de son camp de Sinceny, près Chauny, Condé donna, *sur l'avis des Princes, Officiers de la Couronne et seigneurs de son entour*, commission à Josias du Passage *de lever cent hommes de pied pour tenir garnison à Chauny avec ordre de s'opposer de toutes manières aux entreprises du fait du maréchal d'Ancre, du chancelier, du commandeur de Sillery, de Bullion et Dolé* [4]. Le maréchal marchait alors sur Clermont, qu'il prit après bombardement le 29 octobre [5]; il bloquait aussi Corbie [6]. Ne pouvait-il pas tenter de passer l'Oise à Chauny, lorsque déjà, au mois de septembre,

---

[1] *Méry-sur-Seine*, canton d'Arcis, département de l'Aube.

[2] « L'armée des Princes pouuoit estre de quatorze à quinze cents cheuaux, tant gendarmes, cheuaux legers que carabins, et environ quatre milles hommes de pied auec deux conleurines et deux pièces de montagne » (Malingre, p. 548). — Les forces qui lui furent opposées comprenaient les régiments de Picardie, de Navarre, de Piémont, de Champagne, de Chappes, de Rambures, du Bourg, de Boniface, de Vaubecourt, de Meilleraye auec celui des Suisses réduit à quinze cents hommes…, les compagnies d'hommes d'armes de la Reine, de Monsieur; des ducs de Lorraine, de Neuers; du comte de Vaudemont, du prince de Joinville et du maréchal du Bois-Dauphin; neuf compagnies de cheuaux-légers… et six compagnies de Carabins soulz le sieur de Gié, leur colonnel-général; tout cela ensemble avec les troupes que le duc de Montbazon emmena de Normandie et de Bretagne faisoit environ seize mille hommes de pied, quinze cents tant hommes d'armes que cheuaux legers et deux mille Carabins (*Histoire de Lovis le Juste*, par M. Scipion Dvpleix, t. V, p. 64).

[3] *Mémoires de Richelieu.*

[4] Pièces justificatives n° XX.

[5] *Concini, maréchal d'Ancre; son gouvernement en Picardie (1611-1617)*, par F. Pouy, p. 52.

[6] *Mémoires de Pontchartrain.* — *Mémoires de Fontenay-Mareuil* (Collect. Michaud et Poujoulat, IIe série, t. V, p. 101).

il avait donné un ordre au maréchal de camp de Nerestang de s'en approcher avec cent hommes [1] ?

La présence alors — 21 octobre — de Monsieur le Prince auprès de Chauny, dans son camp de Sinceny, n'est révélée, que nous sachions, par aucun historien du règne de Louis XIII. Les Mémoires du temps le laissent croire au milieu de l'armée des Mécontents ; ils assurent qu'il passa avec elle la Loire le 28 octobre [2], à Bonny. Cette circonstance ne serait nullement invraisemblable, puisqu'il aurait pu, de là, gagner Sanzay, en Poitou, où il signa un traité avec les députés protestants envoyés vers lui par le duc de Rohan [3]. Toutefois, une semblable marche, vers Chauny d'abord, puis sur Bonny, n'eût pas été sans offrir de grands dangers par la présence de l'armée royale qui côtoya et ne cessa de harceler les troupes des alliés à partir de Château-Thierry jusqu'à la Loire [4].

La tentative infructueuse de Condé pour passer la Charente et le passage laissé libre à la Cour pour se rendre à Bordeaux ; la trève du 23 janvier au 1er mars 1616 ; la paix de Loudun signée le 4, aliàs le 6 mai et violée par Condé lui-même, que la Reine-Mère fit arrêter le 1er septembre et conduire à Vincennes [5] ; la guerre menée avec succès contre les Mécontents [6] ; enfin la mort tragique du maréchal d'Ancre, arrivée le 24 avril 1617, tels furent les derniers évènements de ces discordes, heureusement terminées par une réconciliation générale.

[1] Monsieur (de Nerestang). J'ai veu ce que mandés sur le faict de Chony ; je trouve fort bon que vous envoyés cent ommes, puisque cela n'est pas grand azarder ; . . . . le 9e après midy. CONCINI (Documents inédits concernant la Picardie, par Victor de Beauvillé, t. IV, p. 495).

[2] Fontenay-Mareuil parle de la nuit du 17 au 18 octobre.

[3] Lettres, Instructions diplomatiques et Papiers d'Etat du Cardinal Richelieu, recueillis et publiés par A. Avenel, t. I, 1608-1624, p. 155, en note. L'auteur ajoute que ces lettres, tirées du man. de Le Masle (le secrétaire de Richelieu) nous ont conservé des détails qui, pour avoir échappé aux historiens, ne sont pas sans intérêt pour l'histoire. Ne peut-on pas à bon droit faire aussi cette réflexion au sujet de la commission donnée à Jean du Passage par le prince de Condé ?

[4] L'Histoire des Princes de Condé pendant les XVIe et XVIIe siècles, par M. le duc d'Aumale, t. III, p. 52 et suiv., glisse rapidement sur ces évènements.

[5] Histoire ecclésiastique et civile du diocèse de Laon, p. 477.

[6] Le comte d'Auvergne fut chargé de mener la campagne dans la Picardie et l'Ile de France : il avait mis le siège devant Soissons que défendit le duc de Mayenne, lorsqu'à l'annonce de la mort du maréchal d'Ancre, les soldats des deux partis s'embrassèrent en criant : « Vive le Roi ! La paix est faite ! » (Bull. de la Société archéol. de Soissons, t. XIV, 2e série, p. 201).

Quant à la commission donnée le 21 octobre 1615 [1] à Josias du Passage, nul acte n'en fait connaître les suites : la permission de chasser que lui octroya Louis XIII le 26 décembre 1617 [2] nous le montre ayant du moins bénéficié de l'amnistie accordée à tous les adhérents de Monsieur le Prince.

Josias du Passage, fermier général des biens de l'abbaye de Saint-Nicolas-au-Bois par amodiation du 13 décembre 1611, donna à bail le 14 septembre 1619 [3], à Quentin Mingot, papetier à Lamdouzé, la cour, l'étang et le cours d'eau du Tortoir, moyennant 42 livres, une rame de papier et la charge de construire une papeterie à Saint-Nicolas-au-Bois. Il prit part pour un cinquième le 14 juin 1619 dans la succession de la dame de Fressancourt, sa sœur [4], assista le 7 juillet 1622 au contrat de mariage [5] de Charles du Passage, son fils unique, avec Madeleine de Boubers-Vaugenlieu, et, le 12 mai 1624, nous le voyons également au contrat de mariage d'Antoine d'Ococche, seigneur de Witainéglise en Vimeu, avec Madeleine du Clozel [6].

Par contrat passé au logis de la dame de Picquois, à Caillouel, par devant Féret et de Brye, notaires à Chauny, le 4 septembre 1588 [7], Josias du Passage avait épousé MADELEINE DE FOLLEVILLE, d'une très ancienne noblesse de Picardie, fille de feu Antoine de Folleville, seigneur de Caillouel, Crépigny, Béthencourt-en-Vaux, Hérouel et autres lieux, et d'Hélène de Picquois. Les assistants furent : *du côté du futur*, François d'Ardre, chevalier, seigneur de Fricamp ; Nicolas de Héricourt [8], écuyer, seigneur de Noyelle ; Antoine de Corbonnois,

---

[1] Pièces justificatives, n° XX.

[2] *Ibid.*, n° XXI.

[3] Acte passé par devant Simon Gossart, garde du scel royal, notaire et procureur à Chauny (Archives de l'Aisne).

[4] Pièces justificatives, n° XXIII.

[5] Contrat passé par devant Pasquier Deltière et Pierre Gollet, notaires royaux héréditaires au bailliage de Coucy ; expédition authentique au château de Lignières-hors-Foucaucourt (Somme), liasse *Ococche*.

[6] Madeleine du Clozel était fille de Charles du Clozel, seigneur dudit lieu, de Voisin, Camelin en partie, et de Madeleine de Béry, et nièce de François de Héricourt, seigneur de Beaurepaire, par Marie, dame de Béry, son épouse. Il sera encore question de la famille du Clozel au livre II, chapitre IV de cet ouvrage.

[7] Pièces justificatives, n° XIII.

[8] Nicolas de Héricourt, seigneur de Noyelle, cadet des seigneurs de Canlers au comté

écuyer, représentant Anne Hennequin, grand'mère du futur ; *du côté de la future,* sa mère, la dame de Picquois ; Martin du Riez, écuyer, commissaire ordinaire de l'artillerie du Roi, époux d'Antoinette de Folleville ; Renaud de Pastour [1], écuyer, seigneur de Servais. Madeleine de Folleville apporta en mariage la terre de Hérouel au bailliage de Saint-Quentin, et recueillit dans la suite tous les domaines de sa branche ; car nous trouvons que, le 20 avril 1599 [2] sur l'ordre du bailli de Vermandois, à Laon, le seigneur de Caillouel, qui ne peut être autre que Josias du Passage, paya deux écus et quarante-cinq sous tournois, plus vingt sous, pour frais de recouvrement, en acquit de sa quotepart des dépenses faites lors des États-Généraux de Blois en 1588 [3] par les seigneurs de Sorel [4] et du Frestoi [5]. Le même seigneur de Caillouel reçut ordre le 20 août 1615 de payer à Laon neuf livres tournois pour les dépens d'Eustache de Conflans, chevalier des Ordres du Roi, conseiller en ses conseils d'État et privé, vicomte d'Aulchy, député de la noblesse du Vermandois, deux sous six deniers pour le droit de signature, etc. [6] Le député de chaque ordre était donc alors à la charge de ses électeurs [7].

de Saint-Pol, a été l'auteur de la branche des seigneurs de Noyelle et du Plessier-lès-Roye, éteinte de nos jours.

[1] Renaud de Pastour était le fils aîné de Bon de Pastour, seigneur de La Tour-Bourdin, et de Marie de Picquois : de là sa parenté avec la famille de Folleville. — Sur Renaud de Pastour, voir encore le chap. VI du présent livre.

[2] Pièces justificatives, n° XVII.

[3] Le 24 décembre 1588, lendemain de l'assassinat du duc de Guise, pendant la tenue desdits États, Henri III adressait à *Monsieur du Passage,* du parti adverse à la Couronne, une lettre pour l'engager à faire sa soumission à Alphonse d'Ornano, qu'il venait de mettre à la tête de son armée (*Revue rétrospective,* 1ʳᵉ série, t. III, p. 446). Nous ne pouvons que faire connaître cette missive royale (Pièces justificatives, n° XIV), n'ayant pu recueillir d'indication sur le dépôt d'où elle a été tirée ; mais la charge de l'un des Cent gentilshommes de la Maison du Roi, dont fut pourvu Josias du Passage, peut donner lieu de croire qu'elle lui aurait été adressée.

[4] Isaac de Sorel, seigneur de Sorel, Ugny, Le Gay, qui devint quelques années après gouverneur de Chauny.

[5] Louis d'Estourmel, seigneur du Frestoi, Candeur, Flavy-le-Martel ; il assista en 1609 à la rédaction des coutumes de Chauny.

[6] Pièces justificatives, n° XIX.

[7] A l'appui de cette assertion on peut citer :

1° *Répartition entre les gentilshommes tenant fiefs nobles en Ponthieu de l'indemnité allouée à messire André de Bourbon-Rubempré, délégué aux États-Généraux de Blois, 1577,* par le baron de Calonne.

2° La sommation, en date du 20 août 1615, adressée à Josias du Passage d'avoir à

La maison de Folleville, connue dans les premières années du XIVᵉ siècle, tirait son origine du village de Folleville, au bailliage de Montdidier, où se voient encore aujourd'hui les ruines de son château féodal et une ravissante église, lieu de sa sépulture [1]. Elle portait pour armoiries *d'or à dix losanges de gueules posés 3, 3, 3 et 1.* A son ancienneté venaient se joindre une grande position et de hauts faits d'armes qui lui ont donné beaucoup d'illustration. Parmi ses représentants se rencontrent : Jean, seigneur de Folleville, grand prévôt de Paris en 1388, puis ambassadeur du Roi en Espagne et en Angleterre ; Renaut de Folleville, son frère, bouteiller du duc d'Aquitaine, qui était chambellan du Roi lorsqu'il périt à Azincourt en 1415 ; Aubert de Folleville, souvent cité dans Monstrelet, troisième fils du prévôt de Paris, mari de Jeanne de Warluzel et l'auteur des deux branches qui ont possédé l'une la terre de Manancourt, près Péronne [2], et l'autre la terre de Caillouel, en Soissonnais, dont fut héritière Madeleine de Folleville, épouse de Josias du Passage. Des alliances avec les d'Epinoi [3], du Sart [4], de Tilloi [5], de Rambures, de Bailleul, de Warlusel, de Poix

payer neuf livres tournois pour les dépens d'Eustache de Conflans, chevalier des ordres du Roi, etc., député de la noblesse de Vermandois aux États-Généraux de 1614 (Pièces justificatives, nᵒ XIX);

3ᵒ Une quittance du 16 novembre 1618 donnée par Pierre de Chazelles, écuyer, seigneur de La Forest et de Grisolles, conseiller du Roi, président et lieutenant-général au bailliage provincial et siège présidial de Soissons, de la somme de 2745 livres reçues en quart de testons pour le dédommager de ses frais comme député de Soissons aux mêmes États-Généraux (*Bull. de la Société Archéologique de Soissons*, t. XX, p. 196).

[1] Sur *Folleville* voir la *Description historique de l'église et des ruines du château de Folleville* (Somme), par M. Charles Bazin, substitut, membre de la Société des Antiquaires de Picardie : 1ʳᵉ édition, 1849 ; 2ᵉ édition, 1883, avec planches.

[2] Cette branche a été maintenue par Bignon, intendant de Picardie, etc., le 31 mai 1704, sur preuves remontant à Raoul de Folleville, marié par contrat du 19 juin 1495 à Marie Mauchevalier (*Grand Nobiliaire de Picardie*).

[3] Epinoi portait *d'argent à la croix dentelée de gueules* (Cabinet des Titres, nᵒ 7127).

[4] Jeanne du Sart, épouse de Jean I, sire de Folleville, avec qui elle fit des fondations dans l'église dudit lieu, portait *de gueules à la fasce vivrée d'argent* (*Ibid.*). La terre du Sart, tenue de Bapaume, entra avec elle chez les Folleville, puis passa en 1478 comme les grands biens de la branche aînée de cette famille, à Raoul de Lannoy, seigneur de Morviller par son mariage avec Jeanne, dame de Folleville, Oresmaux et autres lieux. Celle-ci, par un testament du 16 avril 1524, fit donation du Sart à Claude de Créquy, seigneur de Bernieulle, son petit-fils. Les comptes du domaine de Bapaume, aux archives du Nord, nous apprennent que le Sart fut successivement relevé par le grand-prévôt de Paris, Jacques de Folleville, fils d'Antoine, et, au nom de Jeanne de Foix, petite-nièce de ce dernier, par Jeanne de Bailleul, sa grand'mère et sa tutrice (Années 1397, 1465 et 1473).

[5] Tilloi portait *de sinople à trois chevrons échiquetés d'argent et d'azur de deux traits* (*Ibid.*).

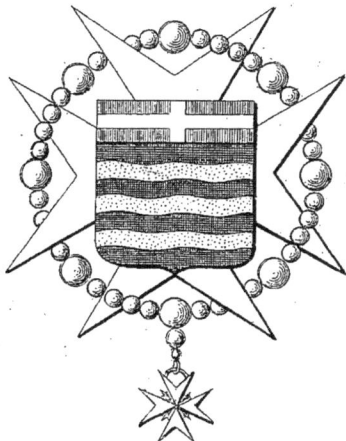

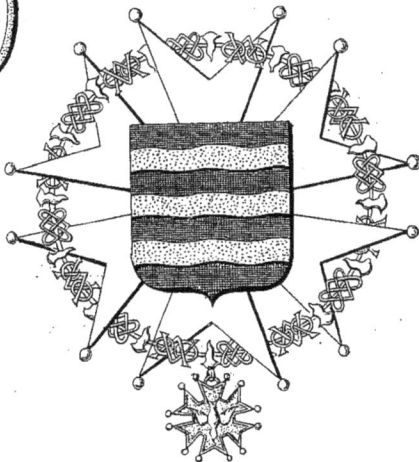

1. CHARLES DU PASSAGE, Seigneur de Sinceny, Chevalier de l'Ordre du Roi en 1626.
2. LOUIS DU PASSAGE, Chevalier de Malte en 1646.
3. JACQUES DU PASSAGE, Chevalier du Saint-Esprit de Montpellier, Commandeur de Chauny en 1648.

d'Inchi, Mauchevalier et autres avaient apparenté les sires de Folleville avec les meilleures familles de la Picardie et de l'Artois.

Une généalogie de la maison de Folleville existant au Cabinet des Titres, n° 7127, dossier *Folleville*, fait descendre les seigneurs de Caillouel de Jean de Folleville, fils cadet de Guillaume de Folleville, seigneur de Campeaux, fils lui-même d'Aubert de Folleville ci-dessus mentionné, et de Françoise de Bouttard. Mais, d'après les preuves faites en 1646 pour l'ordre de Malte, au nom de Louis du Passage, petit-fils de Madeleine de Folleville, les seigneurs de Caillouel descendaient de Guillaume de Folleville [1], père de Pierre de Folleville, seigneur de Mondescourt ; celui-ci aurait eu de Françoise de Bouttard, fille de Denis de Bouttard, seigneur du Fay, et de Nicole de Chambli, Antoine de Folleville [2], seigneur de Caillouel, Hérouel et autres lieux, père de ladite Madeleine de Folleville. Quant à Antoinette de Folleville, épouse de Martin du Riez, écuyer, commissaire ordinaire de l'artillerie, il n'a pas été possible de fixer son degré de parenté avec l'épouse de Josias du Passage [3].

Madeleine de Folleville assista avec son mari, le 21 juillet 1622, au contrat de mariage de Charles du Passage, leur fils unique, avec Madeleine de Boubers-Vaugenlieu.

D'après la copie d'une épitaphe qui existait jadis dans le chœur de l'ancienne église de Sinceny, au marchepied du pupitre, Josias du Passage serait mort le 13 décembre 1623 ; il faut dire 1625. Quant au jour, il est marqué dans la transaction du 20 août 1626 entre Charles et Marie du Passage, ses enfants, au 15 septembre de ladite année 1625.

---

[1] Guillaume de Folleville vivait en 1366 *(Dictionnaire historique du département de l'Aisne)* : il donna le 18 mai de cette année à l'abbaye de Saint-Eloi-Fontaine son dénombrement d'un fief à Caillouel *(Notice historique et géologique sur Sinceny,* par Ed. Lambert. — *Bulletin de la Société littéraire et scientifique de Chauny,* t. II).

[2] Antoine de Folleville, seigneur de Caillouel, plaidait en 1560 avec Alain Le Page, écuyer, poursuivant d'armes du Roi, seigneur de Heudouville, à cause de la vente qui avait été faite audit seigneur de Caillouel et à Hélène de Picquois, sa femme, de la seigneurie dudit lieu, dite la vicomté de Golencourt, séant à Golencourt, près Ham.

[3] Les archives du château de Manancourt ne possédaient, au siècle dernier, aucun document sur les Folleville, seigneurs de Caillouel.

Enfants de JOSIAS DU PASSAGE, *seigneur de* SINCENY,
et de MADELEINE DE FOLLEVILLE, *son épouse.*

1° CHARLES DU PASSAGE est rapporté au chapitre V.

2° MARIE DU PASSAGE, dame de Plénoi, naquit à Sinceny et y fut
baptisée le 24 juin 1598 [1] : elle eut pour parrain Jérôme d'Inval [2] et
pour marraine Marie d'Estourmel. Obligée d'un côté de lutter contre
son frère pour sa légitime, et de l'autre, victime d'un mari prodigue et
dilapidateur, elle passa en procès une trop longue partie de son existence.

Par contrat passé le 14 janvier 1617 à La Fère, par devant Jacques
Rillart et Michel Le Bon, notaires royaux héréditaires au bailliage de
Vermandois résidant en cette ville, elle épousa Pierre Morin, seigneur du Désert et du Bocage, que je crois parent de Pierre Morin,
seigneur de Paroy [3]. Sa dot consista en 500 livres de rente au capital

[1] « Nous soubsignez M° ès Artz en l'Vniuersité de Paris, pretre vicegerant de lesglize
et paroisse de Sincheny lez Chauny, au dioceze de Laon. Certiffions a tous qu'il appartiendra Noble et vertueuse damoiselle Madamoiselle Marie du Passage, femme et espouze
de Monsieur Morin, escuyer, seigneur des Essartz, fidelle secretaire de Monseigneur le
Prince et Duc de Vendosme, estre fille de noble et vallureuse personne Josias du Passage, escuyer, seigneur dudit Sincheny, Aultreuille, Cailloet, Herouuaille, Crespigny,
Montplaisir et aultres lieux, l'un des Cent gentilshommes du Roy, et de damoiselle Mag-
delene de Folleuille, son espouze. Laquelle Marie du Passage fut baptizée en lesglize dudit
lieu de Sincheny, le vingt quatriesme jour du mois de juin l'an Mil v° quatre et dix huict.
Et fut nommée par Hierosme d'Inual, escuyer, et damoiselle Marie Destrumel, son parin
et mareine, ainsy qu'il se trouue et lict au Registre baptistaire de nostre dicte paroisse.
Ce que nous disons est veritable. Pour preuue et asseurance de quoy auons signé ces presentes ce jourd'huy huictiesme du mois de feburier de l'an mil six cens et dix sept. Ainsi
signé, Pierre Mareschal ».
Collationné par les notaires gardenotes du Roi en son Châtelet de Paris, le
13 août 1624; signé, Legay et Perlin.
[2] Jérôme d'Ainval, seigneur du Caurroy et du Quesnel, fut déchargé comme noble du
droit de francs-fiefs et de nouvel acquêt par sentence du 23 octobre 1550 (*Grand Nobiliaire de Picardie*).
[3] Le nom de Morin a été porté par diverses familles. Morin, seigneur du Mont-Canisy,
en Normandie, reçu en la Petite Écurie en 1753 (Carrés de d'Hozier à la Bibl. nat.,
t. 454, et *Dict. de la Noblesse*, t. XIV), portait *d'or à trois fasces de sinople*. — Morin,
seigneur des Essarts, en Normandie, reçu en la Petite Écurie, avait été anobli le 8 juillet
1556 et portait *de sable au chevron d'or accompagné en chef de deux molettes et en pointe*

de 8000 livres, qu'elle reçut en avancement d'hoirie : le 23 juillet 1623, autorisée de son mari et en présence de Jacques Morin, seigneur du Bocage et de Rigny-sur-la-Saulne, conseiller du Roi en ses conseils d'État et privé, elle les vendit à Madeleine Lescalier, veuve de feu Pierre de Pradines, seigneur du Plessis, capitaine d'une compagnie de gens de pied français pour le service du Roi de Hollande [1]. Suivant une quittance du 17 juillet 1631, Charles du Passage avait alors racheté cette rente.

Après la mort de Josias du Passage, elle réclama sa légitime à son frère donataire général et universel de leurs père et mère. Charles du Passage acquiesça à sa demande moyennant une renonciation formelle tant à leur succession qu'à celle de tout collatéral : il lui souscrivit 15,000 livres en rente au denier seize, chargées d'usufruit pour elle et pour son mari, mais à la charge d'en faire emploi en une terre attribuée après elle au puîné de ses enfants, qu'elle instituait dès ce jour son donataire universel [2]. Nous ajouterons que cette transaction, en date du 20 août 1626, fut loin de rétablir l'accord entre le frère et la sœur. Marie du Passage en demanda la rescision pour cause de dol, sur la commune renommée qui évaluait la fortune de son père à 240,000 livres, et à cause de l'importance des ventes mobilières faites par son frère bien au-dessus de la valeur portée à l'inventaire.

En même temps devant la ruineuse gestion de Pierre Morin et les dettes considérables qu'il ne cessait de contracter, Marie du Passage demandait, et, par un jugement rendu au Châtelet de Paris le 6 juin 1619, obtenait la séparation de biens d'avec lui. Des désordres d'affaires obligèrent ensuite son mari à quitter la France. Réfugié à Besançon [3], il y contracta de nouvelles dettes, fit venir sa femme, l'y abandonna

---

d'une tête de more, le tout d'or. — Morin, seigneur de la Masserie, dont Jacques Morin, chevalier de l'Ordre du Roi, fils de Louis Morin, seigneur de la Masserie, avocat en Parlement. — Morin, dont Jacques Morin, seigneur de Châteauneuf, secrétaire du Roi, père de la maréchale d'Estrées et d'Anne Morin, épouse de Henri-Louis Habert de Montluçon, conseiller au Parlement, et Marie-Elisabeth Morin, épouse de Réné-François de Rousselé, chevalier, comte de la Roche-Millet, baron de Saché, seigneur de Vallennes et autres lieux, portait d'or à un chevron de gueules accompagné de trois têtes de more de sable tortillées d'argent, 2 et 1.

[1] Acte passé par devant Legay et Perlin, notaires au Châtelet de Paris.

[2] Acte passé par devant Boulanger et Gossart, notaires à Chauny.

[3] Besançon ne fut réuni à la France que sous Louis XIV.

subrepticement et la laissa en face d'un arriéré de 2,200 livres. Marie du Passage fut par suite jetée en prison, réussit à contracter un emprunt de la valeur de cette dette, et obtint alors son élargissement : elle venait de subir une détention de près de huit mois. Quant à Pierre Morin, rentré en France, il devint secrétaire du duc de Vendôme, ne fit pas davantage honneur à ses engagements et abandonna en 1625 tous ses biens à ses créanciers « à la charge de porter le bonnet vert [1] ». Nous le trouvons l'année suivante ayant amené sa femme à remployer sa dot en immeubles ; le 11 octobre 1626 elle échangeait 906 livres 14 sous de rente [2] pour la terre et la seigneurie de Plénoi en Brie. Les contre-échangistes étaient Valérien de Creil, seigneur de Merval [3], Marguerite de Carlier, sa femme, demeurant à Jouengnes en Soissonnais ; Paul de Bruneteau, seigneur de Mutry, demeurant à Outon, paroisse de Marfaux [4], Charlotte d'Averton, sa femme, et Madeleine d'Averton, émancipée et autorisée de justice, demeurant à Cerseuil [5], paroisse de Mareuil-le-Port [6].

Plénoi était un fief situé paroisse de Marchais, près de Montmirail-en-Brie, dont il relevait : il comprenait maison seigneuriale avec pont-levis, entourée de fossés, ferme, cent arpents de terre, bois de haute et

---

[1] Le bonnet vert était alors la coiffure qu'était obligé de porter celui qui faisait cession de biens pour éviter d'être poursuivi comme banqueroutier. On disait *Prendre le bonnet vert, Porter le bonnet vert.(Grand Dictionnaire universel du XIXe siècle).*

[2] Acte passé par devant Boullenger et Gossart, notaires à Chauny.

[3] *Merval,* village de l'ancien Soissonnais, aujourd'hui canton de Braine, dont la seigneurie fut, à cette époque, portée par Nicole de Creil dans la famille de Hédouville.

[4] *Marfaux,* canton de Ville-en-Tardenois (Marne).

[5] *Cerseuil,* commune de Mareuil-le-Port, canton de Dormans (Marne).

[6] Les vendeurs étaient héritiers de Jean de Creil, seigneur de Plénoi, et les ayants-droit d'Antoine de Carlier, seigneur de Beauchamp, et « des gouverneurs et administrateurs des maisons et hôpitaux de l'Hôtel-Dieu de Paris, Trinité, Enfants-Rouges, Saint-Esprit, et des religions de l'Ave-Maria, Cordeliers, Saint-Marcel et Filles-Pénitentes, légataires universels des meubles et acquêts dudit Jean Le Carlier. »
Les plus anciens seigneurs de Plénoi que j'ai rencontrés sont Philippe et Marie de Plénoi ; ils vivaient au XIVe siècle. Gilles de Vauxclerois s'intitula seigneur dudit lieu dans un acte du 20 octobre 1445. Plus tard Plénoi appartient à divers seigneurs du nom de Soisy : Jean de Soisy, Simon de Soisy son fils, Félix de Soisy, fils du précédent, dont Louis de Soisy marié à Marguerite de la Montagne, père et mère de Philippe de Soisy, qui rendit son aveu à Montmirail le 14 décembre 1588 et son dénombrement le 17 du même mois. Elle épousa en premières noces César de La Fosse, seigneur des Rieux et de Verrie, demeurant à Montolivet, et vendit pendant son mariage, le 5 juillet 1603, Plénoi à Jean de Carlier, écuyer, seigneur de La Queulx, moyennant 8000 livres tour-

basse futaie, prés et droits seigneuriaux. Pierre Morin, au nom de sa femme, rendit hommage le 6 novembre 1626 à Philippe-Emmanuel de Gondi qui avait la garde-noble [1] de ses enfants mineurs, barons et châtelains de Montmirail [2]. Puis il fit procéder à des ventes forcées de bois et reçut par anticipation les fermages de plusieurs années.

Marie du Passage était mariée depuis plus de treize ans, lorsque le 27 mars 1630 l'official [3] de l'archevêque de Paris [4] déclara nul le mariage de Pierre Morin, seigneur du Désert et du Bocage, et de Marie du Passage, dame de Plénoi. Cette sentence, acceptée par les deux parties [5], leur rendait la libre disposition de leur personne et de leurs biens : aussi vit-on Pierre Morin, qui était devenu conseiller secrétaire et maître d'hôtel du Roi, convoler peu après et épouser Louise de Courmont, dame des Grenaux [6] ; il en eut un fils, Pierre Morin, seigneur des Grenaux, l'un des deux cents Chevau-Légers de la garde du Roi.

Une transaction passée le 18 avril 1630, et un procès plaidé au Châtelet de Paris, le 13 juillet suivant, en raison d'un acte de contrainte naguère exercé par Pierre Morin sur Marie du Passage, liquidèrent leurs intérêts communs au profit de cette dernière ; ils furent les derniers actes qui rappelèrent cette lamentable union.

nois. Puis, par contrat du 31 octobre 1613, assistée de Marie de Bonneval, veuve de Charles de Soisy, seigneur de Le Mesnil et Tarteron, sa sœur, et de Jean de Soisy, son neveu, elle convola avec Henri de Bercy, fils de Jean de Bercy, seigneur de Plénoi. Enfin ayant eu procès en Parlement avec Jean de Carlier au sujet de ladite terre de Plénoi, elle transigea pour 3000 livres le 25 août 1616. Les héritiers de ce dernier, ci-dessus nommés, servirent foi et hommage à Montmirail le 9 juillet 1626.

[1] Garde-noble, terme de jurisprudence féodale. Droit qu'avait le survivant de deux époux nobles, de jouir des biens des enfants, venant de la succession du prédécédé jusqu'à un certain âge des enfants, à la charge de les nourrir, entretenir et élever, sans rendre aucun compte (E. Littré).

[2] Philippe-Emmanuel de Gondi, comte de Joigny, marquis de Belle-Isle, chevalier des Ordres du Roi et général des galères, avait épousé Françoise-Marguerite de Silly, dame de Montmirail, fille aînée d'Antoine de la Rochepot, chevalier des Ordres du Roi, et de Marguerite de Lannoi-Améraucourt.

[3] Official, juge ecclésiastique délégué par l'évêque pour exercer en son nom la juridiction contentieuse.

[4] L'archevêque de Paris était Jean-François de Gondi, premier archevêque de Paris, frère de Philippe-Emmanuel de Gondi, ci-dessus.

[5] L'appel d'une sentence d'officialité archiépiscopale devait être porté devant le primat ou en cour de Rome.

[6] Les Grenaux, fief près de Plénoi, de la paroisse de Marchais.

Depuis lors, et pendant les quatorze annécs qui vont s'écouler jusqu'à sa mort, Marie du Passage partagea son temps entre Paris et Plénoi. Le pont-levis « vis-à-vis le portail de sa maison » étant venu à s'écrouler, elle avait présenté une requête au comte de Joigny, seigneur de Montmirail, qui l'accueillit le 19 novembre 1627 ; puis obtenu le 29 octobre 1628 un avis favorable du maréchal de Vitry, lieutenant-général pour le Roi au gouvernement de Brie. Louis XIII, en son conseil, termina cette affaire à Grenoble en mai 1630, en autorisant la restauration du pont-levis de Plénoi ; mais il fut spécifié lors de l'entérinement de ses lettres-patentes au bailliage de Montmirail, qui eut lieu le 7 juin, « que la porte dudit lieu serait ouverte et le pont-levis « avalé au cas de quelqu'acte de justice concernant ledit fief ».

Le 20 août 1644 mourait à Plénoi Marie du Passage, dame dudit lieu. Voici en quels termes Parelat, greffier de Montmirail, annonçait cet événement à « Monsieur de Sainct-Seny en son château de St-Seny » : « Mademoiselle du Passage, votre sœur, sestant acheminée de Paris pour prendre son divertissement ès champs et estant venue au lieu de Plénois une de ses terres il y a environ quinze jours est décédée la nuit d'entre le vendredy dix-neuf^{me} et vingt^{me} du présent mois » ; puis il annonçait que comme greffier il avait apposé les scellés, et terminait ainsi : « On ne manquera pas à la faire innumer en la paroisse du lieu auec les solennitez comme à une personne de sa condition. »

Marie du Passage était dans sa 46e année. Sa succession appartenait au second de ses neveux : c'était alors Charles du Passage. Il devint seigneur de Plénoi après l'autorisation que lui donna son père, le 16 septembre 1644, d'accepter l'héritage de sa tante.

CHAPITRE V

CHARLES DU PASSAGE, *chevalier, seigneur de* Sinceny, Autreville, Caillouel, Hérouel, Crespigny, Béthencourt-en-Vaux,
Plénoi et Abbécourt *en partie, gentilhomme ordinaire de la
maison du duc de Vendôme et de la Chambre du Roi, commissaire de l'artillerie de France, chevalier de l'Ordre du Roi dit de
Saint-Michel.*

Charles du Passage, fils unique de Josias du Passage, seigneur de
Sinceny, et de Madeleine de Folleville, dame de Caillouel et autres
lieux, était en 1619 gentilhomme de la maison du duc de Vendôme [1].
Le roi Louis XIII l'honora par un brevet du 22 janvier 1620 [2] de la
charge de gentilhomme ordinaire de sa Chambre [3], pour laquelle il prêta

---

[1] Acte de vente de la cense de Fromentel, dont il a été parlé au chapitre III, § 6.

[2] Pièces justificatives, n° XXIV 1°.

[3] Les Gentilshommes Ordinaires de la Maison du Roi furent créés par Henri III au nombre de 45 et réduits par Henri IV à 24, et sont disposés sur l'Etat par semestre. Ils doi-
vent se trouver près de Sa Majesté pour recevoir ses commandemens : et si le Roy a
quelques affaires à négocier dans les Païs Etrangers, à conduire des troupes à l'Armée, ou
à les établir en des quartiers d'hiver : s'il faut porter ses Ordres dans les Provinces de
son Roïaume, et dans les Parlemens et Cours Souveraines, il se sert de ses Gentilshommes
Ordinaires. Il s'en sert encore, lorsqu'il veut témoigner aux Rois et Princes Souverains,
aux Reines et aux Princesses, qu'il prend part à leurs joies, et à leurs affections, lorsqu'il
les fait recevoir en ses Etats, ou quand il veut tirer d'eux des éclaircissemens de quelques
actions qui semblent avoir été commises par leurs Ministres, et de leur aveu. Comme
aussi quand il veut faire l'honneur aux Princes et Grands Seigneurs de son Roïaume, de
les envoyer visiter, ou de leur porter des dignitez, charges ou marques d'honneur de sa
part. Lorsque Sa Majesté va à l'Armée, ils ont l'honneur d'être ses Aides de Camp, et s'il
se fait des prisonniers de marque, le Roy leur en confie la conduite jusques dans les
Forteresses où il veut qu'ils soient détenus. Ils sont aussi de la part du Roy auprès des
Princes et Princesses exilées. Aux Pompes funèbres de Messieurs les Enfants de France,

serment le surlendemain entre les mains du duc de Mayenne et d'Aiguillon, pair et grand chambellan de France [1]. Divers certificats [2] constatent que Charles du Passage remplit les fonctions de sa charge auprès du Roi jusqu'au 12 avril 1626, notamment au camp devant Montauban, dont l'armée royale dut lever le siège, le 1er novembre 1621, devant la défense du marquis de la Force. A cette même époque, il remplissait aussi la charge de commissaire ordinaire de l'artillerie de France [3] en vertu d'un brevet, en date du 6 décembre 1624, de Maximilien de Béthune, marquis de Rosni, baron de Bontin, conseiller du Roi en son Conseil d'État, capitaine de Cent hommes d'armes de ses ordonnances, grand maître et capitaine-général de l'artillerie de France [4], gouverneur des ville et château de Mantes.

quatre d'entr'eux ont l'honneur de porter les coins du poêle, et quatre autres de porter le corps. Le Roy leur commet aussi le gouvernement de quelque jeune prince, comme M. de la Bussière et M. de Juvigny ont été auprès de feu M. le prince de Vermandois. Le Roy les emploie encore en plusieurs autres occasions.

Ils ont eu parmi eux M. de Luynes, depuis Duc et Pair, et enfin Connétable de France. Ils le reconnaissaient pour leur Chef; mais après sa mort, le 10 décembre 1621, ils prièrent le Roy de ne plus leur donner de Chef. Ils ne prêtent point serment de fidélité.

Il n'est pas seulement sorti de ce corps un Connétable, mais aussi plusieurs Maréchaux de France et Chevaliers des Ordres, comme le Maréchal de Toiras, le Maréchal de Marillac et plusieurs autres.

L'Etat de la France, par L. Trabouillet. Paris, 1712, tome 1, p. 235.

[1] Henri de Lorraine, duc de Mayenne et d'Aiguillon, succéda en 1611 à Charles de Lorraine, duc de Mayenne, son père, comme grand chambellan de France et fut tué au siège de Montauban le 20 septembre 1621 (*Histoire Généalogique et Chronologique de la Maison Royale de France*, par le P. Anselme, t. VIII, p. 455). Il a été parlé du duc de Mayenne, chap. III, § 4.

[2] Pièces justificatives, no XXIV 2o.

[3] Le commissaire ordinaire d'artillerie était un officier commis pour servir dans l'artillerie et avoir soin de l'attirail (E. Littré).

[4] Original en parchemin, signé *Maximilien de Béthune* et plus bas *Juliot*. Il est scellé en placart d'un sceau écartelé de Béthune et de Courtenai, posé sur deux canons; surmonté d'une couronne, d'un casque avec heaume et d'un lion pour cimier; et acosté de deux lions pour supports : comme légende, on y lit . . . . Rosni, GRAND MAITRE DE L'ARTILLERIE DE FRANCE (Pièces justificatives, no XXVI).—Le P. Anselme, t. VIII, p. 186, et du Chesne, *Histoire généalogique de la Maison de Béthune*, p. 484, donnent à Maximilien de Béthune les armes pleines de sa maison, qu'il ne porta jamais puisqu'il mourut le 1er septembre 1634, sept ans avant son père. Le Musée Sigillographique ne possède aucune empreinte de ce sceau qui a été l'objet d'une communication dans le *Polybiblion*, livraison de juillet 1884.

Maximilien de Béthune était devenu grand maître de l'artillerie le 30 avril 1610, par la démission du duc de Sully, son père.

Le roi Louis XIII, voulant reconnaître la grande affection que Charles du Passage lui avait toujours témoignée à son service, comme les preuves nombreuses qu'il en avait depuis longtemps reçues, le créa par lettre du 12 février 1626 chevalier de son Ordre de Saint-Michel, et le même jour enjoignait à son cousin, le duc de Chevreuse, de lui en conférer le collier de sa part [1]. En conséquence, ledit jour, Claude de Lorraine, duc de Chevreuse, pair et grand chambellan de France [2], gouverneur et lieutenant pour le Roi du Haut et Bas Auvergne et pays de Combrailles, chevalier de ses Ordres, annonça au seigneur de Sinceny la haute faveur dont il était l'objet et le reçut à Paris le 16 du même mois en lui remettant le Collier de l'Ordre et le brevet signé de la main de Sa Majesté [3]. La remise du collier, qui se faisait en grande cérémonie, comme le rapporte D. Grenier [4] pour Philippe de Rambures, en acquit cette fois une plus éclatante, en raison de la haute position du mandataire Royal [5].

Convoqué par le bailli de Vermandois à Laon pour le ban et l'arrière

---

[1] Pièces justificatives, nᵒ XXVII 2ᵒ et 3ᵒ.

[2] Claude de Lorraine, duc de Chevreuse, avait succédé comme grand chambellan de France au duc de Mayenne et d'Aiguillon, dont il a été parlé plus haut.

[3] Pièces justificatives, nᵒ XXVII 3ᵒ. — Le Cabinet des Titres possède une série de volumes, cotés 1038 à 1049, qui contiennent les noms de tous les chevaliers de l'Ordre du Roi dit de Saint-Michel. *La Revue historique nobiliaire et biographique* a donné de 1879 à 1882 les nominations des règnes de Louis XII, François Iᵉʳ, Henri II, François II et Charles IX. On trouvera plus loin, nᵒ XXVIII des Pièces justificatives, la liste des gentils-hommes Picards qui furent créés par Louis XIII chevaliers de son Ordre.

[4] D. Grenier rapporte que la remise du collier de l'Ordre à Philippe de Rambures eut lieu dans l'église des Minimes d'Abbeville, fondée par ses ancêtres.

[5] Le collier de l'ordre de Saint-Michel pesait trois marcs six onces et deux gros d'or d'écu qui, au cours de 184 francs le marc, valeur en 1572, en mettait le prix comme métal à 662 livres 15 sous 9 deniers : la façon coûtait 100 livres et l'étui 20 livres ; au total 781 livres 15 sous 9 deniers. — Le seul qui resta en 1701 entre les mains du trésorier des Ordres, ne pesait plus que trois marcs cinq gros et demi d'or.

L'article troisième des Statuts portait obligation de porter chaque jour le collier autour du cou, excepté les jours de revue ou de bataille, qu'il était permis aux chevaliers de porter la croix seulement, pendue à une chaînette d'or ou à un lacet de soie. La même permission était accordée, lorsque les chevaliers étaient en voyage ou dans leurs maisons.

Au décès d'un chevalier, le Roi donnait ordre au trésorier des Ordres de retirer le grand collier de l'Ordre des mains de son principal héritier « tenu incontinent après son « trespas comme son principal héritier par la constitution et création de mondit ordre, le « rapporter et mettre en mes mains ou dudit trésorier qui en donnait quittance ».

Bibl. nat. — *Collection Clérambault*, volume 1242, fᵒ 1426.

ban, Charles du Passage remontra le 22 juin 1635 au président et au lieutenant général dudit bailliage et siège présidial de Laon [1] qu'il était gentilhomme ordinaire de la Chambre du Roi et commissaire ordinaire de son artillerie : ces charges l'obligeaient à suivre Sa Majesté. Il venait de plus d'être convoqué le 17 du présent mois comme gendarme de la compagnie du comte de Soissons [2] *pour marcher lors et où il lui serait ordonné.*

L'année précédente, Charles du Passage, malgré sa position à la Cour et le collier de l'Ordre dont il était revêtu, avait eu à défendre les droits de sa naissance contre les habitants de Sinceny, qui l'avaient porté au rôle des tailles de leur paroisse. Il eut à répondre à un arrêt de la Cour des Aides du 2 juin 1634 [3] et à présenter, dans la huitaine, les preuves de sa noblesse au procureur général de la Cour et aux demandeurs. De leur côté, les habitants de Sinceny reçurent sommation le mardi suivant (6 juin) d'avoir à comparaître dans un même délai de huitaine ; mais le surlendemain, jour de Saint-Médard, patron de la paroisse, à l'issue de la grand'messe, ils donnèrent procuration par devant Sauvage, notaire à Coucy, et témoins, pour déclarer *qu'ils ne veulent, ni n'entendent contester sa noblesse ; qu'au contraire, en tant qu'à eux est, qu'ils le reconnaissent et aduouent noble comme ils l'ont tousjours reconnu, et si ont entendu de leurs prédécesseurs que* Josias du Passage, *père du suppliant ;* Nicolas du Passage, *son aïeul, qui estoient seigneurs de Sincheny, estoient nobles, auoient tousjours vescu noblement sans avoir faict aucun acte dérogeant.* Terminé de ce côté, le procès restait à vider avec le procureur général. Un second arrêt du 21 juillet ordonna au seigneur de Sinceny de produire ses titres par devant la Cour avant trois jours, et il fut suivi le 27 novembre 1634 d'un arrêt définitif déclarant Charles du Passage, chevalier de l'Ordre de Saint-Michel, gentilhomme de la Chambre du Roi, seigneur de Sinceny, Autreville et Caillouel, noble et issu de noble génération.

---

[1] Procès-verbal de comparution et de remontrances sur parchemin, signé *Brayer,* avec paraphe, et scellé en placart d'un sceau de 22 mm, représentant une fleur de lys dans un trilobe avec la légende : Sel des actes ivditiers de Laon. — Pièces justificatives, n° XXXI.

[2] Louis de Bourbon, comte de Soissons et de Clermont, fils de Charles de Bourbon, comte de Soissons et de Dreux, était cousin germain du roi Henri IV.

[3] Pièces justificatives, n° XXX.

Une transaction, en date du 20 août 1626, ne termina pas, comme il a été dit, les difficultés élevées sur la succession de leur père entre Charles du Passage et Marie du Passage, sa sœur, épouse séparée, quant aux biens, de Pierre Morin, écuyer, seigneur du Désert [1].

Charles du Passage avait épousé, par contrat passé le 21 juillet 1622 [2] « au chastel et lieu seigneurial de Vaugenlieu » par devant Laurent Thibou et Jean Poulletier, *notaires royaux héréditaires ès preuosté et chastellenie de Compiègne*, MADELEINE DE BOUBERS, fille de François de Boubers, chevalier, seigneur de Vaugenlieu [3], Bonnelles, Mélicocq, Marest et autres lieux, et de Madeleine Le Clerc [4], alors décédée. *Du côté du futur*, ses père et mère y assistèrent et l'instituèrent leur donataire universel. *Du côté de la future*, comparurent François de Bonnelles, écuyer, seigneur d'Eppeville, Neufvirelle et autres lieux, gentilhomme de la Maison du Roi, et Florence de Boubers, ses oncle et tante; Antoine Seroux, écuyer, capitaine et sergent-major pour le Roi à Compiègne, au nom de Marguerite Crocquet, veuve de Nicolas Le Clerc, conseiller du Roi en sa cour de Parlement, président des Requêtes de son Palais, son aïeule maternelle [5], et Jean Le Clerc, seigneur de Saint-Martin [6], conseiller du Roi en son Parlement. Suivant les articles accordés le 19 juin précédent et signés des parents de la future et du seigneur de Sinceny, la future apportait en dot 24,000 livres; le futur lui fit donation : ou de 1,000 livres de douaire avec le droit d'habitation à Sinceny jusqu'à la majorité de vingt ans de son fils ou de quinze de sa fille, puis à Caillouel, et de l'usufruit de cette dernière terre sous la seule réserve de la moitié des vignes; ou de 1,200 livres de rente à son

[1] Acte passé par devant Simon Gossart et Jacques Boullanger, notaires à Chauny ; le premier qui se qualifie de plus de garde des sceaux royaux, n'est pas dans la liste des notaires de Chauny, publiée il y a quelques années.

[2] Pièces justificatives, n° XXV.

[3] *Vaugenlieu*, hameau de la commune de Maretz-sur-Matz, canton de Ribécourt (Oise).

[4] Madeleine Le Clerc avait une sœur, Geneviève Le Clerc qui épousa Michel Coignet, dont Marguerite Coignet mariée à Pierre Passart et mère de Marie Passart. Celle-ci eut de Joseph Brossin de Méré Hardouine-Françoise Brossin de Méré, qui laissa de Philippe de Cordouan de Langey, son mari, Jean-Philippe de Cordouan de Langey, lieutenant aux gardes, tué à Dettingem en 1743, dont il sera parlé au livre V, chap. III.

[5] Les armoiries des familles Le Clerc et Croquet sont figurées dans le Tableau Héraldique des Preuves pour l'ordre de Malte de Louis du Passage ci-après.

[6] *Saint-Martin* est situé près de Crécy en Brie, sur la rivière de Morin.

choix. Madeleine de Boubers avait pour frères Nicolas de Boubers, seigneur de Bovelles [1] et de Vaugenlieu, Jean de Boubers, prieur de Saint-Phalle et de Saint-Martin, François de Boubers dont postérité, Pierre et Louis de Boubers, chevaliers de Malte [2].

L'éloge de la famille de Boubers, qui porte *d'or à la croix de sable chargée de cinq coquilles d'argent*, n'est plus à faire depuis longtemps. Il n'est aucun auteur ayant traité l'histoire religieuse ou féodale du Ponthieu qui n'ait dû la mentionner souvent, tant cette race chevaleresque a été liée intimement aux évènements de ce comté. Les archives de l'hôpital de Saint-Riquier de 1199 à 1239, le cartulaire de l'abbaye de Saint-Acheul de 1235 à 1289 — Titres de la chapelle de Boubers, paroisse de Mons, — les chartes de l'abbaye de Willencourt, près de Tunc, les titres scellés de Clérambault et la collection de D. Grenier, — t. XXIV, f° 246 — à la bibl. nat.; enfin les comptes des domaines de Bapaume et d'Hesdin, aux archives du Nord, fourmillent de documents sur les Boubers. Cette antique famille a formé des branches nombreuses toutes éteintes dans les mâles et n'est plus représentée que par Madame du Maisniel de Saveuse. Madeleine de Boubers, épouse de Charles du Passage, descendait de Hugues de Boubers, seigneur de Tunc suivant relief à Hesdin en 1347 ; il fut le grand'père de Bauduin de Boubers, dit Gadifer, vivant en 1366 [3]. Pierre de Boubers, seigneur de Tunc, mourut sans postérité. Aussi, en 1432, nous voyons sa terre de Tunc disputée par le seigneur de Beauvoir, Louis de Boubers, seigneur d'Ivergny et de Moismont, Jean Le Cambier, fils d'un autre Jean Le Cambier et d'Isabelle de Tilleul-Cappe, Guillebert de Boubers dit d'Ivergny et Jean de Boffles, dit Ramage. Ce dernier, devenu possesseur de Tunc, le vendit 400 livres à Jean de Boubers, bâtard de Bernâtre, qui en fit relief en 1436 et le donna par testament à Colard de Boubers-Bernâtre, son frère, demeurant à Auxy-le-Château. Ce dernier fut père de Antoine de Boubers, seigneur de Bernâtre et de Tunc [4], qui était en

---

[1] La terre de Bovelles, près Amiens, avait été donnée le 22 juillet 1522 au seigneur de Saisseval, parce que le seigneur de Vaugenlieu tenait le parti contraire à l'Union des Catholiques, mais fut rendue peu après aux Boubers (Archives de la Somme, B. 12, f° 135).

[2] Compte de la succession du seigneur de Vaugenlieu, du 9 mars 1674 (Pièces justificatives, n° XLIV).

[3] Archives du Pas-de-Calais ; trésor des Chartes d'Artois.

[4] Archives du Nord ; Chambre des Comptes, H 555, 557, 561, 563, 567, 568, 583 et 593.

1455 sous la tutelle de Enguerrand de Moismont, parent de Philippe de Boubers dit d'Ivergny, seigneur de Moismont [1], et fut l'auteur des branches aujourd'hui éteintes de Boubers-Bernâtre et de Boubers-Vaugenlieu.

Madeleine de Boubers devint pendant son mariage dame de Saint-Martin et de la Sorbonne par une donation que lui en fit le 29 octobre 1653 [2], Françoise Le Clerc, sa tante, veuve de Henri Morin, écuyer, seigneur de La Borde [3], sous réserve d'usufruit et avec clause de substitution en faveur de Jean du Passage, son fils aîné. Cette terre lui provenait de Jean Le Clerc, son frère; relevait de la seigneurie de Coulommiers alors au duc de Longueville, et consistait en : 1° un château, 210 arpents de terre et 15 cordes de bois sur la forêt de Crécy ; 2° l'arrentement du fief de Crécy ; 3° la ferme de la Sorbonne, à Sorbonne-en-Brie, près La Chapelle, avec 152 arpents et 52 perches de domaine ; et 4° 40 livres de rente. Le 3 mars 1657, Madeleine de Boubers, devenue veuve et ayant la garde-noble de ses enfants mineurs, et Jean du Passage, leur frère aîné, alors majeur, tous cohéritiers de Charles du Passage, chevalier, seigneur de Plénoi, lieutenant au régiment de Piémont, décédé au mois de janvier de ladite année, servirent acte de relief et prêtèrent foi et hommage, à cause de ladite terre de Saint-Martin, au duc de la Trémoille, seigneur de Montmirel [4].

Le 22 février 1668, Madeleine de Boubers assista au contrat de mariage de son fils aîné, et renonça [5] en faveur de ses enfants à la succession de la dame de la Borde, sa tante.

[1] Manuscrit 376 de la bibl. d'Arras, p. 169 : copie d'un acte du 14 mai 1462.

[2] Acte passé à Chauny par devant Defemi et Carelier, notaires en ladite ville ; copie collationnée du 18 avril 1685, signé, Simonnet, notaire au Châtelet de Paris.

[3] La dame de La Borde demeurait à Paris, rue du Puy, dans une maison qui passa à son petit-neveu Jean du Passage.

[4] Original signé, Mohin, greffier.

[5] Voir l'acte de liquidation du 9 mars 1674 de la succession du seigneur de Vaugenlieu (Pièces justificatives, n° XLIV).

Enfants de CHARLES DU PASSAGE, *chevalier, seigneur de* SIN-
CENY, CAILLOUEL, HÉROUEL *et autres lieux, et de* MADELEINE
DE BOUBERS, *dame de* SAINT-MARTIN EN BRIE.

1° JEAN DU PASSAGE fera l'objet du chapitre VI.

2° FRANÇOIS DU PASSAGE est l'auteur de la branche des seigneurs de
Caillouel, rapportée au livre II de cet ouvrage.

3° LOUIS DU PASSAGE naquit à Sinceny et y fut baptisé le 8 juin
1630 [1]. Le 13 novembre 1645, Maximilien de Dampont, chevalier de
l'ordre de Saint-Jean de Jérusalem, grand trésorier et commandeur de
Coulommiers, et les commandeurs, chevaliers et frères dudit ordre,
réunis en l'hôtel prioral du Temple, à Paris, à cause de la célébration
de l'assemblée provinciale, savoir : Augustin d'Aucourt, *de Boncourt* [2];
Jacob de Frial d'Allonne, *de Chauny* [3] ; Philippe de Milly, *de Fieffes* [4]; Jean de La Rivière, *de Laon* [5] ; Gabriel de Lieubourg [6], *de Maupas* ; Philippe de Meaux-Rocourt, *de Villedieu en la Montagne* ;
Joseph de Montigny [7] ; François de Rupierre-Survie, *(de Slype* [8]*)* ; Jean
de La Motte-Cottard, *(de Loison)* ; Jacques de Carrel-Marcey, *(d'Oisemont)* ; Louis de Pertuis. . . . .; Jean de La Motte, *de Troyes* ;
Adrien de Lieuxvancourt [9], *de Boux et Merlan,* procureur du couvent,
trésorier ; Philippe Danires Dauchon (?) ; Louis de Mesgrigny ; Louis
de Saint-Simon, *de Pesenas,* et Claude de Betisy délivrèrent commission de recevoir les preuves de noblesse paternelle et maternelle à faire
par Louis du Passage, proposé pour entrer dans leur ordre. Il justifia
des huit quartiers requis, savoir [10] :

[1] Inventaire fait au siècle dernier des titres de la Maison du Passage.
[2] Les noms en italique sont ceux des commanderies.
[3] Lire *de Chanu* (*Ordre de Malte, les Commandeurs du Grand-Prieuré de France*, par
E. Mannier).
[4] Philippe de Milly n'est pas nommé dans l'ouvrage cité à la note précédente.
[5] E. Mannier l'appelle *Jean-Louis de La Rivière.*
[6] Le même l'appelle *Gilbert de Vieuxbourg.*
[7] Non mentionné dans ledit ouvrage.
[8] Les noms des commanderies entre parenthèses sont relevés dans le même ouvrage.
[9] Lire Adrien de Wignacourt, d'après E. Mannier.
[10] Original en parchemin, qui était au dernier siècle entre les mains de Monsieur du
Passage, seigneur du Clos à Bonnelles.

LE CHEVALIER DE SINCHENY 1646.

Nicolas du Passage — Eleonore de Jouane — Antoine de Folleville — Heleine de Picois — François de Boubers — Genevieve de Harville — Nicolas le Clerc — Marguerite de Croquet

Josias du Passage — Magdelaine de Folleville — François de Boubers — Magdelaine le Clerc

PREUVE
de
LOUIS DU PASSAGE
Chevalier de Malthe
EN 1646.

Charles du Passage — Magdelaine de Boubers

Louis du Passage.

Tiré sur l'original en parchemin qui est entre les mains de Mr du Passage du Clos.

Lith. de Vasseur frères à Tournai.

Du côté paternel :

Du PASSAGE, *de sable aux trois fasces ondées d'or : VEL VIÆ* (sic) ;

DE JOUANE, *d'azur chargé d'une tête de cerf et de trois étoiles d'or ;*

DE FOLLEVILLE, *d'or à dix cavaux d'or ;*

DE PICOIS, *d'argent à la fasce d'azur et trois chats de sable ; au lambel de gueules ;*

Du côté maternel :

DE BOUBERS, *d'or à la croix de sable chargée de cinq coquilles d'argent ;*

DE HARVILLE, *de gueules à la croix d'argent chargée de cinq coquilles de sable ;*

LE CLERC DU TREMBLAY, *d'argent au chevron d'azur et trois roses de gueules ;*

DE CROQUET, *de gueules à trois ancres ou croquets d'argent* [1].

Louis du Passage paya le 12 octobre 1646 [2] pour passage et droit d'entrée, la somme de treize cents livres entre les mains de François-Alexandre Delbève, commandeur de Villedieu-lès-Bailleul, agissant au nom du procureur et receveur du commun Trésor au Grand Prieuré de France, et fut reçu le 2 décembre 1646. Louis du Passage se rendit de suite à Malte, où il fut connu sous le nom du CHEVALIER DE SAINT-SENY. L'année suivante, monté sur une des cinq galères de l'Ordre qui, de concert avec une sixième, armée par le pape Innocent X, offrirent le combat au vaisseau amiral d'Alger, de 40 canons, Louis du Passage fut enseveli le 21 février 1647 [3] dans le triomphe de la Religion avec les chevaliers de Durbec, de Ternay ; de Boisvezet, provençal ; de Montréal, d'Avignon ; Magalotti et Chiretti, italiens ; et Diégo de Hozès, espagnol. C'est ce que nous fait connaître le récit glorieux de cette affaire meurtrière [4], où 250 Turcs périrent, 150 furent faits prisonniers et 45 esclaves chrétiens recouvrèrent leur liberté.

---

[1] *Recueil des Noms et Armes des Grands-Maîtres de l'Ordre de Saint-Jean de Jérusalem* déjà cité, t. III, p. 1143. — Tableau ci-contre.

[2] Pièces justificatives, n° XXIII.

[3] Inventaire précité.

[4] Pièces justificatives, n° XXXIV.

Les huit quartiers de LOUIS DU PASSAGE, chevalier de Malte.

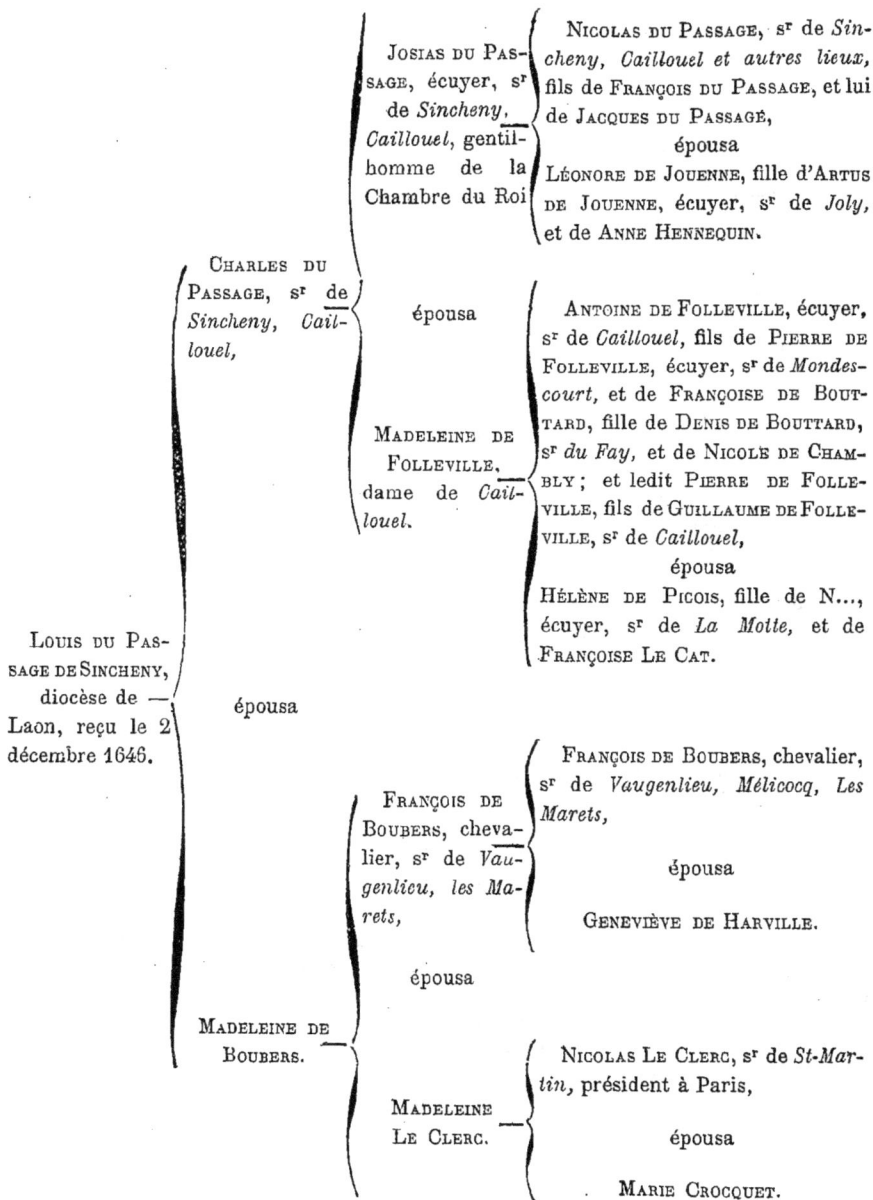

LOUIS DU PAS-
SAGE DE SINCHENY,
diocèse de —
Laon, reçu le 2
décembre 1646.

CHARLES DU
PASSAGE, sᵣ de
Sincheny, Cail-
louel,

épousa

MADELEINE DE
BOUBERS.

JOSIAS DU PAS-
SAGE, écuyer, sᵣ
de Sincheny,
Caillouel, gentil-
homme de la
Chambre du Roi

épousa

MADELEINE DE
FOLLEVILLE,
dame de Cail-
louel.

NICOLAS DU PASSAGE, sᵣ de Sincheny, Caillouel et autres lieux,
fils de FRANÇOIS DU PASSAGE, et lui
de JACQUES DU PASSAGE,

épousa

LÉONORE DE JOUENNE, fille d'ARTUS
DE JOUENNE, écuyer, sᵣ de Joly,
et de ANNE HENNEQUIN.

ANTOINE DE FOLLEVILLE, écuyer,
sᵣ de Caillouel, fils de PIERRE DE
FOLLEVILLE, écuyer, sᵣ de Mondes-
court, et de FRANÇOISE DE BOUT-
TARD, fille de DENIS DE BOUTTARD,
sᵣ du Fay, et de NICOLE DE CHAM-
BLY; et ledit PIERRE DE FOLLE-
VILLE, fils de GUILLAUME DE FOLLE-
VILLE, sᵣ de Caillouel,

épousa

HÉLÈNE DE PICOIS, fille de N...,
écuyer, sᵣ de La Motte, et de
FRANÇOISE LE CAT.

FRANÇOIS DE
BOUBERS, cheva-
lier, sᵣ de Vau-
genlieu, les Ma-
rets,

épousa

MADELEINE
LE CLERC.

FRANÇOIS DE BOUBERS, chevalier,
sᵣ de Vaugenlieu, Mélicocq, Les
Marets,

épousa

GENEVIÈVE DE HARVILLE.

NICOLAS LE CLERC, sᵣ de St-Mar-
tin, président à Paris,

épousa

MARIE CROCQUET.

4° JACQUES DU PASSAGE est connu par un bref d'Olivarius [1], par la grâce de Dieu et du Saint-Siège apostolique, commendataire de la commende générale et du sacré archi-hôpital du Saint-Esprit de Montpellier, général et grand maître de l'Ordre, donné à Paris le 28 février 1648, qui le nomma commandeur de Saint-Lazare de Chauny [2]. L'acte porte que cette faveur fut accordée à Jacques du Passage, du diocèse de Laon, membre des nobles chevaliers de l'ordre du Saint-Esprit de Montpellier [3], sous la règle de Saint-Augustin, « pour la diligence et la sagacité de » son « noble père pour faire rentrer dans notre maison les biens qui lui appartenaient et en ont été usurpés par les ecclésiastiques ou les séculiers » [4].

[1] Olivier de La Trau, seigneur de La Terrade, avait été pourvu en 1617 de la charge de vicaire et visiteur général en France et en Navarre. Il devint général de France au rétablissement de cette dignité, à charge de se faire recevoir religieux dans l'année, et, grâce à Louis XIII, il obtint en 1625 son entière indépendance vis-à-vis de Rome. Il chercha à rentrer dans les biens considérables que son ordre avait perdus et fut l'auteur du *Bref-Discours sur la différence des Croix d'or des chevaliers des deux ordres du Roy et des chevaliers hospitaliers du Saint-Esprit sous la règle de Saint-Augustin*, Paris, 1629, in-4°.

[2] La maladrerie de Saint-Lazare de Chauny tenait d'un côté, vers midi, au chemin de l'Aventure, d'autre et d'un bout au chemin de Sinceny et d'autre bout au chemin de Chauny à Coucy ; son clos contenait 33 setiers 8 verges de terre compris chapelle, logettes, puits, fossés et haies : au commencement du XVIII° siècle, il n'y avait plus que deux lépreux dans la maison *(Histoire populaire de Chauny,* p. 105). Matbieu de Montmorency, comte de Beaumont, et Eléonore de Vermandois y fondèrent une chapellenie en 1191. En 1207, Renaud de Coucy, seigneur de Sinceny, à son retour de Terre-Sainte, donna à la maison des lépreux le bois du Forestelle *(Coutumes de Chauny,* par Louis Vrevin, 1641, in-4°, p. 400 et 401), et lui confirma en 1220 ses terres et ses prés à Sinceny. Son administrateur et Me Antoine Coullard, chapelain de la chapelle Sainte-Euphémie en la chapelle Saint-Lazare-lès Chauny, comparurent en 1609 à la rédaction de la coutume de Chauny. Cette maladrerie, membre dépendant de l'archi-hôpital du Saint-Esprit de Montpellier, était vacante alors qu'Olivier de la Trau en disposa en faveur de Jacques du Passage ; elle comprenait chapelle, maison, jardins, prés, terres en culture ou incultes (Pièces justificatives, n° XXXVI).

[3] Pierre Saulnier soutient néanmoins en huit chapitres la thèse que dans l'ordre du Saint-Esprit de Montpellier il n'y avait aucune milice *(De capite ordinis Sancti Spiritus dissertatio,* pars 2ª, caput VI).

[4] Original en parchemin, signé TRAU LA TERRADE, *Generalis et magnus Magister Ordinis et Militiæ Sti Spiritus et Archihospitalarius totius ecclesiæ Dei* ; et plus bas : *De mandato* illᵐⁱ *et* Rᵐⁱ DD *mei Generalis magni Magistri et archihospitalarii universæ ecclesiæ Dei prædicti,* L. CAMUS *loco secretarii* et scellé en cire rouge sur huit lacs de soie. Ce sceau est de forme ovale, mesurant 77ᵐᵐ sur 66ᵐᵐ. Il représente une croix patriarcale à douze pointes terminée par un cœur renversé, qui est surmontée d'un Saint-Esprit et d'une

Jacques du Passage fut reçu par Nicolas-François de Plainevaulx [1], profès de l'Ordre, commissionné par Olivier de La Trau [2].

5° Charles du Passage suivit la carrière des armes et entra dans le

couronne à trois fleurons et deux demis. Une légende — IN HOC — SIGNO — VINCES — alterne avec les deux bras de la croix et autour se lit l'invocation : SPIRITUS SANCTE DEUS — MISERERE NOBIS. Un encadrement d'oves entoure le sceau. D'après le P. Héliot, l'ordre portait *de sable à la croix d'argent à douze pointes et en chef un Saint-Esprit d'argent en champ d'or* (a).

Le revers en partie brisé est un contre-sceau de 0,08 sur 0,07. Il présente un écusson — peut-être les armoiries d'Olivier de La Trau — *coupé et parti en pal de trois pièces* figurant : *aux 1 et 6 un lion senestré ; aux 2 et 4 deux fasces ; aux 3 et 5 deux fasces ondées.* Au-dessus est une couronne identique à la couronne du sceau, d'où pend un collier en partie brisé, composé de deux V l'un droit et l'autre renversé, et tous deux enlacés dans deux anneaux entrelacés eux-mêmes de flammes et de triples chaînons.

[1] On doit à Nicolas-François de Plainevaulx *Le Bouclier de l'Innocent opposé à la javeline infâme de Nicolas Gaultier*, réfutation d'un *Abrégé de l'Histoire des Hospitaliers de l'Ordre du Saint-Esprit*, par ce dernier.

[2] L'ordre du Saint-Esprit de Montpellier fut fondé à la fin du XIIe siècle par Guy de Montpellier, fils de Guillaume, sire de Montpellier, qui fit construire dans cette ville un hôpital pour les pauvres malades. Beaucoup de fidèles entrèrent dans cette association et lui procurèrent une grande extension : vraisemblablement, l'hôpital du Saint-Esprit d'Abbeville, fondé en 1231 par un prêtre du nom de Guillaume *ad opus pauperum (Histoire ecclésiastique d'Abbeville,* p. 377) ; la maison du Saint-Esprit de Dijon (Voir son Histoire manuscrite par D. Calmelet, dernier commandeur, et par Joly de Bévy, président au parlement de Dijon, à la bibliothèque de Dijon) ; l'hôpital du Saint-Esprit, près le Mont-Sainte-Catherine de Rouen, fondé en 1478 par Jean de Laigle, chevalier, seigneur de Cugny *(Bulletin de la Commission des Antiquités de la Seine-Inférieure,* t. V, p. 458), durent leur patronage à la célébrité de l'hôpital de Montpellier.

Le développement de cette fondation est affirmé par une bulle du 23 avril 1198 d'Innocent III, qui lui-même, en 1204, appela à Rome les frères de Montpellier pour la direction de l'hôpital de Sainte-Marie *in Sassia,* dès lors dénommé *San-Spirito.* Il survécut à toutes les révolutions, mais vient d'être, par le gouvernement actuel, usurpateur des Etats de l'Eglise et spoliateur des biens de main morte, qu'on y rencontrait si nombreux et si nécessaires à la chrétienté, réduit d'un revenu de UN MILLION CENT TRENTE-TROIS MILLE SIX CENT SOIXANTE-DIX-HUIT FRANCS à SOIXANTE-QUATRE MILLE DIX-HUIT FRANCS *(Rapport du chevalier Silvestrelli,* l'un des directeurs actuels, rappelé dans la *Semaine religieuse du diocèse d'Arras, Boulogne et Saint-Omer,* n° du 28 août 1885, constatant que l'hôpital et la banque de dépôt du Saint-Esprit sont en pleine faillite).

A cette époque, le chef de l'Ordre du Saint-Esprit prend le nom de Précepteur ou Commandeur (Bulles d'Alexandre IV et de Nicolas IV, des années 1256 et 1291) ; mais en 1459 Pie II supprima l'Ordre, qui devint purement religieux. Il cessa d'exister en France jusqu'en 1619, année où Paul V le rétablit et attribua le titre de général au commandeur de Montpellier ; ce que confirma en 1621 Grégoire XV, son successeur, sous la condition toutefois de dépendre du grand maître de Rome. Nous avons vu qu'Olivier de

(a) *Crux ordinis Sancti Spiritus duplex ex prototypo Sanctæ Marthæ (Petrus Saulnier, loc. cit.* p. 236).

régiment de Piémont [1]. Il prit part au siège de Valenciennes en 1656 ; cette ville fut si vaillamment défendue par ses habitants que l'armée royale dut se retirer le 15 juin, après avoir subi des pertes considé- rables [2]. Piémont fut réduit à 150 hommes et se retira sur Le Quesnoy. Il fut cependant encore employé au siège de La Capelle, où, malgré sa faiblesse, il fut chargé d'une fausse attaque, tandis que le reste de l'armée donnait l'assaut au corps de place ; mais il fit mieux qu'on ne lui demandait, car il emporta de son côté une demi-lune. Le seul capi- taine présent, de Rouzières, fut tué dans cette occasion, ainsi que les deux seuls lieutenants qui lui restassent et 24 des 150 hommes qui composaient tout l'effectif de ce corps [3]. De ce récit on doit conclure

La Trau, seigneur de La Terrade, fut le premier grand maître de l'Ordre en France ; qu'il s'occupa de faire rentrer les biens usurpés, et nomma Jacques du Passage comman- deur de Chauny.

Ce rétablissement dura peu. L'Ordre fut réuni, par le célèbre édit de décembre 1672, ainsi que ceux de Saint-Jacques de l'Epée et du Saint-Sépulcre, aux Ordres de Saint- Lazare et de Notre-Dame du Mont-Carmel. Les édits de mars et avril 1693 vinrent ensuite les désunir ; mais une bulle de Clément XIII du 3 des nones de juin (11 juin) 1762 et les lettres-patentes de Louis XV du 22 juin 1763, enregistrées au Grand Conseil le 13 août suivant, prononcèrent définitivement la réunion qui fit disparaître l'ordre du Saint- Esprit de Montpellier, après cinq siècles d'existence (Histoire des Ordres royaux hospita- liers militaires de Notre-Dame du Mont-Carmel et de Saint-Lazare de Jérusalem, par Gautier de Sibert, t. II, p. 132 et 201).

Pour plus de détails, voir Histoire des Ordres Monastiques, Religieux et Militaires, par le P. Hélyot, t. II, p. 195 ; De capite Sacri Ordinis Sancti Spiritus dissertatio, par F. Petrus Saunier ; Lugduni, 1649, in-4°.

[1] Le régiment de Piémont eut pour origine les anciennes Bandes noires de Piémont, qui prirent le deuil à la mort de Jean de Médicis, leur ancien souverain, et fut créé sous son ancien titre de Vieilles-Bandes du temps de Henri II en 1558. Il avait le 4° rang dans l'Armée française, était depuis 1649 en garnison à Soissons et perdit, en 1651, 200 hommes à la défense du château de Chauny.

[2] C'est en récompense de cette belle défense que Philippe IV, roi d'Espagne, par ses lettres des 21 et 24 décembre 1656, 8 octobre et 6 novembre 1657, anoblit le magistrat de Valenciennes, savoir : Maximilien de Sars et Antoine Dursens, massards ; Jacques de Bonnières, Martin Bretel, Jean Lelièvre, Lamoral de Rantre, Jean Boulit, seigneur de Surhan, Nicolas Deschamps, Aimeric-François Despiennes, seigneur de Saint-Remy, Antoine Hardy, Arnoul Huez, Philippe Malapert, Philippe-François de Rans, licencié ès-droits, jurés et échevins ; Michel Despretz, greffier criminel ; Nicolas Pamart, licencié ès-droits, greffier civil ; Jacques de Rans, premier conseiller pensionnaire, fils de Jean, avocat wallon, et de N. Huaine, et Charles-Gabriel Tordreau, licencié ès-droits, second conseiller pensionnaire : de plus François Michel, lieutenant-prévôt ; Philippe de Briastre, seigneur de Fosselles, capitaine d'infanterie, et Albert de Briastre, son frère, surintendant des fortifications de la ville (Archives du Nord ; Chambre des Comptes de Lille, B. 1669, 74° registre des Chartes, 1593-1659).

[3] Histoire de l'ancienne infanterie française, par Louis Suzane, t. II, p. 359.

que Charles du Passage mort en janvier 1657 [1] lieutenant [2] au régiment de Piémont, ne fut promu à ce grade qu'après le siège de La Capelle.

Charles du Passage avait à la mort de sa tante, Marie du Passage, hérité de la terre de Plénoi en vertu de l'acte de donation du 26 août 1626. Il prêta foi et hommage le 23 septembre 1644 à Pierre de Gondi, duc de Retz et Beaupréau, pair de France, comte de Joigni et Chemilley, baron de Montmirail et de Rosnay [3], et lui servit son dénombrement le 14 décembre 1651 [4]. Il mourut sans avoir été marié.

On trouve un Pierre du Passage, lieutenant au régiment de la Motte, qui donna quittance le 10 mars 1673 à Louis Jossier de la Jonchère, conseiller du Roi et son trésorier général de l'extraordinaire des guerres et de sa cavalerie légère, de la somme de trente livres en louis d'or, argent et monnaie pour ses appointements du mois de février [5].

Un François du Passage, lieutenant au même régiment de la Motte, donna également le 5 mars 1673 quittance audit trésorier général de quatre mois d'appointement, décembre 1672 à mars 1673 [6].

[1] Acte de relief, foi et hommage de Plénoi, fait le 3 mars 1657 au nom de Mad leine de Boubers, veuve de messire Charles du Passage, chevalier, seigneur de Saint-Seny, Autreville et Caillouel, garde-noble de ses enfants mineurs, héritiers de feu Charles du Passage le jeune, chevalier, seigneur de Plénoi, lieutenant au régiment de Piémont, mort au mois de janvier de cette année, et au nom de Jean du Passage, écuyer de Son Altesse, leur frère aîné, à Louis II de la Trémoille, chevalier, duc et pair de France, conseiller du Roi en ses conseils, lieutenant-général de ses camps et armées, gouverneur de Charleville et du Mont-Olympe, marquis de Noirmoutiers, seigneur de la Ferté-Milon, baron de Chastelun, Montmirail et Rosnay (Expédition signée Molin).

[2] C'est au temps d'Henri IV que remonte la création des lieutenants : les sous-lieutenants n'ont existé que depuis 1657.

[3] Récépissé de Louis de Champagne, chevalier, seigneur de Leuze et La Villeneuve, bailli et capitaine de la ville et du château de Montmirail, signé Purelat et scellé du sceau de Gondi sur papier.

[4] Plénoi était alors loué 720 livres (Bail du 13 mai 1654).

[5] Nous, Pierre du Passage, lieutenant au régiment de la Motte, confessons avoir receu comptant de Mᵉ Louis Jossier de la Jonchère, conseiller du Roy, trésorier général de l'extraordinaire des guerres et cavalerie légère, par les mains de son commis, *la somme de trente livres* en louis d'or, d'argent et monnoye à nous ordonnée pour nos appointemens en ladite qualité pendant le mois de février. De laquelle somme de xxx l. nous quittons le Sieur de la Jonchère, son commis et tous autres. Fait le dixième jour de mars 1673. DUPASSAGE. — Original en parchemin (Cabinet des Titres : Pièces originales, vol. 2209, déjà mentionné).

[6] Original en parchemin signé DUPASSAGE (*Ibid*).

CHAPITRE VI

JEAN DU PASSAGE, *chevalier, seigneur de* SINCENY, AUTREVILLE,
HÉROUEL, LESPÉE à MAGNY, ABBÉCOURT *en partie et* LE PASSAGE,
*écuyer de Gaston duc d'Orléans, bailli et gouverneur de Coucy et
de Folembray, gouverneur et capitaine de Chauny.*

JEAN DU PASSAGE, fils aîné de Charles du Passage, seigneur de Sinceny, gentilhomme de la Chambre du Roi et chevalier de son Ordre, et
de Madeleine de Folleville, dame de Caillouel, débuta le 16 février
1652 dans les emplois civils et militaires, qu'il eut à remplir pendant sa
carrière, par la charge d'écuyer d'écurie de Gaston d'Orléans, oncle du
Roi, vacante à cause de la démission du baron de Bonneval [1]. Il en
remplit les fonctions, aux gages de 2,800 livres par an, de 1652 à
1658, comme le constatent plusieurs certificats portés à l'inventaire fait
à Paris les 12 et 13 juillet 1684 [2] après la mort de Jean du Passage.
Ses gages étaient rarement payés : les années passées auprès du
duc d'Orléans lui furent onéreuses. Dans la suite, lorsque la tutelle de
Gabriel-Bernard de Pastour, fils aîné de Philippe de Pastour, seigneur
de Servais, et d'Antoinette de Collemont, son parent, lui fut déférée,
Jean du Passage excipa en premier lieu du privilège de cette charge
auprès d'un prince du sang pour la décliner : elle le dispensait, selon
lui, de toute autre charge personnelle ; il ajouta de plus qu'un procès
important était alors pendant au Parlement entre la demoiselle de Mon-

---

[1] Pièces justificatives, n° XXXVI.

[2] Cet inventaire fut passé par devant Seguin et Pasquier, notaires au Châtelet ; il en
existe expédition du 13 mai 1768, signée Mathon et Gibert, notaires au Châtelet.

talde (?) et Renaud de Pastour, seigneur de Servais, tuteur de Jeanne et d'Hélène de Folleville [1]; enfin Gabriel-Bernard de Pastour avait, comme parents plus proches, les seigneurs du Clozel [2] et de Framerville [3], ses oncles, ainsi que des cousins, qui, à l'effet de ne pas se charger de cette tutelle, n'avaient tenu aucun compte de la proximité de parenté [4]. Jean du Passage faisait aussi remarquer qu' « il n'était « plus alors marié [5], mais âgé de 68 ans, sans famille, et avec des « valets dans la fréquentation desquels un gentilhomme ne pouvait « prendre aucune éducation ». De leur côté, les oncles et les cousins du mineur arguèrent contre le premier chef que le privilège invoqué par le seigneur de Sinceny s'était éteint à la mort du duc d'Orléans : que seuls les officiers de la Maison du Roi le possédaient leur vie durant, parce que, en France, le Roi ne meurt pas [6].

Quelques années après avoir cessé ses fonctions auprès de Gaston

[1] Parmi les titres produits en 1701 pour la Maison royale de Saint-Cyr, au nom de Geneviève-Françoise du Passage, fille de François du Passage, seigneur de Caillouel, et de Jeanne-Perrette Regnault (livre II, chap. I), a figuré l'arrêt de la Cour des Aides du 27 novembre 1634, où est énoncé le contrat de mariage accordé le 4 septembre 1588 entre Josias du Passage et Madeleine de Folleville. Il avait été « produit par collation à « l'original l'an 1614 et par un mémoire, il y a que ce contrat fut passé le 14e dudit « mois et non le 4e, et ce mémoire porte que par le susdit contrat il paroit que la « somme de 1,026 livres, due par Hélène de Picois, mère de Madeleine de Folleville, « ledit Josias en auoit fait saisie entre les mains dudit seigneur de Servais, tuteur de « Jeanne et d'Hélène de Folleville comme il en auoit obtenu condamnation à Chauny, « par sentence du 30 octobre 1599 ». Jeanne et Hélène de Folleville étaient vraisemblablement de la même famille que Madeleine de Folleville, épouse de Josias du Passage. La première épousa Louis de Montalde, écuyer (Coutumes de Chauny au t. II du Coutumier de Vermandois, p. 29).

[2] César du Clozel, seigneur de Varipont, Crespigny, demeurant à Varipont, bailliage de Chauny, ancien capitaine dans Vaubecourt et Entragues, avait épousé Marie de Pastour, tante de Gabriel-Bernard de Pastour.

[3] Claude de Collemont, seigneur de Framerville, était le frère d'Antoinette de Collemont, mère de Gabriel Bernard de Pastour; il se maria dans un âge avancé, par contrat du 6 février 1651, avec Marie de Parisis, fille de Claude de Parisis, seigneur d'Ollezy, et de Françoise de Macquerel (Grand Nobiliaire de Picardie).

[4] Sur le degré de parenté de Jean du Passage avec Gabriel-Bernard de Pastour, consulter le tableau ci-dessus de la postérité de Suzanne du Passage et de Charles de Pastour, son mari, au chapitre III.

[5] Cette question de tutelle s'éleva donc entre le 12 juin 1678, date de la mort de Marie Nacquart, première femme de Jean du Passage, et le 25 juillet 1681, date de son second mariage.

[6] Archives de l'Aisne, B. 1167.

d'Orléans [1], Jean du Passage reçut commission de Françoise-Marie de Valois [2], duchesse douairière de Joyeuse, dame engagiste du domaine de Coucy, pour exercer la charge de bailli et gouverneur de Coucy, et de capitaine des chasses, bois, forêts et domaine de cette châtellenie, vacante depuis 1662 par le décès de Bernard Potier, seigneur de Blérancourt [3]. Il obtint de Louis XIV des lettres d'agréation le 18 septembre 1665 [4], prêta serment à la Table de Marbre le 27 novembre suivant, fut reçu au Parlement le 26 janvier 1666, et, en qualité de capitaine des chasses, prêta un autre serment le 20 juillet de la même année entre les mains du prince de Guéménée, duc de Montbazon, pair et grand veneur de France [5]. En raison de ses nouvelles fonctions il eut à porter plainte contre les officiers du régiment de Navarre, alors en garnison à Chauny, comme le constate une lettre adressée par Philippe, frère du Roi « à Messieurs les capitaines et autres officiers du régiment de Navarre, entretenu pour le service du Roi Monseigneur et frère, à Chauny », scellée de son sceau en placart et non datée [6]. Le même jour — 18 septembre 1665, — le Grand Roi le commissionnait [7] capitaine des chasses des parcs et du château

---

[1] Gaston-Jean-Baptiste de France, duc d'Orléans, de Chartres, de Valois et d'Alençon, troisième fils du roi Henri IV, mourut le 2 février 1660 dans sa 52e année.

[2] Françoise-Marie de Valois, duchesse d'Angoulême, comtesse de Lauraguais et d'Alets, fille unique de Louis-Emmanuel de Valois, duc d'Angoulême, pair de France, colonel-général de la cavalerie légère de France, et d'Henriette de Guiche, épousa, le 3 novembre 1649, Louis de Lorraine, duc de Joyeuse, pair et grand chambellan de France (il succéda à Claude de Lorraine, duc de Chevreuse, mentionné au chapitre V), qui mourut le 27 septembre 1654. Elle était dame engagiste de Coucy.

[3] Sur Bernard Potier, seigneur de Blérancourt, voir *Le Grand Dictionnaire de Moréri*, édit. 1759, t. VIII, p. 520, d'après l'*Histoire du Parlement de Paris*, par Blanchard ; et le *Dictionnaire historique de l'Aisne*, t. I, p. 119.

[4] Copie collationnée par Routier et Paviot, notaires au Châtelet, le 3 septembre 1680.

[5] Louis VII de Rohan, prince de Guéménée, duc de Montbazon, pair et grand veneur de France, succéda dans cette charge à Hercule de Rohan, son père, décédé le 16 octobre 1654, et mourut le 19 février 1667 (*Histoire des Grands-Officiers de la Couronne*, t. VIII, p. 733).

[6] Voir pièces justificatives, n° XLII.

[7] Extrait de l'inventaire des 12 et 13 juillet 1684, à la mort de Jean du Passage.— Les châteaux du marquisat de Coucy et parc de Folembray avaient été, il est vrai, délaissés par Louis XIV à S. A. R. pour supplément de partie de son apanage ; ils furent cependant toujours réputés au nombre des Maisons Royales *(La nouvelle jurisprudence sur le fait des chasses*, t. I, p. 323).

royal de Folembray [1]. Ces deux capitaineries devinrent dans la suite, en raison de leur union, une charge lourde pour Jean du Passage. Ceci, joint à l'état de gêne où se trouvaient les affaires privées du titulaire, fit naître chez lui l'idée d'un démembrement. Il eut à ce sujet des pour-parlers avec Bernard de Longueval, seigneur de Manicamp, bourg situé non loin de Sinceny au confluent de l'Oise et de l'Ailette : une des capitaineries eût compris la Haute-Forêt de Coucy, le bois de Mon-tizet et les bois, buissons et plaines de Blérancourt et de Saint-Pol, avec la rivière de l'Ailette pour limite, du côté de Laon ; à l'autre, eussent appartenu la Basse-Forêt de Coucy et tous les bois au-delà de l'Ailette. Le prix de cette cession éventuelle était de 3,500 livres [2]. Eut-elle lieu ? C'est ce qu'il n'a pas été possible de constater.

Sur la démission du duc de Mazarini [3], en date du 7 août 1668 [4], le Roi confia encore à Jean du Passage le poste de capitaine et gouver-neur de Chauny par ses lettres patentes du 12 du même mois. Le chan-celier de France [5] reçut son serment le 22 suivant, et, le lendemain, le duc d'Estrées [6] donna ses ordres pour la réception du nouveau gouver-neur, laquelle eut lieu après l'enregistrement de son brevet au greffe royal de Chauny. En conséquence, le 15 octobre 1668, le seigneur de Sinceny, capitaine de Coucy et de Folembray, était reçu en grande pompe à la porte de Chauny par le maire et les jurés de la ville, et par les juges civils, criminels et de police en l'étendue de ladite ville, de ses faubourgs et de sa banlieue [7].

Pendant que Jean du Passage exerçait les fonctions de capitaine et

[1] Jean du Passage obtint, le 16 novembre 1672, que le règlement particulier concer-nant la capitainerie des chasses de Villers-Cotterets fût exécuté dans le marquisat de Coucy (Ibid.).

[2] Projet d'acte aux Archives de Frohen-le-Grand.

[3] Philippe-Julien Mazarini-Mancini, duc de Nevers et de Donzi, chevalier des Ordres du Roi (Histoire des Grands-Officiers de la Couronne, t. V, p. 464), était gouverneur de Chauny depuis le 15 août 1661 ; il eut l'honneur de recevoir magnifiquement Louis XIV en ladite année 1668.

[4] Pièces justificatives, n° XXXIX.

[5] Pierre Séguier, duc de Villemor, pair de France, était alors chancelier de France.

[6] Il s'agit de François-Annibal d'Estrées, duc d'Estrées, pair et maréchal de France, alors marié à Gabrielle de Longueval, devenue dame de Manicamp par le décès de Ber-nard de Longueval, mort sans alliance en 1684.

[7] Voir la liste des gouverneurs de Chauny où figurent les noms des meilleurs gentils-hommes de la contrée (Pièces justificatives, n° XLI).

gouverneur de Chauny, en 1671, éclata la première désunion entre les compagnies de Brie, Champagne, Ile-de-France et Picardie liées entre elles par un concordat depuis 1439 [1] : la Brie se sépara de ses voisines. Deux ans après, à Rethel, le gage d'armes appelé bouquet [2] fut offert à la compagnie des arquebusiers de Chauny, qui, ayant promis de rendre le prix général [3] dans le délai de sept ans, sollicita à cet effet et obtint de Louis XIV des lettres-patentes, datées de Saint-Germain-en-Laye le 15 avril 1680. Les compagnies de Compiègne, Ham, Laon, Noyon et Saint-Quentin répondirent à cet appel [4]: Elles arrivèrent la veille de la fête afin de tirer au billet, tant pour les rangs de la procession du lendemain et de la montre, que pour l'ordre du tir. *Ham* eut le n° 1 ; puis vinrent : *Laon*, avec ses 25 chevaliers habillés de rouge, bouton d'argent et chapeau bordé de même ; — *Noyon*, avec ses 20 chevaliers vêtus de rouge et aux brandebourgs d'argent ; — *Saint-Quentin*, avec 10 chevaliers gris d'ardoise, parement de velours noir et bouton d'argent, collet de velours noir orné d'un galon dentelé et de brandebourgs d'argent pour les officiers ; de boutonnières avec petit galon pour les chevaliers ; veste et culotte écarlate, galons et boutons d'argent : on les appelait LES CANONNIERS ; — *Compiègne*, enfin, avec ses 30 chevaliers de bleu, bordé d'argent, surnommés LES DORMEURS DE COMPIÈGNE.

---

[1] L'origine de ces assemblées régionales d'arquebusiers pour tirer des grands prix est très ancienne. En 1439 les compagnies citées ci-dessus « en vue d'opérer le bien général et d'après les ordres du Roi » souscrivirent à Châlons, un concordat et se soumirent à des statuts et règlements uniformes *(Etudes sur les anciennes compagnies d'archers, d'arbalétriers et d'arquebusiers,* par J. Delaunay).

[2] Le bouquet offert par les arquebusiers de Châlons-sur-Marne aux canonniers de Saint-Quentin existe encore dans une des salles de l'Hôtel-de-Ville de cette ville (Voir sa description dans les *Etudes Saint-Quentinoises,* par Charles Gomart, t. II, p. 250).

[3] Ce tir provincial est le seul acte que nous ayons pu recueillir sur le gouvernement de Jean du Passage, à cause de l'état où se trouvent actuellement les archives de la ville de Chauny, par suite de leur transport dans le nouvel Hôtel-de-Ville.

[4] *Les Anciennes Rues de Chauny,* par Charles Bréart, p. 39. — Aux noms de ces cinq villes il y a à ajouter celui de Soissons. *La Correspondance administrative sous le règne de Louis XIV* (t. I, p. 877) comprend, une lettre de Colbert à l'intendant de Machault, du 30 décembre 1680 : par ordre du Roi il lui ordonne de terminer le différend élevé par les arquebusiers de la ville de Soissons, qui demandaient un juge pour la décision d'un coup qu'ils prétendaient avoir été mal jugé par des arbitres entre eux et ceux de Chauny.

Quant à là compagnie de Chauny, elle alignait 12 chevaliers couleur de canelle et bouton d'argent, avec leur *cornet de vacher* [1] : on

[1] L'origine de cette locution, suivant les *Mémoires de l'Académie Celtique*, est très incertaine. — L'abbé Carlier, en son *Histoire du duché de Valois*, dit que le vacher de Chauny précédait la compagnie de sa ville : il était choisi à cause du nom singulier qu'il portait ; on l'appelait *Tout-le-Monde*. Nous n'apercevons pas trop la raison que donne l'abbé Carlier ; toujours est-il qu'on dit encore *le vacher de Chauny (Annales de la Société Historique et Archéologique de Château-Thierry*, années 1872 et 1875).
— Si nous nous reportons plus en arrière, à un JEU EXTRAORDINAIRE FAICT PAR JEHAN D'ESTRÉES ET JOUÉ LE NUICT DES ROIS MIL IIII^c LXXIj, nous y verrons le « Vacquier de Chauny », *Tout-le-Monde*, l'un des héros, s'y distinguer et se désigner

> *Boiteux de deux hanques,*
> *Car à tous côtez j'ai les cranques ;*

se plaindre que le bon temps, hélas ! est mort,

> *Sans me laisser vaque ou vel,*
> *Ne robe gris ne de bleu ;*

se consoler néanmoins de l'annonce du bon temps que lui fait le gendarme :

> *Se Dieu plaist tu y aras part*
> *A ce bon temps ; car au regard*
> *Du Roy et de ses frans capitaines*
> *Crès qu'ils ont volentés hautaines*
> *De vous ramoner le bon temps.*

(*Recueil des Documents inédits concernant la Picardie*, t. I, p. 149).

Tout-le-Monde serait alors une espèce de Roger Bontemps ou de Jacques Bonhomme ; nous le rencontrons d'âge en âge toujours victime d'une crédulité qu'aucun évènement ne parvient à ébranler.
— Suivant d'autres, *Tout-le-Monde* aurait été le nom d'un berger qui égayait Henri IV par la naïveté de ses contes et par les sons qu'il tirait de la trompette dont il se servait pour assembler son troupeau (*Histoire rel. et civ. du diocèse de Laon*, p. 424).
— Le plus vraisemblable est qu'il y eut anciennement à Chauny un homme appelé *Tout-le-Monde*. . . . . ; que les enfants de *Tout-le-Monde* lui ayant succédé dans ce même emploi, on était si accoutumé à nommer le vacher de Chauny *Tout-le-Monde*, que les vachers qui ont suivi jusque dans le siècle dernier ont été toujours appelés du même nom, quoiqu'ils en eussent d'autres.
Ce qui est certain, c'est qu'il y eut aux environs de Chauny une famille de villageois du nom de *Tout-le-Monde*, dont quelques-uns sont mentionnés dans les dénombrements fournis au prieuré de Quierzy-sur-Oise. Il existait aussi à Travecy, autre village près Chauny, un fief de ce nom, consistant en terres et prés, et relevant du domaine de La Fère. — On rapporte bien des histoires sur ce premier vacher, dit *Tout-le-Monde* ; bien des auteurs en ont écrit diversement. . . . . . On le fait d'une force et d'une taille monstrueuses ; on dit qu'il gardait les vaches à cheval *(a)* et donnait du vin à boire dans son cornet d'argent à tous ceux qui le venaient voir par curiosité ; qu'il fut vacher soixante-dix ans, et vécut cent vingt ans ; qu'il ne perdit aucune bête ; qu'il a été enterré dans la prairie de Senicourt, l'un des faubourgs de Chauny, en un lieu appelé le Saint-

(a) Ce mode existe toujours dans les anciens États-Romains.

les appelait LES SINGES [1] à cause d'un singe [2] d'une figure hideuse figuré sur leur étendard.

La solennité commença le lendemain par la procession, suivie de la messe du Saint-Esprit : puis, selon l'usage, le premier coup tiré le fut pour le Roi ; l'honneur en était réservé à son représentant, le gouverneur de Chauny, qui, entouré des officiers et des magistrats de la ville, tira *le Coup du Roi*. Les fêtes durèrent plusieurs jours, et avant de se séparer on décida, par un second concordat, que le bouquet de la réunion provinciale de l'Ile-de-France, de la Picardie et de la Champagne passerait tour à tour d'une province dans une autre. Aussi fut-il offert à la ville de Rheims, qui le rendit en 1687 [3]. Ces joyeuses réunions

Camp ou le Camp-Solant, comme on le nomme aujourd'hui ; que les bêtes n'y paissent pas par respect ; qu'on lui dressa un tombeau avec cette épitaphe :

> Ichi chous chete lorde tombe
> Gist li vacher, dit *Tout-le-Monde*,
> De Chalny, chité de grand prix
> Entre maintes chités du pays ;
> Qu'il pache de Keron le barque,
> Autant bin quy wardit nos vaques.
> Chil trespassa dans chent dix neuf,
> Si gras de vertu comme bœuf,
> Boviers, vaques, keval et ane.
> Bin warder d'interrompre ame.
> *(Mémoires de l'Académie celtique*, t. VI, p. 92).

[1] On dit en effet, encore aujourd'hui, *les Singes de Chauny ;* ce dicton tient à l'anecdote suivante qui est assez plaisante et de la plus ancienne tradition :
« La municipalité de Chauny arrêta un jour dans son conseil, qu'il seroit mis dans les eaux environnant la ville, et pour en faire l'ornement, une certaine quantité de cignes. La municipalité écrivit en conséquence à Paris pour qu'on leur en procurât ; mais comme les officiers municipaux d'alors n'étoient probablement pas grands grammairiens, ou peut-être par un *lapsus calami*, ils mirent cinges dans leur lettre au lieu de cignes (le mot de *singe* s'écrivoit alors par un c). Les Parisiens auxquels ils s'étoient adressés pour cela, quoiqu'étonnés qu'on leur demandât un aussi grand nombre de singes, ne laissèrent pourtant pas de les envoyer. On peut juger de la figure du maire et des échevins de Chauny à l'arrivée de la charretée de singes, et des rires de la populace ; ce qui donna lieu au dicton. » *(Mémoires susdits*, n° 16, p. 95.)
Rabelais, dans *Gargantua* (L. I, chap. XXIV), appelle les singes de Chauny *Les Cinges verts*, « car ils sont de nature grands jaseurs et beaulx bailleurs de bailivernes en matière de cinges verts », c'est-à-dire de *contes bleus* ou *jaunes (Œuvres de Rabelais*, par Esmangart et Eloi Johanneau).
[2] Ce singe donna lieu au siècle dernier à un des produits galants, grivois et drôlatiques de la faïencerie de Sinceny, à une satire dirigée contre les bourgeois de Chauny, figurée sur une plaque de faïence de cette fabrique : UN CLYSTÈRE DONNÉ A UN SINGE.
[3] Sur une fête de l'*Arquebuse Royale de France*, voir une gravure intéressante ayant pour

allaient bientôt cesser pour Chauny ; car en 1735, sur la demande de La Galissonnière, intendant de la généralité de Soissons, les compagnies d'arquebusiers de Soissons, Braine, Vailly, Noyon, *Chauny*, Crépy et Château-Thierry furent supprimées[1]. Nous trouvons cependant le 18 décembre 1775 les capitaines de 46 compagnies appartenant aux quatre provinces de la primitive union, réunis en la salle Saint-Michel du grand couvent des Cordeliers de Paris, sous la présidence du duc de Bourbon, gouverneur de la Champagne, pour arrêter les statuts d'un troisième concordat[2].

Après en avoir joui pendant vingt-six années, Jean du Passage, par acte passé à Paris, rue Jean-Pain-Mouliet, paroisse Saint-Méry, le 23 avril 1684, résignait, sous le bon plaisir du Roi, son gouvernement de Chauny à François du Passage, son frère[3]. Mais le décès du cessionnaire empêcha cet acte de résignation de recevoir son exécution, l'agréation du Roi n'ayant pu être sollicitée en temps. C'est le seigneur de La Cour qui obtint de S. M. cette faveur[4].

Quant à sa fortune personnelle, Jean du Passage la tenait de plusieurs chefs. D'abord de la succession de sa grande tante, Anne du Passage, il eut un fief à Abbécourt[5], tenu de la seigneurie dudit lieu, l'une des dépendances du marquisat de Genlis[6]. Il reçut ensuite, le 29 octobre 1653[7], en donation, mais avec clause de substitution, de Françoise Le Clerc, veuve de Henri Morin, seigneur de La Borde, conseiller au Parlement, la terre de Saint-Martin-en-Brie, tenue de Coulommiers ;

---

légende : Les Cérémonies observées dans la marche des Chevaliers de l'Arquebuse des 57 villes ou provinces assemblées par ordre du Roy en la ville de Meaux pour y emporter les prix en présence de M. le prince de Rohan, gouverneur de Champagne et de Brie, commis par Sa Majesté pour tirer le premier coup en son nom le 29e aoust 1707 (*Un Almanach* en 1718. — Extrait des *Annales de la Société Historique de Château-Thierry*, année 1875).

[1] *Mêmes Annales*, année 1881 ; Notice sur les anciennes corporations d'archers, d'arbalétriers, de couleuvriniers et d'arquebusiers des villes de Picardie, par A. Janvier (*Mém. des Antiquaires de Picardie*, 2e série, t. IV). — Pour plus de détails voir le *Recueil des pièces concernant le prix général de l'Arquebuse de France*.

[2] J. Delaunay et A. Janvier, *loc. cit.*

[3] Original par devant Caron et Auvray, notaires au Châtelet.

[4] Inventaire du siècle dernier en désaccord avec D. Labbé (Pièces justificatives, nº XLI).

[5] Abbécourt, village du bailliage de Chauny, aujourd'hui de ce canton.

[6] La terre de Genlis, sortie de la famille de Hangest, appartenait alors à Florimond Brulart, seigneur d'Abbécourt, en faveur de qui elle fut érigée en marquisat en 1645 ; il fut le grand'père de Brulart de Sillery, député à l'Assemblée nationale.

[7] Acte passé par devant Richer et son collègue, notaires au Châtelet.

en raison de quoi il prêta serment au duc de Longueville [1], le 4 mai 1677 [2], et lui rendit aveu et dénombrement le 17 novembre suivant. Du côté de ladite dame de La Borde il eut encore une maison à Paris, rue du Puits, paroisse Saint-Paul [3].

Le 9 mars 1674, Jean du Passage procéda avec François du Passage à la liquidation des biens de François de Boubers, seigneur de Vaugenlieu, leur grand'père, par un acte où tous deux sont dénommés neveux et héritiers de Louis et de Pierre de Boubers. Le 24 octobre 1680, suivant arbitrage de Jean de Vieilmaison, seigneur de Cus ; Robert du Chesne, seigneur de Verpillières et de Marimont ; Gabriel Foncille, conseiller du Roi et son lieutenant-général à Chauny et Nicolas Vaillant, maître des eaux et forêts audit lieu, Jean du Passage reçut pour son droit d'aînesse Sinceny sans en rien excepter ; la maison, les terres et les prés de Montplaisir le haut et le bas au même lieu ; le fief d'Hérouel près de Ham ; le fief de Lespée à Magny, près de Rouen ; les maisons d'Abbécourt, Wesaponin et Espagny [4] ; les 38 setiers sur les moulins de Chauny ; 30 autres setiers sur les moulins de Thury ; et, enfin, 2,000 livres de rente sur le prévôt et les échevins de Paris [5] dont il ne se payait plus que moitié [6].

La charge d'écuyer d'écurie de Gaston d'Orléans, la mort de Marie Nacquart, première femme de Jean du Passage, et le compte de tutelle de leur fille mineure absorbèrent la plus grande partie de cette belle fortune. La terre de Sinceny fut saisie réellement et mise sous le séquestre d'un fermier judiciaire, François Moreau, qui présenta requête au bailliage de Chauny pour faire expertiser les réparations à faire au château. Du procès-verbal des experts, il est constant que, au mois de juillet 1682, il y avait urgence de refaire la voûte du pavillon destiné à faire l'entrée du château, les murailles des fossés, la grande porte-

---

[1] Charles-Paris d'Orléans, duc de Longueville et d'Estouteville, prince souverain de Neufchâtel, seigneur de Coulommiers, fut tué au passage du Rhin, le 12 juin 1672.

[2] Pièces justificatives, nº XLV.

[3] La maison de la dame de La Borde était louée, en 1674, 1,200 livres *(Liquidation Vaugenlieu)* ; Jean du Passage fit l'acquisition d'une autre qui lui était contiguë et donna procuration pour les vendre le 2 août 1681 *(Cabinet des Titres, dossier 49878)*.

[4] Wesaponin et Espagny, canton de Vic-sur-Aisne, arrondissement de Soissons.

[5] Jean du Passage céda, le 3 mars 1681, à François du Passage, son frère, cette rente de 1,000 livres moyennant 14,000 livres *(Cabinet des Titres, dossier 49878)*.

[6] Acte de partage passé à Chauny par devant Perrin et Roger notaires.

cochère du côté du petit jardin et un pan de mur à la maison de Mont-plaisir ; de terminer le pavillon neuf à trois étages ; de placer une poutre de 26 pieds dans la grande chambre au-dessus de la salle d'armes [1] ; de mettre enfin en état le pont-levis, la tournelle du côté du petit jardin, la tournelle servant d'escalier et la petite chapelle tenant au cabinet du seigneur de Sinceny. L'évaluation de la dépense s'élevait à 4,000 livres [2].

Peu après, Jean du Passage vendait, moyennant 90,000 livres, sa terre de Sinceny à Théophile Bouzier, seigneur d'Estouilly, maître à la Cour des Comptes à Paris.

Comme ses ancêtres, Jean du Passage eut à défendre sa noblesse contre la rapacité des traitants commis à la recherche des faux nobles, Laurent Estienne et Pierre Ponchon, remplaçant Jean Gasnier dans la généralité de Soissons. En vertu des déclarations du Roi des 8 février et 31 août 1661, il eut à présenter ses titres sous peine de 2,000 livres d'amende [3]. Le 11 mai 1667, François du Passage, son frère, présenta à Dorieu, intendant de justice de ladite généralité, une requête d'intervention qu'il admit. Après les maintenues de 1599 et 1634, la solution de ce procès ne pouvait être douteuse ; mais l'esprit inventif des traitants sut découvrir un prétendu cas de condamnation, dont il a été déjà parlé, l'absence de lettres de naturalisation.

Par arrêt du 2 juillet 1667 [4], Dorieu, se fondant sur la possession d'état, débouta les traitants [5].

Jean du Passage contracta deux alliances.

Il épousa en premières noces, par contrat passé à Paris, le 22 février 1668, par devant Debeauvais et son collègue, notaires au Châtelet, MARIE NACQUART, fille de Nicolas Nacquart, conseiller du Roi en ses

---

[1] On voyait en 1670, dans la salle d'armes, une belle tenture en tapisserie.

[2] Archives de l'Aisne, B. 1577.

[3] Un arrêt du Conseil d'Etat, du 14 juin 1664, ordonna que les amendes à payer par les usurpateurs de noblesse le seraient à la poursuite de Thomas Rousseau, chargé par le Roi du recouvrement, et sur les quittances de Me Chassepot de Beaumont, receveur-général des revenus casuels ; et déclara que les états de recouvrement seraient immédiatement dressés. — Cet arrêt n'est pas dans l'*Abrégé chronologique des Edits concernant la Noblesse.*

[4] Pièces justificatives, no XXXVIII.

[5] Enquête de la noblesse de la généralité de Soissons, déjà citée.

Château de Sinceny près Chauny

(Aisne)

Vue du côté du Parc

Conseils, intendant et commissaire-général des vivres et de ses armées et lieutenant-général en l'amirauté de Dunkerque, et de Eléonore Philipponat [1]. Les comparants au contrat furent *du côté du futur époux :* Noble homme Me Florent Parmentier, avocat en Parlement, l'un des substituts de M. le procureur-général de S. M. audit Parlement, au nom et comme procureur de la dame Madeleine de Boubers, mère dudit sieur futur époux, fondé de sa procuration passée pardevant Le Borgne et Carlier, notaires royaux à Chauny, le 6 du présent mois ; dame Françoise Le Clerc, veuve de messire Henri Morin, vivant seigneur de La Borde, conseiller du Roi en sa Cour de Parlement, grande tante maternelle ; messire Henri-Marie Le Clerc du Tremblay, conseiller du Roi en ses Conseils, maître des requêtes ordinaires de son Hôtel, et messire Claude-Philippe Le Clerc, son frère, conseiller et aumônier du Roi, abbé des abbayes de Beaulieu et de Mondoye, chanoine de l'Église de Paris, cousins ; messire Henri Passart, chevalier, seigneur de Pavant et autres lieux, baron des Ormes-Saint-Martin, conseiller du Roi ordinaire en tous ses Conseils d'État et privé, allié ; messire Charles Colbert, conseiller du Roi en ses Conseils, maître des requêtes ordinaire de son Hôtel ; messire Jean Desmarest, aussi conseiller du Roi en ses Conseils et trésorier-général de France au bureau des finances de Soissons ; et encore ledit sieur Parmentier, en son nom, tous amis. *Du côté de la future* comparurent : messire Nicolas Nacquart, bachelier en théologie, frère de ladite damoiselle ; Pierre Nacquart, sieur de Chammartin, cousin germain paternel ; messire Pierre Larcher, chevalier, seigneur d'Ormois et autres lieux, conseiller du Roi en ses dits Conseils d'Etat et privé et président en sa Chambre des Comptes à Paris ; messire Nicolas Le Camus, conseiller du Roi en ses dits Conseils d'Etat et privé et procureur-général de S. M. en sa Cour des Aides à Paris ; messire Honoré Courtin, aussi conseiller du Roi en ses dits Conseils d'Etat et Privé et Direction de ses finances ; messire Hugues de Chaumont, chevalier, seigneur d'Artueil, Villeneuve et autres lieux, conseiller ordinaire du Roi en ses dits Conseils et maréchal-de-camp ès-armées de S. M.; messire François-Philippe de Castille, marquis de Chenoise et autres lieux ; messire Charles Regnard, seigneur de Fussembert ; messire Hié-

[1] Voir *Correspondance administrative sous Louis XIV,* t. I et III.

rosme Boilleau, greffier de la grande chambre du Parlement de Paris à la charge du Conseil ; et nobles hommes Me Robert Parent et Pierre Bayen, avocats audit Parlement, tous amis. La future apportait 50,000 livres en mariage : son douaire en cas de non enfants était fixé à 2,000 livres et à 1,500 en cas d'enfants.

La mort de Marie Nacquart, arrivée le 12 juin 1678, amena une grande perturbation dans les affaires du seigneur de Sinceny. Elle laissait une fille unique, Madeleine-Françoise du Passage, qui fut mise sous la tutelle onéraire de Simon Cloche, avocat en Parlement : celui-ci fit saisir la terre de Sinceny en paiement des 50,000 livres ayant formé la dot de sa mère [1].

Jean du Passage se maria en secondes noces. le 25 juillet 1681 [2], avec Angélique de Comtes, sa parente. L'inventaire des papiers de sa succession mentionne une liasse intitulée : *Les prétentions d'Angélique de Comtes de retraire Saintceny sur Théophile Bouzier d'Estouilly* : or ce retrait ne pouvant être que de nature lignagère, ces prétentions affirment la descendance de la veuve de Jean du Passage de Jacques de Comtes et Claude du Passage [3].

Le 25 avril 1684 [4], Jean du Passage mourut à Paris et la levée des scellés, posés dans sa maison de Chauny [5], eut lieu le 4 mai suivant [6].

Angélique de Comtes alla se fixer à Saint-Martin en Brie. Elle convola peu après avec Louis-Dieudonné de Grammont, seigneur d'Erlon, capitaine au régiment de Tournon, fils (ou petit-fils) de Philippe de Grammont, seigneur d'Erlon, La Roche et Torly, et de Louise de Caurel [7]. Devenu tuteur de sa belle-fille, il fit opposition au décret poursuivi

[1] Voir plus bas les suites de cette saisie.
[2] Inventaire du siècle dernier.
[3] Voir chapitre III, § 9.
[4] Transaction du 10 février 1698.
[5] La maison de Jean du Passage était située sur la place de Chauny.
[6] Archives de l'Aisne, B. 1353.
[7] La maison de Grammont, qui porte *d'azur à trois têtes de reine couronnées d'or*, est originaire de la Franche-Comté et l'une des premières et des plus illustres de cette province, où elle subsiste encore avec le titre de marquis de Villersexel, dont elle fut honorée en 1718. La branche du Soissonnais a été maintenue par Dorieu, le 30 décembre 1667, sur preuves remontant à 1550 : elle était alors représentée par Claude-Louise de Caurel, veuve de Philippe de Grammont, seigneur de Torly, élection de Guise, où elle demeurait avec ses enfants. Parmi les alliances de cette famille se trouvent Coucy-Vervins, Fay d'Athies et Mailly dit de Coucy, du Soissonnais (Sur les Grammont, voir

par Simon Cloche, des terres de Saint-Martin et de la Sorbonne, à cause de l'insuffisance des deniers provenant de la vente de Sinceny. Des lettres d'état[1], des années 1691, 1693, 1694, 1695 et 1696, empêchèrent la levée de cette opposition ; le décès de Louis de Grammont interrompit ensuite l'instance ; mais reprise par sa veuve, le 12 juin 1697, elle se termina, le 10 février 1698, par une transaction[2]. Elle avait eu de sa seconde union une fille unique, Charlotte-Louise de Grammont[3].

Enfants de JEAN DU PASSAGE, seigneur de SINCENY.

1° De son premier mariage avec MARIE NACQUART naquit :

MARIE-MADELEINE DU PASSAGE.

A la mort de sa mère, elle fut mise sous la garde-noble de son père par acte des officiers de Coucy du 12 juillet 1679[4], puis sous la tutelle honoraire de Nicolas Nacquart, son aïeul maternel, demeurant à Cerceuil près Epernay, et sous la tutelle onéraire de Simon Cloche, avocat en Parlement. Madeleine-Françoise du Passage quitta le monde pour entrer en religion à l'abbaye de Saint-Sauveur dite Le Charme, près Château-Thierry, de la règle de Saint-Benoît et de la réforme de Fontevrault, et y prononça ses vœux le 6 juin 1685[5].

Sa succession, dès lors ouverte, fut dévolue, quant aux immeubles, à son aïeul maternel comme héritier principal ; à Nicolas Nacquart, prêtre, bachelier en théologie, et à François Nacquart, conseiller du Roi et son lieutenant-général au bailliage d'Epernay, ses oncles maternels.

Cabinet des Titres, dossier bleu n° 8335 ; Fonds français, man. 20259, généalogies de Franche-Comté, f° 67. — Histoire du comté de Bourgogne, t. II : le livre VII lui est entièrement consacré).

[1] On appelait Lettres d'Etat celles que le Roi accordait aux ambassadeurs, aux officiers de guerre et à tous ceux qui étaient forcés de s'absenter pour le service public. Elles suspendaient pour six mois toutes les poursuites qu'on dirigeait contre eux. Après cet intervalle les Lettres d'Etat pouvaient être renouvelées (Dictionnaire historique des Institutions, Mœurs et Coutumes de la France, par A. Chéruel).

[2] Voir chapitre VII.

[3] Nobiliaire du Soissonnais à la bibliothèque de Laon.

[4] Inventaire du siècle dernier.

[5] Original sur parchemin en latin, signé sr M.-F. DU PASSAGE ; Pièces justificatives, n° XLVI.

Marie-Madeleine du Passage mourut le 5 février 1687, avant la fin du procès intenté par Simon Cloche à la seconde femme de son père et à sa sœur consanguine.

2° De son second mariage avec ANGÉLIQUE DE COMTES naquit :

MARIE-MARGUERITE-ANGÉLIQUE DU PASSAGE.

Elle fait l'objet du chapitre VII.

---

[1] Même inventaire.

CHAPITRE VII

MARIE-MARGUERITE-ANGÉLIQUE DU PASSAGE,
dame de Saint-Martin.

MARIE-MARGUERITE-ANGÉLIQUE DU PASSAGE fut le seul enfant issu du mariage de Jean du Passage, seigneur de Sinceny et autres lieux, et d'Angélique de Comtes, sa seconde femme. A la mort de son père, elle vécut sous la tutelle de sa mère d'abord, puis de Louis de Grammont, seigneur d'Erlon, son beau-père, qui eut à soutenir le procès intenté à sa pupille par le tuteur onéraire de sa sœur et suivi par ses héritiers [1] : il mourut avant de le voir terminer. La transaction du 10 février 1698, qui portait abandon de la ferme de la Sorbonne avec ses 152 arpents 70 perches de domaine, termina enfin ce ruineux procès, car il ne restait plus à l'héritière de la branche aînée de la famille du Passage, que la terre de Saint-Martin où s'était fixée sa mère. Et cependant tel avait été l'avis de Jeanne Regnault, épouse de François du Passage, seigneur de Caillouel, son oncle paternel ; de Jean de Boubers, chevalier, seigneur de Mélicocq, son cousin germain ; de François d'Almany, lieutenant des vaisseaux du Roi ; de Nicolas Vaillant, seigneur de Montaire, intendant des finances et domaines du duc d'Orléans ; de Théophile Bouzier d'Estouilly, chevalier, seigneur de Sinceny, conseiller du Roi, maître honoraire en sa chambre des Comptes, et d'Antoine Bouzier d'Estouilly, prêtre, docteur en Sorbonne, amis de sa famille.

Quelques années après, Marie-Marguerite-Angélique du Passage

---

[1] Voir page 81.

épousait ADRIEN-MAXIMILIEN GRANGIER, chevalier, seigneur de Bellesme, écuyer de Monsieur, frère du Roi ; il était le fils unique de Jean Grangier, chevalier, seigneur de Bellesme et de La Baume, gentilhomme ordinaire de la Maison du Roi. Les Grangier, d'une ancienne et illustre famille du Parlement, portaient pour armoiries *d'azur à un chevron d'or accompagné de trois gerbes de même liées de gueules ; au chef vairé de deux traits d'argent et de gueules.* En vertu de l'édit de novembre 1696, Adrien-François Grangier, chevalier, seigneur du château, terre et seigneurie de Bellesme, Nicolas Grangier, écuyer, seigneur d'Amilly, Maximilien Grangier, écuyer, seigneur de Liverdis, Marguerite Grangier, veuve d'Henri de Fleurigny, écuyer, seigneur d'Amilly, Louise Grangier, veuve d'Antoine-Étienne des Es, écuyer, seigneur des Belles, et Marguerite Grangier de Bellesme, fille à marier, avaient fait enregistrer ces armoiries à l'*Armorial Général* [1]. La famille Grangier a formé plusieurs branches sous les noms de Bellesme, Liverdis [2], Monceau, Amilly, etc. ; elle a donné plusieurs Cent gentilshommes à la Maison du Roi ; un maître d'hôtel du Roi et de la Reine, ambassadeur des Ligues Suisses auprès de S. M. T. C. ; un conseiller au Parlement de Paris qui fut successivement maître des Requêtes, intendant à Lyon et conseiller d'État en 1625 ; un doyen de la Grande Chambre du Parlement ; un aumônier du Roi ; un page de Marie de Médicis, tué à Pignerol étant lieutenant-colonel au régiment de Plessis-Praslin [3] ; un page du Roi en sa Petite Ecurie, reçu le 7 novembre

---

[1] *Généralité de Paris*, t. II, p. 197, 814 et 1168 ; t. IV, p. 104 et 416.

[2] A cette branche a appartenu Timoléon Grangier, seigneur de Liverdis, conseiller d'Etat et président au Parlement de Paris : d'Anne de Refuge, fille de Charles de Refuge, chevalier, seigneur de Grosrouvray, Vaulxruisseau, et des Menus, et de Geneviève de Chanteloup (*Histoire généalogique de la maison de Tramecourt*, p. 116), il eut Vespasien Grangier, vicomte de Monarin et de Monceaux, seigneur de Prêle et autres lieux, baron de Bouville, gentilhomme ordinaire de la Chambre du Roi Henri IV, son bailli de Meaux et de Mantes, lieutenant de la compagnie des gendarmes du maréchal de Vitry, créé chevalier de Saint-Michel par Louis XIII en 1619 (*Cabinet des Titres*, man. 1044, v° 109 : registre des Chevaliers de Saint-Michel).

Un autre seigneur de Liverdis, Jean Grangier, fut le grand'père de Jeanne Grangier, épouse de Gabriel Testu de Balincourt, seigneur de Bornay, conseiller d'Etat : deux de leurs fils, Timoléon Testu de Balincourt et Claude-Julien Testu de Hédouville furent reçus chevaliers de Malte les 16 août 1644 et 4 février 1648 ; par eux les Grangier firent preuve de leur noblesse à Malte.

[3] Le régiment de Praslin, créé en 1585, réformé en 1587, rétabli sous le nom de Hostel par César de Choiseul en 1612 et licencié la même année, reparut en 1616, devint Plessis-

1640, mort lieutenant aux Gardes en 1666 ; un abbé de Saint-Barthélemy de Noyon, etc.

Marie-Marguerite-Angélique du Passage, dame de Bellesme, était d'une beauté remarquable, comme l'atteste son portrait [1] attribué à Jean-Marc Natier, de l'Académie de peinture, et selon d'autres à Charles-Joseph Natoire, qui allait devenir, en 1751, directeur de l'Académie de France à Rome. Elle fut marraine le 15 janvier 1715, à Caillouel, de Bernard-Gabriel du Passage, son neveu à la mode de Bretagne [2]. Son mari et elle furent aussi, en 1723 et en 1724, parrain et marraine des deux fils aînés de Bernard du Passage, seigneur de Plénoi, et de Marie-Thérèse de Bonafou ; l'un reçut les prénoms de son parrain et mourut jeune ; l'autre, Bernard-Gabriel, aura son article au livre V, chap. II.

Maximilien Grangier a laissé le souvenir d'un joueur forcené : on citait le chiffre de 600,000 livres, trois à quatre millions de nos jours, qu'il avait perdues. Ruiné, il se retira à Saint-Martin avec son épouse et disparut inaperçu avant elle.

La succession de Marie-Marguerite-Angélique du Passage paraît avoir été ouverte après 1768 [3]. Elle était réclamée par Bernard-Gabriel du Passage, seigneur de Plénoi, ancien capitaine au régiment Royal infanterie, chevalier de l'Ordre royal et militaire de Saint-Louis, tant en son nom que pour les enfants mineurs de Bernard-Gabriel du Passage, seigneur de Caillouel, ancien lieutenant-colonel d'artillerie ; par François du Passage, prêtre, chanoine de la collégiale de Saint-Montain de La Fère ; par Louis-Antoine-Bernard du Passage, capitaine au régiment de Poitou, chevalier de l'Ordre Royal et Militaire de Saint-Louis ; par Louis-Bernard du Passage, capitaine au régiment de Condé cavalerie, chevalier de l'Ordre Royal et Militaire de Saint-Louis ; par Jean-Baptiste du Passage, seigneur de Sainte-Segrée, capitaine au régi-

---

Praslin en 1624 et fut alors classé le 15e régiment parmi les régiments entretenus. En 1682 il changea de nom pour la dernière fois avant la Révolution et fut dénommé *Poitou* (*Histoire de l'Ancienne Infanterie Française*, par Louis Suzane, t. IV). — Il sera continuellement parlé du régiment de Poitou aux livres II et III de cet ouvrage, parce qu'il ne cessa de compter dans ses rangs des officiers du nom du Passage.

[1] Son portrait et celui du seigneur de Bellesme existent au château de Frohen-le-Grand.

[2] Voir Livre II, chap. III.

[3] Cette induction résulte de la demande en hérédité qui fut faite non par Bernard-Gabriel du Passage, mais par ses enfants mineurs.

ment de Poitou, chevalier de l'Ordre Royal et Militaire de Saint-Louis ; et par Marie-Louise et Marie-Élisabeth du Passage, tous, ses cousins-germains et héritiers paternels. D'un autre côté, ses parents maternels et ses donataires avaient aussi leurs prétentions ; ils s'appelaient Antoine-Théophile Collier de La Marlière, chanoine de Meaux, licencié en droit civil et canonique de la Faculté de Paris ; Louis-Philibert Collier, écuyer, seigneur de Boispoussin, aide-major de la légion de Saint-Domingue ; Louis-Charles Collier de La Marlière, chevalier, seigneur de Boispoussin, Artonge et autres lieux, mousquetaire de la première compagnie de la garde du Roi ; Antoine-Louis Collier, écuyer, chevalier des Ordres de N.-D. du Mont-Carmel et de Saint-Jean de Jérusalem, officier au régiment Dauphin infanterie ; Marguerite-Victor Collier, épouse de Jean-Baptiste de Belly de Bussy, chevalier, ancien conseiller au Conseil souverain de Dombes, et autres, tous frères et sœurs. Procès s'engagea, terminé grâce à un arbitrage rendu par cinq avocats en Parlement qui décidèrent que la terre de Saint-Martin et ses dépendances appartiendrait par moitié à chacune des parties en cause. Elle fut adjugée le 30 mai 1769 à la requête de l'abbé de La Marlière pour 70,000 livres, et ce, malgré la clause de substitution stipulée en 1653, par la dame de la Borde, héritière de son frère [1] tué à la reprise d'Amiens par Henri IV, en faveur de sa cote et ligne.

Ainsi a fini la branche aînée de la famille du Passage ; ainsi s'effondra sa fortune et fut perdue sa position à la Cour et auprès de la Maison Royale. Une autre ère s'ouvre pour elle dans la carrière des armes : tous ses représentants servent dans les camps et armées du Roi et montrent une telle bravoure dans les régiments de Poitou, Royal infanterie et Condé cavalerie, que les échos en retentissent chez les alliés et même les ennemis de la France.

---

[1] Le mausolée du dernier des Le Clerc du Tremblay, seigneur de Saint-Martin-en-Brie, se voyait au siècle dernier dans l'église de Saint-Martin-des-Champs, près Crécy.

HISTOIRE GÉNÉALOGIQUE

DE LA MAISON

DU PASSAGE

LIVRE SECOND

CONTENANT

LES SEIGNEURS DE CAILLOUEL

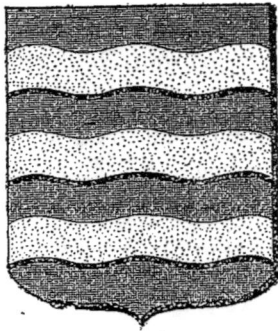

CHAPITRE I

FRANÇOIS DU PASSAGE, *chevalier, seigneur de* CAILLOUEL, CRES-
PIGNY, BÉTHENCOURT-EN-VAUX, *capitaine de cavalerie au régiment
d'Enghien.*

FRANÇOIS DU PASSAGE, auteur de la branche des seigneurs de Caillouel, aînée des seigneurs de Sainte-Segrée, rapportés au livre III,
était le second fils de Charles du Passage, chevalier, seigneur de Sinceny, Caillouel et autres lieux, gentilhomme ordinaire de la Chambre
de Louis XIII, et de Madeleine de Boubers.

Suivant les exemples de sa famille, il se signala dans la carrière des
armes. Cornette [1] le 24 octobre 1667 [2] dans la compagnie de Chevau-
Légers [3] du sieur de Vieux-Roi, lieutenant [4] dans le régiment d'Enghien-
cavalerie [5], lieutenant de la colonelle le 26 août 1670 [6], capitaine le

---

[1] *Cornette,* porte-drapeau.

[2] Original en parchemin signé LOUIS et plus bas *Le Tellier.*

[3] Les Chevau-Légers de la Maison du Roi formaient une compagnie spéciale de sa
garde ; leurs étendards étaient toujours en temps de paix déposés dans la chambre et la
ruelle du lit du Roi avec ceux des Gendarmes. Ils jouissaient des mêmes privilèges que
les compagnies de gentilhommes à bec de corbin et nul n'était admis parmi eux que sur
preuves d'une noblesse centenaire *(Dictionnaire historique des Institutions, Mœurs et
Coutumes de la France,* par A. Chéruel, au mot MAISON DU ROI).

[4] Cette lieutenance coûta à François du Passage la somme de 2,000 livres (Pièces justificatives, n° XLIII).

[5] Le régiment d'Enghien cavalerie venait d'être créé en 1666 : Enghien, tant qu'il est
la propriété du fils aîné du Grand Condé, il devient Condé à sa mort en 1686. En 1667
il est aux sièges de Tournai, Douai et Lille ; fort de neuf compagnies, il s'empare en
1668 de Baccarat, Rambervilliers, se rabat sur la Franche-Comté envahie par Louis XIV,
et le 24 mai de ladite année est réduit à une seule compagnie.

Le régiment d'Enghien, classé le 9 août 1671 dans l'organisation définitive de la cavalerie française, fit la campagne de Hollande en 1672, hiverna autour d'Utrecht, fut à
l'armée qui assiégea Maestricht en 1673 et gagna en 1674 la bataille de Senef.

Il sera encore question de ce régiment, Condé cavalerie, au livre V, chapitres I, II et
III.

[6] Brevet dudit jour porté à l'inventaire du siècle dernier. . . . . . — La lieutenance

16 mars 1674 [1], il comptait plus de 25 ans de service [2] lorsqu'il se retira. Mais rappelé pendant la guerre de 1688, il figura alors comme lieutenant des gentilshommes commandés de l'Ile-de-France [3], et servit de 1690 à 1696, comme guidon, cornette ou lieutenant de l'escadron des 150 gentilshommes du ban et de l'arrière-ban de cette province [4]. Le 23 avril 1684, son frère Jean du Passage lui avait, comme il a été dit plus haut [5] résigné le gouvernement de Chauny qu'il ne put appréhender : Louis XIV en avait disposé, le jour où il allait solliciter son agréation, en faveur du sieur de La Cour [6] ou, selon D. Labbé [7], de Louis, comte de Saint-Simon, mestre de camp de cavalerie.

De la succession de ses père et mère, suivant le partage du 24 octobre 1680, François du Passage, qualifié dans cet acte seigneur de Plénoi, eut la terre de Caillouel et ses dépendances, une soulte de mille livres de rente au capital de 14,000 livres sur les prévôt et échevins de Paris et la rente due à Françoise Le Clerc sa grande tante, veuve alors de Henri Morin, seigneur de La Borde, conseiller du Roi en sa cour de Parlement. Jean du Passage lui céda, le 3 mars 1681, moyennant une égale somme de 14,000 livres, une autre rente de mille livres sur lesdits prévôt et échevins [8], et sa tante de La Borde qui l'avait aidé dans sa carrière militaire, lui légua par testament et codicille des 16 mai 1673 [9] et 31 mars 1675 un capital de 55,000 livres. Telle fut la fortune d'un cadet destiné à perpétuer le nom du Passage : son frère aîné n'avait qu'une fille et Bernard du Passage, seigneur de Charmes, alors sans enfants, mourait sans postérité en 1688.

---

colonelle du régiment d'Enghien fut payée en partie avec deux autres mille livres que la dame de La Borde prêta le 17 novembre 1671 à François du Passage (Pièces justificatives, n° XLIII).

[1] Inventaire précité. — On trouve à la date du 5 mai 1673, comme il a été dit page 68, une quittance de gage à 30 liv. par mois d'un François du Passage, lieutenant au régiment de La Motte.

[2] *Cabinet des Titres, nouveau d'Hozier*, dossier 5908.

[3] *Ibid.*

[4] *Ibid.*

[5] Voir page 75.

[6] Inventaire précité.

[7] Pièces justificatives, n° XLI.

[8] Expédition pardevant Galloy et Thibert, notaires au Châtelet ; *Cabinet des Titres*, vol. susdit 2209.

[9] Pièces justificatives, n° XLIII.

François du Passage eut à subir les conséquences de la mesure générale ordonnée par la déclaration du Roi du 4 septembre 1696 pour la
recherche de la noblesse et le soulagement de ses sujets contribuables
aux tailles. Déjà édictée le 15 mars 1655 dans la province de Normandie, le 30 décembre 1656 dans le ressort de toutes les cours des Aides,
le 8 février 1661 dans le ressort de la cour des Aides de Paris et le 22
mars 1666 dans tout le royaume, elle venait d'être renouvelée n'excep-
tant, quant alors, de ladite recherche que les officiers présents aux
armées de terre et de mer. Le 8 juin 1697, Jeanne-Perrette Regnault,
épouse de François du Passage, recevait en son domicile rue Saint-
Claude au Marais, sommation d'avoir à justifier de la noblesse de son
époux depuis 1560 : elle était citée à la demande de Charles de La
Cour de Beauval, commissaire député pour la recherche des usurpateurs de noblesse dans la généralité de Paris. Le seigneur de Caillouel
présenta pour sa défense au Roi et au commissaire député une requête
fondée sur *ladite déclaration même qui exceptait de la recherche les
gentilshommes ayant déjà représenté leurs titres ou ayant été auparavant confirmés dans leur noblesse* : or, Jean du Passage son frère,
avait été maintenu le 22 juillet 1667 par Dorieu, intendant de Soissons [1]. Cette exception invoquée n'existe pas dans le texte imprimé de
la déclaration du Roi [2] et elle ne fut pas admise sans débat. Bignon,
conseiller du Roi en ses Conseils, l'un des membres de la commission
créée le 26 octobre 1696 pour juger les contestations à survenir en
exécution de la déclaration susdite, donna ordre, le 29 juillet 1697,
de communiquer ladite requête au sieur de La Cour de Beauval avec
injonction d'y répondre sous trois jours. Finalement elle fut admise.
Le 14 janvier 1698, François du Passage se vit signifier à Paris le
jugement de décharge de son assignation, rendu en sa faveur le 21
décembre 1697 [3]. Un nouveau traitant, Antoine Millière, lança encore
une nouvelle assignation contre lui; elle fut suivie peu après de son
désistement.

[1] Pièces justificatives, n° XXXVIII.
[2] *Abrégé Chronologique d'édits concernant le fait de la Noblesse.*
[3] Ce jugement fut enregistré au greffe de l'élection de Noyon le 27 mars 1706 et au
greffe de l'élection de Dourdan (Ile-de-France) le 25 janvier 1715.

Pendant le cours de ce premier procès, François du Passage, pour se conformer aux arrêts des 4 décembre 1696 et 23 janvier 1697, fit enregistrer le 21 octobre 1697 ses armoiries au bureau de Noyon [1].

Quelques années après, le 30 juillet 1703, parut une autre déclaration du Roi. Elle atteint ceux qui auraient repris les qualités de *noble homme*, d'*écuyer* ou de *chevalier* malgré leurs renonciations ou des condamnations portées contre eux. Un zèle intempestif amena de nouvelles poursuites contre François du Passage. Il reçut le 11 avril 1705 signification de ladite déclaration et des actes visés dans son texte : lettres-patentes du 4 septembre 1696, arrêt de la Cour des Aides du 13 septembre suivant [2], arrêt du Conseil d'État du 11 juin 1697, autres lettres-patentes du 30 mai 1702, deux arrêts du Conseil d'État du 20 du même mois Un ordre y était joint de comparaître au mois pardevant les commissaires généraux du Conseil, députés pour la recherche des usurpateurs des titres de noblesse, et de produire un inventaire de ses titres avec état de généalogie et filiation depuis 1560 : il eût été porté dans le catalogue des nobles de la ville et élection de Paris au cas où cet état eût été trouvé fondé. Ce second procès, dont les péripéties ne sont pas davantage connues, se termina, à la satisfaction de François du Passage, le 27 mars 1706, par une sentence des élus de Noyon, qui, en exécution de la déclaration du Roi du 17 juillet 1703 *(sic)* et des autres antérieures, ordonnèrent l'enregistrement à leur greffe de l'arrêt de la Cour des Aides du 27 novembre 1634 et de celui des commissaires pour la recherche des faux-nobles du 21 décembre 1697 [3].

Ainsi se terminèrent les procès successivement intentés à la famille du Passage sur sa noblesse, procès onéreux qui durèrent plus de 150 ans et servirent à donner plus de notoriété à leur ancienneté.

On a pu remarquer que la première assignation lancée dans les poursuites par les traitants avait été remise à Jeanne-Perrette Regnault, épouse de François du Passage. Celui-ci s'était marié avec elle à Paris par contrat passé pardevant Cornibert, notaire au Châtelet, le 5 mars

---

[1] Pièces justificatives, n° XLVIII.

[2] Cet arrêt de procédure, quoique imprimé, n'est pas dans l'*Abrégé Chronologique d'édits concernant la Noblesse*. Tous les autres actes signifiés y sont rappelés.

[3] Cet arrêt du 21 décembre 1697 n'est pas imprimé.

1682, en la demeure de Pierre Colbert, écuyer, conseiller du Roi, contrôleur général des postes et relais de France, son oncle [1]. Jeanne-Perrette Regnault était fille unique de Claude Regnault, écuyer, conseiller du Roi, trésorier de l'Hôtel et Grande-Prévôté de France, et de Marie Godfrin, sa mère alors décédée : elle avait dix-huit ans [2]. *Du côté du futur* les comparants furent le seigneur de Sinceny, gouverneur de Chauny, son frère, et Jean de Boubers, seigneur de Mélicocq, son cousin germain maternel. *Du côté de la future* figurèrent le contrôleur général des postes et relais de France et Marie Mesnard, sa femme, oncle et tante ; N. [3] Colbert, leur fils ; Jean Colbert, avocat au Parlement, et Madeleine Colbert, cousin et cousine [4] ; etc. Quarante-deux mille livres constituèrent l'apport de la future.

La famille Regnault portait pour armoiries *d'argent à un chevron de gueules accompagné de trois étoiles de même en chef* [5].

La prospérité ne régna pas dans les affaires de François du Passage et de sa jeune épouse. La tradition veut que Perrette Regnault joua un

[1] Pierre Colbert était fils de Gérard II Colbert et de Catherine Pothaillon, de Lyon, et petit-fils de Gérard I Colbert, marchand à Amiens où il épousa Marie Pingré, fille de Guillaume Pingré, marchand de camelot, et de Marie de Louvencourt. Gérard I transporta son commerce à Paris après la reprise d'Amiens par Henri IV, y mourut le 17 août 1617 et fut enterré à Saint-Méry sous une pierre tombale où se voyait un écusson *parti d'une givre et d'un pin*. Il était le frère aîné de Jean Colbert, seigneur du Terron, d'Oudard Colbert, seigneur de Villacerf, et oncle par conséquent du grand ministre de Louis XIV et de Nicolas Colbert, tige des seigneurs de La Bretonnière *(Bibl. Nat.* Chevillard. — *Dossiers bleus*, n° 5167, f° 70).

Pierre Colbert se qualifiait de conseiller du Roi, contrôleur des postes de France et l'un des cinq postes ordinaires de la cour et suite de Sa Majesté (Quittance de la somme de 180 livres pour le second semestre de l'année 1670 en date du 24 juillet 1670), et de seigneur de Clesles et de Montigny (Quittances de rentes sur les gabelles de 1691 à 1693 *(Cabinet des Titres, pièces originales,* t. 811, f°ˢ 747-752). Il était mort dès 1698 (Pièces justificatives, n° L).

[2] Acte de décès de Jeanne-Perrette Regnault en date du 2 janvier 1700, où elle est dite âgée de 36 ans *(Registre de Catholicité de Caillouel).*

[3] Le fils unique de Pierre Colbert et de Marie Mesnard s'appelait Pierre-François Colbert : il est dit écuyer, seigneur de Clesles et de Montigny, demeurant en 1698 île Notre-Dame, quai d'Alençon, paroisse Saint-Louis *(Cabinet des Titres ; Pièces originales,* t. 811, f° 753 à 767. — Pièces justificatives, n° L).

[4] Jean et Madeleine Colbert devaient être les enfants de Gérard III Colbert, frère aîné dudit Pierre Colbert. — Quant à la parenté de Jeanne-Perrette Regnault avec les Colbert, on n'a pas trouvé d'explication à ce sujet.

[5] Preuves de Saint-Cyr pour Anne du Passage de Caillouel (T. XI *des Reg. aux Preuves,* f° 25).

grand rôle dans la famille, mais rôle funeste hélas ! On parlait toujours d'elle avec amertume et pour lui reprocher l'abaissement dont elle avait été la cause : en effet, elle aimait singulièrement le monde et la représentation. C'était toujours avec peine qu'elle se décidait à s'absenter de temps en temps de son hôtel de la rue Saint-Claude, pour aller retrouver son mari qui ne quittait jamais la campagne ; mais alors elle lui amenait nombreuse et brillante compagnie. A ce train, elle finit par manger sa fortune et celle de François du Passage, et, un beau jour, pour liquider, il fallut tout vendre, même l'argenterie. Jusque-là les du Passage avaient toujours été dans une belle position de fortune, qui leur avait permis de fréquenter la Cour ; après cette ruine il fallut s'en éloigner et se résigner à vivre plus modestement à Caillouel. De là les justes colères amoncelées sur le nom de *Perrette*. Le fait est que, le 24 février 1714, alors que Jeanne-Perrette Regnault avait cessé d'exister, François du Passage, arrivé à un grand âge, voulut liquider les dettes de son fait et du fait de son épouse. Il fit en conséquence l'abandon de tous ses biens à ses trois fils [1] moyennant de l'acquitter de la somme de 16,200 livres dont il était alors chargé ; l'hôtel de la rue Saint-Claude fut à cet effet vendu en 1709 par Claude du Passage à sa cousine la dame de Bellesme.

Jeanne-Perrette Regnault mourut à 36 ans et fut inhumée dans la chapelle de la Vierge, en l'église de Caillouel, le 2 janvier 1700 : le corps de François du Passage fut déposé auprès de celui de son épouse, le 1er juillet 1715 [2].

---

[1] Acte de partage passé pardevant Choquet et Périn, notaires à Chauny.
[2] Reg. de Catholicité de Caillouel.

Enfants de FRANÇOIS DU PASSAGE, *chevalier, seigneur de* CAILLOUEL, CRÉPIGNY, PLÉNOI, *etc., et de* JEANNE-PERRETTE REGNAULT, *son épouse.*

1° CLAUDE DU PASSAGE est rapporté au chapitre suivant.

2° BERNARD-GABRIEL DU PASSAGE fut l'auteur du rameau des seigneurs de Plénoi et des Grenaux, rapporté au livre IV.

3° PIERRE-FRANÇOIS DU PASSAGE fut l'auteur du rameau des seigneurs du Clos à Bonnelle, près Dourdan, rapporté au livre V.

4° GENEVIÈVE-FRANÇOISE DU PASSAGE naquit à Paris le 26 novembre 1690 et fut baptisée le même jour à l'église Saint-Gervais [1]. Elle fut admise le 3 mai 1701 à la Maison Royale de Saint-Louis de Saint-Cyr [2] :

[1] Preuves de noblesse de Geneviève du Passage, *Cabinet des Titres, nouveau d'Hozier*, dossier 13281, et Archives du château de Frohen-le-Grand.

[2] La Maison Royale de Saint-Cyr, aujourd'hui transformée en École Militaire, fut fondée par Louis XIV en 1686 sur les conseils de Madame de Maintenon. Elle fut convertie par bref du 18 février 1691 du Pape Alexandre VII en véritable abbaye sous la règle de saint Augustin, et, le 9 août suivant, des prêtres réguliers de la congrégation de Saint-Lazare y furent établis.

Le Grand Roi dota sa maison de Saint-Louis de 40,000 écus de rente destinés à l'éducation de 250 jeunes filles, nobles de quatre générations du côté paternel, qui y étaient reçues depuis l'âge de sept ans accomplis jusqu'à douze ans ; elles en sortaient à vingt ans et trois mois, comme on le peut constater par le registre de sortie existant aux archives de Seine-et-Oise. Voulant augmenter cette dotation, Louis XIV demanda au même Pape et en obtint une bulle d'union de la mense abbatiale de Saint-Denis, qui, en vertu de Lettres-Patentes émanées de son autorité Royale, furent enregistrées au Parlement le 21 novembre 1692.

La question des dots des Demoiselles de Saint-Cyr demeura toujours une des grandes préoccupations de Madame de Maintenon, qui fit demander à cet effet des fonds aux États d'Artois, de Bourgogne et de Languedoc pour les demoiselles natives de ces provinces. Ils sollicitèrent au contraire l'établissement d'une succursale dans leur ressort : ce que la Flandre, l'Artois et le Hainaut français devaient seuls posséder sous le nom de LA SAINTE-FAMILLE. La ville de Lille en 1686, l'année même de la fondation de Saint-Cyr, avait été dotée de cette institution par Marie-Anne de Sepmeries, dame de Sepmeries et de Wasquehal, veuve de Charles-Robert de Bacquehem, seigneur de Barastre, et Marie de Noyelles, fille de feu Antoine de Noyelles, seigneur des Mottes : son règlement du 24 décembre 1697 se référait même à celui de Saint-Cyr pour les cas non prévus. Aussi rencontre-t-on fort peu de noms des familles de ces trois provinces dans les listes de la maison du Grand Roi : Aumale de Liévin, Bertoult de Hauteclocque, Ydeghem de Watou,

« Geneviève du Passage, en l'Isle de France, née et baptisée le 26
« novembre 1690, reçue à Saint-Cyr le 6 avril 1701, fille de François
« du Passage, seigneur de Caillouel, qui a servi dans le régiment d'En-
« ghien-cavalerie l'espace de plus de 25 ans en qualité de lieutenant et
« capitaine dans ledit régiment, et dans cette dernière guerre en celle
« de lieutenant des gentilshommes commandés de l'Isle de France et
« est chargé de quatre enfants [1] ». Ses preuves produites furent de sept
générations, et l'inventaire des titres comprit les principaux relatés
dans cet ouvrage, jusques et y compris le certificat du 21 février 1491
d'Engilbert comte de Nevers [2].

Son éducation terminée, Geneviève-Françoise du Passage n'eut,
comme la grande généralité des demoiselles de Saint-Cyr, d'autre vie
à prendre faute de biens que celle du couvent ou du célibat [3]. Orphe-
line, ayant deux frères au service du Roi et l'aîné marié et père de
famille, elle entra en 1709 à l'abbaye de la Trinité du Paraclet, ordre
de Saint-Benoît, au diocèse de Troyes et y mourut le 11 mars 1769
dans sa 80e année, après avoir édifié son couvent par ses vertus.

Ostrel de Flers, Baynast de Sept-Fontaines, Nesle de Lozinghem, Volant de Berville,
Carondelet de Noyelle, Raulin de Belval et Beaulaincourt, sont les seuls qui y figurent.

Le registre des placets à Saint-Cyr pour les admissions existe encore ; tous ont pour
apostille écrite de la main du Roi : *Si elle a les qualités requises*, Louis ; qui voulait lui-
même prendre connaissance des titres de chaque présentée et se rendre compte, par cette
sorte de contrôle, de l'état de la noblesse militaire de son Royaume.

A la sortie de la Maison de Saint-Cyr chaque demoiselle, en considération de l'honneur
qu'elle avait eu d'y être élevée, recevait de la dépositaire de ladite Royale Maison, provenant du don fait par le Roi, une somme de 3000 livres. Il en sera particulièrement question à l'art. MARIE-ÉLISABETH DU PASSAGE, demoiselle de Saint-Cyr, livre V, chapitre I.

Sur la Maison Royale de Saint-Cyr, consulter *Histoire de la Maison Royale de Saint-
Cyr*, par Théophile Lavallée, ouvrage couronné par l'Académie française et recommandé
par l'Archevêque de Paris ; Théophile Lavallée, *Madame de Maintenon et la Maison
Royale de Saint-Cyr*, ouvrage couronné également par l'Académie française, contenant la
liste complète des admissions ; *Les Preuves de Noblesse des Demoiselles de Saint-Cyr*, au
Cabinet des Titres ; les Archives de Seine-et-Oise ; *Souvenirs de Madame de Pontalby,
dernière survivante des Demoiselles de la Maison Royale de Saint-Cyr*, recueillis et publiés
par M. Fr. Joubert, etc.

[1] *Cabinet des Titres,* dossier 5908.

[2] Pièces justificatives, n° LI.

[3] *Madame de Maintenon et la Maison Royale de Saint-Cyr*, p. 237.

CLAUDE DU PASSAGE, *chevalier, seigneur de* CAILLOUEL, CRES-
PIGNY, BÉTHENCOURT-EN-VAUX, *capitaine au régiment de milice
de La Neuville*.

CLAUDE DU PASSAGE, fils aîné de François du Passage, chevalier,
seigneur de Caillouel et autres lieux, et de Jeanne-Perrette Regnault,
naquit à Paris sur la paroisse Saint-Gervais le 20 janvier 1683, et fut
baptisé le même jour dans ladite église. Il eut pour parrain Claude
Regnault, conseiller du Roi, trésorier de son Hôtel, son grand'père, et
pour marraine Marie Mesnard, épouse de Pierre Colbert, contrôleur
général des postes et relais de France, sa grande tante maternelle [1].

Louis XIV avait en 1688, au commencement de la guerre contre
l'Angleterre et ses alliés, ordonné la levée de trente régiments de milice
fournis et équipés par les communautés [2]. Cette levée eut lieu spécialement lors de l'invasion de la Flandre, en 1706, 1710 et 1711, dans la
généralité d'Amiens, qui mit sur pied quatre régiments de milice
locale [3] pour la garde de la Somme. Le Roi par un ordre daté de Marly

[1] Registre de catholicité ; preuves de Saint-Cyr pour Anne du Passage, fille de Claude
du Passage, seigneur de Caillouel.

[2] *Communauté*, autrefois corps des habitants d'une ville, d'un bourg, d'un village
(E. Littré).

[3] La levée des milices provinciales n'avait pas fait abandonner l'appel plus ancien des
milices locales. Les provinces frontières ou menacées d'invasion, quoique ayant déjà
fourni des recrues pour les troupes réglées et des régiments de milice provinciale,
devaient encore pourvoir à leur propre défense en levant des milices qui, pour les hommes
de fief, eussent été qualifiées d'arrière ban. Elles étaient recrutées par la voie du tirage
au sort parmi les garçons de 16 à 40 ans, se composaient de 12 compagnies de 50 hommes, et, tout en restant aux travaux des champs, se formaient à l'exercice pendant l'été.

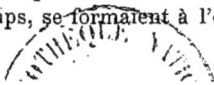

le 10 janvier 1711 [1] donna commission de capitaine dans le régiment du sieur de La Neuville [2] à Claude du Passage, pour remplacer le capitaine de Henoy, qui venait d'être destitué. On le trouve présent au corps le 3 mai 1712, et sans nul doute il y servit jusqu'au licenciement des milices de Picardie à la paix d'Utrecht — 11 avril 1713 [3].

Le 24 janvier 1714, François du Passage abandonna à Claude du Passage sa maison de la rue Saint-Claude, à Paris, et sa terre de Caillouel avec les charges dont elle avait été de tout temps grevée, à condition de son entretien sa vie durant, d'une soulte à ses deux frères et du paiement de ses dettes ; parmi elles figure une somme due à La Violette, vigneron, pour la façon de ses vignes [4].

(Ordonnances des 7 juin 1710 et 6 mai 1711. — Histoire des Milices Provinciales (1688-1791) par Jacques Gebelin, p. 65).

Le 20 août 1636, en raison des progrès des Espagnols en Picardie, Louis XIII donna ordre à de Laborde, mestre de camp d'un régiment de 15 compagnies, de faire assembler et armer sous le commandement du sieur de Genlis toutes les communes de Picardie, élection de Noyon, bailliage de Vermandois, Chauny, La Fère, Laon, et de les organiser en milices (Archives de l'Aisne, B. 722). En 1688 Louis XIV ordonna la levée de trente régiments de milice, fournis et équipés par les communautés. Il est de ces régiments de milice qui devinrent des régiments provinciaux et furent incorporés dans l'armée, tel le second régiment de Champagne, dit de Châlons, passé régiment provincial d'artillerie de La Fère (Le Recrutement territorial sous l'Ancien régime : Étude sur la milice dans la Champagne méridionale, par Albert Babeau, p. 39).

[1] Louis, par la grâce de Dieu, Roy de France et de Navarre. A notre cher et bien amé le capitaine du Passage, salut. La compagnie qu'avoit le capitaine de Henoy dans le régiment de milice d'infanterie de La Neuville dans notre province de Picardie, estant à présent vaccante par sa destitution, et désirant la remplir par une personne qui s'en bien puisse acquitter, nous avons estimé que nous ne pouvions faire pour cette fin meilleur choix que de vous . . . . A ces causes . . . . Nous vous avons commis, ordonné et estably . . . . par ces présentes signées de notre main, capitaine de ladite compagnie . . . . Car tel est Notre Plaisir. Donné à Marly le dixième jour de janvier l'an de grâce Mil sept cent onze et de notre règne le soixante-huitième. Signé Louis, par le Roy Voisin.

[2] En 1711 le seigneur de La Neuville en Vimeu est François de Fontaines, chevalier, seigneur de La Neuville-au-Bois que l'Histoire généalogique de la Maison de Montmorency et de Laval dit avoir été colonel d'un régiment d'infanterie et s'être allié le 10 septembre 1697 à Catherine de Montmorency, fille de Daniel de Montmorency, seigneur d'Acquest et de La Cour-au-Bois et de Marthe de Halart et non Wllart, comme l'énonce le Nobiliaire de Ponthieu et de Vimeu, col. 763. Cette famille chevaleresque, l'une des plus illustres de la Picardie, s'est éteinte de nos jours.

[3] Archives du Ministère de la Guerre.

[4] La culture de la vigne avait déjà été abandonnée à Chauny, à la suite des hivers excessifs de 1681 à 1694 qui y firent périr la presque généralité des vignes. Si elle dura plus longtemps à Caillouel, ce fut pour peu d'années.

Le 10 juillet suivant, Claude du Passage épousait par contrat passé au château de Servais, par devant Fouquet et Dambertrand, notaires à La Fère, LOUISE DE PASTOUR, fille aînée de Bernard-Gabriel de Pastour, seigneur de Servais et autres lieux, et de Louise de Hébert, sa seconde femme [1]. Les comparants furent : *du côté du futur*, François du Passage, seigneur de Caillouel, son père ; Bernard du Passage, seigneur de Plénoi, son frère ; Michel de Hanon de Lamivoye, capitaine-major au régiment de Poitou [2] ; et *du côté de la future*, Bernard-Gabriel de Pastour, chevalier, seigneur de Servais, son père ; Claude de Pastour, capitaine au régiment de Béarn-infanterie, et Jean-Baptiste de Pastour, officier dans l'artillerie de France, ses frères ; Marie Laumosnier, dame de Travecy, veuve de Bernard-Charles de Pastour, son frère aîné, alors remariée à Louis-Laurent de Tuffereau, écuyer, lieutenant d'artillerie ; Marie-Marguerite de Pastour, sa sœur ; Marie-Françoise Hébert, veuve de François Piéronet de Lambervalle, chevalier, seigneur de Signy, Vausaillon et Aillevalle, sa tante ; Antoinette Hébert aussi sa tante ; Marie-Anne-Élisabeth de Martin, épouse de Jean-Baptiste-Gaston de Piéronet, major du régiment de Bourbonnais [3], son cousin-germain ; Marie-Louise de Piéronet [4], sa cousine-germaine ; Anne de Champgrand, veuve de Charles du Clozel, chevalier, seigneur de Varipont, son cousin, et Alexandre du Clozel, son cousin, demeurant à Varipont.

Claude du Passage mourut en son château de Caillouel le 22 août 1725 et fut enterré le lendemain dans la chapelle de la Vierge en

[1] Bernard-Gabriel de Pastour eut de quatre femmes, Louise Fontaine, Louise de Hébert, Anne de Foucault et Marie-Suzanne de Montguyot, vingt-deux enfants : les six mentionnés au tableau du chap. III, § 10, sont les seuls connus.

[2] Michel de Hanon de Lamivoye passa dans la suite lieutenant-colonel du régiment de Poitou. De sa famille était Charles de Hanon, seigneur de Lamivoye, lieutenant-colonel dans Plessis-Praslin (devenu Poitou en 1682), qui épousa Renée de Froidour, dont il eut Marie-Anne de Hanon de Lamivoye, mariée par contrat du 3 février 1686 à Louis de Hébert, seigneur de Sainte-Segrée, frère de la dame de Servais ci-dessus. La famille de Hanon de Lamivoye a fourni six lieutenants-colonels au régiment de Poitou.

[3] Le chevalier de Lamberval devint lieutenant-colonel de Bourbonnais entre 1735 et 1738, après le sieur de Sempé (*Abrégé de la Carte Générale du Militaire de France en forme de supplément*, par P. Leman de La Jaille).

[4] Marie-Louise de Piéronet de Lamberval, épousa Claude Langlois. Elle hérita, conjointement avec ses frères, d'Antoinette Hébert, la terre de Brouchy qui passa à ses descendants, tombés en quenouille au commencement de ce siècle dans la famille Van Cappel de Prémont.

l'église dudit lieu, en présence de Jacques du Clozel, seigneur de Varipont [1] ; il était dans sa 43e année.

Louise de Pastour eut alors à élever une nombreuse famille en bas âge ; elle le fit au prix de grands sacrifices, notamment en 1747 pour l'entretien de ses deux cadets au service du Roi. Le fait le plus notable de sa longue existence, car elle mourut le 11 février 1772 à 86 ans [2], fut l'héritage qu'elle fit en 1761 de la terre de Sainte-Segrée près Poix, en Picardie, à la mort de Catherine de Hébert, sa nièce à la mode de Bretagne [3]. C'est à Sainte-Segrée qu'elle mourut : elle fut enterrée dans le chœur de l'église où se voit encore une dalle commémorative.

En la personne de Louise de Pastour paraît s'être éteinte cette vieille famille du Soissonnais qui, comme il a été dit au chap. III, § 10, portait pour armoiries *d'azur à trois cloches d'or*. Elle avait été maintenue le 12 mai 1707 par d'Ormesson, intendant de la généralité de Soissons, sur justification de sa noblesse depuis 1506, et avait renouvelé ses preuves en 1717 pour la Maison Royale de Saint-Cyr [4].

Enfants de CLAUDE DU PASSAGE, *chevalier, seigneur de* Caillouel *et autres lieux, et de* LOUISE DE PASTOUR, *dame de* Sainte-Segrée, *son épouse.*

1° Bernard-Gabriel du Passage est rapporté au chapitre suivant.

2° François du Passage fut baptisé dans l'église Saint-Pierre de Caillouel [5] le 10 mai 1716.

3° Antoine-Bernard du Passage fut baptisé le 2 avril 1717 : il eut pour parrain Bernard du Passage, lieutenant dans Condé-cavalerie,

---

[1] Registres de catholicité de Caillouel.

[2] *Idem*, de Sainte-Segrée.

[3] Voir livre III, chapitre premier.

[4] Il existait dans le midi de la France une autre famille du nom de Pastour qui portait *écartelé aux 1 et 4 d'argent à l'aigle éployée de sable, accompagnée de trois sautoirs de bâtons noueux au naturel posés 2 et 1 ; aux 2 et 3 d'or au chevron d'azur : au chef de même chargé de trois molettes d'éperon d'or ;* elle fit enregistrer ses titres de noblesse à Soissons en 1783 *(Nobiliaire universel de France,* t. I, p. 195).

[5] Tous ces actes de baptême sont tirés des registres de catholicité de Saint-Pierre de Caillouel.

son oncle paternel, et pour marraine Antoinette Hébert, sa grande tante maternelle, demeurant à Soissons.

4° CLAUDE DU PASSAGE fut baptisé le 23 mai 1718 : il eut pour parrain Claude de Pastour, capitaine au régiment de Béarn, son oncle maternel, et pour marraine Marie-Marguerite de Pastour, sa tante maternelle.

5° JEAN-BAPTISTE DU PASSAGE fut l'auteur de la branche des seigneurs de Sainte-Segrée, seule existante aujourd'hui, qui est rapportée au livre III de cette histoire.

6° JACQUES DU PASSAGE fut baptisé le 6 mai 1722 ; il eut pour parrain Charles du Clozel, seigneur de Varipont, son parent, et pour marraine Marie-Agnès de Bonafau, épouse de Bernard du Passage, demeurant à Marchais, diocèse de Meaux, sa tante paternelle.

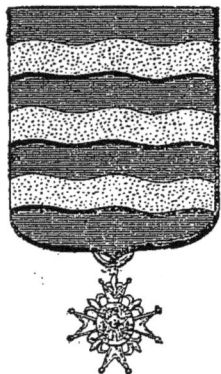

7° LOUIS - ANTOINE - BERNARD DU PASSAGE DE CAILLOUEL, fut baptisé le 3 septembre 1724 ; il eut pour parrain et marraine ses frère et sœur, Antoine - Bernard et Marie - Louise du Passage. D'abord sous-lieutenant au régiment de Poitou, où servait Claude-Louis-François du Passage du Clos, son cousin-germain, puis lieutenant en second, il passa le 1er avril 1737 lieutenant en premier dans la compagnie de Cages, par suite de la promotion du comte de Bonneval au grade de capitaine. Il prit part le 16 juin 1746 à la bataille de Plaisance, passa le 26 mars 1747 capitaine en remplacement du capitaine Beaumont tué dans cette affaire [1].

Le Roi ayant décidé de compléter les bataillons du régiment de Poitou donna commission le 1er septembre 1755 [2] au capitaine du Passage de

---

[1] Le régiment de Poitou perdit dans cette défaite 58 officiers tant tués que blessés et prisonniers (Pièces justificatives, n° LVII).

[2] 1755. Tout se prépare en France pour la guerre . . . . . Le cabinet de Versailles fait demander à Londres la restitution des vaisseaux pris par les Anglais, et déclare qu'il considérera un refus comme une déclaration de guerre. L'année s'écoula sans que les Anglais répondent à cette sommation (Abrégé chronologique de l'Histoire de France, par le président Hénault).

lever une compagnie de 40 hommes [1], officiers non compris, et deux ans après, à la suite d'une grave blessure reçue à Rosbach le 5 novembre 1757 [2], le promut le 22 dudit mois chevalier de son Ordre Royal et Militaire de Saint-Louis [3] par un brevet enregistré au greffe de l'Ordre le 6 août 1759 seulement. Mais l'ordre de recevoir Louis-Antoine-Bernard du Passage avait été donné par Sa Majesté le 3 juillet 1758 [4] au brigadier Hébert, ancien lieutenant-colonel du régiment de Poitou.

Dans la suite le capitaine du Passage devint capitaine de grenadiers le 1er juillet 1774 au lieu et place du capitaine d'Aubusson passé chef de bataillon, et capitaine-commandant le 27 septembre 1777 par le

[1] Ce mode de recrutement de l'armée active était un vestige de l'ancienne organisation féodale : le vassal était tenu, en raison de son fief, de lever des hommes de guerre en proportion de son importance ; il avait commission permanente. Plus tard, lors de la formation des bandes d'ordonnances et des régiments qui leur succédèrent, le Roi donnait commission temporaire à des colonels pour les lever, à des capitaines pour mettre une compagnie sur pied : le tout à leurs frais et dépens comme du temps de la féodalité. C'est ainsi que dans les papiers des Hébert se trouve, à la date du 13 mars 1643, une quittance de 500 livres, moyennant laquelle somme un sieur de Saint-Martin s'engage à enrôler quarante soldats pour servir de recrues à la compagnie du sieur Hébert, au régiment de Rambures, à les conduire à Épernai et à en rapporter un certificat du commandant du régiment ou du commissaire qui fera la montre. Ainsi encore le 1er avril 1677 le sieur de Hébert, capitaine dans Feuquières, recevait un certificat comme quoi il avait été en recrues pendant le mois de mars et ramené dix bons hommes, et le 7 avril 1678, alors qu'il était en garnison à Arras, un passeport pour aller en recrues.

[2] Pendant la guerre de Sept-Ans, Poitou garde les côtes de Flandre et d'Artois, passe l'hiver à Béthune, rejoint le maréchal de Soubise en mars 1757 à Stockeim ; « il contribua », dit Suzane, « à la prise de Wesel et de Juliers, et suivit ensuite l'armée dans la Basse-Saxe où elle fit sa jonction avec le corps autrichien du prince de Saxe-Hildburghausen dont la présomption et l'ignorance furent en grande partie cause de l'épouvantable catastrophe de Rosbach. Dans cette fatale journée, Poitou se montra digne de sa vieille réputation, et combattit avec le courage du désespoir. Son colonel, le comte de Revel, fut mortellement blessé et mourut le lendemain ; le lieutenant-colonel du Fay fut blessé et pris ; le major de Bonneval fut blessé ainsi que l'aide-major Duroussat et les deux capitaines de grenadiers Saint-Mesmin et Demonts. Enfin parmi les autres officiers blessés et qui presque tous tombèrent entre les mains des Prussiens se trouvaient les capitaines de Chaban, Chevalier, *du Passage,* Le Roy de La Chaise, La Guéronnière, des Escherolles *(a),* Palluau, Saint-Sulpice, Lanzac, Musan, Pally, Fontenaille, Dangé, des Augiers, Sorelle, Galléon et huit lieutenants. »

[3] Sur l'Ordre Royal et Militaire de Saint-Louis fondé par Louis XIV au mois d'août 1693, voir son Histoire depuis son institution jusqu'en 1830, par Alex. Mazas et Théodore Aune.

[4] Ordre dudit jour signé Louis et plus bas *Boyer.*

(a) Sur Des Escherolles, capitaine au régiment de Poitou, voir *Les Origines de la France contemporaine,* par H. Taine, t. III, p. 408.

changement du capitaine de Saurel, suivant ordre royal en date de ce jour, renouvelé le 20 mars 1779 au comte de Béthizy, colonel du régiment de Poitou. Il se retira du service en 1783 avec une pension de 1500 livres [1].

Pendant les dernières années de sa carrière militaire, Louis-Antoine-Bernard du Passage avait abandonné à son frère aîné le 15 décembre 1760 sa part dans les biens paternels et maternels, et souscrit le 24 décembre 1761 l'accord de famille entre ce dernier d'une part, et les autres cohéritiers sur ces successions. Puis il vint se fixer à Sainte-Segrée, chez le chevalier du Passage, son frère ; avec lui il prit part au vote de la noblesse du bailliage d'Amiens pour les États-Généraux, fut emprisonné pendant la Terreur et revint après son élargissement à Sainte-Segrée. C'est là qu'il finit ses jours à l'âge de 80 ans, le 19 ventôse an XIII, 10 mars 1803.

8° ANNE DU PASSAGE naquit le 22 juin 1721. Elle reçut le baptême le même jour et eut pour parrain Bernard-Gabriel du Passage, son frère aîné, et pour marraine Anne de Champgrand, veuve de Charles du Clozel, seigneur de Varipont.

Le 4 décembre 1729 le Roi agréa la présentation qui lui était faite de « demoiselle du Passage de Caillouel, pour être admise au nombre des Demoiselles de sa Maison de Saint-Cyr dans le parc de Versailles [2] ». Elle était, paraît-il, une beauté hors ligne, une jeune personne qui réunissait toutes les perfections et tous les talents. Sa bonté égalait sa beauté et la faisait adorer de ses maîtresses et de ses compagnes : aussi, quand elle mourut en 1741, trois mois avant de sortir de Saint-Cyr pour entrer dans le monde, ce fut un deuil général et une douleur telle qu'on n'en avait pas vu depuis la mort de Madame de Maintenon. C'est l'expression dont on se servait toujours pour peindre le regret profond excité par cette mort imprévue. Une imprudence en fut la

---

[1] *L'Impôt du Sang,* t. III, p. 173.

[2] Les preuves de noblesse d'Anne du Passage de Caillouel sont au t. XI, f° 25 des *Preuves des Demoiselles de Saint-Cyr* et aux *Dossiers bleus,* n° 5908 (Bibl. nat. *Cabinet des Titres*) : le plus ancien titre produit fut le partage du 6 octobre 1559. Voir son brevet aux Pièces justificatives, n° LIII. — Suivant une lettre de M. A. Glines, maire de Saint-Cyr-l'École, du 6 février 1884, l'acte de décès d'Anne du Passage de Caillouel n'existe pas dans les archives de cette commune.

cause : Anne du Passage, ayant très chaud, était entrée dans une grotte ; elle fut saisie d'un frisson et, trois jours après, enlevée par une fluxion de poitrine.

9° MARIE-LOUISE DU PASSAGE naquit et fut baptisée le 12 août 1723 : François du Passage, chevalier, seigneur de Caillouel, son grand'père, fut son parrain. Elle mourut sans alliance à Sainte-Segrée, le 3 septembre 1783, âgée de 60 ans, et fut inhumée le lendemain dans le cimetière de la paroisse par D. Petit, chanoine régulier de Prémontré et prieur-curé de Caulières [1].

10° Une autre fille morte-née et inhumée le 4 juillet 1725.

[1] La cure de Caulières dépendait de l'abbaye de Selincourt, ordre de Prémontré. (*Bénéfices de l'Église d'Amiens*, par F.-L. Darsy, t. I, p. 436).

CHAPITRE III

BERNARD-GABRIEL DU PASSAGE, *chevalier, seigneur de* CAIL-
LOUEL, CRESPIGNY, BÉTHENCOURT-EN-VAUX *et autres lieux, lieutenant-colonel d'artillerie et sous-directeur en la province de Picardie, chevalier de l'Ordre Royal et Militaire de Saint-Louis.*

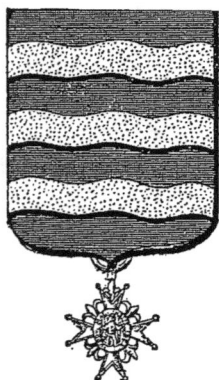

BERNARD-GABRIEL DU PASSAGE, chevalier, seigneur de Caillouel et autres lieux, fils aîné de
Claude du Passage, chevalier, seigneur dudit Caillouel, et de Louise de Pastour, dame de Sainte-
Segrée, naquit au château de Caillouel et fut baptisé le 15 janvier 1715 ; il eut pour parrain Bernard-Gabriel de Pastour, chevalier, seigneur de
Servais, son grand'père maternel, et pour marraine Angélique-Marie-Marguerite du Passage,
dame de Bellesme [1].

Arrivé à l'âge de 14 ans, le 15 avril 1729, Bernard-Gabriel du Passage entra comme lieutenant au bataillon des milices de Noyon : puis
officier pointeur sous-lieutenant à l'école d'artillerie de La Fère le 20
mai 1732, commissaire extraordinaire et lieutenant le 28 septembre
1734, commissaire ordinaire et capitaine en second le 22 novembre
1744, commissaire provincial et capitaine en premier le 14 février 1753,
il était promu capitaine de canonniers au bataillon d'Aumale [2] le 1er

---

[1] Registres de catholicité de Caillouel.

[2] Le bataillon d'artillerie d'Aumale était alors commandé par Marc-Antoine d'Aumale
d'Ivrencheux, d'une famille des plus anciennes de la Picardie qui, dans plusieurs de ses
branches et jusqu'à nos jours, a donné un grand nombre d'officiers distingués.

janvier 1757. Il avait fait alors la campagne de 1743 en Allemagne et les campagnes de Flandres de 1744 et 1746 pendant que ses frères, au régiment de Poitou, faisaient en Piémont des prodiges de valeur ; puis coopéré à la défense des côtes de Bretagne menacées après le combat naval perdu au cap Finistère. Le 1er février 1748 Louis XV le décorait, après dix-neuf ans de service, de la croix de son Ordre de Saint-Louis. Le capitaine du Passage se signala ensuite dans les deux campagnes d'Allemagne de 1757 et 1758, fut classé lieutenant-colonel d'infanterie le 1er janvier 1759 [1], passa capitaine d'ouvriers à la brigade Chabrié le 9 mars de la même année ; enfin devenu lieutenant-colonel titulaire et sous-directeur d'artillerie en la province de Picardie le 1er mai suivant, il en exerça les fonctions jusqu'au 13 août 1765 qu'il se retira après 36 ans de service [2].

Nous avons vu que le capitaine du Passage avait été créé chevalier de l'Ordre Royal et Militaire de Saint-Louis le 1er février 1748 : le 11 octobre 1759, onze ans après, Louis XV lui annonçait avoir commis pour le recevoir, François d'Azémar de Pannat, comte de La Serre, seigneur de La Motte-la-Brosse, lieutenant-général de ses Armées, inspecteur général d'infanterie, gouverneur de l'Hôtel Royal des Invalides et grand'croix de l'Ordre : ce qui eut lieu le 17 dudit mois [3].

La paroisse de Caillouel possédait, comme beaucoup d'autres à cette époque, une confrérie d'archers. Les officiers et chevaliers du Noble Jeu de l'Arc de Caillouel ayant été honorés du bouquet provincial par leurs confrères de Beaugy [4] voulurent le rendre l'année suivante. A cet effet un placard fait et arrêté au NOBLE JEU DE L'ARC DE CAILLOUEL le 2 avril 1760 [5] annonça que *avec la permission et sous la protection de noble et très illustre personne messire Bernard-Gabriel du Passage,*

---

[1] Pour expliquer ce fait il suffira de dire que Royal-Artillerie avait le rang de 46e régiment dans l'infanterie française *(États militaires de France)*.

[2] Archives du Ministère de la Guerre.

[3] Pièces justificatives, n° LXI.

[4] *Beaugy,* aujourd'hui Beaugies, village de l'Aisne voisin de Caillouel.

[5] Ce placard aux armes coloriées des du Passage surmontées d'une couronne de Comte et accompagnées en bas de la croix de l'Ordre de Saint-Louis, est signé de *Eloy Sezille, roi ; Pierre Dassonville, Joseph Cagny, lieutenants ; François Chiry, enseigne ; Philippe Sezille, greffier ; Pierre Ribaut, sergent ; Louis Mitant, receveur ; Louis Bonné, tambour.* Le tir eut lieu dans une pièce de terre de onze setiers vingt-six vergées (2 hect. 78 ar. 35 cent.) dite encore en 1815 le Jeu de l'Arc, appartenant alors au seigneur de Caillouel.

chevalier, seigneur de Caillouel, chevalier de l'Ordre Militaire de Saint-Louis, lieutenant-colonel au Corps Royal et sous-directeur de l'Artillerie de la province de Picardie, le prix provincial du Noble Jeu de l'Arc de Caillouel serait rendu le lundi de la Pentecôte le vingt-six mai mil sept cent soixante. Après l'invitation adressée à leurs chers confrères, suivant les ordres et conditions sous lesquels le prix sera tiré ; le n° III porte : « Ne seront admis aucuns chevaliers à tirer ledit prix . . . . qu'ils ne soient de la Religion Catholique, Apostolique et Romaine. »

L'avant-veille de contracter mariage, le 24 janvier 1761, Bernard-Gabriel du Passage réglait avec ses frères et sa sœur leurs droits respectifs dans les biens de leurs père et mère et le 26 suivant à Compiègne il épousait par contrat passé par devant Bourguignon et Poulletier, notaires royaux en cette ville [1], MARIE-JOSÈPHE-CATHERINE PELLETIER DE GLATIGNY. La future était fille de Louis-Auguste Pelletier de Glatigny, chevalier, maréchal des camps et armées du Roi, inspecteur général du corps royal d'artillerie, commandant alors l'artillerie à l'Armée du Bas-Rhin, seigneur de Liancourt et de Glatigny, demeurant ordinairement au Lopiseau, paroisse de Saint- . . . . . . ? de Geromesnil [2], de présent à Compiègne *par permission de la Cour,* et de Marie-Jeanne-Françoise Mairesse. *Du côté du futur époux,* François du Passage, prêtre, chanoine de Saint-Montain de La Fère, son frère, et ses amis Jean-François-Réné de Jouenne d'Esgrigny, chevalier, seigneur de Dreslincourt, Lannoy et autres lieux, ancien capitaine de cavalerie, et Henry-François de Jouenne d'Esgrigny de Herville [3], ancien lieutenant au régiment de Commissaire-Général-cavalerie, chevalier de l'Ordre Royal et Militaire de Saint-Louis, signèrent à ce contrat. *Du côté de la future épouse* y comparurent et signèrent : Auguste-Louis-Michel Pelletier, chevalier, seigneur d'Aucourt, capitaine au corps royal d'artillerie et aide-major de l'équipage d'artillerie à ladite Armée

---

[1] La minute de ce contrat est dans l'étude de Me Poissonnier, notaire à Compiègne.

[2] Serait-ce Geromesnil, hameau du département des Vosges ?

[3] De Henri-François de Jouenne d'Esgrigny, descendent MM. de Jouenne d'Esgrigny, demeurant dans le Gard et la Loire-Inférieure. Il est parlé de cette famille dans le *Mercure de France,* avril 1734, p. 826 et novembre 1741, p. 2549, et le *Nobiliaire Universel de France,* t. I, p. 110, donne la postérité de Henri-François de Jouenne d'Esgrigny.

du Bas-Rhin, et Louis-François Pelletier, chevalier, ses frères ; Marie-Geneviève-Jacqueline Pelletier de Liancourt, sa sœur [1] ; Michel-Augustin Pelletier, officier au corps royal d'artillerie, son cousin-germain ; Marie-Geneviève Pelletier, veuve de Joseph Le Féron, chevalier, seigneur de L'Hermite, Trosly, Breuil et autres lieux, chevalier de l'Ordre Royal et Militaire de Saint-Louis, maître particulier des eaux et forêts de Compiègne, sa tante ; Jean-Alexandre Le Féron, chevalier, seigneur desdits lieux, chevalier de l'Ordre Royal et Militaire de Saint-Louis, capitaine des dragons au régiment de Caraman, son cousin ; Jean-Marie-François-Hyacinthe Esmangard de Beauval, seigneur de Saint-Maurice, commandant de la ville de Compiègne, chevalier de l'Ordre Royal et Militaire de Saint-Louis, lieutenant de la vénerie du Roi, lieutenant des chasses de la capitainerie royale de Compiègne, et Marie-Jeanne Mairesse, son épouse, tante de la future ; Marie-Jean-François-Hyacinthe Esmangard de Beauval, lieutenant d'infanterie, ingénieur ordinaire du Roi, lieutenant en permanence de la capitainerie royale de Compiègne, son cousin-germain ; Françoise-Angadresme-Catherine Esmangard de Beauval, femme de chambre du duc de Berry [2] ; Françoise-Marie . . . . ? de Beauval et Marie-Françoise de Sales de Beauval ; Marie-Françoise Debertie et Marie Mairesse, épouses des sieurs d'Esgrigny et de Herville, ses cousines-germaines.

Pelletier *aliàs* Le Pelletier de Glatigny porte *d'azur à la fasce d'argent chargée d'un croissant de gueules, et accompagnée de trois étoiles posées 2 et 1.* Cette famille, qu'on dit originaire de Picardie, a fourni depuis le règne de Louis XIII nombre d'officiers distingués dans le corps d'artillerie, dont trois lieutenants-généraux et l'un d'eux commandeur de Saint-Louis [3]. Elle compte encore des représentants dans l'Oise.

Marie-Josèphe-Catherine Pelletier de Glatigny mourut en couches

---

[1] Marie-Geneviève-Jacqueline Pelletier de Liancourt fut, suivant contrat du 13 janvier 1770, la première femme de Marc-Antoine-Joseph Muyssart, seigneur des Obeaux, dans la châtellenie de Lille, lieutenant-colonel au Royal-Artillerie *(Dict. de la Noblesse,* IIIe édition, t. XIV, col. 767).

[2] Le duc de Berry monta sur le trône en 1774 : il est le Roi-Martyr.

[3] La généalogie de la famille Pelletier ou Le Pelletier de Glatigny est imprimée dans le *Nobiliaire Universel de France,* t. I, p. 99.

l'année suivante, et par acte du 21 janvier 1763, la garde-noble de la fille issue de cette union fut déférée à son père.

Le 15 juin 1764, Bernard-Gabriel du Passage, du consentement de Louise de Pastour, sa mère, assisté comme dessus du chanoine du Passage, et de Bernard-François de Hurtebie, son bel-oncle à cause de feue Marguerite de Pastour, sa première femme, épousait à Laon par contrat passé par devant Menou et Petit-Jean, notaires royaux en cette ville, MARIE-MADELEINE-FRANÇOISE VIÉVILLE, fille de François-Joseph Viéville, écuyer, seigneur de Bois-Giffard à Presles, et de Jeanne Turpin. De son côté comparurent Louis Viéville, conseiller au bailliage et siège présidial de Laon, et Raymond Viéville, ses frères ; Alexandre de Macquerel, seigneur de Parpeville, Jeanne-Charlotte Viéville, son épouse, sœur de la future [1] ; Joseph-Bernard Le Carlier, prêtre, chanoine de la cathédrale de Laon, Jean-Mathieu Le Carlier, oncles paternels à la mode de Bretagne [2], et Pierre-Paul Bugniatre de Malei, ancien officier. Viéville porte : *d'argent à la bande de gueules chargée de trois besants d'or et accompagnée de deux merlettes de sable.*

Bernard-Gabriel, qui avait pris sa retraite peu après son second mariage, mourut au château de Caillouel le 28 avril 1768 à l'âge de 52 ans. Il fut enterré le lendemain dans la chapelle de la Vierge, lieu de sépulture de sa famille, en présence de son frère le chanoine de Saint-Montain, et d'Alexandre de Macquerel, seigneur de Parpeville. Sa veuve, Marie-Madeleine-Françoise Viéville, qui était née à Laon, y mourut à l'âge de 70 ans, le 11 ventôse an VI (1er mars 1798).

[1] Alexandre de Macquerel, chevalier, seigneur de Parpeville, fils de défunt Jean de Macquerel, chevalier, seigneur de Parpeville, mestre-de-camp de cavalerie, et de Marguerite Crommelin, avait épousé, par contrat du 29 mars 1759, Jeanne-Charlotte Viéville.

[2] Joseph-Bernard et Jean-Mathieu Le Carlier descendaient de Jean-Baptiste Le Carlier, écuyer, seigneur d'Espuisart, contrôleur général des guerres, et d'Anne-Gabrielle Viéville.

Enfants de BERNARD-GABRIEL DU PASSAGE, *chevalier,*
seigneur de CAILLOUEL.

De son premier mariage avec MARIE-JOSÈPHE-CATHERINE
PELLETIER DE GLATIGNY, naquit :

MARIE-LOUISE-GABRIELLE DU PASSAGE.

Elle vint au monde en novembre 1761 ; demeurait en 1783 soit à
Compiègne, soit au château de Villers-le-Hélon près Villers-Cotterets,
chez Louis-François Le Pelletier de Liancourt, son oncle ; émigra et
mourut à Trèves de la petite vérole sans avoir été mariée.

De son second mariage avec MARIE-MADELEINE-FRANÇOISE
VIÉVILLE, naquirent :

1° JEAN-BAPTISTE-GABRIEL DU PASSAGE qui fait l'objet du chapitre
suivant ;

2° LOUISE-FRANÇOISE DU PASSAGE, dame de Signy-le-Petit, baptisée
le 29 mars 1766.

Elle épousa par contrat passé le 16 mars 1793 et religieusement par
un mariage secret bénit dans le salon du château de Chaillevoix, au
diocèse de Laon, CÉSAR-AUGUSTE DE LANNOY, ancien élève de l'école de
marine de Rochefort, fils de Joseph de Lannoy, écuyer, et de Madeleine-
Caroline Pierrart de Longuignolle [1]. De ce mariage sont issues
Mesdames Louis-Suzanne de Chauvenet de Parpeville, de Comines de
Marsilly encore existante, et Beauvisage de Seuil, dont postérité.
Lannoy porte *échiqueté d'azur et d'or à l'écusson en cœur d'azur à*
deux fasces d'or.

---

[1] Joseph de Lannoy mourut à Nouvion (Aisne), le 23 janvier 1810, et son épouse à
Avesnes-en-Hainaut le 18 juin 1786.

CHAPITRE IV

JEAN-BAPTISTE-GABRIEL DU PASSAGE, chevalier, seigneur de CAILLOUEL, CRESPIGNY, BÉTHENCOURT-EN-VAUX et autres lieux, chevalier de l'Ordre Royal et militaire de Saint-Louis.

JEAN-BAPTISTE-GABRIEL DU PASSAGE, fils unique de Bernard-Gabriel du Passage, chevalier, seigneur de Caillouel et autres lieux, naquit à Laon le 16 octobre 1768. L'*État Militaire* de 1786 le porte sous-lieutenant au régiment du Colonel-Général des dragons. Il fut du nombre des nobles du département de l'Aisne déclarés [1] émigrés ; ses biens furent confisqués par la Nation, vendus révolutionnairement pour la somme de 95,162 fr. 22 cent. [2], et rachetés par sa mère et sa sœur. C'est ainsi qu'il put rentrer dans sa terre patrimoniale de Caillouel-Crespigny, possédée par ses ancêtres depuis la fin du XVIᵉ siècle ; en 1815 il l'aliéna : elle consistait alors en un château moderne dominant la vallée de Chauny dite alors *la Vallée-d'Or*, et en 160 hectares de terres, prés et bois situés sur les territoires de Caillouel-Crespigny, Béthencourt, Heronval, Mondécourt et Marest [3].

Après la rentrée du Roi, le 26 juillet 1815, Jean-Baptiste-Gabriel

---

[1] *La Justice criminelle à Laon pendant la Révolution, 1789-1800,* par A. Combier.

[2] Décision de la Commission d'indemnité rendue à la demande de Jean-Baptiste-Gabriel du Passage, le 27 décembre 1825.

[3] Affiche en placart.

[4] Brevet en original signé : Par Ordre du Roi, le Ministre secrétaire d'État de la Guerre, *Duc de Feltre,* et scellé en placart.

du Passage fut breveté lieutenant de cavalerie ; il obtint en 1825 la croix de l'Ordre Royal et Militaire de Saint-Louis [1].

Jean-Baptiste-Gabriel du Passage [2] avait contracté avant la Révolution alliance avec ANNE-LUGLIENNE-ALEXANDRINE DU CLOZEL, d'une très ancienne famille des environs de Noyon, qui portait pour armoiries *d'argent à la fascé de gueules chargée de deux coquilles d'or et accompagnée de deux têtes de more de sable tortillées d'argent, l'une en chef et l'autre en pointe.* Sur preuves remontant à Jean du Clozel, écuyer, vivant en 1425, elle fut maintenue le 15 juillet 1667 par Dorieu, intendant en la généralité de Soissons, en la personne de César du Clozel, seigneur de Varipont en l'élection de Noyon, vicomte de Chevregny, ancien capitaine aux régiments de Vaubecourt et d'Entragues. Celui-ci était le neveu d'Olivier du Clozel, auteur de la branche des seigneurs de la Baudinière en Berry, d'où sont issus deux chevaliers de Malte, commandeurs l'un du Temple de Dôle et l'autre de Lormeteau au grand prieuré d'Auvergne, et Marie-Thérèse du Clozel, baptisée à Saint-Sulpicien d'Orville, au diocèse de Bourges, le 10 avril 1714, qui fut reçue à la Maison Royale de Saint-Cyr.

Enfant de JEAN-BAPTISTE-GABRIEL DU PASSAGE, *et d'*ANNE-LUGLIENNE-ALEXANDRINE DU CLOZEL.

FRANÇOIS-GABRIEL-ALEXANDRE DU PASSAGE, qui suit.

---

[1] Cette dernière promotion, découverte il y a peu de jours, porte à *dix* au lieu de *neuf* le nombre des du Passage créés chevaliers de Saint-Louis

[2] A titre de curiosité nous donnons un *fac-simile* de sa carte de visite.

CHAPITRE V

FRANÇOIS-GABRIEL-ALEXANDRE DU PASSAGE.

FRANÇOIS-GABRIEL-ALEXANDRE DU PASSAGE, fils de Jean-Baptiste-Gabriel du Passage, dernier seigneur de Caillouël et autres lieux, et d'Anne-Luglienne-Alexandrine du Clozel, naquit à Laon le 23 novembre 1789 et fut baptisé dans l'église Saint-Remi-Place; il eut pour parrain son bisaïeul maternel « Messire Alexandre Fourment, ancien lieutenant-général de Montdidier », et pour marraine son aïeule paternelle, Marie-Madeleine-Françoise Viéville.

Alexandre du Passage, qui avait toujours trouvé à Sainte-Segrée auprès du chef de la branche cadette de sa famille l'accueil le plus cordial, y fut en 1811 parrain de son parent Jules de Boncourt [1]. Au retour de Louis XVIII, il entra dans les Gardes-du-Corps, compagnie de Luxembourg; puis suivit le Roi à Gand et vint mourir à Caillouël le 26 avril 1815.

Il avait épousé, par contrat passé à Noyon le 23 décembre 1812 et en l'église de Quesmy (Oise) le 28 décembre suivant, MARIE-ADÉLAÏDE-JOSÉPHINE DE MACQUEREL DE QUESMY, née et baptisée à Quesmy le 20 avril 1784. Elle était fille de Charles-François-Louis de Macquerel de Quesmy, ancien capitaine au régiment de Brie-infanterie, ancien député de la noblesse de Vermandois aux États-Généraux, chevalier de l'Ordre Royal et Militaire de Saint-Louis, et de Marie-Jacqueline Amyot. Les témoins furent *du côté du futur*, Louis-Gabriel du Passage et Fran-

---

[1] Voir livre III, chapitre I.

8

çois Morel de Boncourt, ses cousins ; et *du côté de la future,* Pierre-Edme Amyot, son oncle maternel, et Pierre-François Le Feron de Ville, son beau-frère.

La famille Macquerel, qui a possédé les terres de Quesmy, Parpeville, Montbrehain, Pleine-Selve et Ramicourt dans le Laonnais et le Soissonnais, a été maintenue par Dorieu, le 22 août 1667, sur preuves remontant à l'année 1480 [1]. Elle portait pour armoiries *d'azur à trois maquereaux d'or mis en pal 2 et 1, couronnés, crêtés et barbés de gueules.*

Marie-Adélaïde-Joséphine de Macquerel de Quesmy, mourut en son château de Quesmy le 20 janvier 1862, dans sa soixante-dix-huitième année, et fut enterrée auprès de son fils dans le cimetière de la commune où se voient leurs mausolées.

Enfant de FRANÇOIS-GABRIEL-ALEXANDRE DU PASSAGE *et de* MARIE-ADELAIDE-JOSÉPHINE DE MACQUEREL DE QUESMY, *son épouse.*

CHARLES-FRANÇOIS-GABRIEL DU PASSAGE, naquit à Caillouel le 17 juin 1818 ; il mourut dans sa onzième année, le 16 décembre 1829, au château de Quesmy.

Il était le dernier descendant des du Passage de la branche des seigneurs de Caillouel, et repose dans le cimetière de Quesmy.

[1] Ces preuves sont rapportées au *Dictionnaire de la Noblesse,* t. XIII, col. 134.]

HISTOIRE GÉNÉALOGIQUE

DE LA MAISON

DU PASSAGE

LIVRE TROISIÈME

CONTENANT

LES SEIGNEURS DE SAINTE-SEGRÉE

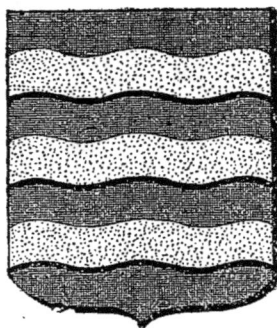

CHAPITRE I

JEAN-BAPTISTE DU PASSAGE, *dit le chevalier* DU PASSAGE, *seigneur de* SAINTE-SEGRÉE, PLÉNOI, LES GRENAUX *et autres lieux, capitaine au régiment de Poitou, chevalier de l'Ordre Royal et Militaire de Saint-Louis.*

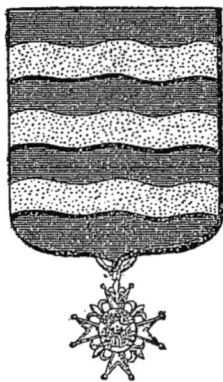

JEAN-BAPTISTE DU PASSAGE, connu sous le nom du *chevalier du Passage*, cinquième fils de Claude du Passage, chevalier, seigneur de Caillouel, et de Louise de Pastour, dame de Sainte-Segrée, rapportés au chapitre II du livre précédent, fut l'auteur de la branche des seigneurs de Sainte-Segrée, seule existante actuellement.

Le 20 juin 1720, en l'église de Saint-Pierre de Caillouel, le prieur-curé de cette paroisse, chanoine régulier de la Congrégation de France [1], administrait à Jean-Baptiste du Passage le sacrement de baptême en présence de Jean-Baptiste de Pastour, chevalier, seigneur de Servais, son oncle maternel, et de Marie-Thérèse de Bonnafau [2], sa tante paternelle ; ils étaient ses parrain et marraine.

Arrivé à l'âge de servir dans les Armées du Roi, le chevalier du

---

[1] La Congrégation de France fut établie en 1626 par Vincent-de-Paul, de sainte et vénérée mémoire. Elle est généralement connue sous le nom de Congrégation des PP. Lazaristes, à cause de leur maison dite Saint-Lazare, située à Paris dans le faubourg Saint-Denis. — Voir *Histoire des Ordres monastiques, religieux et militaires*, t. VIII, p. 84.

[2] Marie-Thérèse de Bonnafau était l'épouse de Bernard-Gabriel du Passage, seigneur de Plénoi, qui fera l'objet du chapitre I, livre IV.

Passage entra dans le régiment de Poitou. Il y fut nommé lieutenant en second avec appointements le 21 décembre 1741 dans la compagnie du Commandant, deuxième bataillon [1] ; passa lieutenant en premier le 15 mars 1743 dans la compagnie de Maremmes [2], et fit les campagnes de 1743 en Bavière et 1744 en Piémont. Le 19 juillet de cette année, le chevalier du Passage prit part à la prise de Château-Dauphin [3], que les grenadiers de Poitou escaladèrent par les embrasures des canons au moment du recul des pièces. Reportons-nous un instant à un récit de l'époque, sur cette glorieuse mais sanglante journée. « Il y a eu » dit Barbier [4], « un carnage effroyable et des prodiges de valeur, surtout « du régiment de Poitou à qui M. de Givry envoya par trois fois ordre « de se retirer pour le rafraîchir par de nouvelles troupes. Il ne voulut « pas obéir pour escalader le Château-Dauphin. Il en est venu à bout « mais aussi avec une perte considérable. Nous avons perdu cent « vingt-trois officiers et peut-être mille hommes. . . . . Le roi de « Sardaigne, qui était dans Château-Dauphin, pleura, à ce qu'on dit, « de rage », quand il vit le drapeau du régiment de Poitou flotter sur ses retranchements, en s'écriant : *Il faut que ce soit des diables ou des Français* [5]. Le prince de Conti écrivait à Louis XV : « Cette journée « est une des plus vives et des plus brillantes actions qui se soient « jamais passées . . . . La brigade de Poitou, ayant M. d'Agenois [6] en « tête, s'est couverte de gloire [7]. » Après cette affaire, le comte de Campo-Santo mandait de son côté au marquis de La Mina, général de l'armée de D. Philippe : « Il faut espérer qu'il se présentera quelques « occasions où nous pourrons aussi bien faire que les Français, car il « n'est pas possible de faire mieux [8]. » Le chevalier du Passage fut

---

[1] Brevet signé Louis, et plus bas *de Breteuil ;* le chevalier du Passage remplaça Bonnac promu lieutenant en premier.

[2] Autre signé Louis, et plus bas *Voyer d'Argenson.*

[3] *Château-Dauphin,* forteresse dans les Alpes entre Embrun et Saluces.

[4] *Chronique de la Régence et du règne de Louis XV* ou *Journal de Barbier,* édit. Charpentier, 3e série, p. 531.

[5] *Histoire de l'ancienne Infanterie française.*

[6] Emmanuel-Armand de Vignerot-du-Plessis-Richelieu, duc d'Agenois, avait été promu brigadier le 2 mai 1744. Il devint lieutenant-général des Armées du Roi et capitaine-commandant de la compagnie des Chevau-Légers.

[7] *Chronique de Barbier,* p. 531 en note.

[8] *Abrégé chronologique de l'histoire de France.*

ensuite chargé par le chevalier de Hébert [1], commandant du château de Cazal, de la charge de major pendant l'hiver 1745-1746 et la durée du siège, du 13 au 28 mars [2], jour où il dut se rendre prisonnier avec la garnison. Ayant été peu après échangé, il prit part à la sanglante bataille de Plaisance où son régiment essuya de nombreuses pertes [3]. Passé capitaine le 1er janvier 1747, il fut pourvu d'une compagnie le 26 janvier 1750, au lieu et place du capitaine La Reffie, décédé [4]. En 1753, le 28 mars, en garnison alors à Saint-Omer, le capitaine du Passage apprenait la nouvelle de sa promotion dans l'Ordre Royal et Militaire de Saint-Louis, récompense due à ses brillants états de service. Le sieur du Puget, lieutenant pour le Roi et commandant au gouvernement de Saint-Omer, reçut son serment comme chevalier de l'Ordre le 5 juin [5]. Après la déroute de Rosbach [6] où « Poitou ne s'en montra « pas moins digne de sa vieille réputation et combattit avec le courage

---

[1] François-Réné de Hébert, dit le chevalier de Hébert, second fils de Louis de Hébert, seigneur de Sainte-Segrée, et de Marie-Anne de Hanon de Lamivoye, était né à Sainte-Segrée le 10 août 1688. Il entra au régiment de Poitou le 21 avril 1706 comme sous-lieutenant, passa lieutenant le 15 juin 1709, capitaine dans le second bataillon le 9 décembre 1719 et capitaine de grenadiers le 6 septembre 1738. Il se distingua d'une manière très brillante dans diverses affaires où fut engagé le régiment de Poitou, et le 6 août 1744, Chauvelin du camp d' *(illisible)* lui adressait à Barcelonnette une lettre dont nous extrayons le passage suivant : « J'ose assurer que je mérite la confiance que vous vou- « lez bien me marquer par l'amitié que j'ai pour vous et l'admiration que je partage « avec tout le monde de la valeur inouïe que vous avés marquée à trois combats de « suite. Je puis vous assurer que Mgr le prince de Conti n'a pas receu une lettre qui « ne parle de votre gloire et de tout ce que vous méritez. » Le 22 dudit mois le capitaine de grenadiers était promu commandant du 3e bataillon : il fut peu après, le 8 septembre, nommé gouverneur du château de Demont que le prince de Conti lui donna ordre le 19 du mois suivant de faire sauter ; puis, le 1er septembre 1775, gouverneur du château de Cazal. Quelques mois venaient à peine de s'écouler qu'il dut capituler devant le baron de Chaille, général de la reine de Hongrie, avec sa garnison composée du lieutenant du Passage, major de la Place, cinq capitaines, cinq lieutenants, deux officiers adjoints, 291 soldats, etc., et le contingent espagnol. Un instant retenu prisonnier à Asti, il fut échangé et rentra en France en 1746 pour raison de santé. Le chevalier de Hébert remplaça son frère le 27 décembre 1751 comme lieutenant-colonel ; il mourut à Saint-Omer le 9 octobre 1752 dans sa 65e année, et fut enterré au pied de la chapelle des Trépassés dans l'église de Sainte-Aldegonde. Il était chevalier de Saint-Louis depuis le 9 mai 1736.

[2] Pièces justificatives, n° LVI.

[3] *Idem*, n° LVII.

[4] Brevet signé Louis, et plus bas *Voyer d'Argenson*.

[5] Pièces justificatives, n° LXIII.

[6] Sur la journée de Rosbach, voir trois lettres des 2 octobre, 10 et 20 novembre 1757 de M. de La Cour de La Gardiolle, publiées par le baron de C... Nîmes, 1883, in-4°.

« du désespoir [1] », Jean-Baptiste du Passage quitta la carrière militaire.

Le chevalier du Passage songea alors à s'établir et rechercha en mariage CATHERINE DE HÉBERT, sa parente au troisième degré du côté de Louise de Pastour, sa mère : elle était fille unique de Charles-Alexandre de Hébert [2], seigneur de Ronvillers, et était née à Paris, paroisse

---

[1] *Histoire de l'ancienne Infanterie française.*

[2] Charles-Alexandre de Hébert, descendait au quatrième degré de Guillaume Hébert, seigneur de Foulange, lieutenant du Roi à Soissons en 1603, archer des gardes-du-corps sous le seigneur de Praslin, capitaine-exempt des gardes le 8 décembre 1604, enseigne en 1622 d'une compagnie de gens de pied en garnison à la citadelle d'Amiens, etc. Il touchait alors une pension de 2000 livres sur le trésor royal et reçut, le 28 novembre 1627, de Marie de Médicis ordre de veiller ponctuellement à la sûreté de Soissons comme aussi d'y faire garde publique jour et nuit, à cause du voisinage des prétendus réformés. Il mourut en décembre suivant au château de ladite ville ayant épousé par contrat du 20 juillet 1607 Esther de Monsures, fille de Charles de Monsures, seigneur de Sainte-Segrée, et de Marie des Essarts, dont il avait eu : 1° François Hébert qui suit ; 2° Charles Hébert, écuyer du duc de Chevreuse, gouverneur de Coucy le 2 juin 1652 au lieu de son frère ; 3° Anne Hébert qui épousa Nicolas Hardy, intendant du duc de Montbason ; 4° et 5° deux autres filles.

François Hébert fut lieutenant du seigneur de Hémont au régiment de l'Ile-de-France ci-devant Rambures, lieutenant des bailliage, ville et château de Coucy le 27 décembre 1638 pour le duc de Montbazon, et capitaine au régiment de Rambures le 12 décembre 1642. Un instant prisonnier à Béthune, il revint à son gouvernement de Coucy et reçut le 28 février 1644 du duc de Montbazon l'ordre de s'opposer par tout moyen à la permission, qui avait été donnée par Louis XIV aux P. Feuillants, et ce par surprise et contre ses droits, de faire démolir le château de Coucy. François Hébert continua à servir dans Rambures et fut en garnison à Courtrai en août 1647, devint ensuite gouverneur de Ham le 7 août 1654, et reçut commission le 4 décembre 1658 pour commander une compagnie dans le régiment de Riberpré en garnison dans cette ville. Enfin il passa lieutenant-colonel du régiment de Rambures et capitaine de la deuxième compagnie le 8 octobre 1669 au lieu du capitaine Boutteville, révoqué ; puis gouverneur de Geneppe en Brabant : il fut tué à la bataille de Senef, en 1674. C'est lui qui le 9 août 1653 acheta la terre de Sainte-Segrée à son cousin François de Monsures, chevalier, seigneur de Graval. Il s'était marié par contrat passé à Soissons le 5 janvier 1641 à Louise Jorien, et en eut : 1° Louis Hébert qui suit ; 2° François Hébert, capitaine au régiment de Rambures, tué à la bataille de Saint-Denis, près Mons, le 14 août 1678 ; 3° Antoinette Hébert, dame de Brouchy ; 4° Louise Hébert, mariée à Sainte-Segrée, le 30 janvier 1684, à Bernard-Gabriel de Pastour.

Louis Hébert, seigneur de Sainte-Segrée, fut capitaine au régiment de Feuquières, acheta le 8 octobre 1691 le quint de Sainte-Segrée tenu de Picquigny de Marie-Madeleine et Marie-Marguerite des Essarts, testa le 31 décembre 1694, et mourut à Sainte-Segrée le 29 janvier 1695 ; il avait épousé par contrat du 3 février 1686 Marie-Anne de Hanon de Lamivoye, née à Aizy le 19 janvier 1745, fille de Charles de Hanon, seigneur de Lamivoye, lieutenant-colonel au régiment du Plessis-Praslin, et de Rénée de Froidour. De ce

Saint-André-des-Arcs, le 9 décembre 1720. Ils donnèrent le 19 janvier 1759, à Pierre-Antoine de Lagrené de Valencourt, président des trésoriers de France à Amiens, procuration pour se pourvoir en Cour de Rome à l'effet d'obtenir la dispense nécessaire. Une bulle de Sa Sainteté Clément XII, en date des nones de février (5 février) 1759, leva l'obstacle de la parenté, et, le 6 mars 1759, au château de Sainte-Segrée, était passé par devant Retourné, notaire à Poix, le contrat de futur mariage qui, en présence des amis communs des deux parties, allait régler leurs intérêts. Les comparants furent : 1° *du côté du futur époux*, Louis-Antoine-Bernard du Passage, capitaine au régiment de Poitou, chevalier de l'Ordre Royal et Militaire de Saint-Louis, son frère cadet ; Antoine D'Anglos, seigneur de Francourt, et Antoine Guizelin de Lespinoy [1], porte-étendard des Chevau-Légers de la garde ordinaire du Roi, chevalier de l'Ordre Royal et Militaire de Saint-Louis, seigneur de La Haye ; 2° *du côté de la future*, Louis-Bernard de Hébert, chevalier, ancien lieutenant-colonel du régiment de Poitou, brigadier des Armées du Roi, chevalier de l'Ordre Royal et Militaire de Saint-Louis, seigneur de Sainte-Segrée, oncle paternel de la future et cousin issu de germain du futur [2] ; Claude Langlois de Brouchy, sa cousine [3] ; et Pierre-Antoine de Lagrené de Valencourt, président des trésoriers de France au bureau des finances d'Amiens, ami de la famille.

---

mariage sont issus : 1° Louis-Bernard de Hébert, ci-dessus repris ; 2° François-Réné de Hébert, dit le chevalier de Hébert, mentionné page 119 ; 3° Charles-Alexandre de Hébert, baptisé le 27 juin 1692, père de Catherine de Hébert ; 4° Marie-Anne de Hébert, morte en 1712.

[1] Antoine Guizelin de Lespinoy, demeurait à La Haye, paroisse de Saint-Romain, élection d'Amiens.

[2] Louis-François de Hébert, chevalier, fils aîné de Louis de Hébert, seigneur de Sainte-Segrée et de Marie-Anne de Hanon de Lamivoye, fut baptisé à Sainte-Segrée le 20 août 1687 et y mourut le 25 décembre 1760. Il fit sa carrière militaire dans le régiment de Poitou : sous-lieutenant en 1704, lieutenant en 1705, capitaine en 1712, capitaine des grenadiers en 1735, commandant du 3e bataillon en 1737, sergent-major le 22 septembre 1744 en place de Darcelot passé lieutenant-colonel, lieutenant-colonel breveté le 16 décembre 1744 après l'affaire de Pierrelongue sur Château-Dauphin, lieutenant-colonel titulaire en 1747, brigadier en 1748, retraité en 1751. Il était chevalier de Saint-Louis depuis le 1er septembre 1734 ; avait été blessé en 1744 à la cuisse au siège de Coni, et le 16 juillet 1746 à la bataille de Plaisance de sept coups de sabre à la tête et d'un autre qui lui partagea la main gauche : resté sur le champ de bataille il y avait été fait prisonnier et demeura estropié le reste de ses jours.

[3] Claude Langlois de Brouchy demeurait alors à Sainte-Segrée.

Le 12 du même mois, en l'église de Sainte-Segrée, la bénédiction nuptiale leur était donnée en présence du capitaine du Passage, du brigadier de Hébert et des demoiselles Langlois de Brouchy et de Monsures, cousines des mariés, tous signataires de l'acte qui en fut dressé [1].

Hébert ou de Hébert était une famille originaire d'Écosse, venue au XVIᵉ siècle chercher en France un refuge contre la persécution. Elle portait pour armoiries *d'azur à deux chevrons d'argent accompagnés de deux étoiles à 6 raies d'or, posées l'une en cœur et l'autre en pointe*, et avait été déclarée noble par arrêt du Conseil d'État du 11 septembre 1666 [2].

Cette union devait malheureusement être de courte durée, car le 7 août 1761 Catherine de Hébert, dame de Sainte-Segrée, depuis la mort de son oncle arrivée le 25 décembre 1760 [3], décédait sans postérité. Par suite de cet événement, la clause d'usufruit éventuel de la fortune du prédécédé se réalisait au profit du chevalier du Passage, qui de ce jour eut la jouissance de Sainte-Segrée. Quant au fonds, il échut à Louise de Pastour, cousine-germaine de son père ; elle s'empressa par un acte passé au château de Caillouel, le 15 mars 1762, d'en faire donation au chevalier du Passage, son fils, à charge de payer les frais de ladite donation, les droits de succession, 12,000 livres à Bernard-Gabriel du Passage, son fils aîné, et cinquante livres de rente viagère à Louis-Antoine-Gabriel et Marie-Louise du Passage, ses autres enfants. C'est ainsi qu'entra dans la famille du Passage la terre de Sainte-Segrée [4], possédée aujourd'hui par le baron du Passage, arrière-petit-

[1] Registres de catholicité de la paroisse de Sainte-Segrée.
[2] Titres de famille.
[3] Registres de catholicité de la paroisse de Sainte-Segrée.
[4] La terre de Sainte-Segrée, pour la partie relevant de Poix, consistait alors en un manoir seigneurial, 55 journaux de bois, 123 journaux de terre en côte et à cailloux, deux prés, un moulin, un petit champart, des censives et les droits seigneuriaux ; en 1601 elle comprenait 30 journaux de bois taillis et 75 journaux de terre, outre le manoir seigneurial et divers droits de peu de valeur, attendu que le champart se prenait sur 200 journaux de terre en grande partie en friche. Cette terre avait été donnée le 9 août 1462 avec un fief à Bétembos et les terres de Boshavat et Guémicourt, par Jean de Monsures dit Maillard, seigneur de Monsures en partie, et Jeanne de Saint-Rémi, sa femme, à Raoulequin de Monsures leur fils aîné, par son contrat de mariage avec Jeanne, fille de Guillaume, seigneur de Caulaincourt ; elle resta jusqu'en 1653 dans leur postérité qui prit alliance entr'autres avec les familles de Riencourt, La Motte, Sanguin et des Essarts. — Le fief tenu de Picquigny fut dénombré le 1ᵉʳ octobre 1549 par Louis des Essarts, seigneur de Meigneux et resta dans sa descendance jusqu'en 1691 comme il a été dit ailleurs.

fils du donataire. Elle relevait de la vicomté d'Équennes, membre de la principauté de Poix ; le chevalier du Passage paya les droits de relief le 12 février 1763 et servit le 24 novembre 1765 le dénombrement de son fief à Philippe, comte de Noailles, prince de Poix, vicomte d'Équennes et châtelain d'Agnières.

Vers la fin de l'année 1764, le chevalier du Passage, veuf et sans enfants, contracta une seconde alliance ; il épousa par acte passé à Abbeville le 23 novembre par devant Vignon et Devismes, notaires en cette ville, GENEVIÈVE-LOUISE-CHARLOTTE DE LAMIRÉ, dite *Mademoiselle de Montblin*, fille de Jean de Lamiré, chevalier, seigneur de Caumont, Épagne, Royan et Ribauville, ancien mousquetaire du Roi, ancien mayeur d'Abbeville, et de Marie-Anne Carpentier, dame de Crèvecœur, sa seconde femme. Mademoiselle de Montblin était née à Abbeville le 7 avril 1727 ; elle avait été tenue le lendemain sur les fonts du baptême, en l'église Saint-Éloi, par Louis Gorjon, conseiller du Roi, receveur des tailles en l'élection de Doullens, seigneur de Verville, Le Candas et autres lieux, son grand'oncle maternel [1], et par Charlotte-Augustine-Jeanne de Lamiré, demoiselle de Caumont, sa tante paternelle. Elle était donc dans sa 37e année.

Les comparants au contrat furent : *du côté du futur*, Claude-François-Alexandre Desforges, chevalier, vicomte de Caulières, capitaine réformé à la suite du régiment des cuirassiers, représentant Louise de Pastour, sa mère, et Louise du Passage, sa sœur ; *du côté de la future*, ses père et mère ; François-Hyacinthe-Norbert Clément, chevalier, seigneur de Bézencourt, ancien capitaine d'infanterie, au nom de Jacques-Louis de Saint-Blimond, son beau-frère, à cause de Marie-Victime-Françoise de Lamiré de Crèvecœur [2], son épouse ; et Charles-Hubert-Marie-Gaspard de La Fontaine-Solare, chevalier, comte de Verton, sei-

---

[1] Louis Gorjon, seigneur de Verville, était fils de Claude Gorjon, seigneur dudit lieu, et d'Anne Carpentier, grande tante de la dame de Caumont. Il avait pour frères Louis-Claude Gorjon des Fourneaux et Antoine-Louis Gorjon de Verville, commissaire des guerres *(Famille Carpentier, seigneur de Juvisy, des Tournelles, Lizy et autres lieux,* p. 6).

[2] Marie-Victime-Françoise de Lamiré, demoiselle de Crèvecœur, marquise de Saint-Blimond, était née à Abbeville, paroisse Saint-Éloi, le 16 novembre 1725 ; elle avait été tenue sur les fonts du baptême le même jour par François Carpentier, écuyer, trésorier

gneur de Hallencourt, et Marie-Louise de Lamiré de Caumont, son épouse [1]. Geneviève de Lamiré de Montblin, recevait par donation contractuelle de sa mère trois cents livres de rente viagère dues par le Roi et divers biens situés à Crèvecœur, paroisse de Courcelles ; à Pernant, La Faux et Vausaillon [2].

L'agitation, avant-coureur de la tempête révolutionnaire, avait déjà commencé à se faire sentir. Le chevalier du Passage se rendit à Amiens avec son frère le 30 mars 1789 pour prendre part à l'élection d'un député de la noblesse du bailliage aux États-Généraux. Puis la révolte du régiment de Poitou, alors en garnison à Nantes, vint lui donner des craintes pour les jours de ses deux fils, les sous-lieutenants Jean-Baptiste et Louis-Gabriel du Passage. Ceux-ci se virent alors dans la dure nécessité d'émigrer et allèrent servir à l'armée des Princes : ce qui

de France au bureau des finances de Soissons, seigneur de Juvisy, son grand'père et par Victime-Séraphique Carpentier, demoiselle de Lizy, sa grande tante paternelle. Mariée en février 1755 à Friaucourt, doyenné de Gamaches, à Jacques-Louis, marquis de Saint-Blimond, chevalier, seigneur de Pendé, Tilloy, Sallenelle, Offeu, Saigneville, Gouy, Cahon, Avesnes et autres lieux, capitaine de cavalerie au régiment de Clermont-Tonnerre, fils de Claude de Saint-Blimond, seigneur et patron desdits lieux, mestre de camp de cavalerie, et de Jacqueline-Louise-Charlotte de Monceaux d'Auxy, elle mourut en couches le 7 janvier de l'année suivante, laissant une fille unique, Marie-Louise-Agnès de Saint-Blimond, devenue par son mariage princesse de Berghes-Saint-Winock. Le marquis de Saint-Blimond épousa en secondes noces Charlotte-Jeanne de Pleure, fille aînée de Henri, marquis de Pleure et de Charlotte-Louise de Houdreville, dont il n'a pas eu d'enfants ; ils comparurent le 3 juin 1805 au contrat de mariage de Louis-Gabriel du Passage avec Charlotte-Marie-Ursule-Léonardine Le Roy de Valanglart. — Voir le chapitre suivant.

[1] Marie-Louise de Lamiré de Caumont, était la fille unique issue du premier mariage de Jean de Lamiré, seigneur de Caumont, avec Françoise-Charlotte Gaillard. Elle demeurait à l'abbaye de Willencourt, à Abbeville, lorsque le 7 juillet 1750 elle épousa, après publications faites à Saint-Jacques et à Saint-Éloi de cette ville comme à Saint-Michel de Verton, Charles-Hubert-Marie de La Fontaine-Solare, chevalier, comte de Verton et de Hallencourt, capitaine-général des côtes de Picardie, alors âgé de 30 ans, fils aîné de Charles-Hubert-Nicolas-François de La Fontaine, seigneur desdits lieux, ancien page du Roi en sa Petite-Écurie, et de Marie-Gabrielle Heuzé. De cette union naquit un fils unique, d'où sont descendus les représentants actuels de cette ancienne et illustre famille (Voir sa généalogie au tome VIII de l'*Histoire des Grands-Officiers de la Couronne*, p. 849, à cause d'Artus de La Fontaine, baron d'Ognon, grand-maître des cérémonies de France sous Henri II, François II, Charles IX et Henri III, qui donna lieu à la locution *en rang d'oignon*, parce que, remplissant l'office de sa charge aux États de Blois, il assignait les places des seigneurs et des députés et les rangeait, disait-on, en rang d'oignon. — Voir aussi le t. VIII du *Dictionnaire de la Noblesse*).

[2] Ces localités étaient situées dans le Soissonnais.

amena contre eux des mesures de représailles dont il sera parlé plus loin. Mais auparavant le chevalier du Passage et son frère avaient été décrétés d'accusation comme ci-devant nobles : l'abandon des privilèges de la noblesse dans la nuit du 4 août 1789 ne pouvait désarmer d'irréconciliables ennemis. Ils s'étaient acharnés à détruire les membres de ce corps illustre après avoir anéanti le corps en lui-même, massacrant les gentilshommes qui essayaient de leur résister et de défendre leur vie [1], arrêtant les autres et les emprisonnant jusqu'au jour où ils feraient tomber leurs têtes sur l'échafaud, s'ils ne les avaient pas auparavant fusillés, ou fait périr dans les noyades de Nantes. Comme tant d'autres [2] donc ils furent arrêtés, et, emmenés du château de Sainte-Segrée, se virent le 29 pluviôse an II (18 février 1794) écrouer à Amiens dans la prison de Bicêtre, puis ballotter dans deux ou trois autres maisons de détention.

C'est alors que le dévouement sans bornes d'une vieille domestique, Marguerite Duncufgermain, trouva à s'exercer avec plus de zèle encore et avec une constance à toute épreuve. Chaque semaine, montée à cheval, elle parcourait sans crainte les huit grandes lieues qui la séparaient de ses vieux maîtres [3]. Elle leur portait dans la prison du pain et quelques provisions ; car les infâmes geôliers dépouillaient leurs victimes lors de leur écrou. Par elle ils recevaient, et réciproquement on obtenait à Sainte-Segrée, des nouvelles les uns des autres, seules consolations pour adoucir les rigueurs de cette cruelle séparation : puis une circonstance providentielle préserva fort heureusement le département de la Somme du hideux spectacle des exécutions sanglantes. Un jour, à Abbeville, dans un hôtel de la chaussée Saint-Wulfran, s'étaient rencontrées deux célébrités de l'époque, André Dumont, natif d'Oisemont, Joseph Le Bon, ancien curé de Neuville-Witasse près Arras. Quoique retirés dans une salle à l'écart, dont ils avaient fait interdire l'accès, les deux futurs proconsuls laissaient entendre le bruit d'une conversation

---

[1] Le marquis d'Escayrac-Lauture et les deux frères de Bellend, dans le Quercy, tombèrent après une lutte héroïque.

[2] Le même jour furent écroués MM. de Gorguette, Le Caron de Chocqueuse, de Lestocq et autres (Communication de M. Darsy, ancien inspecteur des prisons à Amiens).

[3] Le registre d'écrou porte que Jean-Baptiste du Passage avait 74 ans, et Louis-Antoine du Passage 69 ans *(Idem)*.

souvent fort animée, lorsque Monsieur de Wadicourt [1], grâce à une connivence, parvint à les entrevoir et à les écouter : Joseph Le Bon déclarait vouloir être le proconsul de la Somme ; André Dumont affirmait qu'il resterait dans le département où il était né. Pour le malheur de l'Artois, le sanguinaire Le Bon céda ; il fut à Arras. Amiens de son côté ne vit guère le sang couler que le jour suprême de l'expiation, jour où Joseph Le Bon reçut la punition de ses atroces forfaits. Les du Passage, et beaucoup d'autres, étaient sauvés.

A la chute de Robespierre, après le 9 thermidor an II (27 juillet 1794), les portes des prisons s'ouvrirent. Le chevalier du Passage, son épouse et son frère rentrèrent à Sainte-Segrée, près de celles qui avaient eu le bonheur d'échapper à une incarcération par le bon vouloir de leur médecin, le docteur Desprez, qui, grâce à son talent et à son caractère, avait su conserver une certaine influence [2].

Plus heureuse que plusieurs de ses parents émigrés, les de Berghes-Saint-Winock entre autres, Geneviève de Lamiré eut sa part dans l'héritage d'Élisabeth-Françoise Le Gras [3] ; veuve de Charles-François de Ronty, elle était la fille unique de Sébastien Le Gras, vicomte et seigneur d'Acy et cousine-germaine de Marie-Anne Carpentier, dame de Caumont. Les autres co-partageants se nommaient Jean-François Carpentier, demeurant à Juvisy, Jean-Baptiste-Claude Arnoux-d'Argent et Charlotte-Jeanne-Françoise de Proisy, demeurant à Châlons, et Charlotte-Henriette de Proisy, demeurant à Laon, neveu et petites-nièces de ladite dame de Caumont. Suivant un partage fait au district de

---

[1] Jean-Pierre Le Febvre, seigneur de Wadicourt, La Poterie, est le grand'père de Madame la vicomtesse Blin de Bourdon, de qui nous tenons ce détail.

[2] Le docteur Desprez fut le père de François-Alexandre Desprez, né à Amiens, le 22 mars 1768. Elève de l'École polytechnique et de l'école du génie à Metz, il était capitaine à Austerlitz, colonel en Espagne et à la campagne de Russie, et maréchal de camp à la Restauration. Pendant cette glorieuse époque il créa l'école d'État-Major, fit la campagne d'Espagne à la suite de laquelle il passa lieutenant-général, et prit part à la conquête d'Alger. Enfin il organisa en 1832 l'armée belge qu'il commanda au siège d'Anvers et vint mourir à Bruxelles le 6 août 1833 (Extrait de la *Correspondance du comte de Serre*, t. I, p. 77).

[3] Élisabeth-Françoise Le Gras, fille unique de Sébastien Le Gras, vicomte et seigneur d'Acy, oncle de Marie-Anne Carpentier, dame de Caucourt, avait épousé Charles-François de Ronty, vicomte de Susy, major de la compagnie écossaise du Roi, maréchal des camps et lieutenant-général de ses Armées, grand'croix de l'Ordre Royal et Militaire de Saint-Louis *(La Famille Carpentier)*.

Soissons le 15 frimaire an IV (6 décembre 1795) trois marchés de terre à Pierrefonds, Saint-Christophe et Soulsi, quelques biens à Billy-sur-Aisne et Hostel, et une maison à Soissons furent attribués à Geneviève de Lamiré.

Déjà alors les lois de confiscation des biens des émigrés étaient en cours d'exécution. Votées les 9 floréal an III (28 avril 1795) et 20 floréal an IV (9 mai 1796), elles ordonnaient de procéder contre eux, par la voie d'un partage de présuccession, c'est-à-dire par une spoliation, de la part dont ils eussent hérité en cas de survivance à leurs parents. Cette nouvelle persécution obligea Jean-Baptiste du Passage et Geneviève de Lamiré à dresser l'état de leur fortune [1]. Ils le présentèrent au district d'Amiens le 23 floréal an VI (12 mai 1798), sous la déclaration qu'ils n'avaient vendu aucun bien depuis l'émigration présumée de leurs fils ni depuis le 1er février 1793. Le 29 floréal la commission départementale composée des citoyens *Malafosse*, président; *Vasseur*, *Marotte*, *Cochepin* et *Auguste Gonnet*, administrateurs ; *Thierry*, commissaire du Directoire exécutif, et *Demaux*, secrétaire en chef, faisait le partage de la fortune des déclarants entre eux et la République, et pour le montant des 45511 fr. 5 s., valeur de la confiscation, s'adjugeaient les biens-fonds du Chaussoy (Somme), de Pernant, Moisy à Vauxsaillon, Crouy et Hostel (Aisne).

Le 4 brumaire an XI (26 octobre 1802) décédait à Sainte-Segrée à l'âge de 75 ans, Geneviève-Louise-Charlotte de Lamiré. Elle avait vu le retour de l'émigration de Louis-Gabriel du Passage son second fils qui a signé l'acte de son décès. Jean-Baptiste du Passage lui survécut et mourut à Sainte-Segrée le 27 novembre 1810, âgé de 91 ans et six mois.

[1] Pièces justificatives, no LXXII.

Enfants de JEAN-BAPTISTE DU PASSAGE, *chevalier, seigneur de* SAINTE-SEGRÉE, PLÉNOI *et* LES GRENAUX, *et de* GENEVIÈVE-LOUISE-CHARLOTTE DE LAMIRÉ, *dame de* MONTBLIN, *sa seconde femme.*

1º JEAN-BAPTISTE-BERNARD DU PASSAGE naquit à Sainte-Segrée le 20 août 1767 et fut tenu sur les fonts du baptême par Bernard-Gabriel du Passage, seigneur de Caillouel, chevalier de l'Ordre Royal et Militaire de Saint-Louis, ancien lieutenant-colonel du corps royal d'artillerie, son oncle paternel, et par Marie-Anne Carpentier de Crèvecœur, dame de Caumont, sa grand'mère.

Entré avec son frère cadet comme sous-lieutenant au régiment de Poitou, jeté avec lui en prison à Nantes par leurs soldats révoltés, puis émigré, il fit la campagne de 1792 dans l'armée des Princes, passa ensuite dans le régiment du vicomte de Béthisy et dans les chasseurs nobles de l'armée de Condé. Jean-Baptiste-Bernard du Passage mourut à Firmont, duché de Waldeck en Westphalie, le 30 mars 1795, des suites de ses campagnes.

2º LOUIS-GABRIEL DU PASSAGE est rapporté au chapitre II du présent livre.

3º MARIE-LOUISE-JEANNE-CHARLOTTE DU PASSAGE, dite *Mademoiselle de Sainte-Segrée,* naquit à Abbeville en l'hôtel de Caumont, place Saint-Pierre, le 21 février 1766. Elle fut tenue le lendemain sur les fonts du baptême en l'église Saint-Éloy de ladite ville par Jean de Lamiré, seigneur de Caumont, son grand'père maternel, et par Louise de Pastour, sa grand'mère paternelle.

Comme sa sœur, grâce au docteur Desprez, le médecin de sa famille, Charlotte du Passage fut autorisée à rester provisoirement à Sainte-Segrée pour raison de santé, y passa le temps de la Terreur, et, lors du mariage de son frère, se retira dans une habitation contiguë à l'église, qui avait appartenu à Mademoiselle de Monsures. C'est là que, auprès des siens, *Mademoiselle de Sainte-Segrée,* comme chacun aimait à la désigner, mena une vie toute de dévouement, s'oubliant toujours pour eux et surtout pour les membres souffrants de Jésus-Christ, les faisant profiter de l'affabilité de son caractère et de son intelligence supérieure.

Elle y mourut le 30 septembre 1853, regrettée de tous ceux qui l'avaient connue, et particulièrement des nombreux prêtres aidés dans leur vocation par ses largesses envers eux, et des P. P. Lazaristes, établis à Amiens.

4° LOUISE-MARTHE DU PASSAGE, dite *Mademoiselle de Crèvecœur*, naquit au château de Sainte-Segrée le 28 juillet 1772 et fut tenue le même jour sur les fonts du baptême par le marquis de Saint-Blimond, son oncle maternel, et par Marie-Louise du Passage, sa tante paternelle. Un instant ses parents, comme le témoigne un projet de preuves pour Saint-Cyr, eurent la pensée de solliciter son admission dans cette Maison Royale, où Geneviève-Françoise du Passage de Caillouel en 1701 [1], Marie-Élisabeth du Passage du Clos en 1727 [2] et Anne du Passage de Caillouel en 1729 [3] avaient déjà été élevées; mais leur préférence s'arrêta du côté de la Tante l'Abbesse [4]. C'est sous sa direction que prirent naissance et se développèrent chez Charlotte et Marthe du Passage les vertus chrétiennes, dont elles furent un parfait modèle pendant leur longue carrière.

Par un accord fait et arrêté le 6 thermidor an X (25 juillet 1802), et suivant l'acte de célébration en l'église de Sainte-Segrée le 11 août de ladite année, Louise-Marthe du Passage épousa LOUIS-FRANÇOIS DE PAULE MOREL DE BONCOURT, ancien capitaine au régiment de Vivarais : forcé d'émigrer le 4 août 1791 il avait successivement servi dans l'armée des Princes et dans le régiment de Castries, alors à la solde de l'Angleterre, mais portant la cocarde blanche : n'ayant pu débarquer à Quiberon, il avait échappé à ce désastre et était rentré en France le 31 décembre 1801 ; la plus entière conformité d'idées et de sentiments réunissait donc à l'avance les deux familles du Passage et de Boncourt. Fils de Jacques-François de Paule Morel [5], seigneur de Boncourt, et de

[1] Voir livre II, chap. I.

[2] Voir livre IV, chap. I.

[3] Voir livre II, chap. II.

[4] On appelait *la Tante l'Abbesse* Marie-Marguerite du Passage, abbesse de Mouchy-Humières, au diocèse de Beauvais, dont il sera parlé au livre V, chapitre I.

[5] La généalogie des Morel dressée par Chevillard en 1745, sur pièces justificatives, fait

Louise-Marie-Claire d'Aumale d'Ivrencheux, il était issu d'une vieille famille de Picardie dont cinq branches avaient été maintenues par Bignon, intendant en la généralité d'Amiens, les 13 et 15 janvier 1704, 16 et 18 mai 1707, sur preuves remontant à Philippe Morel, maïeur de Péronne en 1525. Morel de Boncourt porte pour armoiries *d'azur à trois glands d'or ; à la fleur de lys d'or en abîme.* Louise-Marthe du Passage survécut à son mari, décédé à Sainte-Segrée le 2 janvier 1841, et mourut à Amiens le 6 août 1863 dans sa 92e année ; elle a sa sépulture à la Madeleine.

De ce mariage sont issus :

A. Louis-François-*Olivier* Morel de Boncourt, né et baptisé à Sainte-Segrée, le 23 janvier 1805, chef de nom et armes de sa branche, vivant à Amiens sans alliance.

B. Alexandre-Marie-*Jules* Morel de Boncourt, né à Sainte-Segrée le 12 mai 1811 et baptisé le 27 janvier 1812 [1] ; il a été élève de l'École militaire de Saint-Cyr en 1828 et de l'École d'application d'État-Major en 1831, est depuis 1860 officier de la Légion d'honneur et actuellement chef d'escadron d'état-major en retraite. Par contrat passé le 7 juin 1853 au château d'Humerœuil (Pas-de-Calais), il a épousé Marie-Agathe-Gabrielle de Belvalet [2] d'Humerœuil, décédée au château de Floringthun, près Boulogne-sur-Mer, le 28 avril 1874, fille aînée de Charles-François-Onuphre de Belvalet, marquis d'Humerœuil, et de Marie-Georges-Agathe du Mont de Courset, sa seconde femme, dont il a eu :

remonter cette famille à Guillaume Morel, capitaine du château de Walincourt en Cambrésis, mort en 1260. Philippe Morel, seigneur de Cresmery, Proyart et Becordel, lieutenant d'une compagnie d'hommes d'armes des Ordonnances du Roi, fit à Fornoue le 6 juillet 1495 de tels prodiges de valeur que Charles VIII, le 14 janvier suivant, à Lyon, lui concéda *une fleur de lys* en ses armes, dans la possession de laquelle sa postérité fut confirmée par arrêt de Louis XIV en date du 19 mars 1700. Sa postérité a fourni deux présidents au présidial d'Amiens, un intendant des frontières de Champagne, deux présidents à la Cour des aides de Paris, un lieutenant-colonel au régiment de Montmorency, un commandeur et deux chevaliers de Malte et un pair de France le 17 août 1815 (Voir le *Dictionnaire Universel de la Noblesse de France,* tome II, page 48).

[1] Il eut pour parrain François-Alexandre-Gabriel du Passage de Caillouel.

[2] Belvalet porte *d'argent au lion morné de gueules.*

AA. Joseph-*Charles*-Marie Morel de Boncourt, né à Lille le 26 février 1855, non encore marié ;

BB. Louis-Marie-*Joseph* Morel de Boncourt, né à Lille le 12 avril 1856, mort à Toulouse en bas âge.

C. Marie-Louise-Jeanne-*Pauline* Morel de Boncourt, née à Sainte-Segrée le 27 novembre 1803, et baptisée le lendemain : elle a épousé à Amiens, par contrat passé le 19 août 1828 (Breuil, notaire) et le 3 septembre en l'église Saint-Remy, où la bénédiction nuptiale fut donnée par Monseigneur de Chabons, évêque d'Amiens et aumônier de S. A. R. la duchesse de Berry, Toussaint Le Caron de Troussures, ancien officier supérieur d'infanterie, chevalier des Ordres de Saint-Louis et de la Légion d'honneur, fils de Louis-Lucien Le Caron de Troussures, président du tribunal civil de Beauvais, et de Françoise Le Mareschal de Fricourt. Il est mort le 21 mai 1836 et sa veuve le 15 juillet 1876, ayant eu de leur union :

AA. Marie-*Louis* Le Caron de Troussures, né le 5 juin 1829, ancien officier de cavalerie, marié le 26 décembre 1865 à Marie-*Geneviève* Louet de Terrouenne dont *Pierre*, *Étienne* et *Fernand* Le Caron de Troussures [1].

BB. Marie-*Ferdinand* Le Caron de Troussures, né le 2 juin 1831, ancien officier d'infanterie, et successivement capitaine et commandant aux zouaves pontificaux qu'il réorganisa après Castelfidardo et conduisit aux combats de Nerola et de Mentana, puis aux volontaires de l'Ouest, tué à Patay le 2 décembre 1871 [2] auprès de l'étendard du Sacré-Cœur.

D. Marie-Gabrielle-Claire-*Mathilde* Morel de Boncourt, née et baptisée à Sainte-Segrée le 11 octobre 1810, morte le 9 janvier 1815 et enterrée dans le cimetière de cette paroisse.

---

[1] Le Caron porte *d'azur à trois besants d'or ; 2 et 1 ; au chef cousu de gueules fretté d'or.* Louet de Terrouenne porte *de gueules à la fasce d'argent chargée de trois merlettes de sable.*

[2] Voir *Charette, Troussures et les Zouaves pontificaux ; campagne de France*, par le prince Henri de Valori, et *La Campagne des Zouaves pontificaux en France*, par S. Jaquemont, capitaine aux zouaves pontificaux.

E. Marie-*Octavie* Morel de Boncourt, jumelle de la précédente, entrée en religion dans la Congrégation des Dames du Sacré-Cœur en novembre 1830, et en résidence actuelle à Saint-Michel, auprès de la Nouvelle-Orléans.

DIXIÈME DEGRÉ

LOUIS-GABRIEL, *comte* DU PASSAGE, *seigneur de* PLÉNOI *et* DES
GRENAUX, *capitaine d'infanterie, chevalier de l'Ordre Royal et
Militaire de Saint-Louis.*

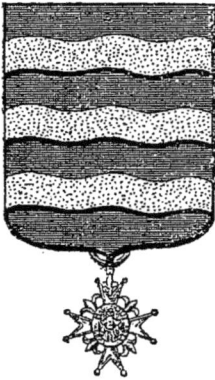

LOUIS-GABRIEL, *comte* DU PASSAGE, second fils
de Jean-Baptiste-Gabriel du Passage, seigneur de
Sainte-Segrée, et de Geneviève-Louise-Charlotte
de Lamiré de Montblin, naquit à Sainte-Segrée le
26 mars 1769. Il fut tenu sur les fonts du baptême
par Louis-Antoine du Passage, capitaine au régiment de Poitou, chevalier de l'Ordre Royal et Militaire de Saint-Louis, son oncle paternel, et par
Marie-Louise de Lamiré, comtesse de Verton [1], sa
tante maternelle.

A la mort de Bernard-Gabriel du Passage [2], un conseil de famille fut
tenu devant le bailli de Sainte-Segrée pour l'acceptation de sa succession testamentaire. Il se composa de Louis-Antoine-Bernard du
Passage, dit le chevalier de Caillouel ; de Jean-Baptiste-Claude-Nicolas-
Balthazar de Calonne, seigneur châtelain de Lignières, Marlez, Caul-
lerette et Ménillet ; de Louis-Thomas de Calonne, lieutenant d'infanterie ; de Charles-Pantaléon de Lallier de Saint-Lieu, chevalier de
l'Ordre Royal et Militaire de Saint-Louis [3] ; et d'Anne-Joseph-Alexandre

[1] Sur la comtesse de Verton, voir page 124.

[2] Bernard-Gabriel du Passage, seigneur de Plénoi et des Grenaux, était cousin-germain de Jean-Baptiste-Gabriel du Passage (Voir livre V, chap. III).

[3] Charles-Pantaléon de Lallier de Saint-Lieu, demeurait à Bertencourt, près Poix.

Desforges, lieutenant des Maréchaux de France au département d'Amiens, capitaine en second au régiment de Poix. Le chevalier de Caillouel fut nommé tuteur *ad hoc* de Louis-Gabriel du Passage, légataire des fiefs de Plénoi et des Grenaux dont il ne jouit pas, la République les ayant confisqués sur lui lors de son émigration, du vivant de son père qui en avait l'usufruit.

Entré au service en 1783 dans le régiment de Poitou, il était encore sous-lieutenant lors de la révolte en 1790 de ce régiment alors en garnison à Nantes, et dut émigrer avec tout le corps des officiers. Lieutenant en mai 1792 dans la compagnie formée par eux sous le commandement du maréchal de camp marquis de Saint-Chamans [1], ancien colonel de ce régiment, il fit la campagne de cette année dans l'armée des Princes [2]; passa ensuite sous-lieutenant [3] dans le régiment du vicomte de Béthizy, ancien lieutenant-colonel au même régiment; et, après la réforme de ce corps, dans l'armée de Condé, 10e compagnie des chasseurs nobles où il servit de 1795 à la fin de 1796 [4].

C'est alors qu'après le licenciement des Condéens, il se retira à Hambourg, où, demeuré seul après la mort de son frère aîné et sans ressource, mais plein de jeunesse et d'énergie, il sut gagner sa vie à la sueur de son front dans un établissement de boulangerie. Ainsi vit-il s'écouler les années qu'il passa avant de rentrer en France, se suffisant à lui-même et venant même en aide à sa cousine-germaine, la princesse de Berghes [5], retirée avec son mari infirme et ses trois enfants à Altona, près Hambourg, où ils vivaient dans une gêne extrême.

[1] Amand, marquis de Saint-Chamans de Rebenac, mestre de camp en second du régiment Maréchal-de-Turenne en 1780, puis de La Fère, même année, devint colonel du régiment de Poitou en 1788 ; il passa maréchal de camp en 1791 (Registre du 25e (Poitou) de 1788 à 1793, fo 1).

[2] Certificat du marquis de Saint-Chamans, daté de Bouchy le 15 novembre 1814.

[3] Certificat du vicomte de Béthizy, daté de Ferrières le 15 octobre 1814 ; Charles, vicomte de Béthizy, était colonel du régiment de Hohenlohe à l'armée de Condé.

[4] Certificat d'Antoine-Martial, chevalier de Guillebon, chevalier de l'Ordre Royal et Militaire de Saint-Louis, garde-du-corps du Roi, compagnie de Luxembourg, ayant fait sept campagnes à l'armée de Condé, compagnie no 4, daté de Vaux-sous-Montdidier, le 29 septembre 1814.

[5] Marie-Louise-Agnès de Saint-Blimond, mentionnée page 124, avait épousé en 1788 François-Désiré-Marc-Guislain de Berghes, vicomte d'Arleux, qui devint prince de Berghes-Saint-Winock par le décès de son cousin, Philippe-Adrien de Berghes, dernier prince de Rache. Elle en eut : 1o Charles-Alphonse-Désiré-Eugène, prince de Berghes-

Rentré en France avant le 26 octobre 1802, date de la mort de sa mère, Louis-Gabriel du Passage revint auprès de ses parents habiter le château de Sainte-Segrée où, pendant dix ans, il resta sous la surveillance de la police. En 1810 il entra en jouissance de cette résidence de famille, et y reçut pendant les Cent-Jours les de Berghes-Saint-Winock et le comte de Fougières, ses parents, suspects au régime impérial.

A la seconde Restauration, le 15 novembre 1815, Louis XVIII lui fit remettre un brevet de capitaine d'infanterie pour tenir rang du 1er janvier 1796 et avoir, dans ce grade, deux années de service y compris une campagne ; le 26 décembre de la même année, le Roi lui conféra la croix de l'Ordre Royal et Militaire de Saint-Louis, par la main de Jean-Baptiste-Claude-Balthazar de Calonne, chevalier de l'Ordre, qui avait été l'un des membres de son conseil de famille en 1781.

Par contrat passé au château de Moyenneville (Somme), le 14 prairial an XIII (3 juin 1805), pardevant Devismes, notaire à Abbeville, Louis-Gabriel du Passage a épousé CHARLOTTE-MARIE-URSULE-LÉONARDINE LE ROY DE VALANGLART, née au château du Quesnoy-lès-Airaines le 11 octobre 1774, du mariage de François-Léonard Le Roy, chevalier, marquis de Valanglart, seigneur de Moyenneville, Yonval, Bienfay, Allery, Oissy, Riencourt et autres lieux, et de Marie-Françoise de Fougières. Les assistants furent, *du côté du futur* : Jean-Baptiste du Passage, ancien capitaine d'infanterie, son père ; Marie-Louise-Jeanne-Charlotte du Passage, sa sœur; Louis-François de Paule Morel de Boncourt, ancien officier d'infanterie, et Louise-Marthe du Passage, son épouse, sœur du futur ; Jacques-Louis de Saint-Blimond, son oncle, à cause de feue Marie-Françoise-Victime de Lamiré, son épouse ; Charlotte-Jeanne de Pleure, épouse en secondes noces du précédent ; Marie-Louise-Agnès de Saint-Blimond, veuve de François-Désiré-Marc-Guis-

Saint-Winock, créé duc et pair de France par Charles X, dont la postérité existe encore actuellement ; 2° et 3° Eugène-Louis-Ghislain et Marie-Louise-Amélie, prince et princesse de Berghes, morts l'un sans postérité et l'autre sans alliance. — Par une transaction entre Jean-Charles-Amet-Victorin de Lasteyrie du Saillant et Constantine-Fortunée-Ghislaine de Berghes, son épouse, fille unique de Philippe-Adrien, ci-dessus, et de Marie-Thérèse-Josèphe de Castellane (Affiche de la vente de Boubers-sur-Canche, ordonnée par deux jugements contradictoires du tribunal civil de Fontainebleau des 14 août 1822 et 24 avril 1823), la terre d'Olehain, domaine de la famille depuis le milieu du XVe siècle, est passée dans la branche des princes et ducs de Berghes-Saint-Winock.

lain de Berghes-Saint-Winock, cousine-germaine du futur, et Marie-Louise-Amélie de Berghes-Saint-Winock, sa fille. *Du côté de la future* comparurent : Françoise-Marie de Fougières [1], sa mère; Marie-François-Joseph-Raoul Le Roy de Valanglart, ancien officier d'infanterie, Alfred-Marie-Charles Le Roy de Valanglart, ses frères ; Marie-Amable Le Roy de Valanglart, sa sœur ; Isidore Le Roy de Barde, ancien officier d'infanterie, veuf de Marie-Françoise-Guislaine Le Bel, tant en son nom qu'en celui d'Armand-Nicolas-Alexandre-Isidore et Alexis-Hilarion Le Roy de Barde, ses enfants ; Marie-Élisabeth Le Roy, veuve de Louis-Marie de Courteville, lieutenant-colonel d'infanterie ; Marie-Françoise-Thérèse Le Roy, ancienne religieuse ; Louis de Fougières [2], ancien officier aux Gardes-du-Corps, Antoinette et Galatée de Fougières, oncle et tantes de la future ; et Marie-Georges et Charles de Saint-Chamans [3], ses cousins-germains maternels [4]. La bénédiction

---

[1] Françoise-Marie de Fougières, mourut au château de Sainte-Segrée, le 3 septembre 1813 ; elle était fille de François-Marie, comte de Fougières, premier maître-d'hôtel du Comte d'Artois, et de Marie-Françoise Tribolet, et sœur cadette de la comtesse de Saint-Chamans *(Dict. de la Noblesse*, VIII, col. 484). Par contrat de mariage en date du 24 septembre 1770, assistée de Marie-Claude de Gaudon, veuve de François, marquis de Fougières, lieutenant-général des armées du Roi, gouverneur de Maubeuge, lieutenant-général pour le Roi dans la province de Bourbonnais, seigneur du Creux-Vallon, La Pragues, Fougerolles, baron de la Guierche, son aïeule paternelle ; et de Marie-Françoise Fougeret, veuve de François Tribolet, écuyer, conseiller secrétaire du Roi, maison et couronne de France et de ses finances, son aïeule maternelle, elle avait épousé François-Léonard Le Roy, chevalier, marquis de Valanglart, seigneur de Moyenneville et autres lieux. Le marquis de Valanglart était le petit-neveu de la marquise de La Palun (Contrat de mariage et billet de part de mariage au Cabinet des Titres, Pièces originales, n° 57446) ; il mourut à Bruxelles, en émigration, le 2 mai 1794.

[2] Louis de Fougières eut d'Adélaïde Hocquart de Montfermeil Adélaïde-Hyacinthe de Fougières, marquise Christian de Nicolaï, dont postérité.

[3] Marie-Georges et Charles de Saint-Chamans, étaient fils d'Antoine-Marie-Hippolyte comte de Saint-Chamans, maréchal des camps et armées du Roi, gentilhomme d'honneur du Comte d'Artois, et de Marie-Françoise de Fougières : le premier eut de Victoire de Tiène, Gaëtan de Saint-Chamans père, par Noémi de Saint-Chamans, sa cousine-germaine, de Mesdames Gatian de Clérambault, de Saint-Ours et de deux autres filles, et Louis de Saint-Chamans dont est issu le marquis de Saint-Chamans, chef actuel des nom et armes de sa famille ; le second était chevalier de Malte. Ils avaient un frère, Amable de Saint-Chamans, père de Noémi ci-dessus, et deux sœurs, Fanny de Saint-Chamans, devenue par son mariage, marquise de Saint-Chamans, et Charlotte de Saint-Chamans, alliée à N. de La Barre de Carroi, dont postérité.

[4] Au retour du Roi seulement, en 1814, la noblesse fut autorisée à reprendre ses titres : tel est le motif pour lequel il n'en est donné à aucun des comparants dans ce contrat de mariage.

nuptiale fut donnée aux futurs époux, le 5 du même mois, en l'église de Moyenneville.

Le Roy de Valanglart et de Barde porte *tiercé en fasces, au 1ᵉʳ d'or au lion léopardé de gueules ; au 2ᵉ de sinople et au 3ᵉ d'hermines.* Cette famille ancienne de la Picardie descend de Jean Le Roy, fils de Gui Le Roy, écuyer, qui fut maintenu le 30 mai 1375 [1] par les com-

[1] Sentence des commissaires à la levée des droits de francs-fiefs en Ponthieu, qui décharge de toute poursuite Jean Le Roy, fils de Gui Le Roy, écuyer. — 30 mai 1375.

A tous ceulx qui ces présentes lettres verront ou orront, Jehan, seigneur de Neelle, cheualier, maistre des requestes de lostel du Roy, nostre Sire, et gouuerneur de la Conté de Pontieu, Pierre Le Sene receueur du bailliage d'Amiens et de ladite Conté de Pontieu, et Henry le Tauernier, procureur du Roy, nostre Sire, en ladite Conté de Pontieu, commissaires deputez et ordenez de par icelluy seigneur sur le fait des finances des nouueaulx acquets fais en icelle Conté puis quarante ans en cha, tant par gens deglise comme par personnes non nobles, salut.

Comme en procedant ou fait et enterinement de nostre dicte commission, nous entre les autres choses et après pluseurs cris et subhastations sur ce faites solempnellement eussions fait prendre et mettre en la main du Roy nostre Sire, par certains sergeans et autres nostres commis de par nous certains fiefs nobles appartenant à Jehan Le Roy, fil de feu Guy Le Roy, escuier, jadis a cause de lacqueste son dict feu pere faite depuis ledit temps de quarante ans pour en leuer et auoir finance selon les instructions et ordenances Royaulx sur ce faites comme de personne non noble et pour chose ainsi acquise et il soit ainsi que le dit Jehan lui disant estre noble et gentil hom et procrees et venus et extrait de noble sanc et ligne et non estre tenu a finance pour ceste cause, nous eust requis ce consideré nous volsissions oster lempechement et main mise et assise esdits fiefz ou acquez nobles et lui en laississions joir paisiblement et user comme faire deuions pour raison de sadite Noblesche — auquel nous fesimes response que sur ce il nous enseignast par tesmoings, bonnes gens dignes de foy, lettres ou instruments, chartres ou preuileges ou autrement duement, et lors ferions ce que faire deuerions — liquels en ottemperant a nostre response et ordenance et en concendant à la fin par lui esleuée fist conuenir et attraire en tesmoignage pardeuant nous ou certains autres nostres commis et depputez sur ce plusieurs tesmoings, cest assauoir : *Monsieur Jehan de Grantbus et Monsieur de Ponches, cheualiers, Pierre de la Warenne, Guerart de Ponches, Rifflart Dauesnes, Jehan Dauesnes dit Galois, le doyen de Pontoiles, Gille Waterée, Isambart Werel, Jacques Waterée et Jehan Desques,* et nous requist a grant instance que les dessus dits tesmoings et chascun deulx nous volsissions oir soubz leurs serements sur le fait de sadite Noblesche et lui faire droit sur ce ;

Sauoir faisons que nous pour incliner a sa raisonnable requeste et pour en ce procéder ainsi que raison appartenroit, auons fait jurer solempnellement et oy et examiné après par leurs dis seremens tous les dessus dits tesmoings et chascun deulx, et leurs depositions auons fait escripre au long et ycelles auons mis au conseil pour jugier, veues lesquelles depositions, consideré aussi la teneur desdites instructions et ordenances Royaulx faites sur ce, eu sur ce grande deliberation de conseil et aduis a plusieurs saiges tant du conseil du Roy nostre Sire comme aultres, auec tout ce qui pour droit et raison faisoit a considerer et qui nous pouoit et deuoit mouuoir, Nous par ces presentes disons, prononchons et sentencons que icellui Jehan a tant et sy souffisamment monstré et prouué sa

missaires aux francs-fiefs dans le comté de Ponthieu, le 20 mai 1396 par Jean le Vaasseur dit Amiot et Colard Jonglet, commissaires ès prévôtés de Montreuil et de Doullens, et le 5 septembre 1405 par les commissaires aux francs-fiefs, au bailliage de Senlis [1]. Elle a été maintenue également les 17 décembre 1702 et 24 avril 1708 par Bignon, intendant en la généralité d'Amiens, et a donné une abbesse de Saint-Désir au diocèse de Lisieux, une chanoinesse de Sainte-Anne de Munich, un écuyer du duc d'Aumale et un gentilhomme de la maison du duc de Guise, un page de la Grande-Écurie reçu le 27 juin 1719 [2], un des 200 chevau-légers de la garde du Roi, un major au régiment de Belleforière, un mestre de camp de cavalerie. Actuellement elle compte encore de nombreux représentants [3], et a pour chef de nom et armes *Marie-Charles-Henry Le Roy, marquis de Valanglart,* demeurant en son château de Moyenneville (Somme).

Le comte du Passage mourut en son château de Sainte-Segrée, le 8 mars 1850, dans sa 82e année; la comtesse du Passage lui survécut jusqu'au 24 février 1860. Ils ont leur sépulture dans le cimetière de la commune.

---

dicte Noblesche tant de par pere que de par mere, quil en tant quil lui toucque et puet toucquier pour sa personne ne sera tenus de faire ne payer aucune finance pour raison de ses dits acquez, et la main mise et assise a yceulx fiefs ou acquez, nous par ces presentes en tant que faire le poons, auons leué et osté, leuons et ostons par ces presentes et mettons a pleine deliurance, quant ad present, sauf le droit et volenté du Roy nostre Sire.

Sy donnons en mandement a tous commis sergens et aultres depputez sur lexecution dudit fait a qui il appartiendra, que ledit Jehan ne contrengnent ne ne molestent en aucune maniere au contraire de ce qui est dit et qui toucque le fait de sa personne ou acqueste, et se pour ycelle chose ils ont aucune chose print ou leué du sien, sy lui rendent, remettent et restablissent sans delai ou contredit aucun. Donné à Abbeuille soubz nos seaulx le penultiesme jour de may lan mil trois cens soixante quinze. Signé J. Bachelier. Bibl. nat. — Cabinet des Titres, Pièces orig. dossier 57446.

[1] Cabinet des Titres. Pièces orig. dossier n° 57446.

[2] *Ibid.* Preuves pour la Grande-Écurie, t. IV, 35.

[3] La généalogie de la famille Le Roy de Valanglart, de Barde et de Camelun est imprimée au tome I des *Archives de la Noblesse.*

Enfants de LOUIS-GABRIEL, *comte* DU PASSAGE, *et de* CHAR-LOTTE-MARIE-URSULE-LÉONARDINE LE ROY DE VALAN-GLART, *son épouse.*

1° MARIE-JEAN-BAPTISTE-ÉDOUARD, *comte* DU PASSAGE, qui suit;

2° CASIMIR-MARIE-LOUIS, *vicomte* DU PASSAGE, rapporté au chap. V du présent livre.

3° MARIE-LOUIS-EUGÈNE, *baron* DU PASSAGE, rapporté au chap. VI du présent livre.

4° ALFRED-MARIE-LOUIS-GUSTAVE DU PASSAGE, rapporté au chapitre VIII du présent livre.

CHAPITRE III

MARIE-JEAN-BAPTISTE-ÉDOUARD, *comte* DU PASSAGE.

MARIE-JEAN-BAPTISTE-ÉDOUARD, *comte* DU PASSAGE, naquit au château de Sainte-Segrée le 30 mai 1806 et fut baptisé le lendemain ; il eut pour parrain Jean-Baptiste du Passage, son grand'père paternel, et pour marraine Françoise-Marie de Fougières, marquise de Valanglart, sa grand'mère maternelle. Il a épousé par contrat passé au château de Frohen-le-Grand (Somme) pardevant Desmanes, notaire audit lieu, le 17 octobre 1835 et en l'église de Frohen le 20 du même mois, GUISLAINE-SIDONIE PERROT DE FERCOURT, née le 6 mai 1808, fille de François-Hugues-Jules Perrot de Fercourt, ancien Condéen, chevalier de l'Ordre Royal et Militaire de Saint-Louis, et de Charlotte-Guislaine de Cacheleu [1].

Perrot porte *d'azur à deux croissants d'argent l'un sur l'autre celui d'en bas renversé : au chef d'or chargé de trois aiglettes de sable.* Connue anciennement au Parlement de Paris, cette famille s'est divisée en plusieurs branches désignées sous les noms de Saint-Dié, Fercourt, La Malmaison et Ablancourt. Cette dernière suivit la Religion prétendue réformée : Denis Perrot fut une des victimes de la Saint-Barthé-

---

[1] La comtesse de Fercourt avait pour sœur Charlotte de Cacheleu, épouse d'Alphonse de Louvel de Fresne, qui, avec son fils Hippolyte-Guislain, se pourvut auprès du garde des sceaux de France, après l'assassinat de l'infortuné duc de Berry, pour substituer à leur nom patronymique celui de Cacheleu de Nœux : ce qui leur fut octroyé par une ordonnance Royale en date du 30 avril 1820. Elles étaient filles de Joseph-François de Cacheleu, seigneur de Nœux, et de Marie-Louise-Guislaine-Françoise de La Porte de Waux, sœur de Charlotte-Guislaine de La Porte, baronne de France de Maintenay.

lemy ; François Perrot, son neveu, homme de lettres, compta parmi ses amis du Plessis-Mornai et Fra Paolo ; Paul Perrot, son frère, étudiant à Oxford, fut l'un des collaborateurs de la Satyre Ménippée, et le père de Nicolas Perrot d'Ablancourt [1], qui dut un instant se réfugier à Londres chez lord Perrot, son parent, très en faveur auprès de la reine Élisabeth. — La branche de La Malmaison a compté de père en fils trois conseillers au Parlement de Paris, dont Christophe Perrot, sr de La Malmaison, prévôt des marchands ; un grand-maître des eaux et forêts d'Anjou, Touraine et le Maine ; un abbé de Saint-Laurent et deux chevaliers de Malte, reçus le 23 juin 1633. Elle s'est éteinte le 6 janvier 1670 en la personne de Madeleine Perrot, dame de La Malmaison, épouse de Jacques-Honoré Barentin, maître des requêtes. — Jean Perrot, seigneur de Saint-Dié, conseiller au Parlement en survivance le 8 juin 1622, entra en exercice le 11 avril 1625, devint président aux enquêtes et conseiller aux conseils d'État et privé. Il était fils et petit-fils de conseillers au Parlement, habitant la paroisse Saint-André-des-Arcs ; épousa Madeleine de Combault, fille de Charles de Combault, seigneur des Clayes et de Fercourt, et de Marie Pajot, dame d'Auteuil ; et, par son mariage, devint châtelain de Fercourt près Beauvais, seigneur de Cauvigny et de la Boissière-Sainte-Geneviève. Dans sa descendance se rencontrent : 1° Henri Perrot, seigneur de Saint-Dié, chevalier de Malte en 1658, commandeur d'Oisemont en 1696, et de Liège en 1717, mort le 4 mars 1733 à 88 ans, étant alors Grand'croix de l'Ordre et bailli de Morée, et deux autres chevaliers de Malte qui servirent sur les vaisseaux du Roi ; 2° François Perrot, seigneur de Meaux, gouverneur des îles et côtes d'Acadie, dans la Nouvelle-France ; 3° Madeleine Perrot, abbesse des chanoinesses de Sainte-Geneviève de Chaillot en 1678, bénite le 26 novembre 1684 [2] ; 4° François-Marie Perrot, marquis de Fercourt, capitaine de cavalerie, marié le 19 février 1721 à Marie-Antoinette-Léonore de Créquy, dame des Alleux en Vimeu, fille de François-Léonor de Créquy, comte de Canaples, seigneur de Frohen, châtelain d'Orville, mestre de camp de cavalerie, et de Marie-Anne de Schouttetten. De ce dernier est descendu au second

---

[1] Sur Perrot d'Ablancourt, voir les *Historiettes de Tallemand des Réaux* et l'*Annuaire de la Noblesse,* année 1886.

[2] Ce qui précède est tiré du Cabinet des Titres, dossier n° 13528.

degré François-Hugues-Jules Perrot, comte de Fercourt, père de la comtesse du Passage. Ayant émigré en août 1791, il servit d'abord à l'armée de Bourbon sous le baron de Galiffet et aux hussards de Bercheny, passa ensuite dans les hussards de Choiseul-Praslin à la solde de l'Angleterre, échappa au désastre de Quiberon, rejoignit l'armée de Condé et resta dans les dragons de Fargues, jusqu'au licenciement, en juillet 1800. Au retour du Roi, il entra dans les Volontaires Royaux sous le prince de Solre et eut le bras cassé à la porte Saint-Pierre à Amiens. Le comte de Fercourt est mort à Frohen le 15 mars 1845.

Le comte du Passage est mort au château de Frohen-le-Grand, qu'il a beaucoup augmenté et embelli, le 25 mai 1872, dans sa 66e année ; il a été inhumé dans une sépulture de famille au cimetière de Frohen-le-Petit.

Enfants de MARIE-JEAN-BAPTISTE-ÉDOUARD, *comte* DU PASSAGE, *et de* GUISLAINE-SIDONIE PERROT DE FERCOURT, *son épouse.*

1° MARIE-GABRIEL-ARTHUR, *comte* DU PASSAGE, qui suit ;

2° MARIE-CHARLES, *vicomte* CHARLES DU PASSAGE, est né au château de Frohen-le-Grand le 19 juillet 1848 et a été baptisé le même jour.

Il a épousé, par contrat passé à Boulogne-sur-Mer pardevant Me Ponticourt, notaire en ladite résidence, le 2 juin 1873, et le lendemain, en l'église Saint-Nicolas de cette ville, BERTHE-HENRIETTE PLANTARD DE LAUCOURT, fille unique de Constant-Alfred Plantard de Laucourt, et de Henriette-Françoise Huguet, née à Boulogne-sur-Mer le 29 mars 1850, avec qui il habite la villa du Point-du-Jour, commune de Wimille (Pas-de-Calais). Plantard de Laucourt porte *d'or à un amour appuyé sur un arbre de sinople ; au chef d'azur chargé de trois étoiles d'or.*

De leur mariage sont issus :

A. MARIE-HENRI-ARNOLD DU PASSAGE, né à Boulogne-sur-Mer, le 25 avril 1874 ;

B. MARIE-ANGÈLE DU PASSAGE, née à Boulogne-sur-Mer, le 27 juillet 1878 ;

C. Marie-Berthe-Odile du Passage, née au Point-du-Jour, commune de Wimille, le 4 février 1885.

Le vicomte Charles du Passage s'est fait connaître avec beaucoup de distinction à l'Exposition annuelle des Beaux-Arts, section de sculpture, où il a obtenu une mention honorable.

3° Marie-Léonie du Passage naquit au château de Frohen le 19 août 1836 et fut baptisée le 3 octobre suivant. Elle a épousé, par contrat passé à Abbeville, le 7 février 1857, pardevant Watel, notaire en ladite ville, et le 10 suivant en l'église de Frohen, Marie-Gabriel Le Roy, *vicomte* de Valanglart [1], second fils né à Abbeville le 3 novembre 1832 d'Alfred-Marie-Charles Le Roy, comte de Valanglart, et de Henriette-Judith de Harchies, son parent du 2e au 3e degré. La vicomtesse de Valanglart est morte en son hôtel à Abbeville, le 8 décembre 1880, ayant eu de son mariage :

A. Marie-*Alfred* Le Roy de Valanglart, né à Abbeville le 22 février 1861 ;

B. Marie-*Clémence* Le Roy de Valanglart, née à Abbeville le 4 mars 1859, et mariée par contrat du 26 juin 1882 pardevant Deslaviers, notaire en ladite ville, à Charles-Marie-Joseph de Tréverret, capitaine au 1er chasseurs à cheval, fils de Louis-Charles Léon de Tréverret, et de Clotilde-Jeanne-Marie Lescaige de Laudécot de la Villébrune ;

C. Sidonie-Marie-*Marguerite* Le Roy de Valanglart, née à Abbeville le 14 janvier 1872.

---

[1] Sur les *Le Roy de Valanglart*, voir le Chapitre précédent.

CHAPITRE IV

MARIE-GABRIEL-ARTHUR, *comte* DU PASSAGE, *ancien officier de cavalerie.*

MARIE-GABRIEL-ARTHUR, *comte* DU PASSAGE, chef de nom et armes, est né à Frohen-le-Grand, le 14 mai 1838, et y fut baptisé le même jour.

Il entra en 1858 à l'École militaire de Saint-Cyr, fut promu sous-lieutenant au 9ᵉ cuirassiers le 10 novembre 1860 et donna sa démission le 28 avril 1866. Après le désastre de Sedan, lors de la levée des mobilisés du département de la Somme, il accepta les fonctions de capitaine auxquelles il avait été élu et les remplit jusqu'au 7 mars 1871 ; puis, sur le désir du capitaine d'état-major Briet de Rainvillers, chargé avec le titre de lieutenant-colonel de la formation du 14ᵉ territorial, il reprit du service le 27 août 1875.

Le 9 avril 1880, à la suite de la chute du maréchal Mac-Mahon, le général Farre, ministre de la guerre, ayant mis à la suite et radié des cadres de l'armée territoriale le colonel de Rainvillers, le commandant du Passage répondit à cette flagrante injustice par sa démission : il en fut de même des commandants d'Anchald et Douville de Franssu.

Le comte du Passage a épousé, suivant contrat passé à Tirlemont (Belgique), par-devant De Lacroix, notaire, le 15 janvier 1870, et en l'église Notre-Dame-au-Sac, le lendemain, MARIA-CLAIRE-LOUISE-ALBERTINE VAN DEN BOSSCHE, née à Tirlemont le 15 juin 1845, fille de

Charles-Louis-Gilles Van 'den Bossche et d'Octavie-Marie-Louise Van den Bossche.

Van den Bossche porte pour armoiries *vairé d'argent et d'azur, au chef abaissé d'or à deux lions affrontés de gueules.*

Enfants de MARIE-GABRIEL-ARTHUR, *comte* DU PASSAGE, *et de* MARIE-CLAIRE-LOUISE-ALBERTINE VAN DEN BOSSCHE, *son épouse.*

1° MARIE-CHARLES-ÉDOUARD-GUI DU PASSAGE, né à Paris le 5 juin 1872 ;

2° MARIE-JOSEPH-LÉON-JACQUES DU PASSAGE, né à Paris le 3 mars 1876 ;

3° MARIE-ALBERT-FURSI-HUMBERT DU PASSAGE, né à Paris le 27 février 1878 ;

4° MARIE-SIDONIE-EUGÉNIE-MADELEINE DU PASSAGE, née à Bruxelles le 15 décembre 1870.

CHAPITRE V

CASIMIR-MARIE-LOUIS, *vicomte* DU PASSAGE.

CASIMIR-MARIE-LOUIS, *vicomte* DU PASSAGE, naquit au château de Sainte-Segrée le 2 septembre 1807 et fut tenu sur les fonts du baptême le lendemain par François-Marie-Joseph-Raoul Le Roy, marquis de Valanglart, ancien capitaine au régiment de Colonel-Général, chevalier de l'Ordre Royal et Militaire de Saint-Louis, son oncle maternel, et par Marie-Louise-Jeanne-Charlotte du Passage de Sainte-Segrée, sa tante maternelle.

Il a épousé, par contrat passé au château de Lignières-hors-Foucaucourt (Somme) par-devant Martin, notaire à Oisemont, le 14 janvier 1839, et le lendemain en l'église dudit lieu, CLAUDINE-EULALIE DE

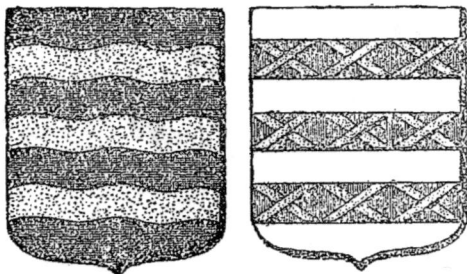

RIENCOURT, née au château de Woirel le 14 novembre 1816. Elle est la fille cadette de Louis-Jean-François, comte de Riencourt, chevalier de Malte de minorité, ancien capitaine au 24ᵉ chasseurs à cheval, et de Marie-Adélaïde de Buissy, et fut baptisée dans le salon du château [1], en présence de ses parrain et marraine, Claude-Joseph de Buissy, son oncle maternel, et Marie-Françoise-Élisabeth de Cassini [2], sa grand'mère paternelle.

La maison de Riencourt, d'origine chevaleresque, l'une des plus anciennement connues de l'Amiénois, comme le rapporte le chanoine La Morlière, tire son nom de la terre de Riencourt, qui relevait de la baronnie de Picquigny. Elle porte *d'argent à trois fasces de gueules frettées d'or.* Gui de Riencourt fut à la conquête d'Angleterre en 1066 ; il eut en partage l'honneur [3] de Sulton au comté de Bedford, le manoir de Burton au comté de Northampton, etc., passés à Richard de Riencourt, son second fils, et la ville de Stanford qu'il donna à l'église Saint-Germain en Selby. Raoul de Riencourt prit part à la première croisade en 1191 ; Jean de Riencourt et Hugues son fils obtinrent du pape Innocent IV, le XVI des calendes de novembre, an VI de son pontificat (17 octobre 1248), un bref daté de Lyon, qui leur accordait les privilèges spirituels concédés aux Croisés.

Cette famille a donné entre autres, à l'Église, un prieur à l'abbaye de Blangy-en-Artois, deux abbesses de Bertaucourt ; à l'Ordre de Malte, plusieurs chevaliers distingués, dont l'un fut commandeur de Villedieu près Meaux ; à la Maison Royale, un page du Roi en sa Petite Écurie en 1774, deux pages de la reine Marie Leczinska en 1753 (branche de Lignières) et un page de Madame la Dauphine en 1760. Dans les armées du Roi ont brillé notamment des hommes d'armes aux XVe et XVIe siècles, un lieutenant de compagnie d'ordonnance, un aide des camps et armées du Roi tué au siège de Lille en 1667, un lieutenant-

[1] Les fonctions du culte, pour le village de Woirel, se faisaient alors dans l'église de Fontaine-le-Sec.

[2] Marie-Françoise-Élisabeth de Cassini avait épousé, par contrat du 30 mars 1776 par-devant Legras, notaire à Paris, et le 23 avril suivant dans l'église de Franconville-la-Garenne, Louis-Henri de Riencourt, seigneur de Villers, Aumont, Mesnil-Eudin et autres lieux. Elle était fille de César-François de Cassini de Thury, conseiller du Roi, maître ordinaire en sa Chambre des comptes, gouverneur de l'Observatoire, et de Charlotte-Jeanne Drouin de Vendeuil. De ce mariage naquit encore, entre autres, Catherine-Élisabeth-Agathe de Riencourt, mariée par contrat du 4 février 1812 à Alexandre-Henri-Gabriel comte de Cassini, dernier représentant de sa famille, morte sans enfants à Paris le 5 avril 1861.

[3] *Honneur,* terme de féodalité. Mode de propriété libre auquel étaient attachés des droits seigneuriaux (E. Littré). En Angleterre, l'Honneur était un fief supérieur à une Baronnie.

colonel au régiment de Mailly, un colonel au régiment de cavalerie de Condé, un brigadier des armées du Roi, mestre de camp du régiment des dragons de la Reine ; deux Riencourt qui ont servi à l'armée de Condé. Elle a compté trois chevaliers de Saint-Louis, dix élèves de la Maison Royale de Saint-Cyr, et une dame de l'Ordre de la Croix étoilée.

Éteinte dans sa branche aînée vers la fin du XVIe siècle ; dans les branches des seigneurs de Parfondru en Laonnais, des seigneurs d'Arleux et des seigneurs d'Orival au XVIIIe ; des seigneurs de Tilloloy et de Vaux au XIXe, elle a pour chef de nom et armes *Anne-Honoré-Olivier, marquis de Riencourt,* marié à Louise de Pollin de Mauni, dont il a un fils, et subsiste encore dans les branches de Lignières et d'Andechy.

Sa généalogie a été établie au siècle dernier par D. Villevieille, savant bénédictin, auteur de l'histoire de plusieurs grandes maisons de Picardie ; elle le fut pour arriver à monter dans les Carrosses du Roi ; et Chérin, généalogiste des Ordres, dressa procès-verbal de la réception de ces preuves au mois d'octobre 1786. La Révolution survint pour empêcher le comte de Riencourt de Tilloloy de jouir de l'honneur auquel il avait été reconnu avoir droit par son ancienne extraction.

Le vicomte et la vicomtesse du Passage ont donné à la commune de Lignières-hors-Foucaucourt, dont les habitants avaient de temps immémorial leur sépulture à Monflières, un cimetière indépendant et plus à leur portée. Pendant le cours de ses vingt-cinq années d'administration municipale, le vicomte du Passage a constamment travaillé à la gestion des intérêts confiés à sa sollicitude, obtenu l'érection de l'église en succursale, et, pour remplacer la vieille construction, ruinée par l'ouragan du 12 mars 1875, fait construire à ses frais une ravissante église à la voûte de laquelle ont été sculptées les armoiries des du Passage et Riencourt, à titre de souvenir commémoratif. Ce monument est un des spécimens les plus purs de cette architecture religieuse du XIIIe siècle, l'une des gloires de la France Chrétienne.

Enfants de CASIMIR-MARIE-LOUIS, *vicomte* DU PASSAGE, *et de* CLAUDINE-EULALIE DE RIENCOURT, *son épouse.*

1° Marie-Adèle du Passage est née au château de Lignières-hors-Foucaucourt le 29 février 1840, et fut baptisée le 3 mars suivant dans l'église dudit lieu.

Elle a épousé, par contrat passé le 1ᵉʳ juillet 1861 par-devant Opéron, notaire à Oisemont, Rodolphe-Marie-Théodore, *comte* Rodolphe de Brandt de Galametz, né à Arras le 28 avril 1828 ; le lendemain, la bénédiction nuptiale leur fut donnée par l'abbé Charles-Michel-Alexandre de Brandt, chanoine de l'église cathédrale d'Amiens, cousin du futur. Il est le fils aîné de feu Théodore-Marie-Joseph, vicomte de Brandt de Galametz, ancien capitaine de cavalerie, chevalier des Ordres de la Légion d'honneur et de Saint-Ferdinand d'Espagne, et de Camille-Marie-Désirée Le Josne-Contay. A la mort de son oncle paternel, Alexandre-Marie-Joseph, comte de Brandt de Galametz, arrivée à Lille le 30 décembre 1868, étant alors l'aîné des descendants du comte de Brandt de Marconne, il a relevé le titre de *comte de Brandt de Galametz.*

De Brandt porte *d'azur à trois flammes d'or ombrées de gueules.* Cette famille, anciennement connue dans la province d'Artois, reçut sa principale illustration pendant les persécutions religieuses et politiques dont elle fut victime à Saint-Omer, à Aire et à Arras, de la part des Gueux ou Orangistes. Elle a donné à l'Église, au XVIIᵉ siècle, un chanoine de Saint-Pierre d'Aire ; un religieux de Saint-Vaast, mort prévôt du Maisnil-en-Arrouaise [1] ; un religieux de Saint-Bertin, devenu en 1677 abbé d'Auchy-les-Moines [2] ; un capucin connu sous le nom du P. Godefroid [3]. Au même siècle, a figuré dans la carrière des armes,

[1] *Nécrologe de l'abbaye de Saint-Vaast d'Arras*, par le chanoine Van Drival, p. 270.

[2] *Gallia Christiana*, tom. X, col. 1602. — *Essai historique sur les Abbés et l'Abbaye de Saint-Silvin d'Auchy-les-Moines*, par l'abbé Fromentin, p. 238.

[3] Philippe de Brandt, fils unique de Godefroy de Brandt, seigneur de La Campe, Le Bardoul, La Couldrée à Méntque, et d'Antoinette du Plouich, sœur de Jean du Plouich, 53ᵉ évêque d'Arras, quitta le monde, entra dans l'ordre de Saint-François et y fut connu sous le nom de P. Godefroid : par suite, les biens de cette branche passèrent dans la famille d'Ostrel dite de Lières.

Charles-Bernard de Brandt, seigneur de Prompsart, nommé, le 6 février 1666, capitaine de 50 hommes d'armes sous le duc d'Havré.

En 1639, Philippe de Brandt [1], seigneur de Prompsart, dut quitter Aire et émigrer à Harlebecq, en Flandre ; à son retour, il fut mayeur de cette ville en 1640, 1650, 1652, 1656, 1657 et 1658 ; Gervais-François de Brandt, seigneur de Marconne, son fils, remplit les mêmes fonctions en 1689, 1690, 1697 et 1698, comme aussi Louis-François de Brandt, son petit-fils, en 1733, 1735 et 1736. Ce dernier reçut de Clément VIII, le 7 octobre 1734, le titre de comte palatin et de chevalier de l'Éperon d'Or, à cause de son alliance avec Marie-Françoise Ptolomey [2], d'une des quatre familles patriciennes de Sienne. Il fut le grand-père d'Alexandre-François-Ignace de Brandt, seigneur de Marconne, Galametz, quint d'Orville et d'Amplier, qui, après avoir fait les guerres de Flandre dans Royal-Cravate, entra le 29 octobre 1750 dans le corps de la Noblesse des États d'Artois [3], et fut créé par Louis XV, en 1758, *Comte de Brandt* [4]. Le comte de Brandt de Marconne mourut en 1776, étant alors grand bailli héréditaire des ville, cité et gouvernance d'Arras, lieutenant des Maréchaux de France au département de ladite ville, et membre de l'Académie Royale d'Arras. De lui descendent les

---

[1] Philippe de Brandt, seigneur de Prompsart, avait reçu de Florence Dauchel, son épouse, arrière-petite-fille de Françoise de Fléchin, dame d'Enquin, un Livre d'heures du XIVe siècle ayant appartenu à la famille de Hardenthun dont elle descendait. Il était devenu un véritable *Livre de Famille* par l'inscription successive des générations qui l'avaient possédé, et il serait sans doute resté dans la famille de Brandt si Philippe de Brandt, après y avoir donné rang à ses quatorze enfants, ne l'avait remis à sa nièce Marie-Jeanne de Brandt, marquise de Fléchin, dont la postérité le posséda jusqu'à l'extinction du nom de Fléchin.

[2] Marie-Françoise Ptolomey était la petite-fille de Louis comte Ptolomey, comte palatin, chevalier de l'Éperon d'Or, patrice romain, capitaine dans le régiment du comte de Belgiojoso, marié à Saint-Denis de Saint-Omer le 22 septembre 1673 à Adrienne-Fran çoise Le Merchier d'Archival. Par sa mère Agnès Jonglet, dame de Galametz, elle descendait de Jeanne de Tramecourt, dame de Sautricourt (*Histoire généal. de la maison de Tramecourt*, p. 50, où est relatée sa postérité).

[3] *État noble d'Artois*, p. 47 (Collection Goethals à la Bibl. de Bourgogne à Bruxelles). — La généalogie de la famille de Brandt est imprimée dans le *Dictionnaire de la Noblesse*, t. IV, col. 13. Voir aussi *Recueil de la Noblesse de Bourgogne*, etc., par J. Leroux, et le *Registre de l'Élection provinciale d'Artois de 1746 à 1758*, p. 356 (*Archives du Pas-de-Calais.*)

[4] Ces lettres sont imprimées dans la *Bibliothèque hist. monum. ecclésiast. et littér. de la Picardie et de l'Artois*, par P. Roger, p. 288.

représentants de toutes les branches de sa famille, fixées dans le Nord de la France.

Du mariage du comte et de la comtesse de Brandt de Galametz n'est issue aucune postérité : ils ont leur résidence à Abbeville.

2° LÉONTINE-MARIE-STÉPHANIE DU PASSAGE est née au château de Lignières-hors-Foucaucourt le 24 mai 1841, et fut baptisée le même jour.

Elle a épousé, par contrat passé le 4 décembre 1866 par-devant Desprez, notaire à Aumâtre (Somme), et le lendemain en l'église dudit Lignières, ARNOUL-JOSEPH-MARIE-LOUIS VAN DER CRUISSE DE WAZIERS, né à Lille le 20 mai 1820, fils de Charles-Michel-Hugues-Joseph Van der Cruisse de Waziers et d'Adélaïde-Sophie Le Mesre du Bruile. Il était alors camérier de cape et d'épée de Sa Sainteté, et fut créé *Comte Romain* par le pape Pie IX, de sainte et regrettée mémoire, le 24 juillet 1877, XXXII° année de son pontificat.

Van der Cruisse de Waziers portait *d'azur à la croix pattée d'or ; au chef cousu chargé de deux étoiles de même* ; actuellement, ses armoiries sont *d'azur à la croix ancrée d'or.* Cette famille a donné le jour à trois bourgmestres de Menin aux XVI° et XVII° siècles. Au XVIII° siècle, les bailli et échevins de la salle et châtellenie d'Ypres, en reconnaissance des services que leur rendait Antoine-Michel Van der Cruisse, seigneur de La Motte, Wervick, La Croix, Lormier, etc., lui offrirent une tabatière en or guilloché, comme nous l'apprend la patente suivante :

« Nous, Bailly et Échevins de la Sale et Chatellenie d'Ypres, certi-
« fions par ces présentes à tous ceux qu'il appartiendra, que notre géné-
« ralité ayant resté redevable au gouvernement françois d'une partie
« des aides et subsides des années 1747 et 1748, et ayant été exécuté
« par emprisonnement de deux chefs et de deux échevins . . . dans la
« citadelle de Lille, *Antoine-Michel Van der Cruisse, escuyer, sei-*
« *gneur de La Motte, Wervick, La Croix, Lormier, etc.,* a accepté
« de la manière la plus noble et la plus généreuse, sans autre intérêt
« ny prétention que celui de rendre service et d'être utile à notre
« Catellenie, de paier nos lettres de change du montant de notre rede-

« vance suivant les arrangements pris le 4 et 5 février 1749 ; que
« pour en témoigner audit Sieur notre reconnoissance, il a été résolu à
« l'Assemblée générale des Bailly, eschevins et nobles vassaux de la
« sale et Chatellenie d'Ypres qui se tint le 15 octobre 1749, que
« lorsqu'on lui remetteroit les fonds des dernières lettres de change, de
« le faire par députation et de lui présenter une tabatière d'or dans le
« couvercle de laquelle était gravé ce qui suit : DOMINO MICHAELI VAN
« DER CRUISSE DE LA MOTTE, OBSIDUM IN CASTELLO INSULENSI DETEN-
« TORUM, FIDE JUSSORI IN PERPETUAM GRATI ANIMI TESSERAM DEDICAT
« CONSECRATQUE TERRITORIUM IPRENSE ; laquelle députation composée
« de Monsr le marquis de Cerf, bailly ; Monsr Adrianson, esquier,
« premier échevin ; Monsr Walwein, conseiller pensionnaire, et Monsr
« Pattyn, trésorier de la Sale et Chatelenie, a été faite le 5 janvier 1750 ;
   « En foi de quoi avons fait dépêcher ces présentes sous le scel ordi-
« naire aux causes de cette Sale et Catellenie et la signature de nos
« Conseillers pensionnaires. Ce trente septembre XVII^{cr} cinquante deux.
« Signé *Delepouve* et scellé. »

Fixée depuis 1630 à Lille, elle y a conquis une place des plus hono-
rables grâce à ses services, ses alliances, et son inépuisable charité ;
par les Borrekens, ses représentants actuels descendent de la famille
de Rubens [1], le peintre célèbre et l'habile diplomate.

De ce mariage sont venus :

A. *Pierre*-Marie-Casimir-Michel-Joseph Van der Cruisse de Waziers,
né à Lille le 4 mars 1868.

B. *Marie-Thérèse*-Claire-Adèle-Josèphe Van der Cruisse de Waziers,
née à Lille le 5 mars 1870.

Ils ont été, le 27 octobre 1874, parrain et marraine de la cloche de la
nouvelle église de Lignières-hors-Foucaucourt, qui a été nommée
Marie-Thérèse-Pia.

[1] Le comte de Waziers conserve dans sa riche collection de tableaux et d'objets d'art,
au château du Sart-lès-Flers (Nord), un coffret en argent et vermeil ciselé, donné en
présent par Philippe IV, roi d'Espagne, à Rubens, lors de son ambassade auprès de ce
roi en 1628 *(Un coffret de Rubens,* par le chanoine Dehaisnes, archiviste du département
du Nord).

CHAPITRE VI

ONZIÈME DEGRÉ

MARIE-LOUIS-EUGÈNE, baron DU PASSAGE.

Marie-Louis-Eugène, baron du Passage, troisième fils de Louis-Gabriel, comte du Passage, et de Charlotte-Marie-Ursule-Léonardine Le Roy de Valanglart, naquit au château de Sainte-Segrée le 9 avril 1809, et fut tenu sur les fonts du baptême, le lendemain, par Louis-François de Paule Morel de Boncourt, son bel-oncle paternel, et Marie-Amable Le Roy de Valanglart, sa tante maternelle, représentée par Marie-Louise-Jeanne-Charlotte du Passage de Sainte-Segrée.

Il épousa par contrat passé à Amiens par-devant Ricquier, notaire en cette ville, le 11 septembre 1848, et en l'église de Clairy-Saulchoy (Somme), le 18 suivant, Marie-Thérèse-Séraphine-Bathilde-Élisabeth de Gillès, née à Amiens le 22 décembre 1826, fille d'Albert-Auguste de Gillès et de Marie-Élisabeth-Bathilde Jourdain de Thieulloy.

Gillès porte *d'azur au chevron d'or accompagné de trois glands tigés et feuillés de même.* Cette famille, connue à Tournai en 1543, puis à Amsterdam, reçut des lettres de chevalerie de l'Impératrice Marie-Thérèse le 13 septembre 1752[1] ; elle a formé alors deux branches : l'aînée, titrée baron par Léopold Ier, roi des Belges ; la cadette, issue de Jacques-Louis Gillès, reçu membre des États de la Noblesse de la Flandre Gallicane après son mariage en 1766 avec Angélique-Albertine Van der Cruisse, dont descendent la baronne du Passage et ses frères, fixés l'un à Clairy-Saulchoy, et l'autre à Curcy (Calvados).

---

[1] *Suite du Supplément au Nobiliaire des Pays-Bas,* t. V, p. 256. — *Dict. gén. et hér. des Familles nobles du royaume de Belgique,* t. II.

Le baron du Passage est mort en son château de Sainte-Segrée le 21 avril 1881, dans sa 73e année.

Enfants de MARIE-LOUIS-EUGÈNE, *baron* DU PASSAGE, *et de* MARIE-THÉRÈSE- SÉRAPHINE- BATHILDE - ÉLISABETH DE GILLÈS, *son épouse.*

1º MARIE-LOUIS-MAURICE, *baron* DU PASSAGE, rapporté au chapitre VII.

2º MARIE-JEAN-BAPTISTE-ADRIEN DU PASSAGE, né à Amiens le 2 juin 1851, sans alliance.

3º MARIE-ALBERT-ANDRÉ DU PASSAGE, né à Amiens le 15 octobre 1852, sans alliance; il est attaché au 2e corps d'armée à titre de sous-lieutenant de réserve du service d'état-major.

4º MARIE-BATHILDE-BLANCHE DU PASSAGE, née à Amiens le 28 novembre 1854, et mariée à Sainte-Segrée, suivant contrat passé par-devant Leuillier, notaire à Lignières-Châtelain, le 14 juin 1881, et religieusement, le lendemain, à OCTAVE-MARIE-GONTRAN DE MILLEVILLE, officier de cavalerie, né à Rouen le 17 octobre 1853, fils de Marie-Adrien-Octave de Milleville et de Claire-Alexandre de Montlambert, dont :

A. Marie-Joseph-*Armand* de Milleville, né à Évreux le 11 mai 1882;

B. Marie-Joseph-*Adrien* de Milleville, né à Évreux le 29 août 1883 ;

C. Marie-Joseph-Émile-*Jacques* de Milleville, né à Sainte-Segrée le 26 décembre 1884 ;

D. Octave-Marie-Joseph-*Robert* de Milleville, né à Sainte-Segrée le 22 septembre 1886.

Milleville, élection d'Arques, porte *de gueules au sautoir d'argent cantonné de quatre glands d'or.* Antoine de Milleville, seigneur d'Estrimont, gentilhomme ordinaire de la Chambre de Louis XIII, fils d'Archambaut de Milleville, seigneur de Pontrancart, gentilhomme ordinaire de la Chambre du duc d'Alençon, et de Jossine de Bréauté, fut créé chevalier de l'Ordre du Roi dit de Saint-Michel en 1617 [1].

---

[1] Cabinet des Titres, vol. 1044. — *Dictionnaire de la Noblesse*, t. XIII, col. 855.

CHAPITRE VII

MARIE-LOUIS-MAURICE, *baron* DU PASSAGE.

MARIE-LOUIS-MAURICE, *baron* DU PASSAGE, naquit à Amiens le 30 mars 1850.

Il a pris une part active à toutes les opérations où fut engagée en 1870-1871 l'armée du Nord, en qualité de sous-officier au 43e de ligne, et il fut, après la bataille de Saint-Quentin, embarqué à Dunkerque pour Cherbourg. Incorporé alors au 69e de marche, il fut envoyé à Paris, d'où son régiment, enfermé pendant cinq jours au Luxembourg par l'émeute, sortit de vive force avec armes et bagages. Maurice du Passage arriva au camp de Satory, prit part au second siège de Paris, notamment aux attaques de la Porte-Maillot et de la Butte-Montmartre, et rentra à la fin de cette campagne à Sainte-Segrée, où il est fixé depuis la mort de son père.

Le baron du Passage a contracté deux alliances.

En premières noces, au Quesnoi (Pas-de-Calais), il a épousé, suivant contrat passé par-devant Danvin, notaire à Wail, le 14 avril 1874, et religieusement le même jour, MARIE-LOUISE-GABRIELLE GOSSIN, née au château du Quesnoi le 13 février 1853 et morte en couches audit lieu le 7 février 1875. Elle était fille de Pierre Gossin et d'Eugénie-Augusta de Cantel. La famille Gossin, originaire du Verdunois où elle était connue à Ancemont (Meuse) en 1550, porte *d'azur au chevron d'or, accompagné en chef de trois étoiles d'argent et en pointe d'un faucon d'or et d'un coq d'argent affrontés.*

En secondes noces, il a épousé, suivant contrat passé au château de

Bar (Cher), par-devant Chanudet, notaire à Ourouer-lès-Bourdelins, le 22 avril 1879, et le lendemain en l'église de Flavigny, MARIE-BERTHE DE BONNAULT, née à Bourges le 17 mai 1855, fille aînée de Louis baron de Bonnault et de Marie-Auguste-Nice Lefrançois des Courtis de Monchal. Bonnault porte *d'azur au chevron d'or accompagné en chef de deux étoiles et en pointe d'un dauphin couronné le tout d'or.* La famille de Bonnault remonte à Guillaume de Bonnault, chevalier, à qui Jean, fils du Roi et duc de Berry, fit don, le 13 juillet 1376, de 130 francs d'or [1].

Enfants de MARIE-LOUIS-MAURICE, *baron* DU PASSAGE.

I. De son premier mariage avec MARIE-LOUISE-GABRIELLE GOSSIN, est issu :

MARIE-JOSEPH-PIERRE-EUGÈNE DU PASSAGE, né au château du Quesnoi le 3 février 1875.

II. De son second mariage avec MARIE-BERTHE DE BONNAULT, sont issus :

1o MARIE-MAX DU PASSAGE, né au château de Bar le 21 avril 1881;

2o MARIE-JOSÈPHE-YVONNE DU PASSAGE, née au château de Bar le 4 mars 1880;

3o MARIE-MARTHE DU PASSAGE, née au château de Bar le 17 avril 1883;

4o MARIE-ODETTE DU PASSAGE, née au château de Bar le 1er octobre 1886.

---

[1] *Archives de la Famille de Bonnault,* Abbeville, 1882.

CHAPITRE VIII

ALFRED-MARIE-LOUIS-GUSTAVE DU PASSAGE.

ALFRED-MARIE-LOUIS-GUSTAVE DU PASSAGE, quatrième fils de Louis-Gabriel, comte du Passage, et de Charlotte-Marie-Ursule-Léonardine Le Roy de Valanglart, naquit au château de Sainte-Segrée le 17 décembre 1811. Il fut tenu le lendemain sur les fonts du baptême au nom d'Alfred-Marie-Charles Le Roy de Valanglart, son oncle maternel, et par Louise-Marthe du Passage, dame de Boncourt, sa tante paternelle.

Le comte du Passage, son père, ayant sollicité auprès du ministère de la Maison du Roi l'admission de son dernier fils au nombre des Pages, reçut, le 31 juillet 1823, une lettre qui lui annonçait l'ordre donné de l'inscrire sur la liste des prétendants à cette faveur Royale. L'avènement de Charles X au trône nécessita de nouvelles démarches auprès du baron de La Bouillerie, alors intendant général de sa Maison ; appuyées par le comte de Fougières et la princesse de Berghes-Saint-Winock, elles donnèrent lieu, en 1828, à une nouvelle inscription que la Révolution de 1830 fit avorter.

Par contrat passé au château de Woirel (Somme) par-devant Martin, notaire à Oisemont, le 25 octobre 1841, et religieusement le lendemain dans l'église de Fontaine-le-Sec, il a épousé PAULINE-ADÉLAÏDE DE BUISSY, fille aînée de Claude-Joseph de Buissy, dernier représentant mâle de sa famille, et de Caroline Le Blond du Plouy. Elle était née au château de Woirel le 29 juin 1819, et y avait été baptisée le même jour dans le salon avec permission épiscopale, ayant pour parrain Paul-Charles Le Blond du Plouy, ancien capitaine de cavalerie au régiment de Bourgogne, chevalier de l'Ordre Royal et Militaire de Saint-Louis, son grand-père maternel, et pour marraine Adélaïde-Victoire-Josèphe de Francqueville de Bourlon, sa grand'mère maternelle.

Buissy porte *d'argent à la fasce de gueules chargée de trois fermeaux d'or;* il y a peu d'années, on voyait encore les armoiries de cette famille sur le fronton du ravissant château de Long, qu'elle avait bâti au siècle dernier. Cette famille, connue très anciennement en Artois, où elle a formé plusieurs branches toutes éteintes dès la fin du XVIe siècle, a eu dans le Ponthieu et le Vimeu les branches des seigneurs du Mesnil, de Long et de Moromesnil.

Elle a compté parmi ses représentants un prieur de Saint-Pierre d'Abbeville, un grand-vicaire de l'évêché d'Arras; plusieurs mousquetaires de la garde du Roi, un officier supérieur aux Cent-Suisses, des officiers aux Gardes-Françaises et au régiment de Flandre, deux chevaliers de Saint-Louis; deux présidents au présidial d'Abbeville, etc.[1]

Grâce à leur pieuse générosité, la commune de Woirel possède une gracieuse chapelle érigée sous le vocable de l'*Immaculée-Conception*, et un cimetière près de la levée de terre du chemin de fer de Frévent à Gamache, du côté du bois de Forceville.

Alfred-Marie-Louis-Gustave du Passage, fixé lors de son mariage au château de Bezencourt, canton de Hornoi, dont son père avait fait l'acquisition en 1839, puis au château de Woirel en 1871, s'est retiré en 1875 après le mariage du second de ses fils à Amiens, où la mort le frappa le 25 février 1878. Son corps repose dans le cimetière de Woirel.

*Enfants d'*ALFRED-MARIE-LOUIS-GUSTAVE DU PASSAGE *et de* PAULINE-ADÉLAIDE DE BUISSY, *son épouse.*

1o Un fils mort aussitôt sa naissance;

2o MARIE-GASTON DU PASSAGE, rapporté au chapitre IX;

3o GABRIEL-MARIE-LOUIS DU PASSAGE naquit à Abbeville, et fut baptisé en l'église Saint-Sépulcre le 12 juillet 1850. Appelé sous les drapeaux en 1870, il a pris part à la campagne de l'armée du Nord. Griè-

---

[1] Sur la famille de Buissy, voir *Dictionnaire de la Noblesse,* t. IV, col. 490; *Nobiliaire de Ponthieu et de Vimeu,* col. 254; *Recherches généal. sur les comtes de Ponthieu, de Boulogne,* etc., p. 285.

vement blessé d'un éclat d'obus qui lui traversa la cuisse, à Beauvoir (Aisne), le 18 janvier 1871 vers la fin de la bataille de Saint-Quentin; il fut, grâce au R. P. Hamy, de la compagnie de Jésus, transporté à Cassel chez son beau-frère de Jenlis, où des soins intelligents et persévérants amenèrent une guérison jugée d'abord difficile. Peu après il obtenait la Médaille militaire.

Louis du Passage a épousé à Bergues (Nord), par contrat passé pardevant Dequeker, notaire en cette ville le 30 mars 1875, et religieusement le lendemain, Louise-Henriette-Ernestine-Marie de Hau de Staplande, née à Paillencourt (Nord) le 19 septembre 1850, sœur cadette de Jeanne de Hau de Staplande, épouse de son frère aîné [1]. Ils habitent le château de Woirel.

De ce mariage sont issus :

A. Joseph-Marie-Ernest du Passage, né à Woirel le 26 janvier 1876 et baptisé le 6 avril suivant.

B. Gustave-Marie-Joseph-Pie du Passage, né à Woirel le 3 mai 1878 et baptisé le 30 juillet suivant.

C. Robert-Marie-Joseph-Ernest du Passage, né à Woirel le 16 février 1882 et baptisé le 20 du même mois; il est mort le 1er décembre de la même année à Amiens.

D. Louis-Marie-Joseph-Robert du Passage, né à Woirel le 1er octobre 1885, ondoyé le lendemain et baptisé le 10 du même mois.

E. Alice-Marie-Joséphine-Eugénie-Pia du Passage, née à Woirel le 19 octobre 1880 et baptisée le 25 suivant.

4° Marie-Joseph-Raoul du Passage naquit à Abbeville le 30 novembre 1854 et fut baptisé le lendemain en l'église Saint-Gilles.

Il vient d'épouser par contrat passé par-devant Sauffray, notaire à Caen le 6 juillet 1886, au château de Curcy (Calvados), et le lendemain en l'église d'Ouffières, Jeanne-Louise-Bathilde-Marie de Gillès, née à Hérouville-Saint-Clair le 22 janvier 1862, fille de Marie-Adrienne-Philippe de Gillès, frère cadet de la baronne douairière du Passage, et d'Antoinette-Élisabeth Signard d'Ouffières.

---

[1] Sur la famille de Hau de Staplande voir le Chapitre suivant.

5° MARIE-MATHILDE DU PASSAGE naquit à Abbeville le 29 novembre 1846 et fut baptisée le lendemain dans l'église du Saint-Sépulcre.

Elle a épousé à Bezencourt par contrat passé par-devant Boura, notaire à Hornoi, le 20 août 1876, et religieusement le lendemain, OCTAVE-MARIE-VICTOR BOSQUILLON DE JENLIS, né à Lille le 22 octobre 1836, fils de Louis-Édouard Bosquillon de Jenlis, ancien ingénieur en chef du département du Nord, et de Virginie-Claire-Hortense Verquère. Bosquillon de Jenlis, d'Aubercourt et de Frescheville porte *d'azur à trois serpettes d'argent mouchées d'or, 2 et 1 ; au chef d'argent chargé de trois roses de gueules.* Cette famille qui a pour auteur connu Colard Bosquillon, chevalier, homme d'armes du roi d'Angleterre au XVᵉ siècle, a été maintenue le 11 août 1699 par Bignon, intendant en la généralité d'Amiens, en la personne de Daniel Bosquillon, écuyer, seigneur de Bouchoir, allié à Jeanne Cousin, dame de Jenlis, et père de quinze enfants.

De leur mariage sont issus :

A. *Édouard*-Marie-Joseph Bosquillon de Jenlis, né le 3 novembre 1870.

B. *Joseph*-Marie-Ernest Bosquillon de Jenlis, né le 15 août 1873.

C. *Louis*-Marie-Joseph-Antoine Bosquillon de Jenlis, né le 19 janvier 1875.

D. *Réné*-Marie-Joseph Bosquillon de Jenlis, né le 8 octobre 1876.

E. *Octave*-Marie-Joseph Bosquillon de Jenlis, né le 27 avril 1883.

F. *Jeanne*-Marie-Joséphine Bosquillon de Jenlis, née le 7 août 1868.

G. *Marthe*-Marie-Louise-Joséphine Bosquillon de Jenlis, née le 25 mars 1872.

H. Joséphine-Anne-*Marie* Bosquillon de Jenlis, née le 3 juin 1880 et morte en bas-âge.

ᴵ. *Marie-Louise*-Josèphe Bosquillon de Jenlis, née le 25 février 1885.

CHAPITRE IX

MARIE-GASTON DU PASSAGE.

MARIE-GASTON DU PASSAGE, fils aîné d'Alfred-Marie-Louis-Gustave du Passage et de Pauline-Adélaïde de Buissy, naquit à Abbeville, le 30 novembre 1844, et fut baptisé le lendemain en l'église Saint-Sépulcre.

En 1870 il fut incorporé dans le bataillon des mobilisés de la Somme commandé par le comte de Calonne d'Avesnes, ancien officier de cavalerie.

L'année suivante il épousait à Bergues, par contrat passé par-devant Dequeker, notaire en cette ville, le 26 septembre, et religieusement le lendemain, JEANNE-ADÉLAÏDE-HENRIETTE-MARIE DE HAU DE STAPLANDE, née à Bergues le 30 mai 1849, fille d'Ernest-Charles-Louis-Dieudonné de Hau de Staplande, et d'Henriette-Victorine-Bonne-Adélaïde Bouchelet de Lafosse ; petite-fille de Louis-Henry de Hau de Staplande, ancien membre de la Chambre des Députés sous le gouvernement de Juillet, des Assemblées nationale et législative, mort sénateur du département du Nord le 23 février 1877 [1]. De Hau de Staplande porte *d'azur à un chevron d'argent, surmonté d'une étoile à six raies d'or et accompagnée de trois mains de carnation, tenant chacune une poignée d'épis de blé d'or, posées 2 et 1, les deux en chef confrontées* [2].

Ils habitent le château de Bezencourt.

---

[1] Louis-Henri de Hau de Staplande était petit-fils de Pierre-Winoc de Hau de Staplande, conseiller pensionnaire de la ville et de la châtellenie de Bergues, et de Marie-Françoise-Thérèse Lenglé, dame de Moriencourt, sœur de Pierre Lenglé de Schoebecque, guillotiné à Paris pendant la Terreur, et du colonel du génie Lenglé mort à Quiberon.

[2] Ce sont les armoiries que fit enregistrer à l'*Armorial général* Jean de Hau, trésorier à Bergues.

De leur mariage sont issus :

1° HENRY-JOSEPH-MARIE DU PASSAGE, né le 5 avril 1874 et baptisé le 7 du même mois ;

2° GASTON-JOSEPH-MARIE DU PASSAGE, né le 11 mai 1885 et baptisé le 13 du même mois ;

3° ERNESTINE-MARIE-ANTOINETTE DU PASSAGE, née le 13 septembre 1872 et baptisée le 7 octobre suivant ;

4° MARGUERITE-MARIE-JOSÉPHINE DU PASSAGE, née le 5 avril 1876 et baptisée le 10 du même mois ;

5° MARIE-THÉRÈSE-LOUISE-JOSÈPHE DU PASSAGE, née le 30 juin 1878 et baptisée le 3 juillet suivant ;

6° MADELEINE-ERNESTINE-JOSÈPHE-MARIE DU PASSAGE, née le 17 avril 1882 et baptisée le 13 juin suivant [1].

[1] Registres de catholicité de Sainte-Madeleine de Bezencourt, paroisse de Tronchoi. — Sur Bezencourt, voir *La Vallée du Liger et ses environs*, par M. Alcius Ledieu, bibliothécaire de la ville d'Abbeville, membre de la Société d'Abbeville, art. BEZENCOURT, au t. XVI des Mémoires de ladite Société.

HISTOIRE GÉNÉALOGIQUE

DE LA MAISON

DU PASSAGE

———

LIVRE QUATRIÈME

CONTENANT

LES SEIGNEURS DU CLOS

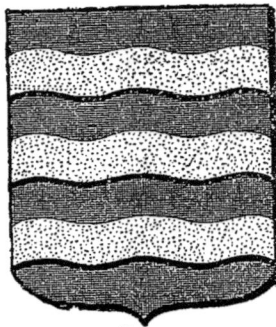

CHAPITRE I

PIERRE-FRANÇOIS DU PASSAGE, *seigneur* DU CLOS à *Bonnelles,* *capitaine aux régiments de Berry et de La Motte.*

PIERRE-FRANÇOIS DU PASSAGE, second fils de François du Passage, seigneur de Caillouel, et de Jeanne-Perrette Regnault, naquit à Paris dans la paroisse Saint-Gervais le 14 février 1684. Il fut baptisé le surlendemain [1] et tenu sur les fonts du baptême par Pierre Colbert, contrôleur-général des postes et relais de France, son grand'oncle maternel, et par Marguerite de Maran, épouse de Louis de Mailly, dit *le comte de Mailly,* seigneur de Mareuil, Fécamp, Fresnoy et La Neuville, mestre-de-camp de cavalerie [2].

En conséquence de la démission de biens de son père et par suite du partage du 24 février 1714, Pierre-François du Passage eut dans son lot la seigneurie du Clos [3], située à Bonnelles [4]. Il avait pris du service dans le régiment d'infanterie de La Motte, passa capitaine le 20 juin 1720 et était en garnison à Toulon lorsqu'il y mourut de la peste la même année [5].

---

[1] Preuves présentées à Saint-Cyr pour Marie-Élisabeth du Passage, sa fille, en avril 1727.

[2] Marguerite de Maran avait épousé en premières noces un gentilhomme d'Artois, Maximilien-Claude-François, comte de Gomiecourt, seigneur de Lagnicourt, Noreuil, Hénin-sur-Cojeul, Ervillers, Lignereuil, Denier et autres lieux, qui décéda le 13 août 1665.

[3] La seigneurie du Clos avait un domaine de 160 arpents de terre, 11 de pré et 10 de bois (Acte du 16 mars 1739 aux archives de Seine-et-Oise). Elle provenait de la succession de Claude Regnault et de Marie Godfrin, son épouse, qui l'avaient acquise par voie d'échange le 23 août 1660 (Contrat de vente du 7 prairial an VII — 26 mai 1799).

[4] Bonnelles, canton de Dourdan (Seine-et-Oise).

[5] Archives du Ministère de la Guerre.

De son mariage contracté à Luxembourg avec Marie-Françoise-Josèphe de Silva, d'une illustre maison des royaumes d'Espagne et de Portugal, fille de Jean-Antoine de Silva, écuyer, commissaire des guerres en ladite province, et d'Anne-Thérèse de Grau, il avait eu sept enfants mentionnés ci-après. Le vicaire-général de l'archevêque de Trèves avait permis que la bénédiction nuptiale leur fût donnée par le chapelain-major du régiment du baron de Herckem, F. Pierre-Eugène de Carion, religieux du couvent des RR. PP. Récollets de Luxembourg. C'est ce qu'attestent deux certificats : l'un non daté mais signé dudit chapelain, et l'autre en date du 20 juin 1721, donné à Luxembourg par François-Henry Ojost, ancien justicier de cette ville, et par Barbe de Nisette, son épouse. Ces deux actes furent délivrés à la requête du colonel de Negrette, major des ville et province de Luxembourg, par les soussignés comme témoins, et, à ce titre, signataires de l'acte de mariage contracté en ladite ville par Pierre-François de Plénois du Passage, capitaine d'infanterie dans le régiment de Berry, troupes de Sa Majesté Très Chrétienne, avec Marie-Josèphe-Françoise de Silva [1]. La famille de Silva porte pour armoiries *écartelé aux 1 et 4 d'argent au lion de gueules armé et lampassé de. . . . , et aux 2 et 3 de. . . . à un château sommé de trois tours de même et surmonté d'une couronne à trois fleurons de* [2]. . . . . Elle tire son nom d'une localité située entre le Douro et le Migno, et est comptée parmi la plus ancienne noblesse de Portugal, où elle est titrée comte de Portalègre. Jean de Silva, comte de Cifuentes, vivait en 1474 ; Philippe de Silva commandait l'armée espagnole qui fut défaite à Bulogner, en Catalogne, le 4 octobre 1645, par le comte d'Harcourt.

Ce fut à Bonnelles, où demeurait la veuve de Pierre-François du Passage, que, à sa requête et par-devant le bailli de la châtellenie, fut créée la tutelle de ses enfants, du consentement de Claude du Passage, seigneur de Caillouel, et Bernard du Passage, seigneur de Plénoi, leurs oncles paternels ; Charles Marcadé, conseiller du Roi, maître ordinaire en sa chambre des Comptes ; et Joseph Regnaut, prêtre, demeurant audit Bonnelles. La garde-noble ayant été donnée à Marie-

---

[1] Preuves de Saint-Cyr susmentionnées.
[2] D'après un *ex-libris* aux archives de Frohen-le-Grand.

Thérèse de Silva, leur mère, elle fit faire inventaire du 3 au 10 décembre 1721 [1].

Marie-Thérèse de Silva vivait encore en 1739, lorsque sa fille, Marie-Élisabeth du Passage, sortit de la Maison Royale de Saint-Cyr [2].

Enfants de PIERRE-FRANÇOIS DU PASSAGE, *seigneur* DU CLOS *à Bonnelles, et de* MARIE-JOSÈPHE-FRANÇOISE DE SILVA, *son épouse.*

1° FRANÇOIS-GASPARD-JOSEPH DU PASSAGE fut tenu sur les fonts du baptême à Saint-Nicolas de Luxembourg, le 17 mai 1709, par François Helminger, au nom de François du Passage, son grand'père, et par Béatrix Mélisse, épouse de Gaspard Jehan, capitaine de cavalerie au régiment de Pot, troupes de S. A. S. l'Électeur de Bavière [3].

Il était en 1720 à Toulon auprès de son père mourant de la peste, atteint lui-même de ce terrible fléau auquel il échappa, et ne vivait plus en 1739.

2° CLAUDE-LOUIS-FRANÇOIS DU PASSAGE qui suit.

3° N., *chevalier* DU PASSAGE, désigné aux archives du Ministère de la Guerre comme *deuxième fils du capitaine au régiment de La Motte*, entra dans la compagnie des cadets-gentilshommes de Strasbourg [4], devint enseigne au régiment d'infanterie de Provence le 20 janvier 1733 et fut lieutenant du 8 juillet de la même année au 31 mai 1735. Il prit depuis du service dans les troupes de la marine de la Louisiane, passa premier lieutenant d'infanterie au régiment des arquebusiers de Grassin le 1er janvier 1744, capitaine en second de grenadiers

---

[1] Preuves de Saint-Cyr.

[2] Archives de Seine-et-Oise.

[3] Certificat donné le 20 juin 1720 par le curé de Saint-Nicolas de Luxembourg, signé Weilandt curé, et scellé (Preuves de Saint-Cyr d'avril 1727).

[4] Les cadets-gentilhommes, créés par Louis XIV en 1682 par compagnies, furent supprimés en 1733 : les limites d'âge étaient 14 et 25 ans *(Histoire de la Milice française,* par le P. Daniel). L'École Royale Militaire ne fut fondée que par un édit de Louis XV du mois de janvier 1751 ; il fixait à cinq cents gentilshommes le nombre des élèves, qui devaient justifier de quatre générations de noblesse du côté de leur père.

le 1er mars 1745 et ensuite capitaine en second au régiment des Bretons volontaires le 11 décembre 1747. Le chevalier du Passage fut réformé avec ce corps le 19 août 1749 [1].

4° N. *chevalier* DU PASSAGE, ainsi qualifié aux archives du Ministère de la Guerre, devait être jumeau du précédent, car il était âgé de 23 ans en 1737. Il fut inscrit aux cadets-gentilshommes le 22 août 1735 et cadet à Rochefort le 23 octobre de la même année. On le trouve, le 15 octobre 1736, enseigne à la Louisiane, puis lieutenant et ensuite capitaine en novembre ou décembre 1746 [2], menant une vie pleine d'aventures et telle, semblerait-il au premier abord, qu'on n'en rencontre que dans les romans. Il se hasarda un jour à voyager en Amérique et tomba entre les mains des sauvages, qui plus est des cannibales. Déjà il était attaché à l'arbre, le feu était allumé et il touchait au fatal moment, quand une squaw de la tribu déclara qu'elle le prenait pour mari. D'après la coutume de ces peuplades [3], un pareil choix sauvait le condamné ; le voilà donc membre de la tribu, vivant de sa vie, apprenant sa langue, *se faisant tatouer* et poursuivant le bison à travers ces plaines sans fin. Mais ni les plaisirs de la chasse, ni les attraits de son épouse, ne pouvaient l'attacher à cette nouvelle existence, encore moins le distraire de ses regrets. Celle-ci le remarqua ; loin de s'en plaindre elle voulut être encore une fois sa Providence, et, spontanément, lui proposa de s'échapper ; puis l'aida si à-propos qu'il parvint à gagner les Indes-Orientales où nous retrouvons le 27 octobre 1750 le chevalier du Passage nommé au poste de commandant à Mazulipatam,

---

[1] Archives du Ministère de la Guerre.

[2] Mêmes archives.

[3] Il n'est pas nécessaire d'aller jusque dans le Nouveau-Monde pour rencontrer cette coutume de la grâce d'un condamné accordée à la jeune fille qui le réclamerait pour mari. Sur cette intervention des fiancées volontaires, on trouve dans le t. III du *Bulletin de la Société académique de Laon*, sous les années 1341, 1343 et 1348, trois actes de ce genre concernant des gens du Vermandois convaincus de vol. *Le Journal d'un Bourgeois de Paris*, année 1429, montre ce droit de grâce exercé au profit d'un condamné à mort. En 1855 Vallet de Viriville, communiquait à la même Société *(Bulletin*, t. VI, p. 69) les lettres de rémission accordées par Charles VII à P. . . . Sureau, de Parfondeval ; réclamé par une jeune fille, il avait vu dénier par le bailli de Rosoi son droit, qui, sur appel suspensif, fut admis par le Grand Conseil du Roi (Voir aussi Michelet : *Origines du Droit français ;* Grimm (Jacob) : *Deutsch Rechts Alterthuemer (Antiquités du Droit allemand),* 1828, in-8°).

après la reprise de cette ville par Dupleix. Il continua à prendre part à diverses affaires dans l'Inde comme capitaine d'infanterie [1], fut grièvement blessé à Madras le 14 décembre 1758, et mourut le 29 mai 1759 [2], laissant la réputation d'un esprit plein d'entrain et de gaieté, qui savait prendre les événements avec une joyeuse insouciance, mise seulement une fois en défaut par sa vie de sauvage : on le comprendra facilement.

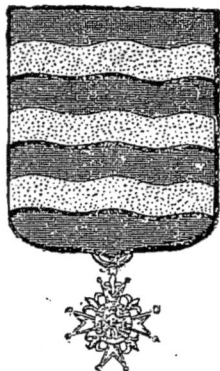

5° BERNARD-ANGÉLIQUE DU PASSAGE fut baptisé le 15 juin 1715 dans l'église de Caillouel et eut pour parrain Bernard-Gabriel de Pastour, chevalier, seigneur de Servais, et pour marraine Angélique-Marie-Marguerite du Passage, dame de Bellesme. Comme ses frères et sa sœur il fut mis en 1721 sous la tutelle de sa mère.

Arrivé en âge en 1729, Bernard du Passage entra dans le Corps Royal des Ingénieurs et passa en 1736 au service de la Compagnie des Indes [3] ; en 1754 il fut attaché à la place de Mahé avec le grade de capitaine. Après s'être distingué en plusieurs circonstances et avoir été deux fois grièvement blessé, il se trouva à Golconde où, ayant été proposé, le 14 mars 1758, pour la croix de Saint-Louis, il fut reçu dans l'ordre le 24 mars 1759. Bernard du Passage était en 1760 et 1761 ingénieur en chef au fort Louis de Pondichéry [4], rentra en France en 1762, alors que l'Inde était perdue pour la France, quitta quelques années après la carrière militaire à laquelle il avait consacré trente-quatre années de son existence, et reçut en 1768 une pension de 1200 livres [5].

6° CLAUDE-LOUIS DU PASSAGE DE LAGNY naquit en mai 1719 ; il entra dans les Ordres et fut reçu maître-ès-arts [6] de la Faculté de

[1] Pièces justificatives, n° LX.
[2] Archives du Ministère de la Guerre.
[3] Il existe au Ministère de la Marine un plan du port de Matlan, sur la côte de Malabar, par du Passage, 1752.
[4] Pièces justificatives, n° LXIV.
[5] Archives susdites. — L'Impôt du sang, t. III, p. 173.
[6] Maître ès arts, celui qui avait reçu, dans une Université, les degrés qui donnaient pouvoir d'enseigner (E. Littré).

Paris le 4 juillet 1741. Le recteur de l'Université sollicita en sa faveur le 24 mars 1744 un bénéfice auprès de l'évêque de Noyon, Monseigneur de La Cropte de Boursac; Claude-Louis du Passage l'obtint, et mourut chanoine du chapitre cathédral de cette ville.

7° MARIE-ÉLISABETH DU PASSAGE naquit le 25 février 1717 et fut baptisée le même jour dans l'église de Bonnelles. Elle eut pour parrain Claude de l'astour, chevalier, seigneur de Servais, capitaine au régiment de Béarn, et pour marraine Marie-Élisabeth de Tourmont-Marcadé, dame de Bissy. Présentée pour la Maison Royale de Saint-Cyr, elle y fut reçue, en avril 1727, après preuves remontant au partage noble du 6 octobre 1559, et sur le vu du certificat suivant :

« Nous, Charles d'Hozier, écuyer, conseiller du Roi, généalogiste de
« sa Maison, garde de l'Armorial général et juge d'Armes de France,
« chevalier de la Religion et des Ordres Nobles et Militaires de Saint-
« Maurice et de Saint-Lazare de Savoie, *Certifions au Roi* que D^{lle}
« *Marie-Élisabeth du Passage* a la noblesse nécessaire pour être
« admise au nombre des filles D^{lles} que Sa Majesté fait élever dans la
« Maison Royale de Saint-Louis fondée à Saint-Cyr dans le parc de
« Versailles, comme il est justifié dans les actes qui sont énoncés dans
« cette preuve, laquelle nous avons vérifiée et donnée à Paris le samedi
« vingt-quatrième jour du mois de mai de la présente année mil sept
« cent vingt-sept. *D'Hozier.* »

Au moment de la quitter, elle fit emploi le 16 mars 1739 des trois mille livres qu'elle tenait de la libéralité du Roi, en considération de l'honneur d'y avoir été élevée. Son frère aîné, en son nom et en celui de leurs frères mineurs, lui constitua, à cet effet, cent cinquante livres de rente hypothéquées sur la ferme du Clos, sur deux maisons audit Bonnelles et sur tous les biens présents de sa mère et de ses frères [1].

Marie-Élisabeth du Passage survécut à toute sa génération et laissa le souvenir d'une intelligence très distinguée en même temps que d'un caractère plein de grâce et de charme : on l'appelait *la Tante de Paris*, parce que cette ville était sa résidence principale. Bonnelles la voyait souvent aussi : souvenirs de famille, accueil toujours aimable qu'elle

---

[1] Archives de Seine-et-Oise.

trouvait chez les d'Uzès, châtelains du superbe château, tout cela ne cessait de l'y attirer, jusqu'à ce qu'enfin elle terminât ses jours dans cet endroit, témoin de sa longue carrière, le 26 vendémiaire an IX (18 octobre 1800), dans sa 84ᵉ année. Elle avait institué, par un testament olographe du 25 floréal an VIII (15 mai 1800), son cousin de Sainte-Segrée légataire universel, et désigné « Monsieur de Saint-Pol, fils de Monsieur de Saint-Pol de la Briche, près Arpajon, » comme exécuteur testamentaire.

Quant à la terre du Clos, elle avait été l'objet d'une vente de sa part le 7 prairial an VII (26 mai 1799), moyennant 1,200 francs de rente viagère et 15,000 francs argent, à Louis Marin, régisseur du domaine de Dampierre, et Marie-Adélaïde Mauger, son épouse.

CLAUDE-LOUIS-FRANÇOIS DU PASSAGE, *chevalier*, *seigneur* DU
CLOS à *Bonnelles*, *capitaine aide-major au régiment de Poitou*,
*lieutenant de Roi à la citadelle de Ré, chevalier de l'Ordre Royal
et Militaire de Saint-Louis.*

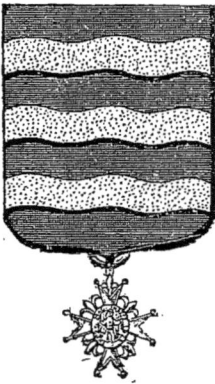

CLAUDE-LOUIS-FRANÇOIS DU PASSAGE, chevalier,
était le second fils de Pierre-François du Passage,
seigneur du Clos, et de Marie-Françoise-Thérèse
de Silva, son épouse : ayant survécu à son frère
aîné, il est mentionné aux archives du Ministère
de la Guerre comme fils aîné du capitaine au régiment de La Motte. Il fut baptisé le 12 août 1712
en l'église de Caillouel [1] et tenu sur les fonts du
baptême par Claude du Passage, capitaine au régiment de La Neuville (infanterie), son oncle paternel,
et par Louise de Pastour, fille de Bernard de Pastour, seigneur de
Servais [2].

Claude du Passage servit d'abord dans le régiment de La Motte
comme lieutenant en second — brevet du 20 septembre 1721 — fut
réformé le 20 août 1723 et mis sans solde à la suite du régiment d'infanterie de Provence ; il passa en 1727 aux cadets-gentilshommes, compagnie de Strasbourg, et le 10 juillet 1730 lieutenant au régiment de

---

[1] Registre de catholicité.
[2] On a vu livre II chap. II que Louise de Pastour épousa en 1714 Claude du Passage
et devint ce jour-là la tante de son filleul.

Poitou. C'est dans ce corps que Claude du Passage fut successivement lieutenant de grenadiers le 1ᵉʳ février 1735, aide-major le 20 décembre 1738 et aide-major avec rang de capitaine le 1ᵉʳ septembre 1739. Le 2 février 1742 il fut pourvu d'une compagnie à la tête de laquelle il fit les campagnes de 1743 en Bavière et de 1744 [1], 1745, 1746, 1747 et 1748 en Italie : légèrement blessé le 16 juin 1746 à la bataille de Plaisance, il y resta prisonnier [2]. Le capitaine du Passage fut nommé le 28 janvier 1754 lieutenant de Roi [3] à la citadelle de l'île de Ré, y exerçait encore ses fonctions en 1758, et vint quelques années après se retirer au Clos à Bonnelles, où il mourut, le 29 avril 1766, dans sa cinquante-cinquième année, sans avoir contracté d'alliance.

Louis XV, en récompense de ses longs et loyaux services, l'avait créé le 26 janvier 1746 chevalier de son Ordre Royal et Militaire de Saint-Louis [4].

---

[1] Claude du Passage faisait alors partie du second bataillon de Poitou qui fut passé en revue à Hyères le 9 avril 1744. Ce bataillon était comme les autres composé de dix-sept compagnies d'un effectif au total de 634 hommes : c'étaient Grenadiers, Sauval, des Escherolles, Tournon, de Lestrade, Caget, Broye, Savignac, Daubert, de Sons, du Passage, Montandre, Paponville, Drouard, Daldeguier, Paty, Campaigno. — Le régiment de Poitou passa l'hiver de 1744-1745 à Aix, était à Vintimille le 5 juin 1745 et le 27 septembre au combat qui eut lieu sur le Tanaro. Créé à deux bataillons en 1682 et maintenu à cet effectif par l'ordonnance du 21 septembre 1725, il fut porté et maintenu à trois bataillons par les ordonnances des 10 novembre 1733, 25 avril 1736, 8 janvier 1737, 15 mai 1741 avec un nombre d'hommes variant entre 2198 et 1651 ; mais une ordonnance du 10 février 1749 le ramena à deux bataillons et 1114 hommes : ce qui resta jusqu'au départ de Claude du Passage. En 1763 il fut réduit à un bataillon, reçut ensuite dans son effectif le régiment de Saint-Maurice, fut porté à quatre bataillons par l'ordonnance du 1ᵉʳ janvier 1776, et enfin dédoublé en 1776 pour former le régiment de Bresse. La Révolution le trouva avec ce dernier effectif ; il fit les campagnes de 1792, 1793 et 1794 à l'armée du Nord. En 1793 il est le 25ᵉ régiment de ligne et est fondu en 1803 dans les 13ᵉ et 70ᵉ de ligne.

[2] Archives du Ministère de la Guerre. — Pièces justificatives, nᵒ LVIII.

[3] Lieutenant de Roi, *commandant d'armes*, celui qui commandait dans une place de guerre en l'absence du gouverneur *(Dictionnaire de la langue française*, par Littré ; *États militaires de la France*, par de Roussel).

[4] Archives du Ministère de la Guerre ; *Sixième Abrégé militaire*, par Leman de la Jaisse, 2ᵉ partie, p. 64 ; *État militaire de la France*, année 1758.

HISTOIRE GÉNÉALOGIQUE

DE LA MAISON

DU PASSAGE

LIVRE CINQUIÈME

CONTENANT

LES SEIGNEURS DE PLÉNOI

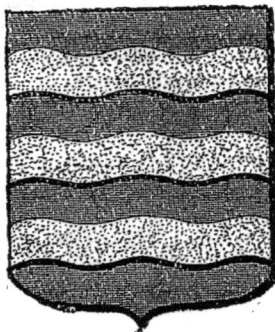

CHAPITRE I

BERNARD-GABRIEL DU PASSAGE, *chevalier, seigneur de* PLÉNOI *et* DES GRENAUX, *capitaine de cavalerie au régiment de Condé, chevalier de l'Ordre Royal et Militaire de Saint-Louis.*

BERNARD-GABRIEL DU PASSAGE, troisième fils de François du Passage, seigneur de Caillouel et de Plénoi, et de Jeanne-Perrette Regnault, fut ondoyé avec la permission de l'archevêque de Paris, François II de Harlai de Champvallon, le 30 octobre 1687, et reçut le baptême le 28 octobre 1688 [1]. Il eut pour parrain Bernard de Pastour, seigneur de Servais, issu de germain de son père, et pour marraine Françoise de Montguyot, épouse de Nicolas de Boubers, seigneur de Vaugenlieu [2].

Entré à 16 ans, le 26 octobre 1704, dans le régiment de Condé-cavalerie, en qualité de cornette, Bernard du Passage passa le 13 novembre 1713 lieutenant dans la compagnie de Gamaches, au lieu et place du lieutenant de Prague [3], continua à servir en pied dans ce régiment pendant 44 ans et se retira en 1748 avec une pension de 400 livres [4].

---

[1] Inventaire du siècle dernier déjà cité.

[2] Nicolas de Boubers, seigneur de Vaugenlieu, était un des neveux de Madeleine de Boubers, épouse de Charles du Passage, seigneur de Sinceny.

[3] *En marge du brevet est écrit* : Ordre de Louis de La Tour-d'Auvergne, comte d'Évreux, colonel-général de la cavalerie de France, au comte de Châtillon, mestre de camp général de ladite cavalerie, de faire recevoir le sieur du Passage. Paris, 20 décembre 1720, LE COMTE D'ÉVREUX.

[4] Pièces justificatives, n° LIX.

Il était depuis le 25 mars 1736 chevalier de l'Ordre Royal et Militaire de Saint-Louis, et avait été reçu le 1er avril de ladite année, à Nancy, par le marquis de Brézé [1], colonel du régiment de Guyenne et commandant en cette ville.

En vertu de la donation en forme de partage du 24 février 1714 [2], le fief de Plénoi, avec haute, moyenne et basse justice, lui avait été attribué. Aussi le 29 décembre 1718 son fondé de pouvoir, attendu qu'il était en garnison à Gray en Bourgogne, fit acte de foi et hommage à Michel-François Le Tellier de Louvois, chevalier, marquis de Courtan-baron et châtelain de Montmirail, conseiller du Roi en tous ses conseils, capitaine-colonel des Cent-Suisses de sa Garde ordinaire, et le lende-main servit dénombrement en son nom. Bernard-Gabriel du Passage fut maintenu dans les droits honorifiques de l'église de Marchais au bailliage et siège présidial de Château-Thierry, le 19 août 1723, contre les prétentions du sieur Sirmond, seigneur de la moitié du fief de Villefontaine.

Bernard du Passage avait épousé à Marchais [3], suivant contrat passé par-devant Pérot et Guinot, notaires à Montmirail, le 28 janvier 1721, et le surlendemain, en l'église dudit lieu, MARIE-THÉRÈSE DE BONAFAU DE FOYE, d'une famille originaire du Quercy, fille de Louis de Bonafau, seigneur de Foye, bailli d'épée, capitaine et gouverneur des ville et château de Montmirail en Brie, et de Madeleine le Villot, dame des Grenaux. Louis de Bonafau était le frère de Nicolas de Bonafau, seigneur de Villiers, capitaine d'infanterie, qui avait été maintenu dans sa noblesse le 5 septembre 1699 par Bignon, intendant en Picardie, Artois, Boulonnais et Pays Reconquis, et auparavant le 5 mai 1670 par un arrêt du Conseil d'État, rendu contradictoirement avec le traitant commis à la recherche des faux-nobles dans la généralité d'Orléans. Tous deux étaient fils de Jacques de Bonafau, seigneur de Foye et de Faillaises, capitaine d'infanterie au régiment de Charost et commandant à

---

[1] Joachim de Dreux, dit *le chevalier de Brézé.*

[2] Il a été parlé de cet acte de famille à la page 94.

[3] Marchais, paroisse de la Brie pouilleuse, élection de Château-Thierry, d'où dépendaient les fermes de Plénoi et des Grenaux. — Madeleine Le Villot, épouse séparée quant aux biens de Louis de Bonafau, seigneur de Foye, avait acheté aux criées du Parlement de Paris les 19 mai et 9 juillet 1696 cette seconde ferme sur Louise de Courmont, veuve de Pierre Morin, dont il a été parlé page 53.

Guines, et de Marie Sevestre.. La famille de Bonafau descendait de
Jacques de Bonafos, écuyer, marié par contrat du 22 mai 1540 à Gil-
lette de Chasteauneuf, dame de Foye. Elle portait pour armoiries *d'azur
à la bande d'argent, écartelé de gueules au besant d'argent surmonté
d'un lambel de même*, et comptait à la fin du XVIIIᵉ siècle des représentants en Berry, en Languedoc et au Canada [1].

Marie-Thérèse de Bonafau de Foye mourut à Marchais le 27 septembre 1733 [2], ayant eu de son mariage cinq fils et six filles, la plupart
morts en bas âge. Quant à Bernard du Passage il décéda le 21 mai 1756 [3].

Enfants de BERNARD-GABRIEL DU PASSAGE, *seigneur de*
PLÉNOI *et* DES GRENAUX, *et de* MARIE-THÉRÈSE DE BONAFAU
DE FOYE, *son épouse.*

1° LOUIS-BERNARD DU PASSAGE qui suit.

2° BERNARD-GABRIEL DU PASSAGE sera rapporté au chapitre III du
présent livre..

3° ADRIEN-MAXIMILIEN DU PASSAGE naquit et fut baptisé à Marchais,
le 24 octobre 1724. Il eut pour parrain Adrien-Maximilien Grangier
de Bellesme, son oncle à la mode de Bretagne, et pour marraine Marie-
Anne Le Louviote, et mourut le 21 février 1726..

4° PIERRE-JOSEPH DU PASSAGE naquit et fut baptisé à Marchais, le
7 juillet 1726. Il eut pour parrain Pierre-Joseph Evrent, et pour marraine Anne Molien, épouse de N. Masson, fermier général, secrétaire
du Roi, receveur général de ses finances à Amiens, et mourut le
22 août suivant.

5° CLAUDE-ANTOINE-CONSTANTIN DU PASSAGE naquit et fut baptisé à
Marchais, le 23 août 1733; il eut pour parrain et marraine Claude-An-

---

[1] *Grand Nobiliaire de Picardie ; Dictionnaire de la Noblesse*, t. III, col. 448. — Jacques
de Bonafau, seigneur de Presque, premier capitaine au régiment de Rambures, fut reçu
chevalier de l'Ordre du Roi dit de Saint-Michel le 18 septembre 1637.

[2] Registres de catholicité de Marchais.

[3] Pièces justificatives, n° LIX.

toine-Constantin Chateliers et Nicole de Plaine. Claude du Passage mourut le 3 octobre suivant.

6° MADELEINE DU PASSAGE naquit à Marchais le 8 novembre 1721. Elle fut le lendemain tenue sur les fonts du baptême par Claude du Passage, seigneur de Caillouel, son oncle, et Madeleine Le Villot, sa grand'mère, et mourut le 16 octobre 1724.

7° MARIE-MARGUERITE DU PASSAGE naquit et fut baptisée à Marchais, le 5 novembre 1727. Elle eut pour parrain Charles-Emmanuel de Boubers, chevalier, seigneur de Mélicocq, son parent, et pour marraine Marie-Marguerite de Pastour. Marie-Marguerite du Passage entra en religion dans l'abbaye de la Trinité du Paraclet, de l'ordre de Saint-Benoît, au diocèse de Troyes : elle y était connue sous le nom de *sœur Sainte-Sophie*. Le 1er février 1757 ses deux frères Louis-Bernard et Bernard-Louis-Gabriel du Passage, voulant réparer un oubli de la part de leur père, lui assurèrent ainsi qu'à leur autre sœur Marie-Anne-Pierrette, une pension de 200 livres [1].

Le roi Louis XV par brevet du 2 avril 1775 [2] nomma Marie-Marguerite du Passage, abbesse de l'abbaye royale de Mouchy-Humières, ordre de Citeaux, au diocèse de Beauvais. Ses bulles de provision furent expédiées en cour de Rome le 7 des calendes de mai — 25 avril — suivant, et le 27 juillet elle prit possession de sa nouvelle dignité. Pierre-Alexis Le Vasseur de Neuilly, prêtre, licencié en théologie de la Faculté de Paris, chanoine de l'église Cathédrale de Beauvais et vice-gérant en l'officialité et cour spirituelle du diocèse, présida cette cérémonie. Procès-verbal fut dressé par Antoine Goubet, notaire royal et apostolique à Beauvais, en présence de témoins, savoir :

Dom Nicolas-Claude d'Orglandes de Briouse, prieur d'Élincourt, Dom Éloy Lepage, prieur de Saint-Amand de Machemont, et Dom Maur Siro, aussi religieux de ce prieuré, tous de l'ordre de Cluny ;

Pierre-Ennemont-Carlet-Lacour, prêtre, confesseur des dames religieuses de Sainte-Marie de Compiègne, Pierre-Antoine-Laurent Fleury de Francheville, prêtre, confesseur de ladite abbaye de Mouchy, et

---

[1] Archives de l'Aisne, liasse E. 124.
[2] Pièces justificatives, n° LXVIII.

Pierre-François Patoux, prêtre, curé de Beaugy, confesseur extraordinaire de la même abbaye ;

Pierre Bayart, curé de Mouchy, Pierre Servant, curé d'Auteuil, Jean-Marie Gambart de Lignière, curé de Braine, Joachim-Pascal Patoux, prêtre, vicaire de Mouchy, Jean-Baptiste Patoux, prêtre, vicaire de Maignelay, et Jean Castelan, prêtre, curé de N.-D. de Coudun ;

Les dames religieuses de ladite abbaye ;

Bernard-Gabriel du Passage, chevalier, seigneur de Plénoi, chevalier de l'Ordre Royal et Militaire de Saint-Louis, ancien capitaine au régiment Royal-infanterie, son frère ;

Jean-Baptiste du Passage, chevalier, seigneur de Sainte-Segrée et autres lieux, chevalier de l'Ordre Royal et Militaire de Saint-Louis, ancien capitaine au régiment de Poitou, son cousin-germain.

Le même jour fut aussi dressé, pour être déposé au greffe de l'officialité et cour ecclésiatique du diocèse de Beauvais, le procès-verbal de fulmination et d'installation [1].

Marie-Marguerite du Passage, appelée dans sa famille *La Tante l'Abbesse*, gouverna avec prudence son abbaye qu'elle devait voir ruiner et anéantir. Sa bonté et l'affection toute particulière qu'elle témoignait à ses parents, le désir continuellement exprimé dans sa correspondance par la baronne du Passage née de Cocq, sa belle-sœur, engagèrent Jean-Baptiste du Passage à lui confier l'éducation de ses deux filles.

En 1789, au commencement de la tourmente révolutionnaire, l'abbaye comptait dans son sein dix-huit religieuses de chœur et treize sœurs converses [2] : toutes, à l'exception d'une seule qui s'était retirée auprès de son frère, à Gournay-sur-Aronde, vivaient encore en communauté le 23 février 1792; elles furent expulsées peu après au nom de la Liberté. La Tante l'Abbesse tint à ne pas s'éloigner de son monastère et se retira non pas dans une chaumière, comme on l'a dit, mais dans un pavillon du château que lui abandonna le propriétaire d'alors. C'est là qu'elle vécut de la modeste pension de 1500 livres que lui avait allouée le gouvernement spoliateur [3]; là aussi la mort vint mettre un terme à une vie toute d'édification, le 6 février 1808.

---

[1] Pièces justificatives, n° LXIX.
[2] Pièces justificatives, n° LXX.
[3] Pièces justificatives, n° LXXI.

Marie-Marguerite du Passage était dans la quatre-vingt-unième année de son âge ; près de trente-trois ans s'étaient écoulés depuis le jour de son élévation à la dignité abbatiale. Elle continua à être appelée Madame l'Abbesse : son avertissement pour le paiement des contributions directes de l'an XIV lui est envoyé sous cette rubrique. Par un testament olographe en date du 17 novembre 1806, qui fut déposé le 12 février 1808 en l'étude de Barbé, notaire à Compiègne, elle avait institué pour légataire universel Jean-Baptiste du Passage, son cousin-germain [1].

8° ANNE-GENEVIÈVE DU PASSAGE naquit et fut baptisée à Marchais le 5 novembre 1727, eut pour parrain et marraine Bernard-Gabriel du Passage et Anne du Passage, ses cousin et cousine, et mourut le 1er novembre de l'année suivante.

9° MARIE-ANNE-PIERRETTE DU PASSAGE naquit et fut baptisée à Marchais le 18 août 1729 ; elle eut pour parrain Pierre de Pompry, seigneur des Marets, et pour marraine Marie-Anne de Lépinoy, épouse de N. de La Brosse, seigneur d'Artonge en Brie. Comme sa sœur, elle fit profession dans l'abbaye du Paraclet où elle fut connue sous le nom de *sœur Natalie*, et y mourut le 2 mars 1771 avant son départ pour l'abbaye de Mouchy.

10° FRANÇOISE-MARIE-ANNE DU PASSAGE naquit le 26 septembre 1730 et fut tenue le lendemain sur les fonts du baptême par François-Charles de La Marguerie, seigneur de Courbetin, et Marie-Anne de Pompry, fille du seigneur des Marets. Elle mourut le 1er septembre 1732.

11° FRANÇOISE-LOUISE DU PASSAGE naquit le 1er juin 1732 et fut tenue le lendemain sur les fonts du baptême par François du Passage et Louise du Passage ses cousins-germains. Elle mourut le 23 septembre suivant.

---

[1] Parmi les quelques objets, souvenirs de la Tante l'Abbesse, nous mentionnerons un crucifix en argent avec pied d'écaille au château de Sainte-Segrée, et spécialement un livre d'heures sur vélin du XVe siècle, au château de Lignières-hors-Foucaucourt, méritant d'être signalé pour la valeur artistique des 38 miniatures qui le décorent.

CHAPITRE II

LOUIS-BERNARD DU PASSAGE, *baron* DU PASSAGE, *chevalier,*
seigneur de PLÉNOI, *lieutenant-colonel de cavalerie au régiment de*
Condé, chevalier de l'Ordre Royal et Militaire de Saint-Louis.

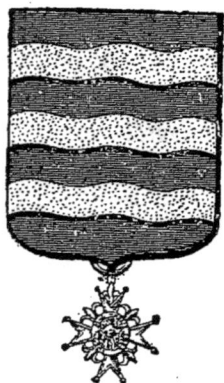

LOUIS-BERNARD DU PASSAGE, fils aîné de Bernard-
Gabriel du Passage, seigneur de Plénoi, et de Marie-
Thérèse de Bonafau, fut baptisé à Saint-Martin de
Marchais le 14 novembre 1722. Il eut pour parrain
Louis de Bonafau, chevalier, seigneur de Foye, son
grand'père maternel, et pour marraine Louise de
Pastour, sa tante paternelle, représentée par Made-
leine Le Villot, sa grand'mère maternelle.

Louis-Bernard du Passage fut connu sous le nom
du *baron du Passage*. Il débuta dans la carrière
des armes en 1740 au régiment de Condé-cavalerie ; volontaire d'abord,
puis successivement cornette le 3 février 1743, et lieutenant le 28 mars
1744 ; il sollicita ensuite le 28 janvier 1759 de S. A. S. le prince de
Condé une compagnie, qu'il réussit à acheter le 23 novembre suivant
au prix de 50000 livres. C'était un honneur un peu cher, car il absor-
bait et au-delà le patrimoine du baron du Passage [1]. Il partit à la tête

---

[1] Suivant le partage du 1er février 1757, le patrimoine de Louis-Bernard du Passage se
montait à 42980 livres : sa famille eut à fournir l'excédent, plus une somme de 10000
livres qu'il dépensa pendant la guerre de Sept-Ans pour l'entretien de sa compagnie.
Ainsi servait autrefois et la France et son Roi cette Noblesse militaire jalouse de la Croix
de l'Ordre Royal de Saint-Louis, de ce privilège exclusif pour ceux de ses membres qui

de sa compagnie faire en Allemagne sous Estrées, Richelieu et Soubise les campagnes de la guerre de Sept-Ans, de 1757 à 1762, prit part aux batailles de Hastembeck, Rosbach et Crévelt, fut réformé le 28 mars 1763 [1], et reçut la croix de l'Ordre Royal et Militaire de Saint-Louis. Rentré le 18 mars 1768 dans Condé comme capitaine commandant de la compagnie du Mestre de camp et pourvu d'une compagnie le 11 mai 1769, le baron du Passage servit jusqu'au 11 mars 1770 et se retira après trente ans de service avec le grade de major et une pension de 600 livres ; il obtint enfin le 17 juin suivant un brevet de lieutenant-colonel.

Adhérité par un partage du 1er février 1757 avec le chevalier du Passage, son frère, de la seigneurie du Plénoi, il en fit hommage le 9 avril suivant à Louis-Charles-César, comte d'Estrées [2], et la vendit le 4 avril 1765 moyennant 16000 livres à son frère le chevalier du Passage, alors que déjà il était fixé depuis plus de deux ans à Rèes, près Wesel, dans le duché de Clèves.

Cette expatriation du baron du Passage, — si elle en était une, puis-qu'il était revenu dans le pays habité par sa famille au XVe siècle — avait été la conséquence du mariage qu'il y avait contracté avec JEANNE-WALBURGE-MADELEINE DE COCQ [3], baronne de Grosvelt, d'une famille noble de ce pays. Il eut lieu, pensons-nous, en 1762 et par conséquent avant que le régiment de Condé eût été réformé ; car le 13 janvier 1763, les Membres de la Régence et Chambre des guerres et

avaient prodigué leur vie et leur sang dans les Armées ; prodigue de sa fortune, et ayant pour tout avenir une modeste pension de quelques centaines de livres que la Révolution s'empressa de supprimer.

[1] *Histoire de l'ancienne cavalerie française,* par Suzane.

[2] Louis-Charles-César Le Tellier, second fils de Michel-François Le Tellier, marquis de Courtanvaux et de Marie-Anne-Catherine d'Estrées, fut substitué aux nom et armes d'Estrées par le dernier maréchal de France de ce nom.

[3] Le nom de Cocq était alors porté par beaucoup de familles hollandaises et néerlandaises des pays d'Utrecht, de Gueldre et de Clèves. L'absence de tout renseignement, l'ignorance des armoiries spécialement, ont permis de laisser de côté une recherche, de peu d'intérêt d'ailleurs, puisque la baronne du Passage mourut sans postérité. Sa correspondance nous apprend qu'elle avait une cousine-germaine mariée en France à M. de la Fayettière et habitant en 1786 au Marais, chez le comte de Selve ; elle en avait eu un fils lieutenant dans Royal-marine et une fille mariée au vicomte de Fages, ancien capitaine des vaisseaux du Roi, chevalier des Ordres de Saint-Louis et de Cincinnatus.

domaines de Cassel répondaient à sa lettre du 10 de ce mois dans les termes suivants :

« À Clèves, le 13 janvier 1763.

« Monsieur !

« Nous avons reçu avec d'autant plus de satisfaction la lettre qu'il vous a plu, Monsieur, de nous écrire en datte du 10 janvier, que d'après les connoissances, que nous avons de Votre Personne, nous ne saurons que nous féliciter d'avoir fait l'acquisition d'un gentilhomme de Votre qualité ; Soïés persuadé, Monsieur, qu'il ne dépendra pas de nous, que Vous ne jouissiés de tous les agréments et de toutes les prérogatives attachées à la Noblesse de ce païs-ci, au préalable nous avons l'honneur de Vous informer qu'il en est une des prérogatives, que la Noblesse n'est pas sujet à aucune Magistrature subalterne soit des Villes ou autres, mais qu'elle est du ressort de la Régence du païs ; Nous ne manquerons pas au reste, Monsieur, de Vous rendre agréable le choix, que Vous avez fait de Vous établir dans ce païs pour être des notres, aussi nous serons charmés si Vous nous faites naître des occasions ou nous saurons Vous faire plaisir, et Vous prouver réellement, que nous sommes avec une considération distinguée,

« Monsieur,
« Vos très humbles et très obéissants serviteurs,
« Les Membres de la Régence et Chambre des guerres et des domaines,
« REIMAN   GROLMAN   RELOP.

« *A Monsieur le Baron du Passage, à Rèes.* »

Malheureusement la prospérité ne demeura pas longtemps en partage chez le baron et la baronne du Passage. Les armées du Roi et du prince Ferdinand [1] ruinèrent les propriétés de cette dernière : aussi le chevalier du Passage adressait-il au comte de Muy, ministre secrétaire d'État

---

[1] Auguste-Ferdinand de Brandebourg, appelé *le Prince Ferdinand*, était le quatrième fils de Frédérick-Guillaume Ier, roi de Prusse.

de la guerre [1], une demande d'augmentation de 200 livres de pension sur l'extraordinaire des guerres [2]. Plus tard les dissensions survenues entre les républicains hollandais et les partisans du Stathouder, beau-frère du roi de Prusse, amenèrent un rassemblement à Clèves de 25000 Prussiens sous les ordres du duc régnant de Brunswick. Le 20 septembre 1787, après une campagne de vingt jours, ils entraient à Amsterdam ; le 4 et le 28 novembre ils rentraient dans la régence de Cassel, ayant chaque fois réquisitionné chez le baron du Passage comme partout ailleurs [3]. La misère y devint si grande et s'y perpétua à tel point que le docteur Rigby raconte avoir vu à peine la centième partie du sol qui soit cultivée, et là où il l'est, on ne semble guère récolter que le sarrazin, qui est à la fois la nourriture des hommes et des bestiaux [4]. Par suite les lettres d'Allemagne aux du Passage de Sainte-Segrée sont-elles toujours pressantes, réclamant la plus entière exactitude dans l'envoi de la pension de l'ancien lieutenant-colonel, et la rente que lui avait léguée le chevalier du Passage [5]. Mais ce fut pis encore lorsque, en 1792, les pensions cessèrent d'être payées par le gouvernement, et que les troupes prussiennes revenant de Flandres, prirent encore leur route à travers le duché de Clèves [6].

La correspondance de la baronne du Passage cessa peu après et avec elle disparurent toutes traces de renseignements sur le baron du Passage et sur son épouse.

[1] Le comte de Muy fut ministre de la guerre du mois de juin 1774 au 10 octobre 1775.

[2] Pièces justificatives, n° LXVII.

[3] Une invasion prussienne en Hollande en 1787 (*Revue des Deux-Mondes*, 1er mars 1886).

[4] *Les Voyageurs en France depuis la Renaissance jusqu'à la Révolution*, par Albert Babeau, p. 411.

[5] Des divers certificats de vie du baron du Passage, ceux de 1779 et 1780 délivrés par l'assesseur de la justice des colonies françaises du duché de Clèves, résidant à Rèes, signés *de Rouvière*, sont scellés en placart d'un aigle couronné avec écusson en cœur ; la légende porte : SEAU FR. EL. DU DUCHÉ DE CLÈVES ET COMTÉ DE MARCK ; — d'autres de 1785 à 1789 délivrés par Apollinaris Rick, chanoine capitulaire et curé de la collégiale Notre-Dame, et légalisés par J.-F. Fœlberg, commissaire de la justice et notaire apostolique, sont scellés soit d'un écusson avec un arbre, accompagné de casque et lambrequin ; soit du sceau ci-dessus avec la légende : KONIGLICH REICSISCHES GERICHTE ZU REES.

Une procuration de 1790, passée par-devant le juge provincial et assesseur de la Cour de justice établie à Xanten, pays de Clèves, domination de S. M. Prussienne, est scellée d'un aigle couronné, tenant dans ses serres glaive et balance ; avec la légende : ROEN. PREUSS. LAND. GERICHT ZU H. CLÈVE. — NTEN.

[6] Correspondance de la baronne du Passage.

CHAPITRE III

BERNARD-GABRIEL DU PASSAGE, *dit le chevalier du Passage,* *seigneur des* GRENAUX *et de* PLÉNOI, *capitaine au régiment Royal-* *infanterie, chevalier de l'Ordre Royal et Militaire de Saint-Louis.*

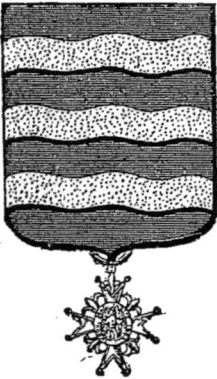

BERNARD-GABRIEL DU PASSAGE, connu sous le nom du *Chevalier du Passage,* était le second fils de Bernard-Gabriel du Passage, seigneur de Plénoi et des Grenaux, et de Marie-Thérèse de Bonafau. Il naquit aux Grenaux le 7 décembre 1723 ; Bernard-Gabriel de Pastour, son cousin, et Marie-Marguerite du Passage, dame de Bellesme, sa tante à la mode de Bretagne, le tinrent le même jour sur les fonts du baptême.

Admis au régiment Royal-infanterie, le chevalier du Passage y commença sa carrière militaire en novembre 1741 en qualité de lieutenant en second, et passa lieutenant en février 1743. En avril 1745, Royal quitta le Quesnoi, près Valenciennes, pour coopérer à l'investissement de Tournai : le 11 mai, sur le champ de bataille de Fontenoi, quoique en deuxième ligne, derrière la brigade d'Aubeterre, il eut beaucoup à souffrir du canon ; puis reçut ordre de se porter à la droite entre Fontenoi et Antoin, et vint par suite se mettre en bataille au centre, derrière la brigade des Gardes. A ce moment, la première ligne avait été enfoncée, Royal ouvrit ses rangs pour la laisser passer ; la colonne anglaise arriva sur lui, et il réussissait à la faire reculer, lorsque, pris en flanc par les alliés, il essuya à cinquante pas un épouvantable feu de mousqueterie. Le chevalier du Passage reçut un coup de feu qui lui traversa le haut de la cuisse droite et en atteignit les muscles fléchisseurs et extenseurs. Royal, prié de battre en retraite, le fit en bon ordre à la faveur de la position du régiment du Roi ; mais à la fin de la journée il exécuta de front une nouvelle charge contre la colonne anglaise : aussi fut-il appelé par elle *Regiment of lions*, régiment de lions. Ses pertes furent sensibles : un rapport imprimé qui fut adressé au Roi les élève à quatre capitaines tués, un incertain et dix-sept capitaines blessés ; deux lieutenants tués et quatorze blessés. Suzane, à qui nous avons emprunté le texte des faits généraux de ce récit, parle en outre de 136 hommes tués et 509 blessés.

Le chevalier du Passage demanda quelque temps après un congé et un passeport, que le Maréchal de Saxe lui délivra en ces termes :

« MAURICE DE SAXE, DUC DE COURLANDE ET DE SEMIGALLÉE, MARÉCHAL DE FRANCE,

« Laissez librement et surement passer et repasser M. Dupassage, lieutenant au régiment Royal-infanterie, que les blessures, qu'il a reçeu à la bataille de Fontenoy, obligent d'aller chez luy à Montmirel pourvoir à leur guérison. . . En foi de quoi Nous avons signé les Présentes et fait contresigner par l'un de nos Secrétaires. Fait au camp de Bost, le 23 juillet 1745.

« M. DE SAXE

« par Monseigneur

« *Demontant.* »

Le 15 mars 1747 il passait capitaine aux lieu et place de Tillette de Woirel [1], puis le 9 mars 1749 il était mis à la réforme.

La crainte d'une nouvelle guerre contre l'Angleterre amena Louis XV à compléter les bataillons de ses Armées [2]. Le colonel-lieutenant de Royal ne pouvait oublier le capitaine chevalier du Passage dont il avait connu le zèle, la bravoure et la bonne conduite. Aussi reçut-il le 1ᵉʳ

---

[1] Jean-François Tillette de Woirel avait été tué à la bataille de Fontenoi. Il était le frère aîné de Nicolas Tillette, capitaine au même régiment, qui fut grièvement blessé le même jour et fut promu plus tard chevalier de l'Ordre Royal et Militaire de Saint-Louis *(Généalogie de Tillette, seigneurs de Maulort,* etc.).

[2] Il a été déjà parlé de ces préparatifs de guerre à la page 101.

septembre 1755 l'ordre de lever une compagnie[1], à la tête de laquelle il s'embarqua le 9 avril 1756, à Toulon, pour l'expédition de Mahon, et resta ensuite en garnison dans cette île jusqu'en 1759. Des raisons de santé le forcèrent alors à demander de rentrer en France ; il partit de Mahon le 15 août sur le chabet[2] de Solivenet et arriva aux Grenaux le 30 novembre. Ses blessures cependant ne l'empêchèrent pas de continuer à servir dans les Armées du Roi, grâce à des stations thermales, jusqu'au jour où, en 1766, il obtenait une pension de retraite en aug-

[1] Comme spécimen des mœurs militaires de cette époque, nous donnons la proclamation d'un capitaine au régiment de La Fère, de Richoufftz. Quoique déjà imprimée, elle n'en a pas moins sa place ici à titre d'enseignement et de curiosité. Un exemplaire en existe au quartier d'artillerie de La Fère ; nous lui conservons son originalité :

AVIS A LA BELLE JEUNESSE
ARTILLERIE
DE FRANCE
CORPS ROYAL
RÉGIMENT DE LA FÈRE
COMPAGNIE DE RICHOUHFTZ

DE PAR LE ROY,

Ceux qui voudront prendre parti dans le corps royal d'artillerie, régiment de la Fère, compagnie De Richoufftz, sont avertis que ce régiment est celui des Picards ; l'on y danse trois fois par Semaine, on y joue aux battoirs deux fois et le reste du temps est employé aux quilles, aux barres, à faire des Armes. Les plaisirs y règnent ; tous les soldats ont la haute paie, bien récompensé, des places de garde d'Artillerie, d'officiers de fortune à soixante livres par mois d'appointements.

Il faut s'adresser à Monsieur de Richoufftz en son château de Vauchelles, près Noyon en Picardie. Il récompensera ceux qui lui amèneront de beaux hommes.

Pareilles affiches sont sur la porte.

A Noyon, de l'imprimerie de P. Rocher, imprimeur de la ville, 1766.

Si le régiment de La Fère était alors celui des Picards, il n'en avait pas été de même lors de sa création ; car il fut formé du second régiment de la milice provinciale de Champagne dit de Châlons, levé à Châlons, Saint-Dizier et Rethel-Mazarini (Le Recrutement territorial sous l'Ancien régime : Étude sur la milice dans la Champagne méridionale, par Albert Babeau, p. 39).

[2] Chabet, terme de marine d'origine danoise, qui désignait une espèce de bâtiment de la Méditerranée destiné ordinairement pour la guerre et portant de 14 à 22 canons en une seule batterie, qui allait à voile et à rames (Encyclopédie méthodique, art. MARINE, t. I, p. 300).

mentation des 200 livres qu'il touchait déjà depuis la mort de son père [1].
Il avait été créé chevalier de l'Ordre Royal et militaire de Saint-Louis
le 11 octobre 1759 [2] et reçu le 17 du même mois par le Comte de La
Serre dans l'Hôtel Royal des Invalides [3]. Cette année avait donc vu
remettre trois croix de l'Ordre à trois chevaliers du Passage : le 16 avril
à Jean-Baptiste, chevalier du Passage, capitaine dans Poitou ; le 23 mars
à Bernard-Gabriel, chevalier du Passage, ingénieur en chef à Pondichéry ; enfin le 11 octobre à un autre Bernard-Gabriel, chevalier du
Passage, capitaine dans Royal-Infanterie, celui qui est le sujet de ce
chapitre.

Le chevalier du Passage se retira alors à Grenaux. Il avait réuni
à cette terre, le 4 avril 1764, le fief de Plénoi, en l'achetant au baron
du Passage, son frère, et en avait fait hommage le 23 décembre 1765 à
Louis-César duc d'Estrées, maréchal de France, seigneur et baron de
Montmirail.

Aux Grenaux, pendant les années qui suivirent, le chevalier du
Passage s'occupa à recueillir les anciens titres de sa famille pour arriver
à la faire réintégrer dans les Honneurs de la Cour. En 1776, deux
notaires au bailliage de Château-Thierry, de la résidence de Vielmai-
sons et de Vendières, dressèrent des copies collationnées de plusieurs
d'entre eux. Un inventaire précieux en fut dressé : il a été quelquefois
cité, parce qu'on y trouve relatés des titres aujourd'hui égarés.

A peine était-il terminé que le chevalier du Passage, voyant sa fin
approcher, fit son testament le 30 juillet 1778 ; il donna l'usufruit de
toute sa fortune au baron du Passage, son frère, Plénoi et les Grenaux
à Louis-Gabriel du Passage, son cousin-germain. La mort le frappa le
2 août de ladite année dans un pavillon du château de Montmirail, et
ses obsèques eurent lieu à Marchais où il fut enterré. Il était dans sa
cinquante-cinquième année.

---

[1] Pièces justif. n° LIX.

[2] Lettre du Roi signée Louis et plus bas *Boyer*.

[3] Voir ci-dessus page 106 l. 15. C'est par erreur que la réception du 17 octobre 1759
a été portée à l'article BERNARD-GABRIEL DU PASSAGE, CHEVALIER DU PASSAGE, alors
capitaine dans Royal-Artillerie. Il doit être mis à celui de son cousin du même nom, le
capitaine dans Royal-Infanterie, avec l'addition suivante en note : Certificat de réception
signé *La Serre*, scellé d'un cachet en cire rouge avec écusson *de gueules à trois
fasces d'or*, surmonté d'une couronne de Comte, entouré du ruban de l'Ordre de Saint-
Louis, auquel est appendue sa croix à quatre branches.

HISTOIRE GÉNÉALOGIQUE

DE LA MAISON

DU PASSAGE

———

LIVRE SIXIÈME

CONTENANT

LES SEIGNEURS DE CHARMES

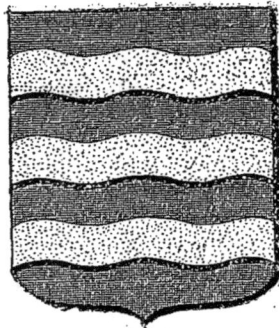

CHAPITRE I

JEAN DU PASSAGE, *seigneur de* CHARMES.

JEAN DU PASSAGE, second fils de Nicolas du Passage, seigneur de Sinceny et d'Autreville, et d'Éléonore de Jouenne, qui ont fait l'objet du Chapitre III du Livre Ier, fut l'auteur de la branche des seigneurs de Charmes près La Fère. Devenu orphelin, il fut mis à la mort de son père sous la tutelle de Josias du Passage, seigneur de Sinceny, son frère aîné [1], et ce dernier lui en rendit compte le 6 avril 1600 [2].

Le 11 mars 1599 [3], Jean du Passage avait été maintenu dans sa noblesse, ainsi que Josias du Passage et Jacques du Passage, son frère « puisaîné », par les commissaires députés au nom du Roi pour le régalement des tailles et la réformation des abus commis sur le fait des finances, aides, tailles et gabelles dans la généralité de Soissons. Les 9 mai 1600 et 3 septembre 1601, il céda [4] à Esther du Passage, sa sœur, des rentes sur Antoine de Flavigny, seigneur de Signy, et sur Ézéchias de Flavigny, seigneur d'Escury, son fils [5]; et le 1er septembre 1600, il échangea [6] avec Anne du Passage, sa sœur, la huitième partie indivise de la maison et cense de Formeulx, provenant de la succession de Anne Hennequin, leur aïeule, pour huit écus 20 sous de rente sur Adrien, seigneur de la Vernade, et une soulte de treize écus.

---

[1] Pièces justificatives, no XV.

[2] Inventaire du XVIIIe siècle déjà cité.

[3] Pièces justificatives, no XVI.

[4] Inventaire du 30 octobre 1618.

[5] Antoine de Flavigny, seigneur de Signy, et Ézéchias de Flavigny, seigneur d'Escury, étaient parents de Jean du Passage du côté de Barbe de Flavigny, sa grand'mère.

[6] Acte passé par-devant Isaac Carlier et Jean de Donnay, notaires à Coucy.

Suivant contrat [1] passé à Coucy le 12 octobre 1598 par-devant Flou-reau et Jean Donnay, notaires, Jean du Passage épousa MARIE DEY [2] *aliàs* d'Y, d'une famille originaire de Picardie, qui portait pour armoi-ries *d'azur à trois chevrons d'or*, et a possédé dans le Vermandois, le Laonnais et la Thiérache les seigneuries de Dallon, Longchamp, Mari-mont, Missy-lès-Pierrepont, Nouvion-le-Comte, Omissy, Proix, Sebon-court et Seraucourt. Marie d'Y était fille de Philippe d'Y [3], seigneur de Marimont [4], et de Marie Le Febvre, et sœur de Robert d'Y, seigneur de Marimont, qui laissa postérité de Suzanne de Fontaines, sa femme ; de Georges d'Y, docteur en théologie et prédicateur du Roi ; d'Antoine, Jean et Anne d'Y, cette dernière épouse d'Antoine d'Estrées, seigneur de Montgon, capitaine de cavalerie pour l'Empereur, qui périt à la bataille de Prague le 8 novembre 1620 [5]. Cette famille d'Y descendait, suivant un arrêt rendu en faveur de sa noblesse à la Cour des Aides le 31 août 1555, de Michel d'Y, châtelain et gouverneur du château de Falvy, et de Jeanne de Platecorne, sa seconde femme. Lors de la recherche de la noblesse dans la généralité de Soissons en 1667, Eusta-che d'Y, seigneur de Seraucourt, y demeurant, produisit des titres en bonne forme depuis 1509 : les préposés donnèrent désistement, et il fut jugé bon par Dorieu, intendant de la généralité de Soissons [6]. Sur les mêmes preuves, la branche de Picardie fut maintenue le 4 janvier 1692 par Bignon, intendant de cette province [7].

Le 30 mai 1601, Jean du Passage et Marie d'Y, acquirent par voie d'échange la terre de Charmes de Charles de Héricourt, seigneur de Barastre en Artois, dudit Charmes, du Bassinet et de Courcelles, moyen-nant 550 livres de rente appartenant à Jean du Passage pour 350 et à

---

[1] Ce contrat de mariage n'a pu être retrouvé dans les minutes de l'étude de Me Gilbert, notaire à Coucy ; il n'existait pas au siècle dernier au château de Charmes (Lettre de N. de Flavigny du 13 février 1775 au chevalier du Passage, à Lépine-au-Bois, par Montmi-rail-en-Brie).

[2] *Dey*, prononcer *Dy*. L'orthographe d'Y fut adoptée généralement au XVIIe siècle (Maintenue de noblesse des d'Y du 4 janvier 1699, au *Grand Nobiliaire de Picardie*).

[3] Philippe d'Y était frère cadet de Robert d'Y, seigneur de Gaucourt, prévôt royal à Saint-Quentin.

[4] *Marimont*, hameau de Bossolles (Aisne) ; Archives de l'Aisne, B. 858.

[5] *Grand Nobiliaire de Champagne.*

[6] Enquête sur la Noblesse de la généralité de Soissons, élection de Guise, déjà citée.

[7] *Grand Nobiliaire de Picardie.*

Eglise de Charmes près La Fère (*Aisne*).

Lucarne du Château de Charmes

Marie d'Y pour le surplus [1]. Charmes, situé près La Fère, relevait alors de François d'Ardres, seigneur de Fricamp [2], à cause de sa terre de Dœuillet : ce domaine resta dans la postérité de son acquéreur ; elle y fit bâtir le château, où se voient les dates de 1646 et 1684, et choisit sa sépulture dans la chapelle de la Vierge appelée quelquefois de Sainte-Anne.

Jean du Passage, seigneur de Charmes, mourut au mois de décembre 1603 [3]. Ses funérailles furent célébrées dans l'église dudit lieu suivant l'usage de cette époque. On y vit le chœur paré de drap noir, tendu par-dessus de gouttières de velours de même couleur, aux armoiries timbrées du défunt ; la grande chapelle, dite la représentation, recouverte de velours et la nef tendue de boucran, également noirs ; quant au « pale », il était de drap d'or chargé d'une croix de damas blanc. Des armoiries timbrées décoraient encore les deux chandeliers de l'autel, les quatre hauts chandeliers noirs avec grosse chandelle placés aux quatre coins de la chapelle, le pourtour de la nef et la chapelle mortuaire. Sire Jean Tilloy, curé de Charmes, assisté d'un nombreux clergé, célébra l'office après lequel fut prononcée la collation [4] funèbre du seigneur de Charmes, et eut lieu l'inhumation dans la chapelle de la Vierge.

« Après le service divin », pour me servir du récit d'un héraut d'armes du XVIIe siècle, « chacun se mit en ordre et fut reconduire le deuil au château, là où se fit le banquet du dîner en tel cas requis, et de rechef fut prononcée la louange du seigneur deffunct. La salle où se fit le banquet funèbre et la chambre des dames estoient tendues de dœuil et blasonnées des armoyries du deffunct, comme il est de coustume. »

Les frais du repas s'élevèrent à la somme importante de soixante

---

[1] Acte passé à Courcelles par-devant Amé Lemoine et Jean Harlet, notaires à Braine (Compte de tutelle de Charles du Passage, leur fils, du 18 février 1630 ; Archives de l'Aisne, B. 858).

[2] François d'Ardres, seigneur de Fricamp, comparut au contrat de mariage de Josias du Passage, seigneur de Sinceny, avec Madeleine de Folleville.

[3] Même compte de tutelle.

[4] *Collation*, conférence, discours.

livres [1] qui furent payées à Jean Lamirois, maître cuisinier à La Fère [2].

Marie d'Y, veuve de Jean du Passage, était alors enceinte de son troisième fils. Elle renonça le 7 février 1604 à la communauté qui avait existé entre son mari et elle pour s'en tenir à son contrat de mariage, et accepta le 6 mai suivant la garde-noble de ses enfants. Elle convola depuis avec Josias du Chesne, seigneur de Verdenne, dont elle eut : 1° Robert du Chesne, seigneur de Verpillières, par achat en 1643 à la succession de Charles de Lancry, seigneur de la Berlière, et de Mari-mont ; 2° Louis du Chesne, seigneur de Cauroy, tué au siège d'Arras en 1654 [3].

[1] Le luxe du repas des funérailles, des banquets et des festins était alors poussé à un tel point qu'il suscita des réclamations générales. Le jurisconsulte Bauduin, d'Arras, né en 1520, s'éleva un des premiers contre tant d'abus, et les dépenses perdues par cette superstition des décédés. En 1549, Henri II défendit qu'en quelques noces, festins ou tables privées, il n'y eut plus de trois services ; qu'en toutes sortes d'entrées, soit en potage, fricassée et patisserie, il n'y eut que six plats, en chacun desquels n'y pourra avoir qu'une sorte de viande, et ne seront les viandes doublées, comme deux cha-pons pour plat : mais seulement une de chacune espèce, etc., sous peine aux infracteurs de 200 livres d'amende pour la première fois et pour la seconde de 400 livres. Ces défenses furent renouvelées en 1567 et 1613 ; la première de ces ordonnances défendait de servir chair et poisson au même repas, toujours sous la même peine *(De la Police générale de la France)*. Aussi voyons-nous Anne Hennequin, veuve d'Artus de Jouenne, faire défense, par son testament du 13 juillet 1593, à ses héritiers de faire le banquet en tel cas requis, mais par contre donner 40 livres aux pauvres et vingt sous par chaque femme ayant une chandelle.

Comme ordonnances des funérailles d'un gentilhomme, voir le Manuscrit 320 de la Bibl. communale de Lille, et *Nos Pères ; Mœurs et coutumes du temps passé*, par le mar-quis de Belleval, p. 46.

[2] Même compte de tutelle.

[3] Acte de partage de la succession de Louis du Chesne du 10 janvier 1654, et de rati-fication du 7 octobre 1655, entre Robert du Chesne, seigneur de Verpillières, et François du Passage, seigneur de Charmes (Archives du château de Charmes au siècle dernier).

Il sera parlé plus en détail de la postérité issue du second mariage de Marie d'Y, quand sera traitée la question de la succession de Bernard du Passage, son petit-fils.

Enfants de JEAN DU PASSAGE, *seigneur de* CHARMES
et de MARIE D'Y.

1° FRANÇOIS DU PASSAGE sera rapporté au chapitre suivant.

2° JEAN DU PASSAGE fut avec ses frères sous la garde-noble de sa mère en 1604 et sous la tutelle de Josias du Passage en 1617; il est rappelé dans le partage du 14 juin 1619 de la succession d'Esther du Passage sa tante [1].

Au commencement de l'année 1622, Jean du Passage entra dans la compagnie colonelle du régiment de Normandie, alors en garnison à La Fère, d'où il partit le 13 mars suivant [2]. Le régiment de Normandie avait dû fournir quatre compagnies à l'Armée Royale qui marchait contre Soubise; mais elles furent repoussées avec grande perte au premier assaut donné à la ville de Saint-Antonin [3], et il est à présumer que Jean du Passage, depuis son départ, perdu pour sa famille, périt dans cette action. Toujours est-il qu'il était mort lors de la reddition du compte de tutelle de son frère Charles du Passage le 18 février 1630.

3° CHARLES DU PASSAGE naquit posthume le 13 mars 1604. Il fut mis en pension à La Fère chez Eustache Troiseux [4], à raison de cent livres par an, et en sortit le 15 janvier 1622; puis, après avoir obtenu des lettres de provision d'une prébende à la cathédrale de Laon, il y fut reçu chanoine [5] : mais tel n'était pas son goût. Comme ses frères, ses préfé-

---

[1] Pour plus de détails, voir le chapitre II du présent livre.

[2] Même compte de tutelle.

[3] *Saint-Antonin*, ville au confluent de l'Aveyron et de la Bonnette, entourée de hautes montagnes qui lui servent comme de ceinture et de rempart, où ceux de la religion prétendue réformée s'étaient fortifiés; Louis XIII la prit cette même année 1622 *(Dict. de Moréri)*.

[4] Eustache Troiseux, régent de latin à Guise, vint s'établir à La Fère en 1612, quitta cette ville en 1620 et y revint le 7 avril 1625. Les anachorètes, qui occupèrent successivement l'ermitage du Mont-de-Saint-Gilles, lui succédèrent pour l'éducation de la jeunesse dans un petit *collège* de La Fère (Notes sur La Fère, par M. Poissonnier, ancien notaire à Origny-Sainte-Benoite, au *Bulletin de la Société Académique de Laon*, t. XV, p. 134).

[5] Ces détails et tout ce qui suit sont tirés du compte de tutelle de Charles du Passage du 18 février 1630. — Pièces justificatives, n° XXIX.

rences le portaient vers la carrière des armes, et, en septembre 1625, il s'équipait, achetait cheval et armes, se faisait faire « ung hault de chausse en drap garni de six douzaines de bouttons d'or et d'argent », entrait au service du Roi, et partait pour l'Italie [1] dans le régiment de Longueval [2]. Il passa ensuite dans la compagnie du maréchal d'Estrées, en qualité d'homme d'armes [3].

Le 18 février 1630 Josias du Chesne et Marie d'Y, sa mère, lui rendirent son compte de tutelle des successions de son père, de son frère et d'Esther du Passage, dame de Harzillemont, sa tante, morte en mai 1617. Cet acte, long, mais plein de détails intéressants, relate que pendant le siège de La Fère par Henri IV [4], Charmes eut beaucoup à souffrir des travaux exécutés alors, entre autres d'un grand fossé de circonvallation ; qu'il fut construit dans une pièce de terre de trois journaux à Charles du Passage, des huttes pour le logement des gendarmes du Roi, et d'autres ailleurs pour le logement des Suisses [5]. L'actif de ce compte ne s'élève qu'à 3786 livres 11 sous, à cause en partie de l'extrême rigueur des saisons qui avaient anéanti les récoltes en 1612 par la grêle, en 1616 et 1621 par la gelée : le passif au contraire montait à 5981 livres 16 sous 10 deniers ; ce compte se soldait donc par un écart de dépense de plus de 2000 livres. Rendu par-devant le lieutenant-général civil et criminel de La Fère, il est signé : *Dupassage, Duchesne, Marie Dey, de Gorgias, Dupassaige, Levignan, François du Passage, etc.*

Charles du Passage est nommé après son frère aîné dans le testament d'Anne du Passage, sa tante, du 28 octobre 1636. Nous ne connaissons aucun autre acte le mentionnant depuis lors.

---

[1] Louis XIII assistait alors de ses armes le duc de Savoie contre les Génois : son armée entra en mars 1625 dans ses États sous les ordres du duc et du maréchal de Lesdiguières. Après des péripéties diverses, cette guerre se termina le 5 mars 1626 par le traité de Mouzon.

[2] Le régiment d'infanterie appelé *de Longueval* ou *de Manicamp* fut levé le 29 avril 1625 par Achille de Longueval, seigneur de Manicamp, et réformé en mai 1626 (Suzane, t. VIII, p. 96).

[3] François-Annibal d'Estrées, marquis de Cœuvres, fut créé maréchal de France en 1626 (Moréri).

[4] La Fère capitula le 16 mai 1596. — La teneur de la capitulation est imprimée dans les *Archives de Picardie*, t. I, p. 56.

[5] Cinq enseignes Suisses figuraient dans l'armée Royale (*Bulletin de la Société Académique de Laon*, t. XV).

FRANÇOIS DU PASSAGE, *chevalier, seigneur de* CHARMES, *aide-de-camp des Armées du Roi, lieutenant-colonel aux régiments de Lannoy, puis de Manicamp, major de la ville et citadelle de Brissac, lieutenant de Roi de la ville de Colmar.*

FRANÇOIS DU PASSAGE, fils aîné de Jean du Passage, seigneur de Charmes, et de Marie d'Y, mineur à la mort de son père, fut mis sous la garde-noble de sa mère, et en 1617 sous la tutelle de Josias du Passage, seigneur de Sinceny, son oncle. Celui-ci, au nom de son pupille et de ses frères, transigea en effet ladite année avec Jacques du Passage, seigneur d'Autreville, leur oncle, sur la donation que lui avait faite Esther du Passage ; mais il ne les représenta pas le 14 juin 1619 au partage de sa succession. Ce rôle appartint à Josias du Chesne, leur beau-père : le lot de François du Passage et de ses frères fut d'un cinquième des biens de la *de cujus* [1]. A la mort d'Anne du Passage [2], il recueillit le legs qu'elle lui avait fait par son testament du 28 octobre 1636 ; les 10 janvier 1654 [3] et 7 octobre 1655, il transigea avec Robert du Chesne, chevalier, seigneur de Verpillières, sur la succession de Louis du Chesne, seigneur de Cauroy, leur frère, tué, comme il a déjà été dit, au siège d'Arras, en 1654.

Les états de service de François du Passage dans les Armées du Roi

---

[1] Pièces justificatives, n° XXIII.
[2] Sur Jacques, Esther et Anne du Passage, voir le livre I, chap. III.
[3] Il y a erreur dans la lettre de M. de Flavigny, du 13 février 1775 ; il faut y lire : le 10 janvier 1655 ; car le siège d'Arras fut levé le 25 août 1654.

nous sont attestés par son épitaphe qui existe encore dans l'église de Charmes, et par son contrat de mariage. Il fut d'abord aide-de-camp de ses Armées [1], puis capitaine de cavalerie au régiment de Gassion [2], et lieutenant-colonel aux régiments de Lannoy [3] et de Manicamp [4]. Passé ensuite dans l'état-major des places, il exerça les fonctions de

[1] C'est sous Louis XIII que les officiers-généraux commencèrent à avoir légalement un ou plusieurs aides-de-camp *(Dictionnaire de l'Armée de terre,* par le général Bordin, t. I, p. 138).

[2] Le régiment de cavalerie de Gassion, dont parle Suzane, ne fut levé par Gratien, comte de Gassion que le 8 avril 1653, dix ans après le mariage de François du Passage, alors lieutenant-colonel d'infanterie dans le régiment de Lannoy. Mais on trouve qu'au siège mis devant Dôle, le 29 mai 1636, par Henri II prince de Condé, le colonel Gassion commandait son régiment de cavalerie *(Continuation de l'Histoire du règne de Lovis le Jvste treiziesme du nom,* par Scipion Dvpleix, p. 63). Il y a donc eu un régiment de cavalerie du nom de Gassion avant celui indiqué par l'auteur de l'*Histoire de la Cavalerie française,* t. III, p. 208 ; c'est dans celui-ci que servit François du Passage.

[3] Le régiment d'infanterie du comte de Lannoy, fut levé le 10 février 1641 pour tenir garnison à Montreuil-sur-Mer, par Charles comte de Lannoy, qui s'en démit en 1643 en faveur de son gendre Henri-Roger du Plessis, comte de la Roche-Guyon, époux d'Élisabeth de Lannoy. Il était alors encore en garnison à Montreuil, prit part au siège de Gravelines en 1644, à la prise de Cassel et de Mardyk en 1645, de Courtrai et de Bergues en 1646, et fut licencié en 1648 (Suzane, t. VIII, p. 163).

[4] Le régiment d'infanterie de Manicamp, levé le 29 avril 1625, réformé l'année suivante, rétabli le 27 mars 1630, fut définitivement licencié après le siège d'Aire en 1641 (Suzane, t. VIII, p. 94). Ce n'est donc pas encore dans ce régiment que servit le lieutenant-colonel du Passage. Mais nous remarquerons que son colonel, Achille de Longueval, seigneur de Manicamp, gouverneur de la Haute-Alsace en 1635 (Scipion Dupleix, p. 36) et maréchal de camp en 1636, était le 22 juin de cette année mestre de camp du régiment de Normandie, comme le témoigne la lettre suivante cachetée sur lac de soie jaune du petit sceau du prince de Condé.

« Monsieur, je vous diray pour responce à la votre que jusques à présent je n'ay receu aucun ordre du Roy pour vous, et n'ay ouy parler en aucune façon d'enuoyer pardela un autre Maréchal de camp. Et vous prie de croire qu'en cela, et en touttes autres occasions ou j'auray moien de vous seruir, je vous rendray tousiours des preuues de mon affection, vous faisant paroistre que je suis

« Monsieur
« du Camp deuant Dole
« le 22ᵉ juin 1636   « Votre très affectionné à vous seruir
            « HENRY DE BOURBON.
  « *A Monsieur*
« *Monsieur de Manicamp* Mᵉ *de camp du régiment de Normandie A Collmar.* »

Manicamp se distingua en Flandre en 1644 sous le duc d'Elbeuf, passa lieutenant-général en 1646 *(Lettres du Cardinal Mazarin* publiées par Chéruel, t. II, tables) et mourut le 3 janvier 1677. De son temps les régiments portaient le nom de leur colonel ; ce sera dans un régiment commandé par Manicamp que François du Passage aura été lieutenant-colonel : mais ce régiment n'est pas indiqué par Suzane.

major de la ville et citadelle de Brissac [1] avec le rang de colonel, et de lieutenant pour le Roi de la ville de Colmar [2] avec le rang d'officier général [3].

Le seigneur de Charmes fut donc une des gloires militaires de sa famille, à l'époque la plus brillante de la Monarchie.

Une ordonnance Royale du 8 février 1661 sur la recherche et la condamnation des faux-nobles suscita à François du Passage les plus grands ennuis. Malgré l'ancienneté reconnue de sa noblesse, malgré ses brillants états de service, il se vit poursuivi par les traitants et condamné le 14 février 1664 comme usurpateur de la qualité d'écuyer à 2000 livres d'amende. L'arrêt du Conseil d'État, joint à l'état de recouvrement du 3 mars suivant, fut signifié le 2 novembre de ladite année à François du Passage par un huissier qui le rencontra à La Fère. Devant le commandement d'avoir à payer, il se vit obligé pour éviter une exécution réelle de consigner la somme de 1200 livres, et encore n'obtint-il de Pierre Rasteau, le procureur-général substitué de Thomas Rousseau, chargé du recouvrement de ces sortes d'amendes, qu'un sursis de deux mois pour tout délai de production.

François du Passage mit alors en cause les paroissiens de Charmes. Il leur fit signifier le dimanche 11 octobre 1665, en la personne de Robert Ogier, leur syndic, l'arrêt de la Cour des Aides du 25 septembre précédent, qui l'autorisait à les faire ajourner. Puis il communiqua au procureur général de ladite Cour et au fondé de pouvoirs des habitants de Charmes ses titres de noblesse, en particulier l'arrêt de la même Cour en date du 27 septembre 1634 rendu en faveur de Charles du Passage, son parent, et réclama d'eux-mêmes par exploit du 29 janvier 1666 la justification de leurs prétentions.

Ce procès resterait presque inexplicable si un document, l'Enquête sur la Noblesse de la généralité de Soissons, ne nous apprenait,

---

[1] Brissac, pris par le duc de Weymar et l'armée française en 1638, remis au Roi par le traité du 9 octobre 1639, fut cédé définitivement à la France par le 47e art. du traité de Westphalie en 1648 (Scipion Dupleix).

[2] Les villes de Colmar, Haguenau, Schelestadt et Lure suivirent en 1633 l'exemple de Saverne et appelèrent les Français pour les protéger (Mémoires de Monglat). Colmar fut ensuite pris comme Brissac, remis à la France à la mort du duc de Weymar, et cédé définitivement au Roi par le même traité.

[3] Sur cette hiérarchie militaire, voir le Dictionnaire de Larousse.

comme cela a été dit dans le Chapitre préliminaire, qu'il se basait sur l'origine allemande des du Passage, et la non-production de lettres de naturalisation. Une ordonnance de non-lieu, rendue par Dorieu, intendant dans ladite généralité, déclara la noblesse de François du Passage bonne, attendu la longue possession. Rendue le 22 juillet 1667 [1], elle termina cette poursuite.

François du Passage épousa au château de Liez, par contrat passé le 8 février 1643 [2] par-devant Martin Dehague, notaire et garde-note à Chauny, ANNE DE FLAVIGNY, fille de feu Ferry de Flavigny, seigneur de Liez, et de Madeleine de Wallon ; il était alors lieutenant-colonel au régiment du comte de Lannoi, en garnison à Montreuil-sur-Mer. Les assistants *du côté du futur* furent Josias du Chesne, chevalier, seigneur de Verdenne et autres lieux ; Marie d'Y, sa femme, auparavant veuve de Jean du Passage, seigneur de Charmes, sa mère ; Charles du Passage, son oncle, chevalier, seigneur de Sinceny, Caillouel et autres lieux, gentilhomme ordinaire de la Chambre du Roi. *Du côté de la future* comparurent Madeleine de Wallon, sa mère, et Philippe de Flavigny, chevalier, seigneur de Liez, Méry et autres lieux, conseiller et maître-d'hôtel du Roi.

Cette famille de Flavigny, qui portait *échiqueté d'argent et d'azur de six pièces, à l'écusson de gueules brochant sur le tout* [3], n'était pas de même estoc ni avec Barbe de Flavigny, épouse de François du Passage, seigneur de Sinceny, ni avec les vicomtes de Renansart et de Monampteuil [4]. Les seigneurs de Liez avaient pour auteur Jean de Flavigny, seigneur de Méry, qui vivait en 1510 ; ils ont été maintenus dans leur noblesse par Dorieu le 9 juillet 1667 et ont fourni leurs preuves pour la Petite-Écurie en 1748. La branche aînée, dite des *marquis de Flavigny*, s'est éteinte à Abbeville, le 31 mai 1844, en la personne d'Adolphe-Louis-Ange de Flavigny ; la cadette, que nous verrons dans peu d'années posséder la terre de Charmes après les du Chesne, héritiers de Bernard du Passage [5], a perdu son dernier représentant mâle à Paris,

---

[1] Pièces justificatives, nᵒ XXXVIII.

[2] Cet acte est aujourd'hui dans l'étude de Mᵉ Albert Duval, notaire à Chauny.

[3] Il est cependant à remarquer que cet écusson brochant sur le tout n'est pas dessiné sur la pierre tombale de François du Passage et d'Anne de Flavigny.

[4] Voir le chapitre II du livre I.

[5] Voir le chapitre suivant.

CY GIST M^{RE}
FRANCOIS DV PASSAGE
VIVANT CHEVALLIER SEIG.
DE CHARME DE FRAINE ET MERY
AYDE DE CHAMP DES ARMEES DV
ROY CAPITAINE DE CAVALERIE AV
REGIMENT DE GATION LIEVTENANT
COLONEL AV REGIMENT DE MANICAM
MAIOR DE LA VILLE ET CITADELLE
DE BRISAC ET LIEUTENANT POVR LE
ROY DE LA VILLE DE COLMAR EN
ALZACES QVI EST DECEDE LE 20
JANVIER 1668
ET CY GYST AVSSY DAME ANNE
DE FLAVIGNY SON ESPOVSE QVI
EST DECEDÉE LE 3 MAY 1667
FŌDATEURS DE CETTE EGLĒ
Priez Dieu P^{o.} Leurs
Ames ?

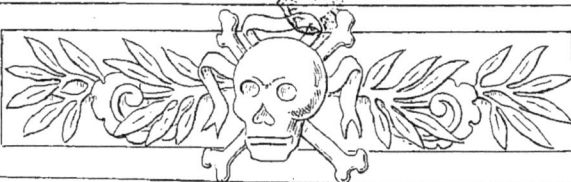

Lith^e de Vasseur f^{es} à Tournai.

mis à mort sur l'échafaud révolutionnaire, le 6 thermidor an II (27 juillet 1794) avec sa sœur, la comtesse des Vieux.

François du Passage assista le 24 janvier 1670 au partage du mobilier de Caillouel entre ses cousins Jean et François du Passage ; il donna procuration en février 1677 à Robert du Chesne, chevalier, seigneur de Marimont et autres lieux, son frère, pour assister au contrat de mariage de Bernard du Passage, son fils unique, à qui il donnait en avancement d'hoirie les terres de Fresne, Méry et Arlon.

Anne de Flavigny, son épouse, était morte le 3 mai 1663 et avait été inhumée à Charmes dans la chapelle de la Sainte Vierge [1]. Quant à François du Passage, il mourut le 20 janvier 1679. Son corps repose dans la même chapelle sous une pierre calcaire de 2m 30c de longueur et 1m 15c de largeur en bon état de conservation. En tête sont les écussons accolés de du Passage et Flavigny (sans écusson en cœur toutefois), surmontés d'une couronne ; dans un ovale, formé de feuilles de chêne, se lit l'inscription suivante :

Cy gist Messire
François dv Passage
Vivant Chevallier Seigneur
de Charme de Fraine et Méry
Ayde de Champ des Armées dv
Roy Capitaine de Cavalerie av
Régiment de Gation Lieutenant
Colonel av Régiment de Manicam
Maior de la Ville et Citadelle
de Brisac et Lieutenant povr le
Roy de la Ville de Colmar en
Alzaces qvi est décédé le 20
Janvier 1668
Et Cy Gyst aussy Dame Anne
de Flavigny son espouse qvi
est décédée le 3 mai 1667
Fondateurs de cette Eglise
Priez Dieu pour leurs
Ames.

---

[1] Registre de catholicité de la paroisse de Charmes.

Enfant de FRANÇOIS DU PASSAGE, *chevalier, seigneur de* CHARMES, *et d'*ANNE DE FLAVIGNY, *dame de* FRESNES, MÉRY, *et autres lieux, son épouse.*

BERNARD DU PASSAGE, chevalier, seigneur de Charmes, Fresnes, Méry, Arlon et autres lieux, rapporté au chapitre III.

BERNARD DU PASSAGE, *chevalier, seigneur de* CHARMES, FRESNE, MÉRY, ARLON *et autres lieux.*

BERNARD DU PASSAGE, fils unique de François du Passage, seigneur de Charmes et d'Anne de Flavigny, dame de Fresne, Méry, Arlon et autres lieux, naquit en 1646.

Il épousa, par contrat passé au château de Liez le 10 février 1677 par-devant Roger, notaire à Chauny, FRANÇOISE-CATHERINE DE FLAVIGNY, sa cousine-germaine, fille des feux Philippe de Flavigny, seigneur de Liez, Aubermont, Rumigny et autres lieux, et de Catherine de Martigny, sa première femme. Les assistants *du côté du futur* furent Robert du Chesne, chevalier, seigneur de Marimont, Verpillières et Sandricourt, demeurant audit Marimont, oncle paternel, fondé de la procuration de François du Passage, seigneur de Charmes, son père ; Claude Desmarest, écuyer, seigneur de Beaurains, demeurant en son château dudit lieu. *La future de son côté* fut assistée de ses conseils, Bernard-Gabriel de Pastour, chevalier, seigneur de Servais ; François-Urbain de Gorgias, chevalier, seigneur d'Espourdon. Les apports respectifs des époux consistèrent d'une part dans les droits de Bernard du Passage à titre d'héritier de sa mère, Anne de Flavigny, et dans les terres de Fresne, Méry et Arlon que lui abandonnait son père ; d'autre part dans l'héritage d'Antoine de Martigny, conseiller du Roi et son lieutenant particulier à Laon, aïeul de la future : ses droits étaient établis dans un acte de partage avec Charles et François de Martigny, seigneurs de Berlancourt et de Variscourt, ses oncles ; elle jouissait de plus, suivant transaction passée à Soissons le 26 août 1676, de 54,000 livres placées en rente sur Catherine-Madeleine Oger de Cavoie, veuve en secondes noces de Philippe de Flavigny, seigneur de Liez, son père.

Bernard du Passage releva du Roi le 9 juin 1679 la terre de Romery, qui lui venait de sa mère [1]. Il fixa sa résidence à Charmes, dans le château commencé par son père en 1646, et en mena à fin la construction en 1684.

Quatre ans après, le 8 mai 1688, Bernard du Passage était enlevé à l'âge de 42 ans, sans laisser de postérité, et avec lui s'éteignait la branche des du Passage seigneurs de Charmes. Il fut enterré auprès de ses père et mère dans la chapelle de la Vierge. Son acte mortuaire est ainsi conçu :

Le huitième jour de may 1688 est décédé en son château Bernard du Passage, âgé de quarante-deux ans, après auoir reçu les sacrements de l'Église et son corps a été inhumé dans la chapelle de la Vierge en présence de Messieurs de Lannoy, Borein, ... ses parents, et de Jean La Rivière et de Simon Coquart qui ont signé ce présent acte ledit jour et an que dessus. Signé de Billy, Levasseur, Jean Larivière et Coquart.

Françoise-Catherine de Flavigny renonça le 25 juin 1688, par acte au bailliage de la Fère, à la communauté qui avait existé entre Bernard du Passage et elle [2]. Elle épousa en secondes noces, par contrat du 10 janvier 1689, Louis de Hanocq, seigneur de Danizy, fils de Enguerrand de Hanocq, seigneur de Danizy, et de Marthe de Malortie dont postérité [3].

Quant à la succession de Bernard du Passage elle fut dévolue partie à ses héritiers paternels et partie à ses héritiers maternels. — Le côté paternel était représenté par Robert du Chesne, seigneur de Verpillières et de Marimont, François du Passage, seigneur de Caillouel, Bernard de Pastour, seigneur de Servais, et Simon Bourgeois, seigneur de Tanières ; Robert du Chesne demanda et obtint des lettres de bénéfice d'inventaire au bailliage de la Fère le 22 juillet 1688 ;

[1] François du Passage avait relevé le fief de Romery, à Fresne, en 1663.
[2] Archives de l'Aisne, B. 796.
[3] *Ibid.*, B. 842.

lui-même et ses co-héritiers acceptèrent, le 7 octobre 1688 [1], la succession de Bernard du Passage sous bénéfice d'inventaire ; enfin, le 20 avril 1690 [2], Robert du Chesne abandonna ses droits à Charles du Chesne, seigneur de Verpillières, lieutenant-colonel au régiment de Poitou, son frère, à Marie du Chesne, épouse de Pierre des Croisettes, chevalier, seigneur de Granville, et à Suzanne du Chesne, épouse de Pierre de Lannoy, seigneur du Valoret [3]. — Du côté maternel, les héritiers étaient Philippe de Flavigny, seigneur d'Aubermont, son oncle; Philippe, Florimond et Charles de Flavigny, seigneurs de Liez, pupilles du précédent, enfants et héritiers par représentation d'Anne-Florimond de Flavigny, et Michel de Flavigny, chevalier, seigneur de Remigny, tous deux ses oncles ; Jeanne de Flavigny, sa tante, veuve de Léon-Paul de Tage, chevalier, seigneur de Givere.

Il y eut un premier partage le 24 avril 1694 entre les deux lignes ; puis arriva une réclamation de Marie-Gabrielle de Ligny, non reprise audit acte. Elle était fille de Charles de Ligny, seigneur de Ruy, et de Marie de Flavigny, autre tante de Bernard du Passage, et demeurait à Paris chez les religieuses hospitalières de Sainte-Catherine de la rue Saint-Denis. A la suite de son pourvoi au bailliage de Noyon, elle reçut l'acquiescement de son intervention de la part du seigneur de Verpillières. Mais, à la mort de ce dernier arrivée peu après, repoussée dans sa demande par la dame de Théis, sa veuve, la demoiselle de Ligny obtint en sa faveur une sentence audit bailliage de Noyon pour un nouveau partage, et sa confirmation par le Parlement de Paris le 6 septembre 1707. En 1710, la dame de Théis faisait une nouvelle production contre la demanderesse. Enfin, le 18 avril de la même année, Philippe de Flavigny, en son nom et en celui de ses neveux ; Michel de Flavigny, en son nom et en celui de Jeanne de Flavigny, sa sœur ; et Madeleine de Théis, veuve de Charles du Chesne, seigneur de Charmes, mère et tutrice de ses enfants mineurs, voulant terminer le partage ordonné par l'arrêt de la cinquième Chambre aux enquêtes du 6 septembre 1707, désignèrent, de concert avec Marie-Gabrielle de Ligny, trois anciens avocats au Parlement comme arbitres, avec tout pouvoir pour

[1] *Archives de l'Aisne,* B. 1089.
[2] *Ibid.*, B. 842.
[3] *Ibidem.*

en terminer dans les trois mois. Le partage arbitral ne nous est pas connu.

Quant à la terre de Charmes, elle était passée d'abord à Robert du Chesne, puis à Charles du Chesne, tous deux oncles paternels de Bernard du Passage ; Jeanne du Chesne, fille de ce dernier et épouse en 1763 de Julien d'Aboville, chevalier de Saint-Louis, lieutenant-général du Roi et de l'Artillerie, devint dame de Charmes, terre qui passa après elle à Marie-Madeleine-Suzanne du Chesne, sa sœur. Cette dernière avait épousé le 1er mai 1713, en l'église de Charmes, à l'âge de 17 ans, Charles-Louis de Flavigny, seigneur de Liez, le second des enfants d'Anne-Florimond de Flavigny dont il a été parlé ci-dessus, et mourut à Charmes le 15 mars 1782. Leur postérité a continué à posséder la terre et le château de Charmes jusqu'à ce que N. de Marguerit et Charlotte de Flavigny, sa femme, les vendent à Jules-Paul Bonal, père du propriétaire actuel.

PREUVES

DE L'HISTOIRE

DE LA MAISON

DU PASSAGE

I

Remise par MARIE, DUCHESSE D'ORLÉANS, à JACQUES DU PASSAGE, *somelier de sa chambre, des droits qu'il lui devait pour l'acquisition d'une maison à Blois.*

Marie, duchesse d'Orleans, de Milan et de Valois, contesse de Blois, de Pauie et de Beaumont, dame d'Ast et de Couci. A notre receueur de Blois Guillaume Vyart et tous autres quil appartiendra, salut. Sauoir faisons que pour consideration des bons et agreables seruices que fait nous a notre cher et bien amé Jacques du Passage, en estat de sommelier de chambre et autrement, et encore faire pourra au temps aduenir, Nous pour ces causes et autres à ce nous mouuans, luy auons quicté et donné et par ces presentes quictons et donnons, la somme de seze liures treze sols quatre deniers tournois, quil nous deuoit pour lacqueste dune maison, pressouer, court, jardin et pourpris, ainsi quil se comporte et estent, situé et assis en Rue Bourreau en la paroisse Saint Nicolas lez Blois, tenue de notre conté de Blois en censiue, par luy achetée au mois de may mil iiiie iiiixx et trois de Michel Mesureur pour le pris et somme de Deux cens liures tournois, qui est à notre droit pour les ventes à nous appartenans à cause du bail de Notre très cher et très amé filz que nous auions lors, la dessus dite somme de seze liures treze solz quatre deniers tournois. Si mandons à ung chacun de vous en droit soy si comme il luy appartiendra, que ledit Jacque vous tenez quicte et deschargé de ledite somme de xvi l. xiij s. iiii d. t. Et par Raportant ces dites presentes auec Recongnoissance dicellui Jacques den auoir esté quicté, Nous voulons icelle dite somme estre allouée ès comptes et Rabatue de votre dite Recepte par nos amez et feaulx gens de nos comptes ausquels mandons ainsi le faire sans aucune difficulté. Donné à Chauny sous notre seing et notre seel armoyé de noz armes le neufiesme jour de feurier lan mil cccc quatre-vings et cinq.

MARIE

et plus bas *Roussel,* avec paraphe.

Original en parchemin au Cabinet des titres, Pièces originales, vol. 2209, dossier 49878 [1].

[1] Je rappellerai ici que toutes les pièces sans indication de provenance existent aux archives du château de Frohen-le-Grand.

Au dos est écrit :

Jacques du Passaige nommé au blanc de ces presentes au jourdhuy datte dicelles a confessé à auoir esté deschargé et tenu quicte de la somme de seze liures treze sols quatre deniers tournois a luy donnée ainsi et pour les causes plus aplain contenues audit blanc, et en a quicté Madame, le Receueur et censier et tous autres quil appartiendra.

Roussel.

II

24 février 1489

Acte de féauté de JACQUES DU PASSAGE *pour sa terre de* SINCENY.

A tous ceux qui ces presentes lettres verront Nicolas de Nommel, escuier, seigneur de Puiseux, le Chambergies, bailly de Coucy, salut. Scauoir faisons quaujourdhuy pardeuant Nous en la presence de honnorables hommes et sages Robert du Briuois dit Tustain, escuier, et Jean Groucher, hommes de fiefs de la seigneurie dudit Coucy, jugeans en la cour du Roy nostre sire audit lieu, Est comparu en sa personne Noble homme Jacques du Passage, seigneur de Sincheny, lequel nous a dit et exposé qu'à cause d'acquest par luy faict de noble homme Jacques de Saueuzes dit Morelet, seigneur de Connan (?), luy compettent et appartiennent certains fiefz et seigneuries, assis ès villes et terroirs de Sincheny, Autreuille et illect enuiron tenus et mouuans du chastel et seigneurie dudit Coucy, en nous Requerant que desdits fiefz et ses appartenances et deppendances d'iceulx le voulussions Receuoir en la feaulté et au serment de fidelité qu'il estoit tenu de faire à cause d'iceux et en obtemperant à laquelle Requeste, après ce qu'il Nous en est apparu des lettres de don et quittance à luy faicte par feue Madame la duchesse d'Orleans en son vivant dame dudit Coucy, dattées du dixiesme jour de septembre l'an mil cinq [1] cent quatre vingt et sept et signé MARIE et au dessoubz *L. Roussel,* des Quintz et Requintz donnés quil luy pouuoit debuoir à cause de l'acquisition dessusdite montant à la somme de six cens soixante six liures huict solz tournois ; Nous icelles en la presence desdits hommes et du consentement du procureur commis souz la main du Roy nostre dit seigneur en ladite terre et seigneurie de Coucy, Auons receu en la feaulté desdictz fiefs et seigneuries et appartenances d'iceux, et au serment de fidelité lequel ils font en la maniere accoustu-

Lisez 1487.

mée. Et ce fait luy auons enioinct que en dedans quarante jours, il ayt à bailler les denombremens desdictz fiefs aux officiers de laditte seigneurie de Coucy, et que au plus tost qu'il sçaura le seigneur de Coucy en marche de pardeça, il se traine deuers luy pour luy en faire hommage. En tesmoing de ce, Nous auons scellé ces presentes lettres du scel et contrescel dudit bailliage. Ce fut faict le vingt quatrieme jour de feburier l'an mil quatre cent quatre vingt neuf.

Signé Garçon avec paraphe.

L'an mil six cens soixante dix sept, le samedy treizieme jour de mars trois heures de Relleuée, pardeuant nous Pierre Sauary, seigneur de Sainct Just, conseiller du Roy, lieutenant general des Eaux et forest de France, ayant nostre principale sceance au siege general de la Table de marbre à Paris et l'un des juges en dernier ressort establis audit siege, commissaire en cette partie, en nostre hostel scis au Cloistre, paroisse de St Medericq, auons proceddé à la collation de la presente copie sur son original estant en parchemin en la presence et ce requerant M^e . . . . Bridous, procureur en la Cour et de Messire Jean du Passage, cheualier, seigneur de Sincheny et autres lieux, et aussy en la presence de M^e . . . . Genest, procureur de Me Jean Lucet, suiuant nostre ordonnance du vnzieme de ces present mois et an, et qu'il est porté en nostre procès verbal de cejourd'hui. Fait les jour et an que dessus.

Signé Sauary avec paraphe.

Cabinet des Titres.

III

20 février 1491.

Mandement de LOUIS DUC D'ORLÉANS, *à son bailli de Coucy, de recevoir de* JACQUES DU PASSAGE, *gentilhomme ordinaire de son hôtel, le dénombrement de* SINCENY *et d'*AUTREVILLE.

Louis, duc d'Orléans, de Millan et de Vallois, conte de Blois, de Pauie et de Beaumont, seigneur d'Ast et de Coucy, au gouverneur et bailly de notre terre de Coucy et son lieutenant et nos procureurs et recepueur audit Coucy. Scauoir faisons que notre bien amé Jacques du Passage, gentilhomme ordinaire de mon hostel, Nous a ce jourdhuy faict les foy et hommage lige que tenu nous estoit faire des fiefs, terres et seigneuries de Sincheny et Aultreuille leurs appartenances et appendances tenu et mouuans de nous à cause de nostre chastel et seigneurie dudit Coucy, Ausquels foy et hommage nous lauons Receu. Sy vous MANDONS et à chacun de vous sy comme à luy appartiendra que dudit Jacques vous Recepuiez le desnombrement tel et ce conformant à celluy qui a esté par cy deuant Receu de Jacques de Saueuze duquel il a acquit ladite terre, sans plus luy faire aucun debat pour Raison des deux moyées de boys dependant de sesdits fiefs ainsy quil est declaré audit adueu et desnombrement dudit de Saueuze et autres precedents desquels ledit du Passage nous a faict apparoir, Pour lequel boys Nous voulons et entendons suiuant le vouloir et intention de feu nôtre très honoré seigneur et pere que Dieu absolue, estre baillé Recompense. Pourquoy faire vous ne fauldrez incontinent suiuant lordonnance que vous en auoit faict faire notre très honorée dame et mere à faire esualuation desdites deux moyées de boys et aduiser les moyens de faire audit du Passage ladite Recompense le plus à sa commodité que faire le pourra et le moins à nôtre preiudice que être faict *(usé)* . . . le tout par-deuers nous. Donné a Paris le vingtiesme jour du mois de feburier Lan de Grace mil quatre cent quatre vingt onze. Signé *Par Monseigneur à votre Relation* Hou-DOYER, et scellé sur simple queue de cire rouge.

Collation de la presente copie a esté faicte à son original à la requeste de Me . . . . Baudelot, procureur de Jehan du Passage, escuier, seigneur de Sincheny, demandeur, en l'absence de Me Simonneau, procureur de Me Charles Desadueurel, substitut du procureur général du Roy à Coucy, et Charles Lefebure, lieutenant audit bailliage, defenseurs et defaillants au faire dument appellez et attenduz en la maniere accoustumée par ordonnance de la Cour. Faict à Paris en parlement le quinziesme may mil six cent vingt un.

Signé *Gallard* avec paraphe.

IV

21 février 1491.

Certificat d'Engilbert comte de Nevers, d'Eu, de Rethel et d'Au-xerre, baron de Donzy, seigneur de Saint-Walery, du pays de Cayeu-sur-la-Mer, de Bouillencourt-en-Sery et des terres d'Outre-Meuse, *constatant la noblesse de* JACQUES DU PASSAGE, *natif du pays et duché de Clèves.*

Nous Engelbert, conte de Neuers, d'Eu, de Rethel et d'Aucerre, baron de Donzy, seigneur de Saint Wallery, du pays de Cayeu sur la Mer, de Boullencourt en Sery et des terres doultre Meuze, Certiffions à tous ceulx quil appartiendra que Jaques du Passaige est gentilhomme, filz legitime de noble homme Chris-tofle du Passaige, natifz du pays et duché de Cleues en Alemaigne. En tesmoing de ce nous auons signées ces presentes de notre main et fait seeller de notre seel cy mis en placquart le vingt vngiesme jour de feurier Lan mil cccc quatre vingtz et vnze.

Signé ENGELBERT.

et plus bas *J. Clausse,* avec paraphe.

Original en parchemin scellé en placart d'un sceau avec écusson *écartelé* accompagné du collier de l'Ordre du Roi et d'une couronne.

> Il en existe trois copies collationnées dont deux datées du 18 août 1663, sur parchemin, et signées *de Vallon* et *Dheon* (?) a. p. notaires et gardes notes du Roi en son Châtelet de Paris ; la troisième du 19 mars 1724, sur papier, copie collationnée de la précédente, est signée *Boutin* a. p.

V

11 juin 1504.

Contrat de mariage de DAVID DE HALESCOURT, *écuyer,*
et de CLAUDE DU PASSAGE.

A tous ceulx qui ces presentes lettres verront ou orront, Guillaume le Normant, licencié ès loix, conseillier et aduocat du Roy notre sire, et garde du seel Royal de la baillie de Vermendois, estably de par icelluy seigneur à Chauny, salut. Sauoir faisons que pardeuant noz amez et feaulx Charles le Roux et Jean Mouret tabellions Royaulx demourans audit Chauny, jurez et commis de par nous quant ad ce, furent presens en leurs personnes Damoiselle Gilles de Vaulx vefue de feu noble seigneur Jacques du Passage en son viuant escuier, seigneur de Sincheny et Autreuille dune part ; Maistre Jehan de Halescourt, bacheller en loix et en decret, prieur de Saint Nicollas d'Eureux et chanoine de Noyon ; Raoul de Halescourt escuier et frere dudit Jehan, seigneur de Caigny en Beauuoisis ; Loys de Beauuais escuier, et Bonne de Halescourt sa femme, Jehenne de Halescourt sereurs des dessusdits ; Dauid de Halescourt aussy escuier et frere diceulx de Halescourt ; Et Glaude du Passage fille dudit deffunct Jacques du Passage et dicelle damoiselle Gilles de Vaulx, dautre part. Et Recongnurent ung chacun deulx, mesmement ladite damoiselle Bonne de lauctorité dudit Loys son mary, ladite Jehanne dudit maistre Jehan de Halescourt son tuteur, et ladite Glaude dudit Dauid son fiancé, Que pour paruenir au traictié du mariage encommencé Entre ledit Dauid de Halescourt et ladite Glaude du Passage, et qui au plaisir de Dieu se fera et sollempnisera ce jourduy en saincte eglise, Ilz auoient et ont fait ensemble les pactions, conuenances et donnacions qui sensieuuent.

CEST ASSAUOIR que ladite damoiselle Gilles de Vaulx par ledit traictié de mariage, et en faueur dicelluy auoit et a donné et donne par ces presentes ausdits de Halescourt et a ladite Glaude sa fille la somme de vnze cens liures tournois pour vne fois, dont elle sera tenue paier incontinent ledit mariage celebré la somme de six cens liures tournois, Et le Residu dicelle somme montant cinq cens liures tournois demoureront ès mains dicelle damoiselle, pour emploier en heritaiges qui tiendront le coste et lingne de ladite Glaude. Item auec ce, est et sera tenue icelle damoiselle de baillier et deliurer à iceulx de Halescourt et à ladite Glaude sa fiancée jusques à la somme de cent liures tournois tant en bagues comme en vstencilles pour emmesnagier sadite fille. Item aussi compectera et appartiendra a ladite Glaude par cedit traictié toute vne maison, jardin, lieu et pourpris, seant audit Chauny, en la Rue que on dit *Labbé*, tenant à lostel de Saint Eloy Fontaine acquestée par lesdits deffunct Jacques du Passage et icelle damoiselle Gilles constant leurdit mariage, pour tenir le coste et lingne dicelle Glaude, et en joyr et possesser atousiours par ledit de Hallescourt et ladite Glaude incontinent après ledit mariage consommé. Et en ce faisant et moiennant les choses dessusdites ledit Dauid et ladite Glaude sa fiancée de lauctorité dudit Dauid auoient et ont Renoncé et Renoncent par ces presentes à tout tel droit de quint et aultre, que à icelle Glaude peult et porroit estre escheu par le trespas dudit feu Jacques du Passage son pere en la terre et seignourie de Sincheny et de toutes les appartenances dicelle Et aussy en la maison ou ladite damoiselle Gilles sa mere demeure apresent audit Chauny, au prouffit de Francois du Passage son frere, à la charge que icelle damoiselle Gilles sa mere en joyra sa vie durant pour autant que à la part dicelle Glaude peut appartenir, Ensemble de tous aultres heritages et Rentes acquestées par sesdits pere et mere constant leur dit mariage. Et après le trespas dicelle mere, lesdits heritages se partiront par moitié, entre ladite Glaude et ledit François son frere, Reserué lesdites terre et seignourie de Sincheny, et maison de Chauny, qui seront, demoureront et demeurent dèsmaintenant atousiours audit François. Sans ce aussy que icelle Glaude cy après soit tenue de Rapporter oudit partage aucune chose des sommes de deniers et heritages dessus declairez et ainsi donnez par icelle damoiselle Gilles sa mere. Et auec ce ladite damoiselle Gilles a voulu et veult par cedit traictié, que se ladite Glaude sa fille alloit ou va de vie à trespas auant elle delaissant enffans dudit mariage, que iceulx enffans Representent en ce cas ladite Glaude leur mere, et quilz viennent à partage de sa succession comme ses aultres enffans et heritiers non ostant stille, vsage et coustume de pays à ce contraire. Et pareillement lesdit maistre Jehan de Hallescourt, Raoul de Hallescourt, Jehanne de Hallescourt, Loys de Beauuais et sadite femme, icelles femmes auctorisées comme dessus, ont donné et donnent chacun en droit soy audit Dauid leur frere par don de mariage et en auancement dicelluy les terres et seigneuries quilz auoient et pouoient auoir en quelque maniere que ce soit comme heritiers de leurs pere et mere et aultrement, scituez et assiz à Saint Ernoul et Doudeul en Beauuoisis, pour en joyr dèsmaintenant atousiours par ledit Dauid et les enffans yssant dudit mariage et leurs hoirs ou ayans cause en tous prouffiz quelzconques sans Riens Reseruer ne Retenir. Et *etc., etc.* . . . .

. . . .

Sil aduenoit que ledit Dauid allast de vie à trespas auparauant ladite Glaude, icelluy Dauid a voulu et veult que icelle Glaude ait et prengne ou aura et prendra par chacun an sa vie durant la somme de cent liures tournois sur tous les heritages qui sont et appartiendront audit Dauid au jour de sondit trespas pour douaire prefix ou coutumier au choix et election de ladite Glaude. Et aussy sont et seront tenus lesdits maistre Jehan de Hallescourt et Raoul de Hallescourt dessus nommez de faire Ratiffier ce present traictié par Monsieur de Neufuille en Beauuoisis et damoiselle Adrienne sa femme sereur desdits de Hallescourt. Et aussy Renoncier à tout tel droit quilz pourroient auoir ou demander esdites terres et seignouries cy dessus declairées, et ainsy par eulx données au prouffit dudit Dauid en faisant cedit mariage. Et pareillement lesdits Dauid et ladite Glaude seront tenus icelluy Ratiffier et approuver par la maniere que dit est dessus, enuers ladite damoiselle Gilles de Vaulx et ledit Francois du Passage son filz, deux jours après leurdites espousailles, *etc.*, *etc.* . . . .

En tesmoing de ce, nous à la Relacion de nosdits commis auons mis à cesdites presentes le seel de ladicte baillie. Ce fut fait ès presences de nobles seigneurs messires Adrien de Hangest cheualier seigneur de Genly, Pierre de Blecourt aussy cheualier seigneur de Bethencourt ès Vaulx, et Reuerend pere en Dieu messire Jehan Cauffourier pretre abbé de leglise et monastere Notre Dame de Saint Eloy Fontaine, lan de grace Notre Seigneur mil cinq cens et quatre, ou mois de juing vnze jours.

> Expédition en parchemin signée *Le Rous* et *Mouret* avec paraphe, et sur le repli *Duboquet* aussi avec paraphe ; jadis scellée du sceau du bailliage.

VI

14 juin 1510.

Ordre de LOUIS XII *rendu à la requête de* GILLES DE VAUX, *veuve de* JACQUES DU PASSAGE, *seigneur de* Sinceny, *de faire pro- céder au renouvellement du terrier de cette seigneurie.*

Loys, par la grace de Dieu, Roy de France. Aux gouverneurs et bailliz de Chauny et de Coucy ou a leurs lieutenans, salut. Receue auons lhumble supplica- tion de notre bien amée Gilles de Vaulx, damoiselle vefue de feu Jacques du Passaige en son viuant escuyer, contenant que à cause de sa terre et seigneurye de Sincheny en laquelle elle a justice et juridiction moyenne et basse sont tenuz et mouuans delle en fief, censiue, terraige et aultres Reddeuances plusieurs beaulx heritaiges que luy sont tenuz faire et payer chacun an les deptenteurs et pro- prietaires diceulx ; mais pour ce que à loccasion des guerres, mortalitez et diui- sions qui ont eu cours parcydeuant en notre Royaulme ladicte suppliante ou ceulx desquels luy est aduenue et escheue ladicte seigneurie ont perdu et adiré les an- ciens pappiers, Registres et cartulaires faisans et contenans la declaration et limi- tes desdictz heritaiges et charges diceulx droiz, plusieurs sefforcent de tenir et occuper lesdictz heritaiges sans tiltre au moins vallable et ne payent ne veullent payer à icelle suppliante les cens, coustumes, couruées et Reddeuances à elle deues à cause diceulx heritaiges, et pour cuyder fraulder ladicte suppliante les aduouent à tenir daultres seigneurs circonuoisins dicelle seigneurye, supposé quilz ne sceuent monstrer aucun tiltre vallable, qui est au très grant interest prejudice et dommaige dicelle suppliante et diminution des droitz de sadicte seigneurye et pouroit plus estre se par nous ne luy estoit sur ce octroyé prouision conuenable, si comme elle dit humblement. Requerant icelle. Pourquoy Nous ces choses considerées voullans subuenir à noz subgectz selon lexigence des cas, vous mandons et pour ce que ladicte seigneurye de Sincheny est située et assise en votre dict baillaige commectons se mestier est par ces presentes et à chacun de vous sur ce premier Requis et comme à luy appartiendra que vous ordonnez et depputez à ladicte suppliante ung ou plusieurs notaires ou aultres personnes à ce souffisans et idoines, pardeuant lesquelz nous voullons les detenteurs desdictz heritaiges estans en ladicte seigneurye de ladicte suppliante estre adjournez à certain et compectant jour ou jours, lieux et heures pour venir par eulx et chacun deulx affermer par serment solempnel quelz heritaiges ils detiennent et possedent en ladicte terre et seigneurye de ladicte suppliante, à quel tiltre et quelles charges ou Reddeuances ils doiuent iceulx bailler, confronter, desnier et declairer loyaulment, toutes craincte affinité ou faueur ostez. Et aussy pour monstrer leurs lectres, tiltres et enseignemens desdictz heritaiges saucuns en ont et y mectre bornes et separations se mestier est afin que par lesdictz notaires en soit faict ung ou plusieurs liures terriers, pappiers et cartulaires pour seruir et valloir à ladicte suppliante et aultres quil pourra toucher en temps et en lieu ce que de raison. Et lesquelz detenteurs ou aultres quil appartiendra voullons par vous ou lesdictz notaires à ce estre contrainctz et aussy à payer lesdictes Reddeuances ensemble les arreraiges pour ce deuz, et par prinse et saisissement desdictz heritaiges en notre main jusques à ce quilz ayent à ce satisfaict et par toutes aultres voyes et maniere deues et Raisonnables, et lesquelz cartulaires ou pappiers voullons estre signez des seings manuelz desdictz notaires et scellé du scel de notre dit bailli ou autre scel autenticque et iceulx liures, terrier ou cartulaire estre baillé à ladicte suppliante pour luy valloir ce que de raison, le tout à ses despens raisonnables ; et en cas dopposition, Reffuz ou delay faictes aux partyes oyez bon et brief droict et acomplissement de justice. Car ainsy nous plaist il estre faict nonobstant quelzconques lettres subreptices à ce contraires. Mandons et commandons à tous noz justiciers officiers et subgectz que à vous vos commis et depputez en ce faisant soit obey. Donné à Lyon le quatorziesme jour de juing lan de grace mil cinq cens et dix et de notre regne le treziesme.

Signé : *Par le Roy à la relation du Conseil* MORELOT ; et scellé en simple queue du grand sceau de cyre jaulne.

Copie collationnée le 5 juillet 1577 sur l'original à la demande de Nicolas du Passaige, escuier ; signée : *Lefebvre* (lieutenant-général du bailli), *Willecocq* (procureur du Roi) et *Floureau* (greffier) avec paraphe.

Joint, 1° la commission d'ajournement délivrée par Robert de Donnay, lieutenant du gouverneur et bailli de Coucy, le 9 août 1510, signée *Jourdieu* ; 2° l'ajournement des hommes de Sinceny du 15 septembre 1510 et des hommes de Chauny du 29 du même mois, en copies collationnées dudit 5 juillet 1577.

VII

3 juillet 1515.

Contrat de mariage de FRANÇOIS DU PASSAGE, *seigneur*
de SINCENY, *et de* BARBE DE FLAVIGNY.

Pardeuant nous Florent de Cambray et Nicaise Benoit, nottaires Royaulx, demourans à Laön, furent presens en leurs personnes damoiselle Gilles de Vaulx,
dame de Sainct Cheny et François du Passaige, seigneur dudit Sainct Cheny, son
filz, dune part ; maistre Nicole de Flauignis, escuier, licencié en loix, seigneur
de Joincourt et Signy, lieutenant à Sainct Quentin de monseigneur le bailly de
Vermandois, tant en son nom que pour et au nom de damoiselle Barbe de Flauignis, fille de luy et de feue damoiselle Barbe de Thumery en son vivant sa femme
dautre part.

Et Recognurent lesdites parties et chacune delles que pour paruenir au traictié
de mariaige qui au plaisir de Dieu se fera et solempnisera en face de Saincte eglise
dentre ledit François du Passaige dune part et ladicte damoiselle Barbe de Fla
uignis dautre, ils auoient et ont fait les conuenances promesses et traictié touchant
le mariaige qui sensuiuent ès presentes, du consentement et bon vouloir de damoiselle Jehane Piat, vefue de feu Pierre de Thumery, en son viuant escuier,
seigneur d'Escury, pere et mere à ladite deffuncte Barbe de Thumery et grant
mere à ladite Barbe de Flauignis, de Nicolas de Thumery, escuier, seigneur
dudict Escury, et de damoiselle Marie de Thumery vefue de feu maistre Jehan
Mousquet, en son viuant esleu pour le Roy notre sire à Laon, oncle et tante ma-
ternelz à ladite Barbe de Flauignis, et dautres parents et amys desdits François
et Barbe.

Cest assauoir que ledit François du Passaige doera et doe ladite damoiselle
Barbe, sa future femme, de la somme de cent liures tournois de rente de doaire
prefix assigné et conuenance dicelle prendre et Receuoir annuellement au cas que
doaire eut lieu sur toutes les terres et seigneuries dudit François et mesmement
sur les terres et seigneuries dudict Sainct Cheny et Autreuille, ou le doaire coustumier tel quil plaira à ladite damoiselle Barbe, lequel doaire se prendera seulement sur les terres et seigneuries et sur la part dudit François et non de ladite
damoiselle sa mere, si le cas aduenoit quil terminast vie par mort parauant sadite
mere et jusques après le trespas dicelle.

Item que ladite damoiselle de Sainct Cheny a Recognu et Recognois ledit François
son seul filz et heritier en toutes ses terres et seigneuries et heritaiges de Sainct
Cheny, Autreuille et la maison de Chinny où elle fait sa residence et icelle à lui
appartenir et lui en a fait don pour en jouir après son trespas.

Item et de la partie dudit maistre Nicole de Flauignis pere à ladite damoiselle
Barbe a este donné à sadite fille en don de mariaige et auancement dhoirie et
succession tant paternelle comme maternelle et pour tenir cotte et lingne à icelle
damoiselle sa fille, la somme de cent liures tournois de Rente ou Reuenu en terres
et heritaiges assauoir, premierement soixante liures tournois ès maisons, cense;

terres, prez et heritaiges de Violaines en Soissonnois vallissans par an dix muids de grain, mesure de Soissons, les deux pars bled froment et le tiers auoine estimés communement sept liures tournois le muid ou enuiron, dont ladite damoiselle d'Escury prend la moitié sa vie durant en doaire, de la valleur duquel doaire sera chacun an ledit François recompensé, paié et satisfait par ledit de Flauignis tant en grain comme en argent le viage durant dicelle damoiselle d'Escury tant sur les terres de Sainct Symon, Chugny, Seraucourt et Beauuoir situées entre Ham et Sainct Quentin, audit de Flauignis appartenant, comme sur les autres terres et seigneuries dicelluy de Flauignis. Et après le trespas dicelle damoiselle d'Escury encore autres dix liures tournois de rente pour en joyr incontinent après ledit trespas par ledit Francois et damoiselle Barbe. Et le Reste de ladite somme de cent liures tournois de Rente après le decès dudit maistre Nicole son pere à icelle prendre sur ses terres, seigneuries et heritaiges, ou se bon semble à ladite damoiselle Barbe elle viendra à toute succession auec ses freres et sœurs en Rapportant tous les heritaiges à elle donnez en mariaige comme dit est. Et si ladite Barbe terminait de vie par mort sans enfans nez et procreez en loial mariaige lesdits heritaiges Retourneront à ses freres et sœurs ou autres heritiers.

Plus a ledit maistre Nicole de Flauignis donné à ladite Barbe sa fille la somme de mil liures tournois pour une fois pour emploier tant en ses habillemens, bancquet de nopces comme accoutremens, joyaulx et mesnage sans que de ladite somme elle soit tenue faire rapports, elle vient à succession.

Et est accordé au cas que ledit François deccedast de ce monde auant ladite Barbe delaissant plusieurs debtes et quelle ne voulsist comme noble femme prendre les biens meubles à la charge de payer lesdites dettes, elle pourra se bon lui semble Renoncer ausdits meubles et debtes et prendre à son proufit ses habillemens et joyaulx seruans à son corps avec lextensillement [1] et accoutrement dune chambre selon son estat, sans pour ce estre chargée daucune debte nonobstant quelque coustume à ce contraire.

Aussy est accordé tant dune part que dautre que les enffans venus dudit mariaige Representeront leur pere et mere ès successions de leur grant pere et grant mere nonobstant quelque coustume à ce contraire.

Promettant lesdites parties et chacune delles soubz lobligation de tous leurs biens meubles et heritaiges, terres et seignouries et possessions et ceulx de leurs hoirs ce à tenir et auoir pour agreable, faire fournir et entretenir, accomplir chacun de sa part toutes choses dessusdites et chacune dicelles par la maniere dessus declairée sans contreuenir, *etc.*, sur peine de Rendre et paier tous coustz et frais, *etc.* . . . . Renonçant, *etc.* . . . .

Et pour ces presentes doubles et pareilles pour la conseruation du droit de chacune dicelles parties, ces presentes pour ladite damoiselle Gilles et Francois du Passaige.

Fait et passé le troiziesme jour du mois de juillet lan mil cinq cens et quinze.

Expédition sur parchemin signée *Cambray* et *Benoît* avec paraphe ; Cabinet des titres.

---

[1] *Exstensillement* du latin *Ustensilia,* meubles *(Glossaire français,* de Du Cange).

VIII

20 août 1519.

Dénombrement de Sinceny *par* FRANÇOIS DU PASSAGE *au Roi à cause de sa seigneurie de Coucy.*

A tous Ceulx Qui ces presentes lettres Verront Jehan Cocterel licencié ès loix, conseiller du Roy nostre sire, lieutenant general de Monsieur le gouuerneur et bailly de Coucy, salut. Scauoir faisons Que le jourd'hui dacte des presentes Par laduiz et deliberation des procureur et recepueur pour le Roy nostre sire Auons receu ung denombrement de plusieurs fiefs dont la teneur sensuict.

Cest le denombrement des fiefs que Je Francois du Passaige, escuier, seigneur de Sincheny, tiens et aduoue tenir en foy et hommaige du Roy mon très souuerain seigneur à cause de sa terre et seigneurie de Coucy en la maniere que sensuit.

Premiere le fiefs appellé *La preuosté et seigneurie de Sincheny* et un aultre fief nommé *le fief du Riez Dauesnes* scituez et assis à Aultreuille, à cause desquels me compecte et appartient Premierement ma maison, grange, court, estables, coulombier, jardin, lieu et pourpris ainsy que tout sestend et comporte qui est le chef lieu de ladicte preuosté et seigneurie de Sincheny et Aultreuille où se tient et demeure mon censier, laquelle maison et pourpris peut valloir par an la somme de *(en blanc).*

Item que à cause desdictz fiefs jay droict de prendre sur les maisons, manoirs amazez desdictz lieux de Sincheny et Aultreuille et sur plusieurs jardins et heritaiges fermés en pur cens, aloy et amende de sept solz six deniers parisis au jour et terme sainct Remy la somme de vingt et une liures sept solz parisis. —— Item sur la maison, jardin, cense, terres et prez de Margayne Lescareuse assize audict Sincheny et quelle tient de Madame de Bacquencourt à surcens la somme de dix solz parisis de droict de cens telz que dessus. —— Item sur la maison, grange, jardin, terres et prez de Nicolas Desjardins dit Bocquet en pur cens tel que deuant est dict la somme de trente deux solz parisis. —— Item sur la maison, estables, jardin, terres, prez appartenans aux hoirs Jacques du Bos d'Aultreuille de pareil cens et aloy et amende tel que dessus la somme de cinquante solz parisis. —— Item sur la maison, cense, grange, terres et prez appartenans aux relligieux de Nougent assizes au terroir d'Aultreuille de pareil cens et aloy et amende tel que dessus la somme de dix huict solz parisis.

Item que jay droict de prendre sur chascun feu et mesnaige desditz lieux de Sincheny et d'Aultreuille et ceulx estans en lymittes desdictes seigneuries, fors et excepté sur les clercs et les vefues qui ne doibuent que moictié droict, en aloy et amende comme dessus douze deniers parisis au jour sainct Andreu qui montent et vallent chascun an de present la somme de six vingt onze solz parisis.

Item me compecte et appartient le molen à vent d'Aultreuille et nest loist à aulcune personne en faire ou faire faire dedans les termes et lymittes de mesdictes seigneuries sans mon congé et permission.

Item me compecte et appartient deux moyés de boys enclaués dedans la forest de Coucy tenant dun lez et dun boult aux relligieux de sainct Nicolas aux bois et à tous aultres sens à ladicte forest, lesquels feu monseigneur le duc d'Orleans a prins et mis à sadicte forest et domaine auec promesse de bailler recompense laquelle jespere auoir ou ledict boys auec et moiennant laide de messieurs les officiers du Roy audict Coucy.

Item que à cause de mesdictes terres et seigneuries de Sincheny et Aultreuille me compecte et appartient la quantité de .cxliij. moyées nœuf setiers trois quarterons de terre dix setiers par moyée et trente deux faulx et demye huit verges de prez dont en y a partie non encore defrichez ny en valleur, desquelles terres et prez partye sont baillez à cens tel que dessus surcens et rentes en deniers, qui montent par an à trente-cinq liures quatre solz parisis, et laultre partie je le tiens en mes mains à cause de ma maison auecq quatre setiers de terre qui est le principal membre et chef lieu de mondict fief Dauesnes.

Item que sur plusieurs desdictes maisons, manoirs, terres et prez jay droict de prendre et percepuoir chascun an aux jour sainct Remy en pur alois et amende de sept solz six deniers par chascun defaillant de paiement audict jour, la quantité de .cxv. setiers dauoyne mesure de Chauny Rendu en mes greniers, non rezelés, et au jour et terme de Noel la quantité de soixante-six chappons et trois poulles de droict cens en aloy et amende tel que dessus.

Item mappartient le buisson de Goulaines ainsy quil sestend et comporte depuis la Regnardière jusquau terroir de Grehen et de deux lez selon les terres labourables et la riuiere.

Item à cause de mesdictz fiefz jay droict de justice et seigneurye moyenne et basse et mappartient la cognoissance de tous delictz jusques à la somme de soixante solz parisis damende, esquelles amendes de soixante solz parisis je prends le tiers et le surplus appartient au Roy mon souuerain seigneur ou à son fermier Comme ayant la haulte justice et souueraineté.

Item que sur tous les heritaiges, maisons, terres, bois et prez estans ès lymittes de mesdictes seigneuryes jay tous droitz de justice et vente du douziesme et treiziesme denier qui est du cent seize Touteffois quilz sont vendus, allienez ou eschangez.

Item que jay encore de foraiges qui est tel que de chacun feut de queue de vin vendu à broche ou detail ès lymittes de mesdictes seigneuryes de Sincheny et Aultreuille mappartient quatre deniers parisis, et nest loist à aulcune personne en faire vente quil ne soyt prealablement afforez par mes escheuins en payant les droictz, en peyne de vingt deux solz six deniers parisis damende.

Item que jay semblablement droict de Roaige qui est tel que nest loisible à aulcune personne que à soy charger ou faire charger sur chariot, charette ou aultres voitures aulcunes pieces de vin ou aultre bruuaige, vergés ou vinaigres dedans les fins et lymittes desdictes seigneuryes pour les mener hors, que en payant pour chascun chariot .viii. deniers parisis et pour la charette .iv. deniers parisis sans escherre en amende de .xxii. solz .vi. deniers parisis.

Item quil mest loist et appartient ou à mes escheuins et officiers de recepuoir les desuectz et dessaisynes des heritaiges venduz en mesdictes seigneuryes et eñ faire et bailler les vectz et saisyne, et pour ce faire leur loist leur faire payer de leurs droictz accoustumez.

Item que en toute letendue de mesdictes terres et seigneuryes jay tout droict de chasser ès garennes et puis faire tendre à toutes bestes et gibier exceptez les cerfs et biches, les herons et poches.

Item que nul bestiaulx forains et estrangiers ne peuuent pasturer sur les prez fonciers, usaiges et communaultez desdictes seigneuryes sans mon congé et per-mission, sans eschoir en amende de soixante liures parisis ou de confiscation desdictz bestiaulx lesquels se doibuent sentencier à Coucy, desquelles confiscations ou amendes men appartient le tiers contre le Roi ou son fermier.

Item que mes habitans ne peuuent copper, piquer, ficher, ne hauer sur lesdictz usaiges, chemins, voyeries, ny places communes, ny les occuper sans ma permis-sion et congé, sans eschoir en soixante solz parisis damendes et en confiscations de ce qui sera trouué sur lesdictz lieux.

Item que jay droict de passer à cheual et ceulx de ma maison sur les escluzes qui sont entre Sincheny et Chauny, et ne peuvent ceulx dudict Chauny men don-ner aulcun empeschement ny faire poste ou barriere sans men bailler une clef selon les anciens droictz et privileges des seigneurs de Sincheny.

Item que à cause de mondict fief Dauesnes je dois paier ou faire paier au Roy mondit souuerain seigneur la somme de dix huit liures parisis au jour sainct Remy, et au jour sainct Andreu soixante dix rez dauoine mesure de Chauny, et au Noël vingt neuf chappons et dix poules ou dix solz parisis pour chascune poulle, Les quelles auoines, poulles, chappons se paient par les personnes et sur les héritai-ges denommés par les anciens Roulles pour ce faict Recongnu et approuvé, et doibt faire mectre et liurer ladicte auoine ès greniers du Roy audict Sincheny. Et quant à ladicte somme de dix huit liures parisis appelé *les Blancqz*, aultrement la taille de sainct Remy, Pour raison de quoy jay droict de prendre et receuoir par chascun setier de terre et prez assis ès termes et lymittes desdictes seigneuryes de Sinchény et Aultreuille, excepté sur lentreclos de Ladre et sur la cense de Grehen qui est de Saint Nicolas aux boys, qui contient douze moyées tant terres que prez en fief sur lequel je ne prend aulcun droict, au moyen de quoy me com-pecte et appartient toutes et chascune les terres, bois et prez estans ès termes et lymittes de mesdictes seigneuryes de Sincheny et Aultreuille sil ne me appert du contraire.

Item à cause dun aultre fief tenu du Roy mondict seigneur jay droit de pren-dre chascun an au jour Sainct Remy sur les molins à bled de Chauny quatorze setiers de bled mesure dudict lieu Rendu en mes greniers audict Sinceny.

Item à cause de mesdictz fiefs et seigneuryes je suis tenu seruir de plaictz toutesfois que lon tient les assizes à Coucy sy jen suis requis.

Et lequel mon presentz denombrement je baille au Roy mon souuerain seigneur sauue le plus ou le moins, par protestations que sy plus ou moins y scauoye ou tienne cy après de le denombrer et declairer le plustost quil viendra à ma con-gnoissance. En tesmoing de ce jay scellé ce presentz denombrement de mon scel armoyé de mes armes, qui fut faict lan de grace nostre Seigneur mil cinq cens et dix neuf au moys daoust vingt jours. *Scellé sur double queue de cire rouge.*

. De laquelle Reception Nous a ledict du Passaige requis lectre que lui auons octroyé pour luy seruir ce que de Raison.

En tesmoing de ce nous auons scellé ces presentes des scels et contrescels dudict bailliaigc. Ce fut faict lan mil cinq cens et dix neuf au moys daoust vingt cinq jours.

Signé *Cornille* et scellé sur double queue de cire rouge.

Suivent les mentions de deux collations, l'une du dernier mai 1566 sur l'original rendu à Nicolas du Passaige, escuier, seigneur de Sincheny, et l'autre du 15 juillet 1577 signée *Lefebvre*.

Signé *Floureau* avec paraphe.

Cabinet des Titres ; Pièces originales, vol. 2209.

IX

21 avril 1558.

Contrat de mariage de NICOLAS DU PASSAGE, *écuyer, seigneur de* Sinceny, *et d'*ÉLÉONORE DE JOUENNE.

Comparurent personnellement noble seigneur Nicolas du Passaige, escuier, seigneur de Saint Signy, dune part, Et noble damoiselle Anne Hennequin, dame de Ozon, bailliage de Chaulmont en Bassigny, vefue de feu noble homme maitre Arthur de Jouengne en son viuant escuier, seigneur du Joly fief et du Donjon près Soissons, daultre part, Et Recongnurent lesdictes partyes que pour paruenir au mariaige qui au plaisir de Dieu de bref se fera et solempnisera en face de saincte Eglise entre ledict du Passaige et damoiselle Alienor de Jouengnes, fille dudict maitre Arthur de Jouengnes et dicelle damoiselle Anne Hennequin, ilz auroient et ont faict par ces presentes les traictez, promesses et conuenances qui ensuyuent.

Cest asscauoir que ladicte damoiselle Anne Hennequin a promys de bailler à femme et espouze ladicte damoiselle Alienor de Jouengnes sa fille audict du Passaige sy Dieu et saincte Eglise sy accorde, Et en faueur et contemplation dudict mariaige luy bailler la somme de mille liures à paier en dedens le jour des espouzailles desdicts futurs màriez, habiller ladicte damoiselle Alienor de Jouengnes sa fille dhabitz nuptiaux selon son estat et faire les fraiz de nopces, Aussy lui paier par chacun an la somme de cent liures tournois de Rente pour en joyr par ladicte damoiselle Alienor de Jouengnes et ses hoirs à tousiours dès et incontinent lesdictes espousailles, laquelle Rente de cent liures tournois ladicte damoiselle Alienor de Jouengnes sera tenue de Rapporter venant à la succession dudict

deffunct maitre Arthur de Jouengnes. Aussy a ladicte damoiselle Anne Henne=
quin promis à ladicte Alienor sa fille pour asseurement de plus grand bien luy
faire valloir le surplus des successions dudict deffunct et delle deux cens liures
tournois de rente soubz lestimation commune pour en jouir'après le decedz dicelle
damoiselle Anne Hennequin, et moyennant ladicte Rente de .ii^c. liures Racheptable
neantmoins de quatre mil liures tournois pour une foys. Et moyennant ce que dict
est ladicte damoiselle Alienor de Jouengnes a Renoncé et Renonce au prouffict
de ladicte damoiselle Anne Hennequin sa mere à tout tel droict qui luy porroit
appartenir à cause de sondict feu pere tant en meubles, debtes, acquestz et propre,
à la charge touteffois que quand il plaira à ladicte damoiselle Alienor de Jouengnes demander sa portion hereditaire de sondict feu pere, fere le porra non obstant
ladicte Renonciation en Rapportant par elle ce 'quil luy aura esté baillé du contenu en ces presentes.

Et de la part dudict du Passaige a doué et doue ladicte damoiselle Alienor de
Jouengnes sa future espouze de la somme de .vi^{xx}. liures tournois de douaire prefix ou cas quilz ayent enffans procreez de leurs corps, et sil aduenoit quil ne vint
enffans dudict mariaige icelle damoiselle Alienor de Jouengnes prendra pour son
douaire prefix deux cens liures tournois de Rente chacun moy sur tous les biens
et heritaiges dudict du Passaige quelque part quilz soient scituez et assis, lesquelz
quant ad ce il a chargé, liez, oblegé, affectez, et ypothequé au cours, paiement
et continuation de ladicte Rente, *etc.. etc. . . .*

Faict et passé le vingt et ungiesme jour dapuril mil .v^c. cincquante huict après
Pasques en la presence et du consentement de maitre Loys de Jouengnes,
escuier, licencié ès loix, lieutenant de la preuosté en Soissons, Jacques Aluequin,
escuier, seigneur de Tanieres, Baltazart de Bery, escuier, seigneur de Laffau,
les an et jour dessusdictz.

Double, et ces presentez pour ladicte damoiselle Anne Hennequin.

Signé *Le Brun* avec paraphe,

Et plus bas est écrit :

Le Brun a le registre journal.

X

6 octobre 1559.

Partage de la succession de FRANÇOIS DU PASSAGE.

À Tous ceulx Qui ces presentes lettres verront Jehan de Remond, garde du
seel de la baillye de Chauny estably de par le Roy nostre sire audict lieu, Salut.
Scauoir faisons que pardeuant Anthoine Vreuin et Blanchet Treny notaires du

Roy notredict seigneur de par luy commis jurez et establiz au gouuernement
bailliage et preuosté dudict Chauny, Comparurent en leurs personnes Nicolas du
Passaige, escuier, seigneur de Sincheny, dune part, Et damoiselle Marie du
Passaige sa sœur, demeurant audict lieu dautre. Et recognurent lesdictes parties
auoir faict ensemble le partaige et diuision des biens meubles et immeubles à eulx
escheuz par la succession de deffunct François du Passaige en son vivant escuier
seigneur dudict Sincheny leur pere, ainsy quil sensuict.

Cest assauoir que pour la maison, grange, estables, coulombier, jardin, court,
lieu et pourpris qui est le chef lieu dudict Sincheny auec les terres y appendans,
montant selon le memoire qui a esté baillé de la part dudict seigneur à vingt
deux moyés et demye et la quantité de vingt faulx de prez, compris ce qui a esté
acquis par ledict seigneur comparant de *feu Mery du Passaige son frère,* Qui
seront et appartiendront audict seigneur pour en joyr par luy et ses hoirs à
tousiours, a baillié à ladicte damoiselle pour son droict de quint viager la
quantité de six moyés de terre et cinq faulx de prez ne des pirres ne des
melleurs comprise en la quantité dessusdicte selon la declaration en dessoubz
escripte. Esquelles six moyés et cinq faulx de prez ladicte damoiselle aura en
proprieté une moyé desdictes terres et une faulx de prez selon aussy la declaration qui en sera faicte cy après. Pour et au lieu de laquelle proprieté de ladicte
moyé de terre et faulx de prez icelle damoiselle a cedé et transporté audict
seigneur le droict de proprieté et autre quelconque quelle poroit pretendre en la
maison et vingne de Commenchon. Et moiennant les choses dessusdictes
ladicte damoiselle a Renoncé et Renonce par ces presentes à tout tel droict
quelle pouroit pretendre en ladicte seigneurie de Sincheny et Commenchon pour
en joyr par ledict seigneur et ses hoirs à tousiours. Et quant aux quatorze setiers
de blé que ledict seigneur a maintenu estre tenu en fief à prendre sur les molins
à blé de Chauny a esté accordé que sils se trouuent fief ladicte damoiselle y
prendra son quint viager, et que si cest roture elle y aura et prendra {moictié. Et
quant à la maison de Chauny ainsy quelle sestend et comporte elle appartiendra
à chascun deulx par moitié. Et pour le Regard de tous les meubles prouenans de
ladicte succession assauoir en deniers clers, cheuaulx, bois et autres choses ledict
seigneur a declaré auoir touché Cent escus dor soleil desquels il sera tenu faire
part à ladicte damoiselle sa sœur, luy desduisant par elle les fraiz des obsecques
et funerailles dudict deffunct François du Passaige son pere et autres debtes et
mises Raisonnables que monstra avoir paié. Et pour ce que ladicte Damoiselle a
dict que par la vendition de la terre de Violaines luy auoit esté donné la somme
de six cens liures tournois par sa feue mere et icelle mise ès mains dudict deffunct
du Passaige, que ledict seigneur comparant a dict nen auoir jamais oy parler, a
esté reserué à ladicte damoiselle den faire poursuicte contre qui bon luy semblera.
Et pour le Reste des autres meubles comme cheuaulx, bois, despoulles de tous
ablaiz soit en terres, prez, vingnes que autres fruictz, a esté accordé que ledict
seigneur baillera à ladicte Damoiselle sa sœur ung tonneau de vin prouenant des
vingnes de Commenchon en ceste année seulement. Tout lequel partaige, *etc.*
. . . . . Faisant lequel partaige a esté fait assauoir par lesdictz notaires ausdites
parties quil estoit subiect à l'insinuation suyuant ledict du Roy et sur les peinnes
y contenues.

En tesmoing de ce nous à la Rellation desdicts notaires auons mys à ces presentes le seel Royal de ladicte Baillye. Ce fut faict et passé audict Chauny le sixiesme jour d'octobre mil cinq cens cinquante neuf, doubles et pareilles ces presentes seruans pour ledict seigneur.

Expédition sur parchemin signée *A. Vreuin* et *Treny* avec paraphe, et sur le repli *Lhostellier* aussi avec paraphe.

Au dos est écrit ce qui suit :

Ces presentes ont esté insinuées et enregistrées aux Cent neuf et Cent dixiesme feuilletz du Troisiesme Registre des Insinuations de la ville, bailliage et preuosté de Coucy suyuant lecdict et ordonnance du Roy nostre sire, le seiziesme jour de decembre mil cinq cens cinquante neuf. Signé *Michel* avec paraphe.

XI

21 mai 1560.

Contrat de mariage de GUY DROUIN, *écuyer, seigneur* DU PRÉ, *et de* MARIE DU PASSAGE.

Du .xxjᵐᵉ. May .vᶜ. Soixante.

Fut present Guy Droyn, escuier, seigneur du Pré en partye, archer des ordonnances du Roy soubz la charge de Monseigneur de Genly dune part, et damoiselle Marye du Passaige dautre part, assistée de Nicolas du Passaige, escuier, seigneur de Sincheny et d'Aultreuille son frere dautre part. Et Recongnurent lesdictes partyes pour paruenir au traicté de mariage esperé à faire entre ledict Guy Drouyn et ladicte Marye et lequel au plaisir de Dieu se fera et solempnisera en faice de saincte eglise, Ce que sensuit.

Cest assauoir que ledict (seigneur) du Pré a promis de prendre à femme et espouse ladicte Marye, en faueur et contemplation duquel mariage ledict seigneur de Sincheny a promis de bailler et delaisser ausdictz futurs marians les terres, prez et heritaiges à ladicte Marye apartenant, le tout selon et ainsy quil est porté par le partaige par eulx passé à Chauny. Ensemble luy a ledict seigneur de Sincheny donné, ceddé, transporté la quantité de quatorze sestiers de blé de Rente annuelle et perpetuelle quil a droict de prendre et perceuoir chacun an sur les molins à blé de Chauny, pour desdictz terres et grains dessusdictz joir et possesser par lesdictz futurs marians incontinent ledict mariage consumé, assauoir la vie du suruyuant deulx tant seullement. Coultre plus ledict seigneur de Sincheny a quicté et quicte ladicte Marye sa sœur de toutes et chacunes les debtes deues par ses feux pere et mere pour quelques causes que ce soit, ensemble de lacquitter et indempniser vers Adolphes de Thies pour sa part et portion, *etc. etc.* . . . à la charge quil demeurera quicte vers sadicte sœur de la constitution quelle a sur luy et de la somme de Cinq cens liures, de laquelle ladicte Marye a tenu et tient quicte ledict seigneur de Sincheny, *etc. etc.*. . . . . sans laquelle clause ledit contract neust esté faict ny accordé. Et moyennant les choses dessusdictes ledict Guy Drouyn a baillé et assigné à ladicte Marye pour son droict, quant douaire auera lieu, vne maison, estables, lieu et pourpris seant à Marcelot auec ses appartenances et appendances ensemble sur toutes et chacunes ses terres et prez ou quilz soient scituez et assis, *etc. etc.* . . Tous lesquelz traicté et accordz, promesses et tout le contenu cy dessus ont lesdictes partyes promis passer et accorder touteffois que mestier en sera pardeuant notaires royaulx, lequel accord y a esté signez par chacune des partyes.

Ainsy signé N. du Passaige, Guy Drouyn, Léonore de Jouennes, Marie du Passaige et Lhostellier.

> Collation de ceste presente coppie a esté faicte à l'original du traicté et accord dont est cy dessus faict mention, lequel est demouré ès mains de Roland Lhostellier notaire Royal à Chauny, par nous Blanchet Treny et ledict Lhostellier notaires Royaulx audict lieu le second jour daoust mil cinq cens soixante. Signé *Lhostellier* et *Treny* avec paraphe.

XII

28 octobre 1572.

Lettres de sauvegarde pour le Seigneur de Sinceny *et d'*Autreville.

De par Monseigneur, fils et frere de Roy, duc d'Anjou, de Bourbonnois et d'Auuergne, lieutenant general dudict seigneur, Representant sa personne par tout son Royaulme, pais, terres et seigneuries de son obeissance.

A tous lieutenans Generaulx, Gouuerneurs, Baillifs, Seneschaux, Preuostz, Juges ou leurs lieutenans, Cappitaines, Chefz et conducteurs de gens de guerre Tant de cheual que à pied, Mareschaulx des logis et fourriers diceulx, membres et soldats de quelque nation et qualité quilz soient, Estans et qui seront cy après à la solde et seruice du Roy notre très honnoré seigneur et frere, et aultres ses justiciers, officiers et subiectz ausquels ces presentes seront monstrées, Salut. Inclinant à la supplication et Requeste qui faicte nous a esté par aucuns de noz speciaulx seruiteurs en la faueur du s^r de St Cheny et Aultreuille, Vous deffendons très expressement que en ses maisons, terres et seigneuries de St Cheny et Aultreuille et lieulx qui en deppendent à luy appartement, Vous naiez à loger ne souf-

ftir loger aucun desdictz gens de guerre Ne en icelles prendre ne fourrager
aucuns bledz, vins, foings, pailles, auoines, lardz, meubles, Bestial ne aultres
choses quelconques, sur tant que craignez desobeir au Roy notre dict seigneur et
frere et nous. Et destre pugniz exemplairement daultant que nous auons prins et
mis, prenons et mectons ledict s^r de St Cheny et d'Aultreuille Ensemble sesdictes
maisons, terres et seigneuries En et soubz la protection et sauuegarde speciale de
notredict seigneur et frere et notre, Luy permettant que au portail de sesdictes
maisons, terres et seigneuries et par tout ailleurs où bon luy semblera sur ses
terres Il puisse faire mettre et afficher noz armes et pannonceaulx en signe et
memoire de notre presente Sauuegarde, A ce quaucun nen pretende cause digno-
rance. Et pour ce que de ces presentes lon pourroit auoir affaire en plusieurs et
diuers lieux nous voullons que au vidimus dicelles deuement collationné foy soit
adioustée comme au present original.

EN TESMOING de quoy Nous auons signé la presente de notre main et à icelle
faict mectre le scel de nos armes. Donné à Paris le xxviij^e jour doctobre lan
mil v^e soixante douze.

Par Monseigneur filz et frere de Roy

DARTE avec paraphe.

Scellé sur papier en placart du sceau de France, brisé d'un lambel, entouré
dû collier de l'Ordre du Roi.

XIII

4 septembre 1588.

Contrat de mariage de JOSIAS DU PASSAGE, seigneur de SINCENY et AUTREVILLE, et de MADELEINE DE FOLLEVILLE.

Extraict des feuilles aux contractz de feu Augustin de Brye viuant nottaire
Royal à Chauny, comme il s'ensuit :

Du mercredy quatriesme jour de septembre mil cinq
cens quatre vingt huict apres midy.

Furent presents noble seigneur Josias du Passage, escuier, sieur de Sincheny
et Autreuille assisté de messire François Dardres, cheualier, sieur de Fricamp, et
de Nicolas de Hericourt, escuier, sieur de Noyelle dune part, et damoiselle
Helainne de Picquois, vefue de deffunct noble homme Anthoine de Folleuille en
son viuant escuier, sieur de Caillouel, damoiselle Magdelaine de Folleuille sa fille
et dudict deffunct, assistée de Martin du Riez, escuier, commissaire ordinaire de

lartillerye du Roy, mary et bail de damoiselle Antoinette de Folleville et de Regnault de Pastour, escuier, sieur de Servais dautre part. Et recognurent lesdictes partyes pour paruenir au mariage qui au plaisir de Dieu se fera et solemnisera entre ledit sieur de Sincheny et ladicte damoiselle Magdelaine de Folleuille auoir faict et font ensemble les accords, promesses, obligations et con- uentions qui ensuiuent.

Cest à scauoir que ladicte damoiselle de Caillouel a promis et promet par ces presentes donner ladicte damoiselle Magdelaine sa fille par nom et loy de mariage audict sieur de Sincheny le plustost que bonnement faire se poura. En faueur de quoy elle a promis payer et liurer incontinent après la consommation dudict mariage à iceluy seigneur de Sincheny la somme de six cens soixante six escus deux tiers Reuenant à deux mil liures tournois. Oultre ce a declaré quelle donne, cedde, delaisse et transporte à icelle damoiselle sa fille ce accep- tante la terre et seigneurie de *(en blanc)* preuosté de Sainct Quentin pour dicelle terre, reuenuz et appartenances dicelle jouir, user et possesser par icelle damoiselle de Caillouel, aduenant le deceds de laquelle ladicte terre retournera en la masse de sa succession Pour en prendre tant par ladicte damoiselle sa fille que ses autres enfans chacun tel droict que la coustume leur promet. Oultre ladicte damoiselle a promis lors dudict mariage vestir ladicte damoiselle dhabits nuptiaux bien et honnestement et ainsy quà son estat appartient. Au moien desquelles choses a esté accordé que ladicte damoiselle de Caillouel jouira sa vie durant en usulfruict de ce qui peult competer à ladicte damoiselle sa fille des immeubles delaissez par le deceds dudict deffunct sieur de Caillouel, sans que pour la detention et jouissance de telles partz et portion icelle damoiselle de Caillouel soit tenue ny abstrainte en payer ny rendre aucune chose.

Et de la part dudict sieur de Sincheny il a par ces presentes assigné et assigne à icelle damoiselle Magdelaine de Folleuille sa future espouze la somme de cent trente trois escus un tiers, faisant quatre cens liures tournois, du douaire prefix à prendre sur tous et chacuns ses biens, terres et seigneuries quil a dez à present chargés dudict douaire, sy mieux icelle damoiselle nayme prendre et se tenir au douaire coustumier qui aura cours du jour de la dissolution dudict mariage. Au surplus ladicte damoiselle a declaré que le cas aduenant quelle suruive ladicte damoiselle sa fille, elle veult et entend que les enfans qui en seront issus representent en sa succession ladicte Magdelaine leur mere en tel degré que sadicte fille, nonobstant la coustume de Chauny ou representation na lieu à laquelle coustume elle a desrogé et desroge par ces pre- sentes. A esté accordé que le cas aduenant que ledict sieur de Sincheny decedde parauant ladicte damoiselle Magdelaine de Folleuille quelle ne veulle prendre et apprehender les biens qui seront communs entreux au jour de tel deceds, il sera loisible à icelle damoiselle prendre une chambre garnye et estoffée de meubles conuenables et tels que son estat appartient qui se trouueront audict logis auec tous ses habillemens, bagues et joyaux quelle aura lors seruant à son usage, oultre ce un coche et trois cheuaux de coche tels quils seront trouuez à la masse desdictz meubles apres tel deceds, sans que pour ce elle soit tenue daucune dette passiue. Comme pareillement le cas aduenant que ladicte damoiselle de Folleuille decedde sans hoirs procreez de son corps iceluy sieur de Sincheny ne sera subiect daucun raport que de la somme de trois cens trente trois escus un tiers quil sera tenu de paier pour une fois aux heritiers dicelle damoiselle. A esté expressement dict et accordé entre les partyes que ledict sieur de Sincheny ne pourra vendre et aliener les biens venans et naissans dicelle damoiselle sa future espouze, sauf pour le regard dun quart au total diceux dont il pourra disposer comme bon luy semblera au cas quil luy suruienne quelques affaires et necessitez, du consentement touttesfois dicelle damoiselle sans pour ce estre tenue daucun remploy. Touttesfois sy après lallienation de tel quart le surplus estoit encores par lui vendu, les deniers de tel surplus qui sont trois quarts seront puis après emploiez en achapt dheritages pour tenir cote et ligne de ladicte damoiselle.

Faisant ce present contract est comparu noble homme Anthoine de Corbonnois escuier sieur de Montigny au nom et comme procureur de damoiselle Anne Hennequin vefue de deffunct Me Arthur de Jouanne luy viuant escuier preuost royal de Soissonnois, fondé de lettres de procuration passée pardeuant de Donnay et Malin notaires royaux à Coucy en datte du quatorziesme jour de may dernier passé, la teneur de laquelle sera inserée en fin du present contract, lequel de Corbonnois, en vertu du pouuoir à lui donné par ladicte procuration et pour et au nom de ladicte Hennequin, a dict et declaré icelle damoiselle auoir pour agreable le present contract de mariage, certiffiant que ladicte terre et seigneurie de Sincheny appartient audict du Passage sant que ses freres et sœurs y ayent aucune chose seullement un quint à vye, et que ledict sieur de Sincheny ne doibt aucune rente constituée que vingt cinq liures tournois et où sen trouueroit dauantage promet len acquittier, à quoy faire il a obligé et oblige par ces presentes les biens de ladicte damoiselle de Hennequin, sans touttes lesquelles clauses portées au present contract ledict mariage ne prendroit perfection. Promettant, *etc.....*

Ce fut faict et passé au logis de ladicte damoiselle de Picquois audict Caillouel pardeuant nous nottaires royaux à Chauny soubsignez lan et jour dessusdicts. Signé de Rieulx, de Picquois, de Hericourt, du Passage, François Dardre, Folleuille, Feret et de Brye nottaires.

Suit la teneur de ladicte procuration.

XIV

Lettre de HENRY III à MONSIEUR DU PASSAGE.

24 décembre 1588 [1].

MONSIEUR DU PASSAGE, Vous vous êtes montré par le passé si bon catholique et si affectionné à mon service, que je crois que vous n'avez eu volonté de vous en départir, attribuant plutôt ce que vous avez fait à une injustice particulière, qu'à dessein contre mon service. Si ainsi est, le chemin est ouvert de rentrer

---

[1] Le lendemain de l'assassinat du duc de Guise à Blois.

en ma bonne grâce, et y retrouver la part que vous y avez eue autrefois, l'obstacle qui vous en empêchait ci devant étant à présent ôté par le châtiment qu'a eu le feu duc de Guise de ses démérites. Et afin que vous sachiez qu'avec lui est morte toute l'occasion de votre crainte, je vous ai bien voulu écrire la présente pour vous dire que vous résolvant à me rendre l'obéissance que vous me devez, non seulement j'oublierai ce qui est passé, qui me pourrait avoir donné quelque occasion de malcontentement, mais aussi vous serai en toutes autres choses bon roi et maitre, comme les effets le vous feront connaitre. Si vous avez cette volonté, vous le pouvez faire entendre au sieur Alfonse d'Ornano auquel j'ai commis la charge de mon armée, dont mon cousin le duc de Mayenne avait la conduite ; et le croirez de ce qu'il vous fera sur ce savoir être de mon inten-'ion. Priant Dieu, etc.....

Revue rétrospective, 1ʳᵉ série, t. III, p. 446.

XV

4 mars 1594.

Bail judiciaire du Quint de la terre de Sinceny.

A tous ceulx qui ces presentes lettres verront Charles de Lamet cheuallier-seigneur de Pinon, Bucy, Clacy, Laniscourt, vicote de Laon et d'Anisy le Chastel, gentilhomme ordinaire de la Chambre du Roy, Lieutenant de Cincquante hommes darmes et de ses ordonnances, gouuerneur cappitaine et bailly de Coucy, Salut. Scauoir faisons que comme le dix septiesme jour de decembre mil cincq cent quatre vingtz treize billetz et affiches eussent esté mis et attaché scauoir lun à la porte de laudictoire de ceste ville de Coucy et lautre au grand portail de leglise paroissiale de Sincheny, contenant que les heritaiges et aultres reddeuances cy après declairées faisant partye du quint appartenant à Pierre, Jehan, Jacques, Ester, Anne, Marye, Claude et Suzanne du Passage, enffans et heritiers de deffunctz Nicolas du Passage en son viuant escuier seigneur de Sincheny et Aultreuille, contre Jozias du Passage escuier seigneur desdictz lieux leur frère aisné, Consistant en, *etc*.....

> Suit le détail de huit pièces de terre et pré près la cense des Boulleaux aux Fortes terres, au Ru d'Autreville, au Vert chemin, au chemin du Coing du Bas, à la Montignette, entre Sinceni et Sᵗ Ladre, à la prairie de Bussy, de la contenance de 53 moyées 1/2 et 3 mencauds de terre et 6 faulx 1/2 de pré ; plus de 27 setiers trois pougneux 9/10 sur le moulin à vent de Sinceny loué au total 96 setiers, sur les moulins de Chauny et sur la cense de Thury.
> Le tout est adjugé le 4 mars 1594 pour neuf années moyennant 26 écus 2/3.

En tesmoing de ce ces presentes ont esté scellées du scel et contrescel dudict baillaige et signées par maistre Daniel Botté greffier juré dudict baillaige soubz la collation de Estienne Le Roux clercq aux places du greffe dudict baillaige, Quy furent faictes et adjugées par noble homme maistre Christofle Le Feure seigneur de Septuaulx et du Mesnil, conseiller du Roy Lieutenant general audict baillaige et gouuernement dudict Coucy, ledict jour de vendredy quatriesme mars oudict an mil cincq cens quatre vingt quatorze.

Expédition sur parchemin signée Botté avec paraphe, et scellée en placart.

XVI

11 mars 1599.

Sentence de Noblesse pour JOSIAS DU PASSAGE, *seigneur de* SINCENY, JEAN *et* JACQUES DU PASSAGE, *ses frères.*

Les Commissaires depputez par le Roy pour le Reegalement des Tailles et Reformacions des abus commis sur le faict des finances, aydes, tailles et gabelles en la generallité de Soissons, A tous ceux qui ces presentes lettres verront, Salut. Savoir faisons que entre le substitut du procureur general du Roy demandeur dune part, Et Josias du Passaige escuier sieur de Chinceny, Jehan et Jacques du Passage ses freres puisainez deffendeurs adjournez en veriffication de leur noblesse dautre part. Veu la requeste à Nous presentée par lesdicts deffendeurs tendante à ce quilz fussent maintenuz et gardez en leur priuileges de Noblesse, sur laquelle nous aurions ordonné quilz articulleroyent leur faitz de Genealogie et Noblesse et verifiroyent icelle tant par tiltres que tesmoings dans trois jours pour, le tout communiqué audit substitut, estre par nous ordonné ce que de raison ; les tiltres produictz par lesdictz deffendeurs scavoir Certaines lettres patentes de Loys duc d'Orleans, de Millan et autres lieux donné à Paris le vingtieme feburier mil quatre cens iiiixx et unze scellé en sire rouge, portant Relief auoir esté faict par Jacques du Passaige gentilhomme ordinaire dudit sieur duc de la terre et seigneurie dudict St Cheny ; Autres lettres de Relief dudict St Cheny faict par François du Passaige pardeuant les lieutenant et officiers de Coucy le quatriesme aoust mil cincq cens et huit, (de) la seigneurie dudict Saint Cheny escheu audict François du Passaige escuyer par le trespas dudict Jacques son père ; Autres lettres de Relief faict pardeuant lesdictz lieutenant et officiers de Coucy le dix septiesme may mil cincq cens cincquante huit par Nicolas du Passaige escuier de ladicte terre de St Cheny et autres à luy escheues par le decès dudict François son pere ; Ung billet proclamatoire signé Botté comme plusieurs heritages y spécifiés ont estés baillés à louage pour six ans, apartenant à Jehan, Jacques et autres enffans dudict Nicolas du Passaige viuant sieur dudict St Cheny et Autreuille contre Jossias du Passaige escuier sieur dudict St Cheny leur frere aisné ;

Lenqueste faicte par Nous le jour du present moys, Conclusions dudict substitut auquel le tout auroit esté communicqué.

Tout consideré, Nous disons que lesdictz Jossias, Jehan et Jacques du Passaige freres sont maintenus et gardez, les maintenons et gardons en leur droictz et preuilleges de Noblesse et en ceste qualité franc et exemptz de toutes tailles et autres subcides tant et sy longuement quilz viueront Noblement et ne feront acte derogeant à leur Noblesse et exemptions dicelle. Faict à Laon le unziesme jour de mars mil cincq cens quatre vingtz et dix neuf.

Signé Cauchon et de Machault.

Par mesdicts sieurs Berthemet et scellé.

Ce jugement des Commissaires députés par le Roi fut enregistré au greffe de l'élection de Laon le 13 février 1602.

XVII

20 avril 1599.

Quittance donnée au Seigneur de Sinceny *de sa quote-part des frais alloués aux sieurs de Sorel et du Frestoy, députés de la noblesse du Vermandois aux Etats-Généraux de Blois.*

Je soussignez huissier demeurant à Laon Confesse auoir Receu du seigneur de Sainct Cheny la somme de deux escus quarante cinq solz, à quoy ledict sieur a esté taxé par Monsieur le bailly de Vermendois ou son lieutenant pour sa cottepart des frais taxés au sieur de Sorel et du Frestoy pour le remboursement de deniers par eulx déboursés en la tenue des Estats generaulx de France en la ville de Blois en lannée mjxx et huict selon quil estoit porté par la commission, et sy ai encore Receu du dict sieur de St Cheny la somme de vingt sols tournois à moy taxés par ladite commission pour mes sallaires au Recouurement desdictz deniers, dont je tiens quicte ledict sieur et promect len acquitter contre tous quil appartiendra. Faict le vingtiesme jour dapuril mjxx et dix neuf.

Signé Leclercq avec paraphe.

Original.

XVIII

Comptes des funérailles de JEAN DU PASSAGE,
seigneur de CHARMES.

A esté paié :

A Jehan Oger qui a faict la fosse dudict deffunct pour iceluy inhumer dans
leglise dudict Charmes et pour auoir aidé à sonner la somme de   xxx sols

A Pierre Lœullier vitrier demeurant à Chauni la somme de   vij l. x sols
pour deux douzaines darmoiries timbrées et autres petites par luy faictes et
fournies, tant pour mectre dans ladicte eglise que aux torches qui ont serui aux
enterrement et service.

A Pierre Chastelain   l sols
tant pour auoir peinct de noir ladicte eglise de Charmes que sonné à lenterre-
ment et seruice dudict deffunct.

A Mᵉ Jean Tilloy prestre curé de Charmes pour ses droictz denterrement, seruices, obsecques et funerailles dudict seigneur, ensemble pour les autres prestres
qui y ont assisté   xiv l. j sol vj den.

A Claude Derloy clerc   xxx sols

A Cire Cellier marchand à la Fere   xx l. ij sols
pour le luminaire.

Pour le diner à ses parents et amis qui ont assisté   lx l.
employé par Jehan Lamirois mᵉ cuisinier à la Fere.

Pour un habit de dœul comme robbe, cottillon noir et autres choses necessaires
pour ladicte damoiselle Marie Dey selon sa qualité   c l.

           Total   cxlvj l. xxj s. xviij d.

dont moitié pour loiant compte   lxiij l. xj s. ix d.

Extrait du compte de tutelle en original de CHARLES DU PASSAGE, aux
archives de l'Aisne, B, 858.

XIX

20 août 1615.

DE PAR LE ROY.

*Monsieur le Bailly de Vermandois, ou Monsieur son Lieutenant
general audict Baillage.*

Le Seigneur de Caillouel à cause de sa terre dudict lieu est taxé et cottizé à la

somme de neuf liures tournois par Monsieur le Bailly de Vermandois, ou Monsieur son Lieutenant général audict Baillage, Commissaire en cette partie : par
lettres patentes du Roy, en datte du treiziesme jour d'apvril mil six cens quinze :
Signé par le Roy en son Conseil, Bavdovin et scellées en simple queüe du grand
scel de cire jaulne : obtenues par Messire Eustache Deconflans cheualier des
ordres du Roy, Conseiller en ses conseilz d'estat et priué : Gouuerneur . . .
. . . . vicomte d'Aulchy, depputé de l'ordre de la noblesse
. . . .
. . . . à cause du voyage par . . . .
. . . .
mois d'Octobre, Nouembre et D. . . . .
. . . . Laquelle somme,
auec deux solz six deniers pour le droict de signature, et la somme de dix. . .
tournoiz pour le port des presentes, Il sera tenu de porter ou enuoyer à Laon,
dans quinze jours, ès mains de Maistre Pierre Vairon Receueur du domaine
dudict Baillage, et ce en peine d'y estre contrainctz comme pour deniers Royaux,
nonobstant opposition ou appellation quelconques, et sans préjudice. Faict à
Laon sous la signature du Greffier le vingtième jour d'Aoust mil six cens quinze.

Signé *Geffroy* avec paraphe.

Suit la signification faite le 28 mai 1616 au seigneur de Caïllouel par
Martin, sergent royal à Laon.

XX

21 octobre 1615.

Commission donnée par le Prince de Condé *au seigneur de*
SINCENY de lever une compagnie de cent hommes à pied pour
tenir garnison à Chauny.

Henry de Bourbon, Prince de Condé, premier prince du sang et premier pair
de France, Duc d'Enguien, Marquis de Chateauroux, Conte de Soissons, de Clermont et de Vallery, Baron de Craon, Rochefort, Le Chastre, Bommiers et Sainct
Maur, Gouuerneur et Lieutenant general pour le Roy Monseigneur en son païs
et duché de Guienne, *Au Sieur de Sainct Cheny*, Salut.
Scauoir faisons qu'après une longue patience suiuie d'une longue esperance
de voir establir un bon ordre aux affaires et grande desordre qui sont en lestat,
Et ayant enfin recognu les pernicieux desseins et viollens Conseils du Mareschal
d'Ancre, du Chancellier, Commandeur de Sillery, Bullion et Dollé, Sy publicq et à
la cognoissance de toute la France Pour Voulloir regner seulz dans la Confusion
Que iceulx tournent du tout à la subuersion de Lestat, à l'affoiblissement de la
Couronne, à la ruyne des Princes de sang, des autres Princes, officiers de la Cou-

·ronne, seigneurs du Royaume, Et voyant que plusieurs par le Conseil des dessus·dictz Comme nous sommes très bien aduertis ont faict et font faire de grandes leuées de gens de guerre en plusieurs endroictz d'icelluy soubz laucthorité du Roy, Ce qui ne peult estre faict ny entrepris qu'au prejudice de son seruice le bien de son estat et du publicq, Sy bien que nous sommes prouoquez et contrainctz de repous·ser leurs injures faictes à Sa Majeste Par une juste et naturelle deffence, usurpant son nom pour s'attribuer en leur particulier laucthorité souueraine, A quoi attendu nostre qualité et le rang que nous tenons en France Nous jugeons neces·saire et de notre debuoir de nous y opposer Pour remedier au mal euident et aux ·inconueniens qui en pourroient arriuer.

A ces causes à plain nous confians de vos suffisance, fidelité, vaillance et expe·rience au faict des armes, bonne conduitte et grande dilligence, Nous auons par ces presentes de l'aduis de plusieurs Princes, Officiers de la Couronne et Seigneurs estant auec nous, Donné et donnons la Charge et Commission de leuer et mettre ·sus le plus dilligemment que vous pourrez Une Compagnie de Cent hommes de pied de personnes choisiz et entenduz au faict des armes, Pour estre par vous commandez auec pouuoir de mettre tel lieutenant et autres mem·bres Capables que vous aduiserez pour le mieux. Et icelle leuée estre mise en garnison dans la ville de Chauny, pour y faire la guerre selon les occurrences et sopposer aux ennemis de Sa Majeste, Mandant aux Maire eschevins et habitans de ladicte ville de vous receuoir sans difficulté.

En Tesmoing de quoi nous auons signé ces presentes de notre main, icelles faict contresigner par notre Conseiller et Secrétaire ordinaire et mettre le scel de nos armes. Donné au Camp à Chicheny Le vingt ungiesme jour doctobre mil six cens quinze.

Henry de Bourbon

par Monseigneur

Bonneteau avec paraphe.

Scellé du petit sceau de Bourbon-Condé entouré des colliers des Ordres ·du Roi.

Original en papier.

XXI

26 décembre 1617.

Permission de chasser et de tirer de l'arquebuse sur leurs terres pour JOSIAS DU PASSAGE, seigneur de Sinceny, *et CHARLES DU PASSAGE, son fils.*

Aujourd'huy xxvie decembre Mil six cens dix sept. Le Roy estant à Rouen desirant gratiffier et fauorablement traicter Jozias du Passage Seigneur de Sainseny et Charles du Passage son filz. Sa Majesté leur a permis et permet de faire chasser et tirer de l'harquebuze sur leurs terres et dommaynes à toute sorte de Gibyer non deffendu par ses ordonnances, Nonobstant les deffenses generalles du port d'armes et usage des bastons à feu de la rigueur desquelles sadite Majesté a releué et dispensé lesdits du Passage pere et filz à la charge touteffois de nen abuzer sur les peynes portées par lesdites ordonnances. M'ayant commandé leur en expedier le present brevet qu'elle a voulu signer de sa main et icelluy fait contresigner par moi son conseiller et secrétaire d'estat.

LOUIS

et plus bas Lomenie avec paraphe.

Il existe pareilles lettres en original datées du 29 mars 1625 au profit des mêmes signées Louis et plus bas Lomenie.

XXII

31 janvier 1618.

Transaction entre JOSIAS DU PASSAGE, *seigneur de* SINCENY *et autres cohéritiers d'*ESTHER DU PASSAGE, *dame de* FRESSENCOURT, *et* JACQUES DU PASSAGE, *seigneur d'*AUTREVILLE, *donataire de ladite dame.*

Furent presens en leurs personnes Jozias du Passaige escuier seigneur de Sincheny, Caillouel et aultres lieux, lung des cent gentilhommes ordinaires de la maison du Roy, demeurant audict Sincheny, tant en son nom que comme oncle des enffans mineurs de feu Jehan du Passage son frere, viuant escuier seigneur de Charme, et encoire comme tuteur des enfans mineurs de feu Jacques de Comte, viuant escuier seigneur de Bretigny, et de damoiselle Claude du Passage sa femme ; et Charles de Pastour escuier seigneur de Seruais y demeurant, au nom et Comme procureur de damoiselle Marie du Passage vefue de feu Charles Bourgeois, viuant escuier seigneur de Saint Martin, demourant à Jouengne, et de damoiselle Anne du Passage demourant audit Seruais fondé de leur procuration speciale pour leffect qui ensuit, faictes et passées audict Jouengne pardeuant Desains nottaire et de tesmoings instrumentaires y denoncez en datte du seiziesme decembre dernier, dont est apparu aux nottaires soubzsignez, dune part.

Jacques du Passaige escuier seigneur d'Aultreuille, Gentilhomme ordinaire de la maison de Monseigneur le ducq de Mayenne, daultre part.

Et Recongnurent lesdictes parties Comme ainsy soit, que par contract du douziesme jour de decembre mil six cens cincq faict et passé à Chauny pardeuant

Benoist et Guibon nottaires deffunte damoiselle Ester du Passaige leur soeur viuant demourant audict Sincheny pour la bonne amitié quelle portoit audict sieur Jacques du Passage luy ait faict donnation de la somme de six vingtz liures tournois de Rente Remboursable de quatorze cens quarante liures Tournois perceptibles chacun an au premier jour de Januier sur tous et chacun ses biens à heritages où quilz fussent scituez et assis, aduenu le decedz de laquelle damoiselle donatrice lesdictz sieur de Sincheny esdictz nom, et lesdictz damoiselle Claude et Marie du Passage vouloient mouuoir procès allencontre dudict sieur donataire et debattre icelle donnation de nullité se fondant sur ce quelle navoit este Insinuée selon quil estoit Requis et de plus quelle estoit à leur prejudice et exceddoit la part hereditaire quil eust peu prendre en sa succession. Au contraire ledict sieur donataire pretendoit monstrer quelle estoit valable daultant que le vingthuictiesme Jour de Mars mil six cens seize ledict sieur de Sincheny et lesdictes damoiselles Anne Marie et Claude du Passaige lavoient Rattifié et aggreé Comme paroissoit par escript signé deulx, Lequel escript ledict sieur donataire a presentement monstré et exhibé et en est apparu ausdictz nottaires soubz signez sur lesquelz debatz le procès eust peu prendre long Cours. Pour à quoy esuiter, nourrir paix et amitié fraternelle entre eulx ont faict les accordz, Ratiffications, cessions et transportz quy ensuiuent. Cest asscauoir.....

Cet acte porte que les seigneurs de Sinceny et de Servais ès-dits noms abandonnent au seigneur d'Autreville tous leurs droits dans la donation en question pour l'effet de laquelle ils ont déterminé les rentes qui lui seront allouées, que ce dernier renonce à tout droit héréditaire quelconque et abandonne aux mineurs du seigneur de Charme un dédommagement parce que leur père n'avait pas ratifié ladite donation.

Faict et passé à Chauny pardeuant nous nottaires Royaulx audict lieu soubz signez le dernier Jour de Janvier mil six cens dix huict auant midy.

Extraict des feuilles aux contractz de Simon Gossart nottaire Royal à Chauny. ——— Expédition signée *Gossart* et *N.*, scellée le xxx Apuril 1621 du petit sceau royal.

XXIII

14 juin 1619.

*Partage de la succession d'*ESTHER DU PASSAGE, *épouse de* HECTOR DE HARZILLEMONT, *écuyer, seigneur de* FRESSENCOURT.

À tous ceulx qui ces presentes lettres verront Michel Macquette Viconte de Beaurieu conseiller du Roy nostre sire et garde du Scel Roial de la baillie de

Vermandois à Laon estably de par ledit seigneur, Salut. Scauoir faisons que pardeuant Jacques Rillart nottaire Roial hereditaire audit bailliage de Vermandois demourant à La Fere-sur-Oize soubz signé ès presences de Pasquier son laboureur demourant à Chermes et Jehan Helye aussi laboureur demourant audit lieu Tesmoings, furent presens en leurs personnes Josias du Passage escuier sieur de sainct Seny, Aultreuille, Caillouel et autres lieux demourant audict Sainct Seny tant en son nom comme heritier pour une Cinquiesme partie de deffuncte damoiselle Hester du Passage viuante sa sœur femme de Hector de Harzillemont escuier sieur de Fressencourt, Que comme Tuteur de Charles et Francois de Comtes enffans Mineurs de feuz Jacques de Comtes viuant escuier sieur de Bretigny et damoiselle Claude du Passage, heritiers par representation de ladicte deffuncte leur mere aussy pour une autre Cinquiesme partie de ladicte deffuncte Hester du Passage dune part.

Josias du Chesne escuier sieur de Verdenne et de Chermes en partie et damoiselle Marye Dey sa femme auparauant de feu Jehan du Passage viuant escuier sieur dudict Chermes, ladicte damoiselle de son mary suffisamment licentiée et aucthorisée pour leffect des presentes, demourans audict Chermes ès noms et Comme eulx faisans et portans forts de Francoys, Jehan et Charles du Passage enffans mineurs dudict deffunct sieur de Chermes et de ladicte damoiselle Marie Dey, aussi heritiers pour une autre Cinquiesme partie par representation dudict deffunct leur pere de ladicte damoiselle Hester du Passage dune autre part.

Damoiselle Anne du Passage demourante à Seruais fille usant et jouissant de ses droictz aussy dautre part.

Et damoiselle Marye du Passage vefue de feu Charles Bourgeois viuant escuier sieur de Saint Martin demourante à Jouennes encorres dautre part, lesdittes damoiselles aussi heritieres chacune pour ung Cinquiesme de ladicte deffuncte.

Et encorres ladicte damoiselle Anne du Passage comme aiant les droictz ceddez de Charles de Pastour escuier sieur de Seruais et damoiselle Suzanne du Passage sa femme donnataires dicelle deffuncte.

Disans lesdittes parties esdictz noms Qu'à cause de ladicte deffuncte damoiselle Hester du Passage Il leur compecte et appartient plusieurs rentes terres et heritages, Assçauoir Soixante neuf liures quinze solz tournois de Rente par an Racheptable au denier seize de onze cens seize liures restant et faisant partie de Cent douze liures dix solz tournois de Rente deue par *(en blanc)* [1] de Flauigny escuier sieur de Cigny, le surplus appartenant à Jacques du Passage escuier sieur d'Aultreuille à cause de la donation aussi à luy faicte par ladicte deffuncte damoiselle Hester du Passage. —————— Item soixante-quinze liures tournois de rente Racheptable de Neuf cens liures faisant aussi partie de Cent liures de rente par an deue par ladicte damoiselle Marye du Passage, le surplus *etc...* *(comme ci-dessus).* —————— Item vingt cinq liures aussi de Rente constituée Racheptable de Trois Cens liures deue par Anthoine de Milly escuier sieur d'Aulmencourt.

—————— Item Seize liures Treize solz quatre deniers tournois aussi de rente par an Racheptable de Deux Cens liures deue par ledit sieur de Fressencourt, *etc*.....

—————— Item leur appartient aussi comme dessus la moitié au total *(illisible)* par

---

[1] Il faut y lire *Ezéchias* (voir p. 39).

indiuis contre ladicte damoiselle Anne du Passage de la maison et lieu où cẙ deuant y a eu maison et cense bastie appellée *La Cense de Formentel,* terres labourables en deppendans Montans au total à six muids ou enuiron seantes tant sur le terroir de Leully que autres Circonuoisins, desquelles terres en rend six muidz de grains Sçauoir les deux tiers bled et lautre tier auoine mesure des Comtes de Soissons, ladicte moictié estimée la somme de Deux mil liures tournois. ——— Item quinze liures tournois de surcens par chacun an deub par ledit sieur de sainct Seny à cause du droict et part qui appartenoit à ladicte deffuncte damoiselle Hester du Passage en la maison, cense, jardin, estable et enclos, scis audict sainct Seny appellé *Le Camp Secours....* estimé au denier vingt à la somme de trois cents liures tournois. ——— Item vingt septiers ou enuiron de terres et prez seans au terroir et prairie dudit Sainct Seny dont on rend vingt trois liures par an estimé au denier vingt à la somme de quatre Cens soixante liures tournois.——— Item quelque droict en une piece de terre plantée en vignes seante à Commenchon estimé ledit droict la somme de trente liures tournois. ——— Et la somme de soixante liures tournois deue par ledit sieur de Sainct Seny pour la vente par luy cy deuant faicte du viuant de ladicte deffuncte et de son adueu du droict et part quelle pouuoit auoir en ung certain petit fief appelle *Le Jolly fief* seant à Soissons et ès enuirons, Montans lesdictz heritages suiuant ladicte estimation à la somme de deux mille huit cens cinquante liures tournois, *etc., etc.*

Suit le lotissement où il est dit que la cense de Fromentel appartiendra à Anne du Passage.

En tesmoing de quoy nous garde susnommé au rapport et seing dudit nottaire auons faict mettre et apposer le scel de ladicte baillie à ces presentes quy furent faictes et passées audict Chermes en la maison seigneurialle dudit lieu le vendredy quatorziesme jour de juing mil six cens et dix neuf après midy, et ont lesdittes parties signé auec lesdictz nottaire et tesmoingz au minutte des presentes suiuant lordonnance Et a esté nottifié ausdites parties de faire sceller ces presentes endedans ung mois suiuant ledit du Roy.

Expédition sur parchemin signée *Rillart* avec paraphe.

XXIV

Pièces concernant la charge de Gentilhomme ordinaire de la Chambre, donnée par LOUIS XIII *à* CHARLES DU PASSAGE, *seigneur de* SINCENY *et autres lieux.*

1º 22 janvier 1620. *Ordre au Grand Chambellan de France de recevoir le serment de* CHARLES DU PASSAGE. — 24 janvier 1621. *Prestation de serment.*

DE PAR LE ROY,

Grand Chambellan de France, premier Maitre de Hostel, Maitres ordinaires

·diceluy Et vous Maitres et Controlleurs de notre Chambre aux deniers Salut. Scauoir faisons que nous aians esgard aux bons fidelles et recommandables seruices que nous a rendus depuis notre aduenement à la Couronne en plusieurs importantes occasions et que nous continue encores chacun Jour tant près notre personne Qu'aillieurs Notre cher et bien amé Charles du Passage Escuier sieur de Sincheny, Autreuille, Cailloy, Crespigny et Bethancourt en Vaulx, Iceluy pour ces causes et autres considerations à ce Nous mouuans, Mesmes pour lentiere confiance que Nous auons de ses sens, suffisance, preudhommie, experience au fait des armes, vaillance, bonne dilligence et fidelité, Auons Ce jourdhuy retenu et retenons par ces presentes signées de notre main En lestat et charge de *Gentilhomme ordinaire de notre Chambre* Pour nous seruir doresnauant en cette qualité Et jouir de ladite Charge aux honneurs, autoritez, prerogatives, preeminences, franchises, libertés, gaiges qui seront portez par notre Estat, droitz, fruictz, proffictz, reuenuz, et Esmolumens qui y appartiennent telz et semblables dont jouissent les autres Gentilshommes ordinaires de notre Chambre tant qu'il nous plaira. Sy voulons et vous mandons Que dudit sieur de Sincheny pris et receu le serment en tel cas, requis et acoustumé Vous ceste presente notre retenue faictes registrer ès Registres, papiers et escriptz de notredit hostel et Chambre aux deniers auec noz autres officiers de semblable Estat et retenue, Et dicelle ensemble de tout le contenu cy dessus le faictes, souffrez et laissez jouir et user plainement et paisiblement, et à luy obeir et entendre de tous Ceulx et ainsy quil appartiendra ès choses touchant et concernant ladite charge. Mandons en outre aux Tresoriers generaulx de notre maison presens et à venir Chacun en lannée de son exercice Quils ayent à paier, bailler et deliurer comptant lesdits gaiges audit sieur de Sincheny ainsi quil est acoustumé.

En Tesmoing de quoy Nous avons faict mettre et apposer le scel de notre secretaire à Cesdites presentes Car tel est notre plaisir. Donné à Paris le xxu⁰ jour de Januier mil six cens vingt.

Louis

Par le Roy *de Loménie,*

Et scellé en placard.

En marge est écrit :

Aujourdhuy vingt quatriesme de Januier mil six cens vingt et ung Le Sieur de Sincheny denommé en la presente a faict et presté le Serment de lestat et charge de Gentilhomme ordinaire de la Chambre du Roy, dont il a esté pourueu par Sa Majesté, Entre les mains de Monseigneur le duc de Mayenne et d'Aiguillon, Pair et Grand Chambellan de France, Gouverneur et Lieutenant general pour le Roy des pays et duché de Guyenne, Estant à Paris moy Secretaire ordinaire de mondit Seigneur present.

Signé *Detardy* avec paraphe.

Et au dos :

Enregistré ès Registres du Contreroolle general de la Chambre aux deniers du Roy par Moy Conseillier et Contreroolleur general de la Maison de Sa Maiesté. A Paris le vingt cinquiesme janvier mil six cens vingt.

Signé Parfait.

2° Certificats de service.

6 septembre 1621.

Nous Henry de Lorraine, Duc de Mayenne et d'Aiguillon, Pair et Grand Chambellan de France, Gouuerneur et lieutenant-general pour le Roy des pays et duche de Guyenne, CERTIFIONS à tous quil appartiendra, Que le Sieur Charles du Passaige cheuallier Sieur de Sincheny, Autreuille, Cailloy, Crespigny et Bethencourt en Vaux, est Gentilhomme ordinaire de la Chambre du Roy Et qu'en la presente année il a suiuy et seruy Sa Maiesté, Et La suit et sert ordinairement tant près sa personne qu'en l'occasion presente de ce siege. En tesmoing de quoy Nous auons signé cesdites presentes au Camp deuant Montauban Le sixiesme jour du moys de septembre Mil six cens vingt et ung.

Signé HENRY DE LORRAINE.

Par Monseigneur Detarby avec paraphe,

Et scellé en placard.

2 avril 1626.

Nous Claude de Lorraine, duc de Cheureuse, Pair, Grand Chambellan et Grand Fauconnier de France, Gouuerneur et Lieutenant general pour le Roy du hault et bas Auuergne et pays de Combrailles, CERTIFFIONS à tous qu'il appartiendra que le sieur Charles du Passaige, Chevallier, Sieur de Sincheny, Autreuille, Cailloy, Crespigny et Bethencourt en Vaux, est Gentilhomme ordinaire de la Chambre du Roy, Et qu'en cette qualité il a suiuy et seruy sadite Maiesté en la presente année Comme en quatre années precedentes, Et la suit et sert ordinairement tant près sa personne qu'en autres occasions où il plaist à sadite Maiesté l'employer. EN TESMOING de quoy nous auons signé la presente et faict contresigner par l'un de noz Secretaires ordinaires et y apposer le Cachet de noz armes. A Paris le deuziesme jour d'Auril mil six cens vingt six.

Signé CLAUDE DE LORRAINE.

Par Monseigneur Aubin avec paraphe.

Et scellé en placard.

XXV

11 juillet 1622.

Contrat de mariage de CHARLES DU PASSAGE, *seigneur de* Sinceny *et de* Caillouel, *avec* MADELEINE DE BOUBERS-VAUGENLIEU.

A tous ceulx qui ces presentes lettres verront Federicq Charmolue, licencié ès loix, preuost de lexemption de Pierrefondz ressortissant à Compiegne, garde des sceaulx royaulx de la baillie de Senlis estably de par le Roy Nostre Sire ès pre-uostez et chastellenies de Compiegne et de Choisy, Et Jehan Charmolue commis à lexercice du tabellionnage pour la mort aduenue à Leon Charmolue tabellion royal hereditaire esdictes preuostez et chastellenies Salut. Scauoir faisons que pardeuant Laurens Thibault et Jehan Poulletier Nottaires royaulx hereditaires esdictes preuostez et chastellenies, furent presens en leurs personnes Josias du Passaige escuier Seigneur de Sinchigny, Aultreuille, Caillouet et autres lieux, lung des Cent gentilhommes de la maison du Roy demeurant audict Sinchigny baillage de Coucy, tant en son nom que comme procureur de Damoiselle Mag-delaine de Folleville sa femme et espouze, fondé de procuration specialle à luy passée pardeuant Boullenger et Gossart notaires royaulx en la ville de Chaulny datte du neufuiesme jour du present moys et an, signée desdictz seigneur et damoiselle et desdictz notaires, scellée ledict jour dont est apparu auxdictz notaires et quy sera inserrée en fin des presentes. Et Charles du Passaige escuier seigneur dudict Sinchigny et Caillouet leur fils aisné dune part. — Messire Fran-çois de Boubers cheualier seigneur de Vaugenlieu, Bonnelles, Melicocq, Marest et aultres lieux demeurant en son chastel et lieu seigneurial dudict Vaugenlieu, Damoiselle Magdelaine de Boubers sa fille et de feue dame Magdelaine le Clerc sa mere assistée de François de Bonnelles escuier, seigneur d'Eppeuille, Neuf-uiesle et autres lieux, Gentilhomme ordinaire de la maison du Roy, oncle de ladite damoiselle Magdelaine de Boubers, Et damoiselle Flourence de Boubers sa tante femme dudict seigneur d'Eppeuille, et de noble homme Anthoine Seroux cappi-taine et sergent major pour le Roy de la ville de Compiegne, au nom et comme procureur de dame Marguerite Croquet vefue de monsieur Me Nicolas le Clerc viuant conseiller du Roy en sa court de Parlement et president ès requestes de son palais à Paris, aieule maternelle de ladicte damoiselle de Boubers, et de mon-sieur Me Jehan Le Clerc sieur de Sainct Martin conseiller du Roy en ladicte court de Parlement, fondé de procuration specialle à luy passée par ladicte dame Cro-quet et ledict sieur de Sainct Martin pardeuant Bruneau et Haudesens Nottaires du Roy au Chastellet de Paris, datte du joeudy septiesme du present mois et an, signé de ladicte dame Croquet, dudict sieur de Sainct Martin et desdictz nottaires dont est aussy apparu et quy sera inserée en fin des presentes dautre part.

Lesquelles parties, pour leffect et accomplissement du mariage esperé et quy au plaisir de Dieu prendra sa perfection en face de saincte eglise le plustost que faire se pourra et que leur commodité se presentera entre lesdictz Charles du Passaige escuier et ladicte damoiselle Magdelaine de Boubers, ont recognuz et confessez auoir faict et font entreulx les promesses, conuentions et donnations de mariage quy enssuiuent. Cest asscauoir que en ensuiuant les articles accordés dès le dixneufuiesme jour de juing dernier et an present mil six cens vingt deux, signez de ladicte dame president, dudict sieur Le Clerc conseiller et desdictz seigneurs de Vaugenlieu et Sinchigny, de la part de la future espouze sera fourny la somme de vingt et ung mil liures tournois en deniers contens ou rentes sur particuliers, etc. . . . . . Aduenant le decedz dudict futur espoux auant ses pere et mere et sans enffans ladicte future espouze aura et prendra la somme de sept cens liures tournois de Rente de douaire prefix, etc. . . . . Après le decedz (desdictz pere et mere) elle prendra mille liures de douaire prefix ou le douaire coustumier à son choix, etc. . . . . Et en cas quil y ait enffant ou enffans aura ladicte future espouze sept cens liures tournois de rente de douaire préfix sans pouuoir choisir le coustumier, etc. . . . . Aura ladicte future espouze suruiuant ledict futur espoux son habitation durant la vie des pere et mere dudict futur espoux en la maison seigneuriale dudict Caillouet, Et après leur decedz en celle de Sinchigny pour y demeurer jusques à ce que laisné des enffans ayt attainct laage Scauoir la fille de Quinze ans et le fils de vingt ans accomplis, et lors reprendra et aura sa demeure et habitation audict Caillouet, etc. . . . . . Et de la part dudict seigneur de Sinchigny et de ladicte damoiselle sa femme, etc. . . ils donnent à leur filz aisné et principal heritier la jouissance du reuenu de la terre et seigneurie de Caillouet, excepté et reserué la moictié des vingnes et dun muyd de bois ou bien la somme de Douze cens liures tournois de rente au choix dudict futur espoux, et le font leur donnataire general et uniuersel en tous les biens quils ont et auront au jour de leurs decedz, etc., etc.

Ce fut faict et passé audict chastel et lieu seigneurial de Vaugenlieu preuosté de Compiegne le lundy unziesme jour de juillet lan Mil six cens vingt deux auant midy, Et ont lesdictes parties signé la minutte des presentes estant vers la vefue dudict Charmolue Tabellion.

Suiuent 1° les deux procurations ci-dessus mentionnées ; 2° la quittance des 21,000 livres données le mardi 20 septembre 1622 à Paris en la maison de la dame présidente, rue du Puy, paroisse Saint-Paul, et le 18 octobre 1622, à Compiègne ; 3° l'acte d'insinuation des actes précédents au registre des insinuations à Compiègne.

Expédition sur parchemin signée *Charmolue, Thibault et Poulletier* avec paraphe. ———— Copie collationnée du 9 mars 1724 signée *Bouchet*.

XXVI

26 décembre 1624.

Brevet de Commissaire de l'Artillerie de France pour CHARLES DU PASSAGE, *seigneur de* SINCENY.

Maximilian de Bethune, marquis de Rosny, baron de Boutin, conseiller du Roy en son conseil d'Estat, Capitaine de cent hommes darmes des ordonnances de Sa Maiesté, Grand maistre et capitaine General de lartillerie de France et Gouuerneur pour sadite Maiesté des ville et chasteau de Mantes. A tous ceulx qui ces presentes lettres verront salut. Suiuant le pouuoir et aucthorité que nous auons de Sa Maiesté de pourueoir aux estats et places de ladicte artillerie qui viendront à vacquer par mort, forfaicture ou autrement. A CES CAUSES à plain confiant de la personne de Charles du Passage sieur de Saincte Seny demeurant à (*en blanc*) et de sens, suffizance, loyauté, preudhommie, experiance et bonne dilligence, Iceluy Auons retenu et retenons en lestat et place de Commissaire ordinaire de lartillerie Pour ledict estat auoir, tenir et exercer, en jouir et user aux honneurs, aucthorictez, priuileges, franchises, libertez, exemptions antiennes et touttes preeminences qui y appartiennent, Et aux gaiges qui seront doresnauant couchez et emploiez soubz son nom dans lestat general des officiers de ladicte artillerie qui se fait par chacun an, signé de la main du Roy et de nous. Sy donnons en mandement à tous les officiers tant ordinaires quextraordinaires de ladicte artillerie et tous autres quil appartiendra, quilz aient à laisser jouir et user plainement et paisiblement ledict du Passage de son dict estat et place de Commissaire ordinaire de ladicte artillerie par vertu des presentes et du serment à tel cas requis et accoustumé que nous auons presentement prises et receu de luy, Ensemble desdictz honneurs, aucthorictez, priuileges, franchises, libertez, exemptions antiennes et autres droictz qui à cause de ce luy appartiendront, sans pour ce luy donner aucun empeschement.

En Tesmoing de quoy nous auons signé ces presentes de notre main, à icelluy faict mettre et apposer le scel de noz armes et contresigné par notre secretaire. A Paris le vingt sixiesme jour de decembre mil six cens vingt quatre.

Signé : MAXIMILIEN DE BÉTHUNE.

Par mondict seigneur *Juliot,*

Et scellé en placard.

XXVII

Pièces concernant la promotion de CHARLES DU PASSAGE, *seigneur de* SINCENY, *dans l'Ordre du Roi dit de Saint-Michel.*

1° — 12 février 1626.

Lettre de LOUIS XIII *au seigneur de* SINCENY *pour lui annoncer sa promotion dans l'Ordre de Saint-Michel.*

MONSIEUR DE SAINCT SENY, Voullant reconnoistre la grande affection que vous aués tousiours tesmoingnée auoir à mon seruice, par les bonnes preuues que j'en ay retenues, dont j'ay receu beaucoup de contantement, j'ay voullu vous associer en la Compagnie des cheualliers frères et compagnons de mon ordre Sainct Michel, Et pour vous bailler de ma part le Collier dudit ordre, j'ay faict expedier Commission et pouuoir à mon Cousin Le Duc de Cheureuse vers lequel vous vous rendrés pour accepter l'honneur que la Compagnie vous désire faire, qui sera pour vous augmenter de plus en plus l'affection et bonne volonté que vous me portés, Et vous donner occasion de perseuerer en la deuotion qu'avez de me faire seruice, Ainsy que vous fera plus amplement entendre de ma part Mondit Cousin auquel je vous prie adiouter foy autant que feriés à moy mesmes, Priant Dieu vous auoir Monsieur de S* Seny en sa garde. Escript à Paris le douziesme jour de feburier 1626.

Signé LOUIS.

Et plus bas *de Loménie* avec paraphe.

Original en papier, scellé du petit sceau royal, au dos duquel on lit :

> *Mons* de Sainct Seny gentilhomme ord* de ma Chambre.*

2° — 12 février 1626.

Commission du Roi au duc de Chevreuse pour recevoir le seigneur de SINCENY *comme Chevalier de l'Ordre de Saint-Michel.*

MON COUSIN, Pour plusieurs bonnes et grandes considerations Le Sieur de S* Seny Gentilhomme ordinaire de ma Chambre, a esté choisy et esleu en l'assemblée des freres Cheuualliers de mon ordre Sainct Michel estant près de moy, pour entrer et estre associé à la Compagnie, Et pour ce qu'il a semblé meilleur à ladite Compagnie de luy faire bailler le Collier par vous, J'en ay faict dresser le present pouuoir que Je vous enuoye auec un memoire de la forme qu'aura à y tenir, vous priant luy faire tenir la lettre que je luy escriptz là par où il sera, et de luy faire sauoir le lieu où il se trouuera pour cest effet, Et suiuant ledit memoire luy bailler le Collier dudit ordre que je vous enuoye auec les ceremonies accoustumées à plain y declarées, retirant de luy l'acte de l'acceptation quil en fera pour l'enuoyer au Tresorier dudit ordre, Et vous me ferés seruice très agreable, Priant Dieu, Mon Cousin, quil vous ayt en sa saincte garde. Escript à Paris le douziesme jour de feburier 1626.

Signé Louis.

Et plus bas de Loménie avec paraphe.

    Joint l'instruction à Monsieur le duc de Chevreuse pour bailler l'ordre de Saint Michel au Sieur de St Seny, Gentilhomme ordinaire de la Chambre du Roi, de la part du Roi Chef-souuerain dudit Ordre.

Original en papier, scellé du sceau royal, au dos duquel on lit :

Mon Cousin le duc de Cheureuse, Pair, Grand Chambellan et Grand Fauconnier de France, Gouuerneur et mon lieutenant general au hault et bas Auuergne, Cheualier de mes ordres.

    Joint le pouvoir sur parchemin donné De par le Roy Chef et souuerain de l'ordre Monsieur Saint Michel A nostre très cher et très amé Cousin Le Sieur Duc de Cheureuse, signé Louis, et plus bas Par le Roy Chef et souuerain dudit ordre, de Lomenie avec paraphe, et scellé du sceau royal.

3° — 16 février 1626.

Certificat de réception comme Chevalier de Saint-Michel de CHARLES DU PASSAGE, *seigneur de* Sinceny *et autres lieux, gentilhomme ordinaire de la Chambre du Roi.*

Nous Claude de Lorraine, duc de Cheureuse, Pair, Grand Chambellan et Grand fauconnier de France, Gouuerneur et Lieutenant general pour le Roy du hault et bas Auuergne et pays de Combrailles, Cheualier des ordres de Sa Maiesté. Certiffions à tous quil appartiendra quen vertu de ses Lettres en parchemin en forme de Commission dattées du douziesme jour de feburier de la presente année de Chef et Souuerain de Lordre Monsieur Sainct Michel A nous adressées comme à lung des Confreres et Cheualiers dudit ordre, Nous auons donné le Collier diceluy Au sieur Charles du Passaige, Escuier, sieur de Sainct Seny, Autreuille, Cailloy, Crespigny et Bethancourt en Vaulx, Gentilhomme ordinaire de la Chambre de sadite Maiesté, Associé par elle audit ordre. Et de luy pris et receu le serment en tel cas requis selon la forme accoustumée, Luy ayant aussy deliuré Ce jourdhuy la lettre Que sadite Maieste luy a escripte Contenant lesleuement quelle auroit faicte de sa personne à cest effet.

En tesmoing de quoy Nous auons signée la presente, icelle faict Contresigner et y apposer le cachet de noz armes pour seruir audit sieur de Sainct Seny où besoing sera. Faict à Paris le seiziesme jour du mois de feburier Mil six cens vingt six.

Signé Claude de Lorraine.

Par mondit seigneur *Aubin* avec paraphe.

Original sur papier scellé en placard.

A ces pièces est jointe la lettre suivante :

Monsieur, Je vous envoye voz expeditions du Roy tant de gentilhomme ordinaire de sa Chambre, que de Cheuallerie de son ancien ordre, à quoy il ne manque chose quelconques. La reception dudit ordre est du temps que vous estiez de cette ville, Cest pourquoy vous vous pouuez seruir de l'une et de lautre en voz affaires en toutes assurances, Vous les eussiés heu plustost, Mais mon indisposition et les allées et venues fort frequentes de Monseigneur le duc de Cheureuze de cette ville en ses maisons de Dampierre et de Cheureuze en ont esté cause, Sy vous mestimez propre de vous seruir de quelque sujet que ce soit employés moy et vous trouuerés que cest auec verité que je suis du tout

<table>
<tr><td>Monsieur,</td><td>Vostre très humble seruiteur,</td></tr>
<tr><td>Ce 24 auril 1626.</td><td>*De Tardy*</td></tr>
</table>

A Monsieur

Monsieur de Sincheny Cheuallier de Lordre du Roy gentilhomme ordinaire de sa Chambre à Sincheny.

Original avec cachet portant un écusson à six tourteaux en orle, casque et lambrequin.

XXVIII

Etat des gentilshommes de la province de Picardie créés Chevaliers de l'Ordre du Roi dit de Saint-Michel par le Roi Louis XIII, dit le Juste.

En 1610, Jean de Montmorency-Bours.
En 1611, Charles de Carvoisin, seigneur d'Achy et de Choqueuse, fils d'un Jean

de Carvoisin, seigneur d'Achy, chevalier des Ordres du Roi, et de Marguerite de Lile-Marivaux.

En 1612, Nicolas Rouault, marquis de Gamaches et de Beaucamps ; baron de Hélicourt, Thiembronne et Longroy, et vicomte de Tilloi : il fut créé marquis de Gamaches en 1620, était fils de Nicolas Rouault, seigneur de Gamaches, chevalier de l'Ordre du Roi, et de Claude de Maricourt.

En 1613, Nicolas de Maulde, seigneur châtelain de Condette, Bléville en Caux, Isque-le-Moutier, Maroiville et Le Ploich.

—— Antoine de Senicourt, seigneur de Saisseval, fils de François de Senicourt, chevalier de l'Ordre du Roi, et de Renée d'Estampes.

En 1614, François Gouffier, seigneur de Thois.

—— François de Boufflers, comte de Cagny, vicomte de Ponches, seigneur de Boufflers, Monstrelet, Brailly, etc.

En 1616, François de Mailly, seigneur de Haucourt, Saint-Michel de Hallescourt, etc.

En 1618, Charles du Chastelet, seigneur de la Bouchetière, gentilhomme de la Chambre du Roi.

En 1619, François de Monchy, seigneur de Longueval, Buire, Frise, etc.

En 1621, Claude du Chastelet, seigneur de Moyencourt, Wadencourt, Saint-Romain, gentilhomme ordinaire par brevet du 20 janvier 1618.

—— Nicolas de Mailly, vicomte de Hanastre, seigneur de Lespine, Fieffes, Bonneville, Fienvillers, Heucourt, Monstrelet, gentilhomme de la Chambre du Roi, capitaine de 50 chevau-légers, sénéchal de Ponthieu, maître des Eaux et Forêts de Picardie, créé conseiller d'Etat d'épée en 1617.

En 1622, René baron de Mailly.

—— Charles de Biencourt, seigneur de Poutrincourt et Saint-Mauvis.

—— Théséus de Belloi, seigneur de Saint-Martin.

En 1624, Alolf de Wignacourt, seigneur de Lys, La Rue-Saint-Pierre et La Neuville, lieutenant des gens d'armes de la compagnie du Grand Prieur de France.

En 1626, Charles du Passage, seigneur de Sincheni et de Caillouel, d'Autreville, de Crespigni, de Vaux et de Béthancourt, gentilhomme de la Chambre du Roi par lettres du 22 janvier 1620.

—— Jacques de Longueval, seigneur de Haraucourt, fils de Jean-Antoine de Longueval, chevalier de l'Ordre du Roi.

En 1627, Jacques Le Roy, seigneur de Lignerolles, Marcheville, Valines, gentilhomme servant de la Reine Anne.

—— Nicolas de Lannoi, baron d'Auffai, d'Auxi-le-Château et d'Autrui, seigneur de Lannoi, Dameraucourt, Cussy-le-Franc, Saint-Martin-le-Pauvre, Coignières et Tréport-sur-Mer, pair et connétable héréditaire du Boulonnais, gentilhomme ordinaire de la Chambre du Roi Henri IV, gouverneur et bailli du Comté d'Eu le 8 janvier 1593, grand'maître des Eaux et Forêts de cette Province le 8 octobre 1612, et conseiller d'Etat d'épée le 19 décembre 1616 : il mourut entre 1630 et 1632 ; était fils de Jean de Lannoi, baron et seigneur desdits lieux, chevalier des Ordres du Roi, et d'Anne de Herbelot.

———— Claude de Lannoi, baron de Brétizel, seigneur de Hodenc et le Vieux-Rouen, frère du précédent.

En 1628, Charles marquis de Saveuse, seigneur de Brouilly.

En 1629, (19 janvier) Adrien de Forceville, seigneur de Bezencourt, Applaincourt, Ainval, Argoulle et Sarton, lieutenant de Roi à Doullens, capitaine enseigne au régiment de Rambures dès 1605 ; il fut reçu par le marquis de Rambures.

Viennent ensuite : Alexandre de Halluin, seigneur de Wailly et de Saint-Sauflieu ; Benjamin de Montmorency, seigneur de Esquincourt ; Cirus-Antoine de Saint-Simon, marquis de Courtomer ; Gabriel de Mailloc, seigneur de Tours et de Sallenelle ; Michel de Maulde, seigneur de Condette ; Charles d'Ailly, seigneur de Montgeroult, Escarbotin, baron de Waben, l'un des gentilshommes de la Reine et gentilhomme de la Chambre du Roi ; Jacques d'Aumale, vicomte du Mont-Notre Dame, gentilhomme de la Chambre du Roi, et Etienne de Roussé, seigneur de Waben et Escarbotin.

XXIX

Extraits du sixième chapitre des dépenses du Compte de tutelle de CHARLES DU PASSAGE, *troisième fils de feu* JEAN DU PASSAGE, *seigneur de Charmes, et de* MARIE DEY, *du 18 février 1630.*

Premierement dient quilz ont nourry, entretenu et enuoié à lescolle ledict oiant compte deu et depuis le jour de sa naissance qui fut le xxxe mars 1604 jusquau xve de janvier 1622 quil auroit esté Receu chanoine à Laon, quy sont xix années, durant lequel temps ilz lauroient faict apprendre à lire et escrire mesmes mis en pension à La Fere chez Me Eustache Troiseux ; auroit esté paié ix mois de sa pension par le Sr de Sainct Seny et damoiselle Anne du Passage, ses oncle et tante, au moyen de quoy ne reste que xviij années entieres deues aux comptables desdictes nourritures entretenement et escollages. Par quoy ils requierent etre taxés, et icy alloué en mise la somme de xviij^c liures, ce qui est à raison de C liures par an, ci. . . . . 1800 l.

Ont paié et desboursé pour ledict oiant à plusieurs et diuerses fois la somme de 336 liures 13 sols 6 deniers tournois tant pour l'obtention des lettres de prouision de la prebande de laquelle il auroit esté pourueu, reception en icelle, argent à luy baillé audict Laon pour luy à plusieurs personnes, que pour autres causes portées en ung memoire pour ce faict et dressé de la main dudit sieur de Verdonne, iceluy seruant jusques au temps que ledict oiant partit pour aller en Itallie porter les armes pour le seruice du Roy au regiment du sieur de Longueual quy fut au mois de septembre 1625, ledict memoire contenant particulierement lemploy de ladicte somme de 336 liures 13 sols 6 deniers, de laquelle lesdicts comptables font mise, ci. . . . . 336 l. 16 s. 6 d.

Comme aussy que depuis ladicte année 1622 que loiant compte auroit esté receu chanoine audict Laon, plusieurs voiages ont esté par luy faitz audict Charmes en la maison des comptables où il auroit demeuré et sejourné à diverses fois jusques à present quil y est encores xviij mois plus, durant lequel temps il y auroit esté nourry, logé, couché et la plus part du temps ung cheual; pourquoy ils requierent estre icy taxé et alloué la somme de 150 liures tournois, ci, . 150 l.

Font mise les comptables de la somme de CL liures tournois paiée par ledict sieur de Verdonne audict oiant pour subuenir au paiement dun cheual et armes quil auroit achepté pour aller porter les armes pour le seruice du Roy soubz la charge de monsieur le marechal Destrée estant homme darmes de sa compagnie, comme il parait par sa quicttance passée audict La Fere pardeuant Marcq et Rillart nottaires le xvj° decembre 1628, pour le paiement et remboursement de laquelle somme icelluy oiant auroit consenty que ledict sieur rendant receust le remboursement de la rente que luy debuoict ladicte damoiselle Anné du Passage, suiuant quoy il auroit receu pareille somme de CL. liures de laquelle lesdicts comptables ont cy deuant faict recepte pour garder ordre au present compte et en font icy mise outre, sans toucher à aultre somme de cent liures pour ung cheual aussy baillé audict oiant par ledict sieur comptable, pour laquelle il luy auroit faict sa promesse au bas de ladicte quictance, desquelz cent liures il auroit esté remboursé comme par declaration escripte au marge de ladicte promesse.

Pareillement font mise de la somme de xviij liures ij sols vj deniers paiée à Jehan Gossart, marchand demourant à La Fere, pour drap, dusseau, doublures et fournitures par luy vendues pour faire ung hault de chausse audict oiant auparauant le voiage faict auec ledict seigneur mareschal Destrée, ci 18 l. 2 s. 6 d.

Comme aussy de la somme de 60 et 15 sols aussy paiée pour 6 douzaines de bouttons dor et dargent fourniz par Demarliere, marchand demourant à Saint-Quentin, pour emploier et mectre sur lesdictes chausses ci . . . . 75 sols.

Etc., etc.

(*Pour la clôture du compte : voir page 25.*)

XXX

Pièces du procès de noblesse intenté en 1634 à CHARLES DU PASSAGE, *seigneur* DE SINCENY, *par les habitants dudit lieu, devant la Cour des Aides.*

I. Requête de CHARLES DU PASSAGE, écuyer, seigneur de Saint-Cheny, Aultreville et Caillouel, gentilhomme ordinaire de la Chambre du Roi et chevalier de l'ordre de Saint-Michel, présentée à la Cour des Aides contre les habitants de Saint-Cheny, qui l'avaient imposé aux tailles de leur paroisse. Signé DU PASSAIGE et BAUDELOT. (Non datée, mais d'après l'arrêt du 27 novembre 1634, cette requête est du mois de mai 1634).

II. 2 juin 1634. Premier arrêt de la Cour des Aides.

Elle ordonne que « ledit suppléant articulera dans huictaine ses faictz de « genealogie et noblesse tant auecq ledit procureur general en icelle quauec les « habitans de la paroisse de Sainct Cheny, fera preuue diceulx tant par tiltres « que tesmoings au mois, et ledit procureur general et lesdictz habitans au « contraire sy bon leur semble escriront, produiront, bailleront contredictz et « saluations dans le temps de lordonnance pour ce faict, et le tout raporté par- « deuers notre dicte cour estre faict droit aux partyes ainsy que de raison, *etc.* « . . . . Donné à Paris à notre dicte cour des aydes et prononcé le deuxiesme « jour de juing lan de grace mil six cens trente quatre et de notre regne le vingt « cinquiesme. » *Par la Cour des Aydes,* Boucher.

III. 6 juin 1634, mardi. Commandement fait aux habitants de Sinceny, devant le grand portail et principale entrée de l'église, d'avoir à satisfaire au précédent arrêt et de comparaître dans la huitaine ; puis affiché à la porte de l'église. Signé Caillet, sergeant royal exploitant dans tout le royaume de France, en résidence à Chauny.

IV. 8 juin 1634, jour du patron, saint Médard. Procuration des habitants de Sinceny, y dénommés, déclarant qu'ils n'entendent contester la noblesse de Charles du Passage. Passée à l'issue de la messe paroissiale par-devant Sauvage, notaire à Coucy, et témoins. Pour copie conforme, signé Le Blanc.

V. 9 juin 1634. Signification de l'arrêt du 2 juin 1634 faite aux président, lieutenant et élus pour le Roi en l'élection de Laon. Signé Rousseau.

VI. Seconde requête de Charles du Passage à la Cour des Aides :

« Attendu la procuration ci-dessus du 8 juin 1634, *etc......*

« Au moyen de quoy ny aiant point de contestation à lesgard des habitans, « il ne reste plus qu'à executer larrest auec M. le procureur general, ce qui est « facile attendu que la preuue du suppliant est constante et resulte non seule- « ment de la declaration et reconnaissance desdicts habitans, mais encore resulte « de ses tiltres, *etc....* Signé Baudelot. »

VII. 21 juillet 1634. Second arrêt de la Cour des Aides :

Vu la demande de Charles du Passaige, *chevalier de l'ordre de Saint-Michel, gentilhomme de la Chambre du Roi, seigneur de Sincheny, Autreuille et Caillouel,* demandeur, contre les habitants de Sinceny défendeurs, en l'exécution de l'arrest du 2 juin dernier ;

Attendu la persistance de cette demande, la procuration des habitants de Sinceny du 8 du même mois attestant la noblesse sans dérogeance de *Josias du Passaige,* son père, et de *Nicolas* son aïeul, l'absence de son nom aux assiettes des tailles de la paroisse de Sinceny, et l'impossibilité de faire preuve du contraire ;

La Cour, pour faire droict sur ladicte demande a legard des deffendeurs ordonne quils mettront leurs pieces pardeuers la Cour dans trois jours. Faict à Paris en la Cour des Aydes le vingt ungiesme jour de juillet mil six cens trente quatre. Expédition signée Boucher.

VIII. 27 novembre 1634. Arrêt définitif de la Cour des Aides qui déclare Charles du Passage issu de noble race.

Entre Charles du Passage, *seigneur de Sincheny, Autreuille et Caillouel gentilhomme ordinaire de la Chambre du Roy et cheuallier de l'ordre S¹-Michel,* demandeur en requeste par luy presentée à la cour le (*en blanc*) jour de May Mil six cens trente quatre, En execution darrest donné sur icelle le deuxiesme Juin ensuiuant Et en autre requeste du premier jour d'Aoust audict an, dune part;

Et le Procureur general du Roy en la cour, Et les manans et habitans de la paroisse dudict Sincheny, deffendeurs, daultre part;

Veu par la Cour larrest dudict jour deuxiesme juin Mil six cens trente quatre (2 juin 1634) [rapporté au IIᵉ]. —— Requeste du demandeur à la Cour par laquelle il a articullé quil est filz de *Josias du Passage*, ledict *Josias* filz de *Nicolas, Nicolas* filz de *François, François* filz de *Jacques du Passage* son trisaïeul. —— Le contrat du vingtiesme januier mil quatre cens quatre vingtz huict (20 janvier 1488) de vente faicte par ledict *Jacques du Passage, escuyer, seigneur de Sincheny ;* —— Bail à surcens faict par *ledict du Passage, escuyer, seigneur dudict Sincheny ;* —— Un adueu et acte de foy et hommage rendu le vingt feburier mil quatre cens quatre vingtz un (20 février 1481) à Monsieur le duc d'Orleans par ledict *Jacques du Passage,* gentilhomme de son hostel, de sa terre de Sincheny releuant du chasteau de Couchy appartenant audict sieur duc ; —— Sentence du bailly dudict Couchy du six mai Mil cinq cens (6 mai 1500) par laquelle a esté adiugé à *damoiselle Gille de Vaux* vefue de *Jacques du Passage, escuyer,* les droictz, proffictz des ventes qui seroient faictes des choses roturieres estans en lestendue de ses terres de Sincheny et Autreuille ; —— Contract de Mariage du vnze juin mil cinq cens quatre (11 juin 1504) de *Claude du Passage,* fille dudict *Jacques du Passage, escuyer, seigneur de Sᵗ Cheny et Autreuille,* par lequel moiennant la somme à elle promise pour sondict mariage elle renonce au proffict de *François du Passage* son frere à tout ce qui luy pourroit estre escheu par le decedz dudict Jacques du Passage son pere en ladite terre de Sincheny ; —— Relief fait le quatre aoust mil cinq cens huict (4 août 1508) pardeuant le bailly de Couchy par *François du Passage, escuyer,* des trois fiefs à luy escheuz par le decedz de *Jacques du Passage* son pere ; —— Coppie collationnée à aultre coppie collationnée à loriginal par le bailly de Couchy signée Gallard dun denombrement baillé le vingt cinq aoust mil cinq cens dix neuf (25 août 1519) par ledict *François du Passage, escuyer, seigneur de Sᵗ Cheny ;* —— Contract de Mariage de *Nicolas du Passage* qualifié *escuyer, seigneur de Saincheny* du vingt ung auril mil cinq cens cinquante huict (21 avril 1558) ; —— Partage faict entre *Nicolas du Passage* et sa sœur des biens de la succession dudict *François du Passage, escuyer,* leur pere, du six octobre mil cinq cens cinquante neuf (6 octobre 1559) ; —— Relief faict le seiziesme May Mil cinq cens cinquante huict (16 mai 1558) par *Nicolas du Passage, escuyer,* pardeuant les officiers de Couchy de trois fiefz à luy aduenus par le decedz de François du Passage son pere ; —— Denombrement baillé le huictiesme auril mil cinq cens soixante deux (8 avril 1562) ausdictz officiers desdictz fiefz par ledict *Nicolas du Passage, escuyer, seigneur de Sincheny ;* —— Acte du dixiesme januier mil cinq cens soixante et cinq (10 janvier 1565) par lequel appert *Nicolas du Passage, sieur de Saincheny,* pour euiter les differendz qui se pouroient mouuoir pour raison desdictz fiefz de Sᵗ Cheny et Autreuille auroit representé au bailly dudict Couchy la sentence cy deuant extraicte pour renouueler les sceaux qui y estoient apposez à cause quilz commenceoient à rompre, ce quy auroit esté ainsy faict après quilz auroient esté recongneus ; —— Coppie collationnée à loriginal dune sentence desdictz officiers de Couchy du vingt huitiesme feburier mil cinq cens quatre vingt deux (28 février 1582) par laquelle ilz auroient receu *Josias du Passage, escuyer, sieur de S*^t· *Cheny,* au serment de fidellité pour raison de quatre fiefz à luy aduenus par le decedz dudict Nicolas son pere escuyer ; ——— Requeste presentée le deuxiesme juin mil six cens (2 juin 1600) au lieutenant de Coucy par ledict *Josias du Passage, escuyer, sieur de Saincheny,* à ce que le denombrement par luy baillé fut receu en la forme que *Nicolas du Passage, escuyer,* son pere, lauoit donné ; ——— Sentence du bailly de Saincheny du dixneufiesme juin mil cinq cens quatre vingt douze (19 juin 1592) rendue au proffict de *Josias du Passage, escuyer, sieur dudict Saincheny,* allencontre de quelques particuliers qui refuzoient luy payer les lotz et ventes ; ——— Aultre sentence du vnziesme septembre mil cinq cens quatre vingt treize (11 septembre 1593) par laquelle *Josias du Passage, escuyer, sieur de Saincheny,* auroit esté esleu tuteur aux enffans de *Nicolas du Passage, escuyer, sieur dudict Saincheny,* qui estoient encores mineurs ; ——— Affiches portant que quelques heritages y declarez appartenans aux enffans de *Nicolas du Passage, escuyer, sieur de Saincheny,* y desnommez, se bailleroient à louage, où ledict *Josias du Passage, escuyer, sieur dudict lieu,* y est qualifié leur frere ; ——— Sentence du neuf May mil cinq cens quatre vingtz dix sept (9 mai 1597) portant lemencipation de quelques enffans dudict *Nicolas du Passage, escuyer, sieur de Saincheny,* dans laquelle ledict *Josias du Passage, escuyer, sieur de Sincheny,* est nommé auecq aultres comme parents et amys desdictz enffans ; ——— Contract du sixiesme auril mil six cens (6 avril 1600) faict entre *Josias du Passage, escuyer, sieur de Saincheny,* auecq *Jean du Passage* aussy *escuyer* pour raison de ladministration que ledict Josias auoit eue des biens dudict Jean comme son tuteur, où est parlé de damoiselle Anne Hannequin leur grand mere ; ——— Sentence du vnziesme Mars Mil cinq cens quatre vingt dix neuf (11 mars 1599) des commissaires pour le regallement des tailles par laquelle *Josias, Jean* et *Jacques du Passage* freres auroient esté maintenus en leur Noblesse ; ——— Aultre sentence du treiziesme feburier mil six cens deux (13 février 1602) des esleus de Laon portant lentherinement de la susdicte sentence ; ——— Coppie du contract de Mariage dudict *Josias du Passage, escuyer, sieur de Saincheny,* du quatriesme septembre mil cinq cens quatre vingt huict (4 septembre 1588) collationné à l'original en mil six cens quatorze ; ——— Exploict dassignation baillé le dix septiesme juillet mil six cens quatorze (17 juillet 1614) à *Josias du Passage, escuyer, sieur de Saincheny,* pour assister à lassemblée des trois estatz ; ——— Commission du vingt huict May mil six cens seize (28 mai 1616) du bailly de Vermendois par laquelle ledict *sieur de Chaincheny* a esté taxé pour la part des fraiz du depputé de la Noblesse ; ——— Coppie collationnée à loriginal du contract de Mariage du vnziesme juillet Mil six cens vingt deux (11 juillet 1622) dudit *Charles du Passage, escuyer, sieur de Saincheny,* demandeur, et de quelques aultres sentences du vingt trois octobre Mil six cens vingt cinq (23 octobre 1625) par laquelle *Charles du Passage, escuyer, sieur de Saincheny,* fils dudict Josias, a esté receu au serment de fidellité par luy faict pour raison de quatre fiefz ; ——— Lettres du Roy du vingt deux januier Mil six cens vingt (22 janvier 1620) par lesquelles en consideration des bons seruices à luy renduz par *Charles du Passage, escuyer, sieur de Saincheny,* il lauroit retenu en la place de lun de ses cent gentilhommes ordinaires de sa Chambre ; ——— Quatre certificatz, le dernier du deux auril mil six cens vingt six

(2 avril 1626) que ledict *Charles* est qualifié en deux diceux *escuyer* et en deux autres *Cheuallier, sieur de Saincheny,* et qu'il est gentilhomme ordinaire de la Chambre du Roy et comme en ceste qualité il a suiuy et seruy ; —— Lettres du douze feburier Mil six cens vingt six (12 février 1626) par lesquelles le Roy auroit commis le sieur duc de Cheureuse pour donner le collier de lordre de Monsieu sainct Michel audict *Charles du Passage, sieur de Saincheny,* lun des gentilhommes ordinaires de sa Chambre ; —— Lettres escriptes par le Roy audict sieur de Cheureuse, Instruction audict sieur, Lettres du Roy audict sieur de Saincheny et Certifficat dudict sieur de Cheureuse quil a baillé ledict collier de l'ordre Monsieur S. Michel audict *Charles du Passage, escuyer, sieur de Saincheny ;* —— Ledict arrest dudict jour deuxiesme juin, signification dicelluy aux habitans dudict Saincheny du sixiesme juin Mil six cens trente quatre (6 juin 1634) ; —— Acte dassemblée desdicts habitans du huictiesme juin Mil six cens trente quatre (8 juin 1634) contenant leur procuration et consentement ; ——Arrest du vingt ung juillet ensuiuant, *rapporté au* vii.

Conclusions du Procureur general ;

Et tout consideré ;

La Cour a declaré et declare ledict Charles du Passage issu de noble race. *Ce foisant ordonne que luy et ses enffans nez et à naistre en loyal mariage jouiront des droictz, preuilleges et exemptions dont jouissent les aultres Nobles de ce Royaulme tant et sy longuement quilz vivront Noblement et ne feront acte desrogeant à Noblesse, et sans despens.*

Prononcé le vingt septiesme jour de novembre Mil six cens trente quatre.

Boucher avec paraphe.

En bas de la première page est écrit :

Représenté le 4 juillet 1776, transcrit et rétabli dans les registres et dépôt de la Cour des Aides de Paris conformément à la déclaration du Roi du 11 mars 1776 [1] registrée en la cour le 26 dudit mois et an, et aux arrêts de la Cour des 29 mars et 24 avril suivant, dont acte. Signé *Outrequin* avec paraphe.

---

[1] Cette déclaration n'est pas indiquée dans l'*Abrégé des Édits concernant la Noblesse.*

XXXI

Convocation de CHARLES DU PASSAGE, *gentilhomme ordinaire de la Chambre du Roy, Commissaire ordinaire de son artillerie, homme d'armes sous le Comte de Soissons, pour le Ban et l'Arrière-ban.*

Ce jourdhuy vingt deuxiesme juing jvj° trente cinq Est comparu au greffe CHARLES DE PASSAGE escuier sieur de Sincheny, Haudeuille, Caillouet et autres lieux, assisté de M° Nicolas Levoirier son procureur, Quy a remonstré quil est Gentilhomme ordinaire de la Chambre du Roy, Commissaire ordinaire de son artillerie, à cause desquelles Charges Il est obleigé de seruir et suiure Sa Majesté ; outre la consideration desquelles charges Il est de la compagnie de Gensdarmes de Monsieur le Comte de Soissons, duquel Il a receu Mandement le dix septiesme jour du present mois de se tenir prest pour seruir et marcher lors et où il luy sera ordonné, à quoy il est obleigé et veult satisfaire, pourquoy il ne peult (*illisible*) Monsieur le Bailly de Vermandois, et demande a été de sa comparution et de la presente remonstance à luy accordé les jour et an que dessus. Signé : *Brayer,* avec paraphe et scellé.

Extrait sur parchemin du procès-verbal dressé par le Président et lieutenant général du bailliage de Vermandois et siège présidial de Laon.

Le sceau en placart de 22ᵐ/ᵐ représente une fleur de lys dans un trilobe avec la légende en majuscule romaine : SEL DES ACTES JUDITIERS DE LAON.

XXXII

Commission d'enquête sur LOUIS DU PASSAGE *délivrée par l'Assemblée provinciale du Grand Prieuré de France.*

Frère Maximilien de Dampont, chevalier de l'ordre de Saint-Jean de Jérusalem, grand trésorier commandeur de Coulommier, et nous, commandeurs, chevaliers et frères dudit ordre, congregez et assemblez en l'hotel Prioral du Temple à Paris pour la célébration de l'assemblée provinciale dudit Prieuré, à nos chers et bien amez frères Augustin Daucourt de Boncourt, Jacob de Frial d'Allonne de

Chanu, Philippe de Milly de Fieffes, Jean de La Rivière de Laon, Gabriel de Vieuxbourc de Maupas, Philippe de Meaux Rocourt de Villedieu en la Montagne, Joseph de Montigny, François de Rupierre Survie, Jean de La Motte Cottard, Jacques de Carrel-Mercey, Louis de Pertuis, Jean de La Motte, Adrien de Wignacourt de Boux et Merlau, procureur du couvent, trésorier, Philippe Danises Dauchon, Louis de Mesgrigny, Louis de Saint Simon de Pesenas et Claude de Bétisy, et deux de vous sur ce premiers requis, Salut en Notre Seigneur.

De la partie de Noble LOUIS DU PASSAGE, fils de Charles du Passage, chevalier, seigneur de Sain Cheny, et de Madeleine de Boubers, ses père et mère, âgé de seize ans passés, nay et baptisé en la paroisse dudit Sain Cheny, diocèse et évêché de Laon, reçu pour etre chevalier, nous a été exposé en notre assemblée qu'il est meu de dévotion et désire faire service à notre ordre en rang de frère chevalier, s'il nous plait à ce le recevoir, et à cette fin luy délivrer nos lettres de commission pour faire preuve de sa noblesse et légitimation, humblement requérant icelle, et après que par inspection de sa personne il nous a semblé être d'âge compétent pour faire service à notre ordre, et inclinant à la bonne et devote intention dudit Louis du Passage, exposant par avis et délibération de ladite assemblée, Vous et deux sur ce premiers requis Commettons et députons pour être préalablement par vous qui requis en serez, serment solennellement prêté ès mains d'un tiers dudit ordre non requis ou ès mains l'un de l'autre de fidèlement, secrètement, exactement proceder à l'exécution de la présente commission : en ce faisant prendre le serment nom, surnom et qualité de celui qui vous présentera icelle, de ne vous présenter aucuns témoins pour faire la preuve de la noblesse et légitimation dudit exposant que Gentilhomme de nom et d'armes, étant de Religion Catholique et vivant selon l'ordre de l'Eglise Apostolique et Romaine dont sera fait acte ; —— Vous transporter personnellement et non seulement au lieu de la naissance dudit Exposant, mais au lieu de l'origine des père et mère, ayeuls et ayeulles, bisayeuls et bisayeulles paternels, maternels d'iceluy ; —— Vous informer par témoins de la qualité susdite de la noblesse et légitimation dudit Exposant ; —— Scavoir s'il est gentilhomme de nom et d'armes tant du côté paternel que maternel, de ses ayeuls et ayeulles, bisaïeuls et bisaïeulles tant paternels que maternels, vivant noblement, catholiquement, et selon l'ordre de l'Eglise Romaine, et tels tenus et réputés au pais sans avoir fait aucun acte dérogeant à noblesse et vertu comme négotiation, trafic de marchandise, ou tenu banque ; —— Si par contractz de mariage, partages et enseignemens les ayeuls et bisayeuls dudit Exposant ont porté ou portent titre d'Ecuyer, Chevalier ou d'autre plus grande qualité, ou bien s'il les ont eus, par acquisition de longtemps et qu'ils en aient partagé noblement et avantageusement ; —— Si luy ou ses parents ont point eu et ont dedans les villes aucunes communautés et association, et s'ils ont été ou sont sujets à aucuns subsides et impôts des Rois et des Princes ; —— Si ledit Exposant est né en loyal mariage, en et audedans des limites du Prieuré de France et où il a été né et baptisé ; —— S'il est sain de ses sens, membres et entendement ; —— S'il n'a point fait promesse de mariage et iceluy consommé ; —— S'il n'a point fait vœu en aucune Religion ; —— S'il n'est point débiteur de somme notable et insupportable ; —— S'il n'a point été repris de justice comme homicide ou assassinat, ou fait acte qui mérite repréhension ; —— Si lui ou ses parents ne retiennent aucun bien et jurisdiction de notre ordre sans les vouloir rendre ne restituer ; —— S'il vit selon les saintes loix et sacrées Constitutions de l'Eglise Catholique, Apostolique et Romaine et si les parents, ayeuls et bisaïeuls, tant du côté paternel que maternel, ont été du passé et sont toujours appelez avec les Gentils-hommes du pays et Evêché aux bans et arrière bans selon la coutume et usance du pays ; —— Que (si) les Gentilshommes du pays font assemblée générale et singulière, les dits pères, ayeuls et bisaïeuls tant du côté paternel que maternel y ont été et sont toujours appelez comme les autres nobles du pays (et bref s'il est tel) que pour être chevalier de notre ordre nos status et Etablissemens le veulent et requerent.

Et d'abondant outre les dépositions des témoins pardevant vous produits de la part dudit Exposant, vous enquérir secrettement s'il est tel que portent les dépositions des témoins pardevant vous ouis et examinés ; et vous informer de la vérité pour être par vous et par nous connus, et outre procéder au vidimus et collation des titres et enseignements qui vous seront exibez et presentez pour valider à ladite preuve et y joindre les armes de gentillesse blasonnées de quatre familles, scavoir est de père et mère, ayeuls et bisaïeuls tant paternels que maternels dudit Exposant, avec distinction de ses couleurs, qui par témoins ou écritures antiques soient prouvées être vrayes et bien connues, du moins anciennes de cent ans, et que telles ainsi blasonnées soient connues et approuvées être de tout temps desdites familles et comme leur appartenant, soient connues ès villes et paroisses où les maisons desdites familles en ayent usé ;

Et le tout mis et rédigé par notre chancelier, vice-chancelier ou deux notaires et tabellions abstraints par serment et par vous signé et scellé, et aussi par ledit chancelier, vice-chancelier, notaires et tabellions être rapportée en notre prochain chapitre ou assemblée provinciale pour y étant venus en adviser Monseigneur l'Eminentissime Grand-Maitre, son vénérable conseil et seigneurs de la vénérable Langue et Prieuré de France à Malthe pour en ordonner ce que de raison.

De ce faire vous donnons pouvoir de commission.

Donné à l'hotel Prioral du Temple à Paris durant ladite assemblée et sous le scel à l'aigle d'icelle le treizième jour de novembre mil six cent quarante cinq. Signé F. Henry de Resnel chancelier du grand prieuré de France.

Copie collationnée du 23 juillet 1775 par *Verrier*, notaire à Poix, Vacquer et de La Fresnoye comme témoins, et signée d'eux.

XXXIII

12 octobre 1646.

Quittance des droits de passage pour Malte, payés au nom de
LOUIS DU PASSAGE, *chevalier dudit Ordre.*

Je soussigné, frère François-Alexandre Delbève, chevalier de l'Ordre de Saint Jean de Jérusalem, commandeur de Villedieu les Bayleul, au nom et comme procureur du Commun Trésor d'iceluy au Grand Prieuré de France, confesse avoir eu et reçu comptant de noble Louis du Passage, *escuyer, seigneur de Saincheny,* la somme de Treize cents livres pour le passage et droit d'entrée audit ordre en rang de Frère Chevalier de Justice d'iceluy du Passage présenté à cet effet au chapitre provincial de cedit prieuré, dont de laditte somme je quitte et promets acquitter ledit sieur envers Son Altesse Sérénissime Grand Maitre d'iceluy ordre et les Illustrissimes Seigneurs Procureurs audit commun trésor par la présente ou d'une autre semblable que j'ai signé, les deux ne servant que d'une. A Paris l'an mil six cent quarante six le douzième octobre.

Et plus bas est écrit :

Quittance du Receveur dudit ordre audit grand prieuré de France pour servir au droit des passages et réceptions dans les limites d'iceluy prieuré, et être remplie et paraphée de la main de moi soussigné.

Signé *F. A. Delbeve.*

XXXIV

16 février 1647.

Récit de la prise du vaisseau Amiral d'Alger par six galères de Malte — Mort du CHEVALIER DE SINCENY.

N° 22.

LA PRISE

DV GRAND VAISSEAV

Amiral d'Alger avec 40 canons, par les six galères de
Malthe, après un combat de
plus de 4 heures :

Dans lequel ont esté tuez deux cents cinquante Turcs, cent cinquante faits prisonniers et quarante cinq esclaves Chrestiens mis en liberté

*Avec les noms des Chevaliers de Mal-
the morts et blessez en
cette occasion.*

La Réligion de Malthe establie pour servir de boulevard à la Chrestienté contre les invasions des Turcs, ne s'est pas contantée d'avoir si bien travaillé aux forti-fications de cette place et mis ses dehors en si bon estat que le Grand Seigneur a esté contraint de changer la résolution qu'il avoit prise de l'aller ataquer, et fait juger par là qu'elle n'a rien maintenant à craindre de son costé. Ses Chevaliers ont encore les deux années dernières assisté les Vénitiens aux despens de l'Ordre par l'envoy de leurs six galères : du bon estat desquelles il est aisé de juger par la despence qu'il se fait de vingt-cinq mille escus par an pour chacune d'icelles qui ont encore esté renforcées d'un puissant secours de Chevaliers et soldats, lesquels furent mesme l'Esté dernier en la Compagnie de cinq galères du Pape trouver l'armée Venitienne à Corfou, et y demeurérent jusqu'au mois de Novembre dernier : auquel à cause des tourmentes et bourasques de la mer ordinaires en cette saison-là, et le peu d'espérance qu'il y avoit de combatre l'ennemi veu ce bref temps qui restoit de la campagne, elles s'en retournérent à Messine, où chacune de ces deux squadres reprit sa route : celle du Pape, à Civita-Vecchia ; et celle de la Réligion, à Malthe.

Mais, comme cet ordre militaire ne forme aucun dessein qu'il n'y mesle tousjours celui de se battre : ses six galeres ayans le neufiéme du passé entrepris le voyage de Saragousse pour y aller chercher des vivres dont leur Isle ne doit pas estre dépourveue et épians à leur retour l'occasion qu'elles cherchent incessamment de combattre les Pirates, elles en sceurent des nouvelles par la découverte qu'elles firent à l'entrée de la nuit du quinziéme, d'une petite barque montée seulement de six hommes : desquels ayans appris qu'un grand vaisseau Turc qui leur avoit fait abandonner un fregaton chargé de bois qu'ils conduisoyent dans Malthe, leur donnoit la chasse de fort près, elles allérent au devant de ce vaisseau Corsaire par la route qu'il devoit tenir selon l'avis de cette mesme barque : et bien que la nuit, qui estoit alors tres obscure, ne leur fust guéres favorable en vne si belle occasion, leur navigation fut si juste et si heureuse que sur la minuit elles rencontrérent ce vaisseau avec lequel elles demeurérent jointes jusques au matin, lui tirant tousjours quelques coups de canon.

Le jour estant venu, qui estoit le 16, elles lui déchargérent jusques à quatre fois toute leur artillerie : Ensuite de quoy, apprehendant par le rafraichissement du vent l'agitation de la mer, le Général de ces galéres donna ordre à toutes les six d'aborder ensemble le vaisseau Turc.

La Capitane s'avança la premiere, à dessein de le prolonger ; mais ce vaisseau, pour l'éviter, donna un coup de timon si à propos qu'en tournant il l'embarassa sous sa sivaudiére, qui est la derniére voile ou celle de proüe, et en mesme temps lui fit une si rude décharge de son canon, la pluspart chargé de cartouches plains de balles de mousquetz, qu'elle en demeura assez mal-traitée et l'eust esté d'avantage sans le secours des autres galéres, qui arrivérent incontinent après à l'abord : où elles demeurérent plus de deux heures à combattre sans pouvoir gangner le haut du navire.

Aussi n'est-il pas bien facile à des galéres qui sont basses et comme à fleur d'eau de se rendre maistresses des vaisseaux de haut bord et mesme des plus grands, tel qu'estoit celui-ci, qui ont l'avantage de ceux qui combattent d'vn lieu beaucoup plus élevé que ne sont leurs ennemis : Et touttesfois celles de Malthe ont montré qu'elles sçavoient faire plus que l'ordinaire tant en la prise de ce grand Gallion des Sultanes qui a fait tant de bruit, et qui par la voix publique est creu la première cause de cette guerre des Turcs contre les Chrestiens, que par l'avantage qu'elles ont remporté sur cettui-ci, duquel en fin elles s'emparérent comme vous allez voir.

Nos Chevaliers nonobstant les fréquentes mousquetades qu'on leur tiroit à découvert de ce lieu avantageux, se porterent si courageusement qu'ils gangnérent, et jugez avec quelle peine, le haut du vaisseau lequel ayant trois couvertes, ainsi appellent-ils leurs estages, et les Turc ayans esté contrains par les nostres d'abandonner la première, ils continuérent de se deffendre à la seconde : De sorte que la chaleur de ce combat fut tres-violente comme il se peut reconnoittre par le nombre des morts et blessez de part et d'autre : mais il se termina en fin à nostre avantage par le carnage de leurs meilleurs hommes, les ennemis ayans esté contraint de se rendre lors seulement qu'ils ne purent plus faire aucune résistance.

Cette guerre n'estant pas de la sorte de celles qui se font ailleurs, où l'on demande plus aisément quartier : mais là, non seulement l'aversion naturelle entre ces nations, mais aussi celle de leur créance jointe au peu de miséricorde qui se pratique aux combats maritimes, fait ordinairement opiniastrer les deux partis jusqu'à l'extrémité.

Ce grand vaisseau, Amiral d'Alger, d'où il estoit parti avec deux vaisseaux de conserve que le mauvais temps avoit séparez de lui, estoit monté de 40 pièces de canon, et défendu par quatre cents hommes de main, tous pirates et gens accoustumez aux combats de mer, deux cents cinquante desquels ayans esté tüez, le reste fut fait prisonnier avec celui qui les commandoit, qui estoit un Bays de grande réputation, et le plus ancien Corsaire d'Alger nommé Bécarogy; et par ce moyen furent délivrez quarante et cinq Chrestiens que ces Turcs tenoyent esclaves : auxquels les victorieux donnérent la liberté et quelque argent pour s'en retourner chacun en son païs, avec la joie que l'on se peut imaginer en des personnes qui sortent des chaines et des mains de si cruels ennemis.

Mais, comme cette victoire est à la vérité glorieuse, aussi ne nous est-elle pas demeurée sans la perte de beaucoup des nostres, et mesme des plus considérables. Car le sieur de S. Egeay Général de ces Galéres y fut tué de 5 mousquetades qu'il y receut en donnant des preuves de sa générosité : laquelle ne pouvant estre à lors mieux reconnue que par des devoirs funébres : aussi tost que le combat fut fini, on planta l'estendart sur la Galére patronne commandée par le Chevalier de Poytrincourt frére du défunt Escuyer, comme ancien Capitaine : Et le clergé, c'est à dire l'Eglise conventuelle de Saint Jean de Malthe, alla recevoir le corps de ce Général à la marine.

Lorsqu'on le débarqua, qui fut le 16 du mesme mois, toutes les galéres firent vne longue salve de canonnades et de mousqueterie : puis ayant esté conduit en cette Eglise de S. Jean, on y fit un service solemnel pour le repos de son ame et pour celui des autres Chevaliers morts en ce combat dont voici la liste.

Noms des Chevaliers qui ont esté tuez
à la prise de l'Amiral d'Alger outre
le sieur de S. Egeay Général
des Galéres de Malthe :

Le Chevalier de Durbec ;
Celui de Saint Seny ;
Le Chevalier de Ternay ;
Celui de Boisvezet, Provençal ;
Celui de Montréal d'Avignon ;
Les Chevaliers Magallotti, Italien :
Chirotti, aussi Italien ;
Dom Diégo de Hozes, Espagnol.

Noms des Chevaliers blessez.

Les Chevaliers de Fontaine-Chalandray ;
De l'Estang ;
De Matan ;
De Verdelin le jeune, tous François ;

Les Chevaliers Fayanon, Italien, Lieute-
nant de la Galére de S. Joseph ;
Dom Antonio Correo de Silva, Portugais ;
Dom Emanuel de Leyta, aussi Portugais ;
Outre lesquels il y en a eu 60 de nos soldats
tuez, et environ 100 blessez.

Il n'y a celui qui ne croye qu'après un si sanglant et si funeste combat, les six galéres de Malthe, mesme celles qui y avoyent esté les plus mal-traitées ne deussent employer plus d'vn mois à se radouber et rafraischir leurs gens de guerre et de marine avec leurs chiourmes : au lieu de quoi, elles sortirent en mer six jours après, la généralité des Galéres ayant esté donnée au sieur de Beauchamp grand prieur de Toulouze, et firent voile du costé du Phare de Messine, pour aller chercher les deux vaisseaux de conserve susdits, qui avoyent ce lieu là pour rendez-vous, comme on l'avoit appris des Chrestiens esclaves pris dans l'Amiral. Ce qui fait croire qu'ils se sont rencontrez.

Et de fait, on a depuis oüy de l'Isle de Malthe un grand bruit de canons de ce costé-là : Car si nos galéres en ont, ces deux vaisseaux n'en manquent pas aussi : L'vn estant monté de vingt-quatre pièces, et l'autre de vingt-six, mais tous deux moins forts d'hommes que le précédant.

A Paris, du Bureau d'Adresse, le 21 février 1647.

Avec Privilége du Roy.

XXXV

'18 février 1648.

Bref de Commandeur de Saint-Lazare de Chauny, ordre du Saint-Esprit de Montpellier sous la règle de Saint-Augustin, pour JACQUES DU PASSAGE.

Oliuarius Dei et Sanctæ Sedis Apostolicæ gratia Commendator commendæ generalis et Sacri Archihospitalis sancti spiritus apud Montem pessulanum, totius ordinis, Religionis, militiæ, et Religiosorum sancti Spiritus sub Regula Sancti Augustini, Generalis et Magnus Magister, humilis Christi pauperum seruitor, Dilecto nobis in Christo JACOBO DU PASSAGE, diocœsis Laudunensis inter castra nobilium Militum ordinis nostri sub eadem Regula sancti Augustini admunerato, Salutem in domino.

Dilecte fili, postquam per testes fide dignos et omni exceptione maiores nobis relatum est Nobilem tuum parentem cum omni diligentia et sagacitate instare et totum in eo esse ut valetudinaria, hospitalia, leprosaria, Ecclesiæ domus et bona ad ordinem nostrum Apostolicum sancti Spiritus spectantia, et ab aliis Ecclesiasticis et Secularibus personis usurpata, occupata, et detenta eidem ordini restituantur et Renuiantur; nos eius pietati et deuotioni susfragari cupientes, eiusque justos conatus adiuriare volentes, Rogati te in ordinem nostrum admittendum censuimus, et inter milites nostros communerare volumus, seruatis prius hiis omnibus quæ in similibus obseruari consueuerunt. Super quibus inuestigandis et approbandis Dilectum nostrum filium Nicolaum franciscum de Plaineuaulx, ordinis nostri professum constituimus, et eius conscientiam onerauimus, in eaque Requiescimus. Cœterum ne Pii parentis tui conatus abeant in caducum, et ille grandioribus quam par est grauetur expensis, In leuamen, cùm expensarum factarum, tùm faciendarum, Etiam ut faciliori modo te per omnia aptum reddat onera, et munera Religionis et militiæ nostræ recte et bene obeunda, tibi Valetudinarium *Sancti Lazari les Chauny* eiusdem diocœsis Laudunensis vacans, cum suis capella, domo, hortis, pratis, terris cultis et incultis, omnibus quealiis juribus et Pertinentiis suis Contulimus et donauimus, prout per præsentes conferimus et donamus, ac de illo prouidemus, Volentes te illo et illis omnibus pacifice uti et frui sicut membri a Nostra Generalitate et Archihospitalitate dependentis.

Ideo Primo sacri ordinis nostri Religioso Mandamus : Alterius vero, cuiuscumque sit, quum et Sacerdoti seculari, Notario Regio aut apostolico committimus, ut te in veram, Realem, actualem et corporatam possessionem illius Valetudinarii *Les Chauny* ponant et inducant, positum et inductum tueantur et deffendant amoto exinde quolibet illicito detendere, quem inde amotum et semotum pariter declarauimus et declaramus, volentes ut hæ nostræ prouisiones suos plenarios sortiantur Effectus : Et ut his plena et integra fides omninò adhibeatur, eas sigilli nostri Appensione muniri, et per secretarium nostrum subsignari Jussimus, postquam nos subsignauimus.

Datum Parisiis februarii die decima octaua, Millesimo sexcentesimo quadragesimo octauo.

De la Terrade Generalis et Magnus Magister Ordinis et Militiæ Sancti Spiritus et Archihospitalarius totius Ecclesiæ Dei.

De mandate Ill^{mi} et R^{mi} D. D. mei generalis magni Magistri et archihospitalarii uniuersæ Ecclesiæ Dei prædicti.

Camus, *loco secretarii.*

Scellé sur huit lacs de soie, rouge, jaune, blanche et bleue, d'un sceau en cire rouge de forme ovale, mesurant 77^m/_m sur 66^m/_m : il est décrit page 65, en note ; le collier qui l'entoure se voit dans la même planche que les colliers de Saint-Michel et de Malte.

XXXVI

16 février 1652.

Brevet d'Écuyer ordinaire de GASTON DE FRANCE, DUC D'ORLÉANS, *pour le seigneur de* SINCENY.

De par Monseigneur, Filz de France, Oncle de Roy, Duc d'Orléans,

Premier Gentilhomme de notre Chambre, Premier Maitre de notre hostel, Maitre ordinaire et seruant par quartier en iceluy Et vous Tresoriers et Controlleurs generaux de notre Maison, Salut. Scauoir faisons, Que desirant tesmoigner au sieur JEAN DU PASSAGE sieur de St Senay, Comme l'estime particuliere que nous faisons de sa personne Nous conuie à l'approcher de Nous, et à le pourueoir de Charge en notre Maison qui luy soit conuenable, Et scachant qu'il s'aquittera tousjours dignement de Celles que Nous luy voudrons donner tant à cause des bonnes qualitez qui sont en luy, qu'à cause du zelle et de l'affection qu'il faict parroistre à Notre Seruice : A iceluy sieur de St Senay pour ces causes et autres à ce Nous mouuans auons donné et octroyé, donnons et octroyons par ces presentes signées de notre main la Charge de notre Escuyer ordinaire que naguères tenoit et exerceoit le sieur Baron de Bonneual, dernier paisible possesseur d'icelle, vaccante apresent par la demission qu'il en a faicte en nos mains. Pour ladicte charge auoir, tenir et doresnauant exercer, en jouir et user par ledict sieur de St Senay aux honneurs, aucthoritez, prerogatiues, preeminences, priuileges, franchises, libertez, gaiges, droicts, fruicts, proffiçts, reuenus et esmolumens y appartenans, telz et semblables qu'en jouissoit ledict sieur Baron de Bonneual, Tant qu'il nous plaira. Sy voulons et mandons à Vous Premier Gentilhomme de notredicte chambre Qu'en vertu du pouuoir qui vous a esté par Nous donné, Vous ayez à prendre et Receuoir le serment dudict Sieur de St Senay en tel cas requis et accoustumé; Et à chacun de vous à notredict endroict soy Enjoignons, Que desdictes presentes Vous ayez à enregistrer, ou faire enregistrer ez Registres et pappiers de notredicte Chambre aux deniers, et de ladicte Charge Ensemble des honneurs, aucthoritez et autres droicts susdictz, vous faciez, souffriez et laissiez jouir et user ledict Sieur de St Senay plainement et paisiblement, et à luy obeir et entendre de tous Ceux et ainsy qu'il appartiendra ès choses touchans et concernans ladicte Charge, En luy payant et deliurant par vous Tresoriers generaux susdicts lesdicts Gages

et droictz, aux termes et en la manière accoustumée. En tesmoing de quoy nous auons faict mettre le Placcart de nos armes à cesdictes presentes.
Donné à Paris le seiziesme jour de feburier xvie Cinquante deux.

GASTON

Par Son Altesse Royale

Coulas avec paraphe et scellé.

Au bas est écrit ce qui suit :

> Aujourd'huy dix huictiesme jour de apuril xvie cinquante deux le Sr Jean du Passage, S^r de St Senay cy dessus nommé a faict et presté ez mains de Monseigneur le Comte d'Hostel premier gentilhomme de la Chambre de Monseigneur, filz de France, Oncle de Roy, duc d'Orléans, le serment qu'il deuoit à Son Altesse Royalle pour raison de la charge de son Escuyer ordinaire dont il a esté pourueu par ces presentes et en icelles mis et installé, moy son secretaire soubsigné present. Signé *D'Amille* avec paraphe.

Et au dos on lit :

> Enregistré ès papiers et registres du Controlle general de la chambre aux deniers de Son Altesse Royalle par moy Conseiller et Controleur general de Sa Maison soubsigné. Faict à Paris le dix neufuiesme jour d'apuril Mil six cens cinquante deux. Signé *Debert* avec paraphe.

XXXVII

Procès de noblesse contre FRANÇOIS DU PASSAGE,
seigneur de CHARMES.

3 mars 1664.

I. — *Arrêt de la Cour des Aides condamnant* FRANÇOIS DU PASSAGE,
seigneur de CHARMES.

De l'estat de recouurement des taxes que le Roy en son conseil a ordonné estre payé par ceux quy auront usurpé indument les qualités de *cheualier*, d'escuyer et *aultres tiltres de noblesse*, en conséquence des desclarations des 8 feburier 1664 et 22 juin 1664 suiuant l'estat et extraict des arrests rendus et à rendre contre lesdits usurpateurs de noblesse tant par la cour des aydes de Paris que par autres commissaires à ce desputés, présenté au conseil par Me Thomas Boisseau chargé de l'exécution desdictes déclarations et du recouurement desdites

taxes, lesquelles avec les deux sols pour liure d'icelles seront payées conformément et ainsy qu'il est porté par les arrests de ladite cour et estats de recouurement auxdits Boisseau, ses procureurs ou commis par les usurpateurs cy
denommés, leurs veuues, enfans ou heritiers sur la quittance du sieur Chassepot
de Beaumont, recepueur genéral des reuenus casuels. A quoy faire ils seront
contraincts comme pour les propres deniers et affaires de Sa Majesté.

Conformément ausdits déclaration et arrest audict conseil donné en conséquence, a esté extraict ce qui suit :

> François du Passage, Sr de Charmes, pour auoir usurpé la qualité d'escuyer,
> suiuant la condamnation portée par l'arrest de ladite cour du 14e feburier
> 1664, payera deux mil liures et les deux sols pour liure.

Fait au conseil du Roy tenu pour ses finances à Paris le troisiesme jour de
mars mil six cens soixante et quatre; signé, extraict et collationné par moy
conseiller secrétaire du Roy, maison et couronne de France et de ses finances,
Grenier.

14 juin 1664.

II. — *Arrêt du Conseil d'État contre les usurpateurs de Noblesse.*

Le Roy voulant que ses declarations et Arrests de son Conseil contre les usurpateurs de Noblesse soient executés selon la forme et teneur et qu'il soit incessamment procedé au recouvrement des amendes jugées contre lesdits usurpateurs
à la poursuite et diligence de Me Thomas Bousseau, son procureur et commis
chargé dudit recouvrement sur les quitances de Me Chassepot de Beaumont,
receveur general des revenus casuels ;

Ouy sur ce le raport du Sieur Colbert, Conseiller au Conseil Royal et Intendant
des finances ;

Sa Majesté en son Conseil a ordonné et ordonne qu'il sera incessamment
arresté au Conseil des estats de recouvrement des amendes portées par les Arrests
et jugemens des condamnations rendues et à rendre contre lesdits usurpateurs
de noblesse tant par la Cour des aydes de Paris que par autres commissaires à
ce depputez. Et sans avoir esgard à l'Arrest du conseil du quatrième febvrier
dernier ordonne que ceux qui sont compris ès estats de recouurement ou leurs
représentant seront contraints au payement des sommes y contenues par touttes
voies et aynsy qu'il est acoustumé pour les deniers et affaires de Sa Majesté ès
mains dudit Boisseau, ses procureurs et commis porteur des quitances dudit
sieur de Beaumont, receveur general des revenus casuels ; Enjoingt Sa Majesté
aux commissaires de partis dans les généralités, gouuerneur des villes, baillis,
preuosts et autres ses officiers, de prester main forte en cas de besoin à l'execution des estats, nonobstant oppositions, appellations ou consinations quelconques
pour lesquels ne sera différé ; Et si aucun interuienne, Sa Majesté en a renuoyé

la congnoissance aux sieurs commissaires de son Conseil desputés pour raizon de ce, à l'exception du ressort de la Cour des aydes de Paris et ycelle interdite à tous aultres juges ; Fait deffence aux parties de se pouruoir ailleurs à peine de mille livres d'amende, despens, domages et interêts.

Fait au Conseil d'Estat du Roy tenu à Paris le quatorzième jour de juin mil six cent soixante et quatre. Signé *Féurié.*

III. — *Déclarations du Roi du même jour pour l'exécution de l'arrêt ci-dessus.*

LOUIS par la grace de Dieu Roy de France et de Navarre, dauphin de Viennois, Comte de Valentinois et Dyoïs, Prouence, Forcalquier et Terres adjacentes. A nos Amés et feaux Conseillers en nos Conseils, les Maistres ordinaires de notre hostel et Commissaires par nous départis ès Generalitez de notre Royaume, Salut.

Nous vous mandons et ordonnons chacun en droit soy de tenir la main en l'execution de l'Arrest dont l'extrait est cy-attaché soubz le Contre-scel de notre Chancellerie Ce jourd'huy donné en notre Conseil d'Etat pour l'excution de notre Declaration et Arrest concernant les usurpateurs de noblesse, ensemble des etats quy seront arrestés audit Conseil. En conséquence enjoingt aux gouuerneurs des villes, preuosts, baillifs et autres officiers chacun en droit soy de preter main forte en cas de bezoingt à ladite execution nonobstant l'Arrest du Conseil du quatre feburier dernier, oppositions, appelations ou consignations quelconques pour lesquelles ne voulons qu'il soit différé, dont sy aucune interuienne nous nous en reseruons audit conseil la congnoissance. Commandons au premier sergeant sur ce requis de signifier ledit Arrest aux particuliers compris èsdits etats ou leur représentant et à tous autres qu'il appartiendra, à ce qu'ils ne prétendent cause d'ignorance, et faire pour l'entière execution d'iceluy le paiement des sommes mentionné èsdits etats ès mains de Thomas Boisseau, ses procureurs ou commis porteurs des quittances de Me Chassepot de Beaumont, recepueur general de mes revenus casuels, tous commandement, sommations, contraintes par les voies y declarées et aultres actes, exploits necessaires sans autre permission, nonobstant Clameur de Haro, Chartre-Normande, Prise à Party et Lettres à ce contraires ; et sera adjouté foy comme aux originaux aux Copies dudit Arrest et des présentes collationnées par un de nos amez et feaux Conseillers-secrétaires. Car tel est notre plaisir.

Donné à Paris le quatorzième jour de Juin mil six cent soixante et quatre, et de notre Regne le vingt deuzième.

Par le Roy, Dauphin, Comte de Prouence

Son conseiller Berryer. Et scellé du grand sceau de cire rouge.

Joint la signification de l'Arrêt de la Cour des Aides, de l'Arrêt du Conseil d'État et de la déclaration du Roi faite à *François du Passage,* seigneur de Charmes, en son domicile à La Fère le 2 novembre 1664. Signé *Gonyn,* huissier.

XXXVIII

22 juillet 1667.

Maintenue de noblesse pour JEAN DU PASSAGE, *seigneur de* SINCENY, *et pour* FRANÇOIS DU PASSAGE, *seigneur de* CHARMES.

Nicolas Dorieu, conseiller du Roy en ses Conseils, maitre des Requêtes ordinaire de son hostel, commissaire départy par Sa Majesté en la Généralité de Soissons,

Veu les assignations données à la requete de Mᵉ Jean Gasnier, cy-deuant commis par S. M. à la Recherche des usurpateurs du tiltre de Noblesse en la Généralité de Soissons, présentement reprise et continuée pardeuant Nous à la requete du Procureur du Roy en notre commission, poursuite et diligence de Mᵉ Laurent Estienne et Pierre Ponchon preposez par Sadite Majesté à ladite Recherche au lieu dudit Gasnier, en exécution de l'Arrest du Conseil du 22 mars 1666 et de Notre Ordonnance du 23 décembre ensuiuant, estant au bas de la requete à Nous présentée par lesdits Estienne et Ponchon, à JEAN DU PASSAGE, *escuier, seigneur de Sincheny,* y demeurant, bailliage de Coucy, et FRANÇOIS DU PASSAGE, *escuyer, seigneur de Charmes,* y demeurant, bailliage de Laon, tous deux de l'Eslection de Laon, par Exploicts du vingt septiesme jour de juin 1666 pour la Représentation des Tiltres justificatifs de leur noblesse et qualité d'Escuier par eux prise, et notre procèz verbal du dix septiesme du Mois de Mars dernier de ce jour contenant les comparutions desdits sieurs du Passage, leurs déclarations, Représentations de leurs Tiltres et Réquisitions, veu aussi les productions par eux mises en notre greffe auec toutes les pièces y mentionnées, Ensemble les contredits desdits Gasnier, Estienne et Ponchon, les saluations desdits du Passage, les conclusions dudit procureur du Roy.

NOUS COMMISSAIRES susdits, faisant droict sur l'instance, auons maintenu et gardé lesdits du Passage en la possession de la qualité de noble et d'escuier ; ordonnons qu'eux, leurs successeurs, Enfans et postérité naiz et à naistre en légitime mariage jouiront des priuileges, honneurs et exemptions dont jouissent les gentilshommes de ce Royaume ; faisant deffenses à toutes personnes de les y troubler tant et si longuement qu'ils viuront noblement, et ne feront acte de dérogeance, Et que pour cet effect lesdits du Passage seront compris dans l'Estat que nous envoyons à Sa Majesté pour y auoir esgard en faisant les cathalogue des gentilshommes de ce Royaume conformément à l'arrest du Conseil du 22 mars 1666.

Faict à Soissons le vingt deuxiesme juillet mil six cens soixante sept.

DORIEU

Par mondit seigneur

Gezazet avec paraphe.

XXXIX.

7 août 1668.

Démission du Duc de Mazarini de la charge de gouverneur de Chauny en faveur de JEAN DU PASSAGE, seigneur de Sinceny, bailli de Coucy.

Pardeuant Les Notaires gardenotes du Roy nostre sire au Chastelet de Paris soubzsignez fut present Hault et puissant seigneur Monseigneur Armand Charles duc de Mazarini, Mayenne et de La Meilleraye, Lieutenant general pour le Roy de la haulte et basse Bretagne, gouuerneur de la haulte et basse Alsace et particulierement des villes et forteresses de Bitche, Philipsbourg, Lafere, Vincennes et Chauny, Pair, grand maitre et Capitaine general de lartillerie de France, demeurant au pallais Mazarini scize rue neuue des petits champs, paroisse Saint Eustache.

Lequel sest volontairement desmis et desmet par ces presentes es mains du Roy nostre sire dudit gouuernement de la ville dudit Chauny Pour y estre soubz le bon plaisir de sadite Majesté pourueu la personne de Jean du Passage, cheualier, seigneur de Sinceny, bailly de Coucy et capitaine de Folembray, Consentant toutes Expeditions luy en estre expédiées, delliurées, signées et scellées en bonne forme, Promettant *etc...*, obligeant *etc...*, Renonçant *etc...*

Faict et passé audit Pallais Mazarini sus déclaré Lan mil six cens soixante huict le septiesme jour daoust, et a signé

Le duc Mazarini, et comme notaires *Pavyot* et N. avec paraphe.

Original en parchemin dont le sceau est arraché.

XL.

12 août 1668.

Brevet de gouverneur de Chauny pour JEAN DU PASSAGE, seigneur de Sinceny, bailli de Coucy.

LOUIS par la grace de Dieu Roy de France et de Navarre. A tous ceux qui ces presentes lettres verront, Salut.

Notre cousin le duc Mazarin nous ayant remis le gouvernement particulier de notre ville de Chaulny, nous auons cru que nous ne pouuions confier la conseruation de cette place à personne qui s'en acquictast plus soigneusement que notre cher bien amé JEAN DU PASSAGE, chevalier, seigneur de Sinceny, Bailly de Coussy, la connoissance particuliere que nous auons de sa conduitte, de sa vigilance et de son affection pour notre seruice nous faisant espérer qu'il répondra touiours-dignement à l'estime que nous faisons de sa personne et la confiance que nous auons en sa fidélité. Nous pour ces causes auons audit sieur de Sinceny donné et octroyé, donnons et octroyons par ces presentes signées de notre main la charge de capitaine et gouuerneur particulier de notre ville de Chaulny vaccante par la demission qne notre dit cousin le duc Mazarin en a fait entre nos mains en sa faveur par l'acte cy attaché sous le contrescel de notre chancelier. Pour par lui désormais la tenir et exercer, en jouir et user aux honneurs, gages, droits, estats et appoinctemens, proffits, reuenus et esmolumens y appartenans et tel qu'en a joui ou du jouir notre cousin le duc Mazarin aux plains pouuoir de commander aux habitants de laditte ville et aux gens de guerres qui y sont ou qui y seront cy après establis en garnisons ce qu'ils auront à faire pour Notre seruice et pour leur seureté, les maintenir en paix et bonne intelligence les uns et les autres, auoir l'œil qu'il ne se pusse aucune entreprise au préiudice de notre auctorité et pourueoir à tout ce qui sera nécessaire pour la conseruation de la ville et ce tant qu'il nous plaira.

Mandons à notre très cher et feal le sieur Seguier, cheualier, Chancelier de France, qu'après auoir reçu dudit sieur de Sinceny le serment en tel cas requis et accoustumé, Il le mette et institue ou fasse mettre et instituer de par nous en la possession et jouissance de ladite charge, Ensemble des honneurs, gages, droicts, estats et appointemens, profficts, reuenus et esmolumens dessusdits, l'en fasse, souffre et laisse jouir et user plainement et paisiblement et à luy obéir et entendre de tous ceux qu'il appartiendra aux choses concernans ladite charge. Mandons aussy à nos amez et feaux conseillers Les présidens et Trésoriers généraux de France à Soissons et aux Trésoriers généraux de l'extraordinaire des guerres que les gages, droicts et appointemens ordinaires et extraordinaires à ladite charge appartenans Ils fassent payer comptant doresnauant par chacun an (au) dit sieur de Sinceny aux termes et en la maniere accoustumée, en rapportant ces presentes ou la copie deuement collationnée pour une fois seulement auec les quictances dudit sieur de Sinceny sur ce suffisantes, lesdits gages, droicts, estats et appoinctemens, et tout ce qui luy auoit esté payé à cette occasion sera passé en leurs comptes par nos amés et féaux les gens de nos comptes à Paris, auxquels mandons ainsy le faire sans difficulté. Car tel est notre plaisir. EN TESMOIN de quoy nous auons faict mettre scel à ces présentes.

Donné à St Germain en Laye ce douziesme jour d'Aoust l'an de grace mil six cens soixante huict et de notre Regne le vingt sixiesme.

Signé LOUIS

Et sur le reply de Guenegaud.

Sur le reply sont transcrits : 1° l'acte de prestation de serment entre les mains de Monseigneur le Chancelier de France signé Boultet secrétaire, et

2° le procès-verbal d'enregistrement desdites lettres au registre du Roy à Chauny le 10 sept 1667 (sic) signé *Parmentier*.

Au dos est l'ordre en date du 15 octobre 1668 des juges civils, criminels et de police de Chauny d'avoir à publier lesdites lettres de provision. Signé *Rozer*.

Joint un ordre en date du 23 août 1668 du duc d'Estrées, premier Maréchal de France, gouverneur de l'Ile de France, aux Maire, Echevins et habitants de Chauny de recevoir et de reconnaître le seigneur de Sinceny comme leur gouverneur.

Signé F. A. D'ESTRÉES,

Par Monseigneur,

Lemaire, avec paraphe.

XLI

États des gouverneurs de Chauny depuis 1393.

Boniface de Morez était garde et capitaine des ville et château de Chauny en 1393 (Archives de Joursanvault).

Guillaume de Bracquemont, chevalier, seigneur de Bois-Trancart, chambellan et conseiller du duc d'Orléans, était capitaine de Chauny pour le duc d'Orléans en 1402 (Quittance de gages à ses armes aux Archives de Joursanvault).

Jean de Hangest, seigneur de Genlis et de Magny, fut nommé en 1411 (D. Labbé).

Jean de Roye dit Baudrain remit la ville au roi d'Angleterre et au duc de Bourgogne en 1411 (Idem).

Aubert de Sorel était capitaine et gouverneur en 1423 (Idem).

Waleran de Moreuil dit de Soissons fut établi gouverneur par le duc de Bourgogne en 1431 (Idem).

Colard de Mailly était gouverneur pour le roi d'Angleterre en cette même année 1341 concurremment avec Ferry de Mailly (Idem).

> Colart et Ferry de Mailly, de la branche des seigneurs de Talmas, zélés bourguignons, rentrèrent dans l'obéissance du Roi après la paix d'Arras en 1435.

Hector de Flavy-le-Martel, seigneur de Maizières et de Montauban, remplaça en 1431 les Mailly chassés par un soulèvement populaire ; il appartenait comme eux au parti bourguignon (Idem).

Matthieu des Arnois était capitaine de Chauny en 1437 (Archives de Joursanvault).

Philippe-Antoine, bâtard de Vertus, était gouverneur de Chauny pour le duc d'Orléans le 23 mars 1444 (*Recueil de documents inédits concernant la Picardie,* par Victor de Beauvillé, p. 125).

> Il était bâtard de Philippe d'Orléans, comte de Vertus, frère cadet de Charles duc d'Orléans, époux de Marie de Clèves, et fut exécuté à mort en 1445 (P. Anselme, I, p. 207).

Jacques de Saveuse, seigneur de Flesselles et de Brouilly (1446-1495; D. Labbé).

> Jacques de Saveuse serait-il le vendeur de la terre de Sinceny à Jacques du Passage?
>
> A la date du 29 juin 1471 existe un mandement de Marie de Clèves, duchesse d'Orléans, à Raoul Lefrene, lieutenant du gouverneur de Chauny, qui avait exercé l'office de maître des eaux et forêts de Chauny en 1470 au lieu de Philippe de Saint-Aubin, lors tenant le parti contraire au Roi (Collect. Bastard).

Colard de Moui, seigneur de Moui, était gouverneur en 1499 (D. Labbé).

Nicolas de Saint-Brisson dit de Margival, seigneur de Salency, était gouverneur en 1530 (Idem).

François de Lannoy d'Ameraucourt, seigneur de Morvillers, Folleville, Gomers et Saresvillers, l'était en 1540 (Idem).

> François de Lannoy d'Améraucourt était encore capitaine de Chauny à sa mort, arrivée le 13 juillet 1548 (Inscription dans l'église de Gannes (Oise). Il était petit-fils de Thomas, seigneur de Lannoy-lès-Auxy, chambellan de Charles-le-Téméraire, et de Marguerite de Neufville, dame de Matringhem en la régale de Térouane, et descendait, selon l'opinion la plus commune, de la maison des sires et bers d'Auxy, dont les Lannoy d'Améraucourt portaient l'*échiqueté* comme aux armoiries.

François Juvenal des Ursins, seigneur de La Chapelle-Gauthier et de Dou-en-Brie, succéda à François de Lannoy (*Sans indication de date ;* D. Labbé).

> Il y a lieu de lire François Jouvenel des Ursins ; ce seigneur devint chevalier des Ordres du Roi (P. Anselme, VI, 406).

Montigny, gouverneur de Chauny, laissa prendre cette ville par les Espagnols après la bataille de Saint-Quentin.

Louis Potier, sr de Blérancourt et de Gesvres, était gouverneur en 1558 (D. Labbé).

François de Hangest, seigneur de Genlis, colonel général de l'infanterie française, était gouverneur en 1560 (Idem).

> Il avait épousé Valentine Jouvenel des Ursins, seconde fille de François Jouvenel des Ursins, ci-dessus, et d'Anne Lorphèvre, dame d'Ermenonville (P. Anselme). —— Sur ce seigneur, voir p. 28 de cet ouvrage.

Jean de l'Emery, seigneur de Villers, 1559-1572 (Idem).

Antoine, seigneur d'Estourmel, de Surville et de Templay; (*pas de date indiquée ;* Idem).

> Voir sur ce seigneur l'*Etat de la noblesse du Cambrésis*, par Le Carpentier, p. 450.

César de Margival était gouverneur en 1582 (Idem).
Jean de Laucourt, seigneur du Bosquet, l'était en 1590 (Idem).
Charles d'Ongnies, comte de Chaulnes, l'était en 1592 (Idem).

> Il épousa Anne Jouvenel des Ursins, veuve de Guillaume de Lannoy, seigneur de La Boissière, fille ainée de François Jouvenel des Ursins (P. Anselme).

Isaac de Sorel, seigneur de Sorel, Uguy-le-Gay, l'était en 1596 (Idem).
Gilles Brulart, seigneur de Genlis, Abbecourt, l'était en 1608 (Idem).

> Il assista en 1609 à la rédaction de la coutume de Chauny.

Edme de Thiennes, seigneur de Razay, Paray, Launay, Mouzay, Charuaille, les Chateliers, La Mardelle, était gouverneur de Chauny avant 1611 (Cabinet des Titres, vol. 1044, f° 43).

> Il se qualifiait en 1599 gentilhomme de la Chambre du duc d'Aiguillon, fut successivement gentilhomme ordinaire de la Chambre du Roi par lettres du 29 novembre 1600, gouverneur de Chauny, lieutenant au gouvernement de Coucy le 15 juin 1611, capitaine d'une compagnie de chevau-légers en 1615, et lieutenant au gouvernement de Château-Trompette à Bordeaux le 3 juillet 1618. Il était chevalier des Ordres du Roi depuis 1614 et avait prêté serment le 3 décembre de ladite année entre les mains du Maréchal de Souvré. Sa mort arriva entre le 17 mars 1641 et le 7 mai 1642.

Henri de Lorraine, duc de Mayenne, gouverneur de l'Ile de France et des villes et châteaux de Chauny, Coucy, Noyon et Soissons, avait pour lieutenant à Chauny en 1617 les Sicars d'Istienne (D. Labbé).
Hercule de Rohan, duc de Montbazon, aux mêmes qualités que le duc de Mayenne, eut pour lieutenant à Chauny le vicomte de Sessière, reçu en cette charge le 5 novembre 1635 (Idem).
Antoine de Silly, comte de Rochepot; (*sans date ;* Idem).
Le Cardinal Mazarin (Idem).
Armand-Charles de La Porte, duc de la Meilleraye et de Mazarin, grand maître de l'artillerie de France, nommé en survivance du précédent par lettres de Louis XIV en date du 2 mars 1661, quelques jours avant la mort du Cardinal; démissionnaire le 7 aout 1668 en faveur du suivant (Idem).

> Aux archives de Frohen existent ses lettres de nomination, le procès-verbal de sa prestation de serment le 16 mai 1661 et de la publication des lettres Royales faite à Chauny le 14 août suivant à la requête du sieur de La Roupillière, secrétaire du duc Mazarini, le dimanche, *quoique jour de férie*, attendu la pressante nécessité des affaires de S. M. pour lesquelles ledit seigneur duc, présent en ceste ville à l'effet de prendre possession de ladite charge, est obligé de se rendre en diligence au pays Dalsace, *etc...*, eu mesme esgard à la pressante nécessité des affaires du Roi.

Jean du Passage, écuyer, seigneur de Sinceny, fut nommé gouverneur de Chauny par lettres du 12 aout 1668, entra en fonctions le 15 octobre suivant et résigna son gouvernement le 23 avril 1684 en faveur de son frère François du Passage, seigneur de Caillouel, qui ne put entrer en fonctions, parce que le Roi en avait disposé en faveur du suivant (Idem).

Pour plus de détails, voir p. 72 à 76.

Louis comte de Saint-Simon, chevalier, mestre de camp d'un régiment de cavalerie, pourvu de la charge de gouverneur de Chauny par lettres du 14 juin 1684 (Idem).

> C'est ce gouverneur qui obtint, le 5 mai 1685, un arrêt du Conseil ordonnant aux habitants de la ville de Chauny de fournir à son gouverneur un autre logement plus commode que celui duquel il était en possession, et que de plus, jusqu'à l'exécution du présent arrêt, ils lui paieraient la somme de 200 livres par an à titre de dédommagement (Arch. nat., section administrative, E. 1828).

Guillaume de Sortel de Saint-Preuil, brigadier des gardes du corps, pourvu de la même charge par lettres patentes du 30 juillet 1699 (Idem).

Jean-Baptiste Fayart de Sinceny, capitaine au régiment Royal-Cavalerie, pourvu par lettres du 13 octobre 1701, fils de Gaspard Fayart, secrétaire du Roi, seigneur de Sinceny, *etc.* (Idem).

Le rapport de la généralité de Soissons en 1708 porte qu'il y avait des gouverneurs à Chauny, Clermont et Crépy en Valois ; mais ils ont été supprimés par l'édit de création des gouverneurs, et ces nouvelles charges n'ont point encore été levées.

XLII

Sans date.

Lettre de PHILIPPE, DUC D'ORLÉANS, *aux officiers du régiment de Navarre en garnison à Chauny.*

Messieurs. Sur lauis que jay eu par le s^r de St Seny, bailly et capitaine des chasses de ma forest de Coucy, que vos soldats pouvoient faire quelque dommage aux bois de ladite forest à cause du voisinage de la ville de Chauny qui vous a esté donnée pour quartier d'hiver sy vous ne teniez la main à les en empescher, Jai voulu vous faire cette lettre pour vous dire que vous me fairez un singulier plaisir de conserver tant les bois que le gibier de ladite forest et d'exeçuter en cela le dernier reglement du Roy Monseigneur et Frere qui en fait de fort expresses deffences, ce qui nempeschera pas que je ne vous en scache tres bon gré et que je vous tesmoigne aux occasions que je suis

Messieurs

Vostre bien bon amy

PHILIPPE

A. Messieurs les capitaines et autres officiers du regiment de Navarre entretenu pour le service du Roy Monseigneur et frere

A Chauny.

XLIII

Extrait du Testament de FRANÇOISE LE CLERC, *veuve de* HENRY MORIN, *sieur de* LA BORDE, *conseiller du Roi en sa Cour de Parlement, en date du 16 mai 1673 (Despriez et Simonnet notaires au Châtelet de Paris).*

Plus ladite dame donne et lègue à FRANÇOIS DU PASSAGE, Lieutenant de la compagnie colonnelle du régiment de monsieur le duc d'Anguien, son petit neueu, la somme de Cinquante mille liures sauoir, 10000 liures au principal de 500 liures de rente, *etc.* . . . constituez par madite damoiselle d'Orléans souueraine de Dombes le 8 juin 1665 ; —— Autres 10000 liures faisant le principal de pareille rente de 500 liures sur *etc.* . . . , madame Françoise de Lorraine, tant en son nom que comme procuratrice de monseigneur César duc de Vendosme, pardeuant de Henaut et Cousinet notaires le 6 octobre 1640 ; —— 700 liures de rente racheptable de la somme de 14000 liures, *etc.* . . . ; —— 10000 liures qui est le principal de 500 de rente, *etc.* . . . deue par ladite dame de Bandeuille et ses enfans ; —— 2000 liures qui fait le principal de 100 liures de rente, *etc.* . . . . constituez par ledit sieur Lotin de Charny par contrat du 15 décembre 1657 ; —— Et 4000 liures que ladite dame luy a cy devant prestez, scavoir 2000 *liures quant il traitta de la lieutenance du regiment d'Anguien, et autres* 2000 *liures le 17e novembre 1671, pour payer partie d'autre lieutenance colonelle du mesme régiment d'Anguien.* Et à cette fin seront rendus audit sieur François du Passage les promesses ou escrits s'il se trouuoit qu'il en eust fait à ladite dame, laquelle ne scayt certainement sy elle en a ; etc. etc.

Expédition du 27 février 1685 signée *Symonnet* et *Gallois* avec paraphe.

XLIV

9 mars 1674.

Liquidation de la succession de MADELEINE LE CLERC, *épouse de* FRANÇOIS DE BOUBERS, *seigneur de* VAUGENLIEU.

Liquidation des Portions Appartenantes dans les biens cy après déclarés (entre) Messire JEAN DU PASSAGE chevalier seigneur de Sinceny, gouverneur de Chauny,

et Messire FRANÇOIS DU PASSAGE, chevalier, seigneur de Plesnoy, frères comme héritiers et représentans dame Magdelaine de Boubers leur Mère Espouze de feu Messire Charles du Passage, chevalier, seigneur de Sinceny, laquelle étoit fille de dame Magdelaine Le Clerc espouze de Messire François de Boubers ;

Messire Louis de Boubers, chevalier, seigneur de Mélicocq,

Messire Nicolas de Boubers, chevalier, seigneur de Vaugenlieu,

et Messire Jean de Boubers, chevalier, frères comme héritiers et representans deffunt Messire François de Boubers leur père, qui estoit aussi fils de ladite feue dame Magdeleine Le Clerc ;

Dame Françoise Le Clerc, veuve de Messire Henry Morin, chevalier, seigneur de La Borde, conseiller du Roi en sa Cour de parlement ;

Et Messire Michel Pierre Passart chevalier, seigneur de Saint Aubin, conseiller du Roi en son grand Conseil,

Messire Jean Passart, bachelier en theologie de la maison royale de Nauarre et conseiller et aumosnier du Roy,

Nicolas Passart, escuyer, seigneur de Beaumais, capitaine au regiment de Navarre,

et Dame Marie Passart, veuve de Messire Georges Brossin, chevalier, marquis de Méré, frères et sœur enfans et héritiers de feue Dame Marguerite Coignet Espouze de Messire Pierre Passart conseiller du Roi en son grand Conseil, laquelle estoit fille et héritière par moitié de feue Dame Geneviève Le Clerc, sa mère, femme de Messire Michel Coignet ; Et encore lesdits sieurs Passart et dame de Méré héritiers de feue dame Louise Coignet, leur tante, au jour de son deceds Espouze de Messire Henry Passart, seigneur de Pavant, conseiller ordinaire du Roy en son Conseil d'Estat et en son Conseil Royal des finances, laquelle estoit fille et héritière pour l'autre moitié de ladite dame Geneviève Le Clerc, sa mère.

Lesdits biens consistans *etc. etc.*

Signé *Lebon* et *Dejean,* notaires au Châtelet, avec paraphe.

XLV

4 mai 1677.

Acte de foi et hommage de la terre de SAINT-MARTIN-LES-CRÉCY *par* JEAN DU PASSAGE, *seigneur de* SINCENY, *au duc de Longueville, seigneur de Coulommiers.*

Aujourd'huy Mardy quatriesme May Mil six Cens soixante et dix sept, après midy, En presence des notaires royaux au bailliage, ville et chastellenie de Coulommiers en Brie soubssignez, messire JEAN DU PASSAGE, cheuallier, seigneur de St Chenix, Caillous, saint Martin et autres lieux, Gouuerneur de Chosny, demeurant audit lieu de Saint Cheny, s'est exprès transporté au deuant de la principalle porte et entrée du chasteau et lieu seigneurial de cette ville de Coulommiers, où estant après auoir frappé par trois diuerses fois à ladicte porte, et à chacune d'icelles demandé Sy très hault et très puissant prince Monseigneur le duc de Longueville, Seigneur haut justicier et chastelain dudict Coulommiers, estoit en sondit chasteau ou personne ayant charge de luy de recepuoir de ses vassaux les foy et hommage, Seroit suruenu à ladite porte Pierre de Sorhoit concierge du chasteau dudit Coulommiers y demeurant, qui auoit fait response, Mondit seigneur n'estre audit lieu.

Ce fait ledit sieur de Saint Cheny auroit déclaré estre venu exprès En cedit lieu pour faire les foy et hommage qu'il doibt à Mondit seigneur et est tenu luy rendre à cause de ladite terre et seigneurie de Saint Martin à luy appartenante au moyen de la donnation qui luy en a esté faicte par dame Françoise Le Clerc veuve de deffunct Monsieur Messire Henri Morin viuant Conseiller du Roy en sa Cour de parlement, dame de la Borde et dudit Saint Martin, par contrat passé pardeuant Richer et son compagnon, notaires au Chatelet de Paris le vingt neuf octobre mil six cens cinquante trois, mouuante et relleuante en plain fief, foy et hommage de Mondit seigneur à cause de sondit chasteau, terre et seigneurie de Coulommiers.

Et par effect après s'estre ledit sieur de Saint Cheny audit nom mis en debuoir de vassal, teste nue, le genouil en terre, sans espée ny esperons, a déclaré qu'il faisoit Comme par effect a fait les foy et hommage et prester le serment de fidélité qu'il est tenu faire et prester à Mondit seigneur duc de Longueuille à cause de ladite tere et seigneurie de Saint Martin lez Crécy. Et pour daultant plus tesmoigner son humilité a baisé la boucle de la porte dudit chasteau et faict les souxmissions en tel cas requises et accoustumées, Et promis fournir à mondit seigneur l'adueu et dénombrement de ladicte terre et seigneurie de Saint Martin dans le temps porté, et au désir de la Coustume, dont et de quoy ledit sieur de Saint Cheny audit nom a requis acte. Ces presentes à luy octroyées pour luy seruir ce que de raison.

Ce fut fait et passé audit chasteau de Coulommiers par les notaires royaux audit lieu soubssignez, les jour et an susdictz, et ont signé sur la minute des présentes. *Berthereau, Berthereau* avec paraphe.

Suit la signification du présent acte faite le même jour à Me Urbain Le Roy, avocat en parlement, procureur fiscal des bailliage, ville et châtellenie dudit Coulommiers par les mêmes notaires.

Original en parchemin.

XLVI

6 juin 1685.

Profession de MADELEINE-FRANÇOISE DU PASSAGE, *religieuse à l'abbaye de Saint-Sauveur dite Le Charme près Château-Thierry, ordre de Fontevrault.*

Ego Soror Magdalena Francisca Dv Passage, promitto Stabilitatem sub clausura, Conuersionem morum meorum, Castitatem, Paupertatem et Obedientiam, secundum statuta Reformationis ordinis Fontis-Ebraldi, decreto Sixti Papæ quarti, in hoc loco Beatæ Mariæ de Carmo, juxta regulam Beati Benedicti ordinato in honore Saluatoris Matrisque eius et Sancti Joannis Euangelistæ, in presentia vestra, Mater, hujus monasterii priorissa, anno domini millesimo sexentesimo octogesimo quinto, die sexto mensis junii. In cujus rei testimonium presentem scedulam manu propria signaui.

Sr M. F. Du Passage.

XLVII

Certificats de service dans l'Arrière-Ban pour FRANÇOIS DU PASSAGE, *seigneur de* Caillouel *et de* Plénoy.

20 septembre 1690

Messire Louis comte de Marle, chevalier, seigneur Haut-Justicier des Terres et Seigneuries de Coussy-Lizepes, Guillery, la Cervelle, la Marlière, Veslus,

Sainte Preuve, Bois-le-Comte et autres lieux, Viæcomes de Lièsse et Eppe, Subdélégué de Messieurs les Maréchaux de France, et commandant la Noblesse de la Province de l'Isle de France :

Certifions à tous qu'il appartiendra que le Sieur FRANÇOIS DU PASSAGE, cheualier, seigneur de Caillouet et de Plenoy, bailliage de Chaulny, a servi pendant tout le temps ordonné par le Roy en l'Arriere-Ban de l'an mil six cens quatre-vingt-dix en qualité de guidon en nostre Escadron, pour quoy conformément aux Ordres de Sa Majesté luy avons accordé le present Congé pour se retirer chez luy jusqu'à nouvel ordre ; En foy de quoy nous l'avons signé de nostre main, et à iceluy fait apposer le Cachet de nos Armes.

Au Quartier de Crespy le vingt septembre 1690.

L. DEMARLE avec paraphe.

Cachet en cire rouge avec écusson à une bande chargée de trois quintefeuilles, surmonté d'une couronne de marquis.

19 septembre 1693.

LOUIS DE CARDALLIAC, Marquis de Cardalliac, Comte de Terny, premier Baron de Quercy, commandant l'Escadron des cent cinquante Gentils-hommes du Gouvernement de l'Isle de France, sur les Côtes de Normandie, pour l'Arriere-Ban de la presente année 1693,

Je certifie que MONSIEUR DU PASSAGE en qualitté de Cornette a servi dans ledit Escadron, le tems porté par les ordres du Roy, comme estant du nombre desdits Gentils-hommes ; En foy dequoy luy ay donné ce present Certificat pour luy servir comme de raison. Signé et cachetté de mes armes.

Fait ce 19 septembre 1693.

Le Comte de Cardalliac.

Cachet en cire noire avec écusson écartelé au 1er de Bourbon ; au 2e *contre écartelé de* (indéchiffrable) ; au 3e *de gueules à une croix alaisée d. . . . . ; au 4e. . . . . . ; et sur le tout, de gueules au lion d'argent lampassé, armé et couronné d'or, accompagné de treize besants d'argent mis en orle,* qui est de Cardalliac.

1er septembre 1696.

NOUS PIERRE DE LAVNAY, chevalier, seigneur du Valloré, Capitaine, Commandant cent-cinquante Gentil hommes de la Noblesse de l'Isle de France, pour le service de l'Arrière-Ban

CERTIFIONS à tous qu'il appartiendra que MONSIEUR DU PASSAGE, a servy en qualité de Lieutenant, tout le temps qu'il a plû à Sa Majesté désirer de Nous, en l'Escadron du Ban de la presente année mil six cent quatre-vingt-seize. En foy de quoy Nous luy avons donné le present Certificat, pour luy servir en tous lieux ce que de raison. Signé et scellé du Cachet de nos Armes.

Fait à Morlais en Bretagne le premier septembre mil six cens quatre vingt et seize.

DE LAUNAY.

Cachet avec écusson *de* . . *à trois coquilles de.* . . .

XLVIII

21 octobre 1697.

Quittance des droits payés par FRANÇOIS DU PASSAGE, *chevalier, seigneur de* CAILLOUEL, *pour l'enregistrement de ses armoiries.*

GÉNÉRALITÉ DE SOISSONS. — ELECTION DE NOYON.

Armoiries des Personnes, Maisons et Familles.

Je, Commis à la Recette des Droits d'Enregistrement des Armoiries ordonné estre fait par Edit du mois de Novembre dernier, soussigné, reconnois que Messire FRANÇOIS DU PASSAGE, chevalier, seigneur de Caillouel et en partie de Crespigny et Bethencourt en Vaux, demeurant à Caillouel, a ce jourd'huy apporté en ce Bureau et présenté ses Armes pour estre enregistrées à l'Armorial General, et qu'il m'a payé; scavoir pour les Droits d'Enregistrement suivant le tarif *vingt livres,* pour les deux sols pour livres *quarante sols,* et *trente sols* pour les frais du blason, et autres réglés par l'Arrest du Conseil du 20 novembre dernier, promettant luy délivrer le Brevet dudit Enregistrement, en me rapportant le present Recepissé.

Fait à Noyon le vingt unieme jour d'octobre mil six cens quatre vingt dix sept.

Margerin.

Controllé les an et jour susdit.

XLIX

21 décembre 1697.

Maintenue de noblesse pour FRANÇOIS DU PASSAGE,
chevalier, seigneur de CAILLOUEL.

Les Commissaires Generaux deputés par le Roy pour l'execution de sa decla‑
ration du 4 septembre 1696 et arrests du conseil rendus en conséquence contre
les Usurpateurs du titre de Noblesse,

Veu la requeste à nous présentée par FRANÇOIS DU PASSAGE, cheualier, seigneur
de Caillouel et de Plainoy, Tendante à ce que pour les causes et raisons y conte‑
nues il nous plust le decharger de l'assignation à luy donnée le huit juin 1697 à
la requeste de Me de la Cour de Beauual chargé par Sa Majesté de la recherche
des Usurpateurs du titre de noblesse pour aporter au greffe de nostre commission
les titres et pièces en vertu desquels il prend la qualité de *Messire, cheualier* ou
escuier, auec deffences audit de la Cour de Beauual de l'inquieter dans la posses‑
sion et jouissance des priuiléges de noblesse à peine de tous depens, domages et
interêts, ladite requeste signée *Couet* auocat ès conseils ; au bas est l'ordonnance
du Sieur Bignon de *Soit communiquée* du 29 juillet 1697, et la signification
d'icelle du mesme jour.

Veu aussi ladite assignation dudit jour huit juin 1697, donnée audit Sieur DU
PASSAGE à la requeste dudit de la Cour de Beauual. Les titres dudit FRANÇOIS DU
PASSAGE pour prouuer sa noblesse sont : Une procuration passée pardeuant
nottaires royaux à Chauny le 4e may 1667 par FRANÇOIS DU PASSAGE, *cheualier*,
seigneur de Plainoy, resident à Saincheny pour comparoir pardeuant le Sieur
Dorieux, Intendant en la generalité de Soissons et interuenant pour luy en
l'instance intentée à la requeste du procureur du Roy en la subdelegation contre
JEAN DU PASSAGE, *cheualier*, seigneur de Saincheny et Caillouel, frere aisné dudit
FRANÇOIS DU PASSAGE pour le fait de sa noblesse, à l'effet que ledit FRANÇOIS DU
PASSAGE soit compris dans le jugement dudit Sieur Dorieux comme estant frère
puisné dudit Sieur de SAINCHENY et tous deux nais du mariage de *Messire* CHARLES
DU PASSAGE seigneur de Saint Cheny et de dame Madelaine de Boubiers, qui a
reconnu ledit FRANÇOIS pour son frère puisné, consentant qu'il soit compris dans
ledit jugement;

Original du jugement dudit Sieur Dorieu du 22 juillet 1667 par lequel lesdits
FRANÇOIS et JEAN DU PASSAGE sont maintenus et gardés en la qualité de *noble* et
d'*escuier* dont Eux, leurs successeurs, enfans nais et à naistre en legitime mariage
jouiront des priuiléges et exemptions dont jouissent les gentilshommes;

Acte passé pardeuant nottaires royaux à Chauny le 24e octobre 1680 par lequel
les Sieurs JEAN et FRANÇOIS DU PASSAGE acquiescent à une sentence rendue par
les arbitres par eux commis sur les contestations qu'ils auoient pour la succes-

sion de CHARLES DU PASSAGE leur père, lequel acte contient un partage fait par les mesmes arbitres par lequel il paroist que la terre et seigneurie de Caillouel est escheue audit FRANÇOIS DU PASSAGE comme puisné, et celle de Saint Cheny et autres audit JEAN DU PASSAGE comme aisné ;

Requeste dudit de la Cour de Beauual signée *Le Noir* auocat ès conseils, seruant de reponce à ladite requeste et pièces, au bas de laquelle est l'acte de l'employ, signifiée le treize septembre 1697 :

Conclusions du Sieur procureur general du Roy en ladite Commission ;

Ouy le raport du Sieur Bignon de Blanzy, conseiller du Roy en ses conseils, maistre des requestes ordinaire de Son hostel, l'un de nous, et tout consideré,

Nous COMMISSAIRES GENERAUX SUSDITS en vertu du pouuoir à nous donné par Sa Majesté auons dechargé et dechargeons ledit FRANÇOIS DU PASSAGE, Sieur de Caillouel, de l'assignation qui luy a esté donnée à la requeste dudit de la Cour de Beauual le huitiesme juin MVIc quatre vingt dix sept. Et en consequence l'auons maintenu et gardé, le maintenons et gardons, ses successeurs, enfans et posterité nais et à naistre en loyal mariage en la qualité de *nobles* et d'*escuiers*. Et ordonnons qu'ils jouiront de tous les priuiléges, honneurs et exemptions dont jouissent les veritables gentils hommes de ce Royaume auec deffences à touttes personnes de les y troubler tant et si longuement qu'ils ne feront acte de derogeance. Et pour cet effet que ledit FRANÇOIS DU PASSAGE sera inscrit dans le catalogue des gentils hommes qui sera arresté au conseil et enuoyé, dans les bailliages et eslections du Royaume en consequence de l'arrest du conseil du vingt-deux mars MVjc soixante six.

Fait à Paris le vingt un décembre MVjc quatre vingt dix sept. *Hersent.* Collationné.

Joint une ordonnance d'enregistrement au greffe de l'élection de Noyon du 27 mars 1706, signé *Pelleton.*

L

25 février 1698.

Quittance donnée à FRANÇOIS DU PASSAGE, *seigneur de* CAILLOUEL, *et* JEANNE REGNAULT, *son épouse, à cause de la succession de Claude Regnault, conseiller du Roi, trésorier et payeur des gages des officiers et gardes de la Prévôté de l'Hôtel et Grande Prévôté de France.*

En la présence des conseillers du Roi notaires soussignés, dame Marie Mesnard, veuve de Pierre Colbert, escuyer, conseiller du Roy, controlleur général, des postes de France, en son nom à cause de la communauté de biens qui a esté entre ledit deffunt sʳ son mary et elle, et Pierre-François Colbert escuyer sʳ de Clesles seul et unique hériter dudit deffunt sʳ Colbert son pere, demeurant ensemble Isle N.-D. quay d'Alençon, paroisse Saint Louis, en conséquence de la sentence rendue aux requêtes du pallais le 25ᵉ dernier entr'eux d'une part ; et messire FRANÇOIS DU PASSAGE, escuier, sʳ de Caillou, et dame Jeanne Regnault son espouse d'autre part ;

Ont reconnu et confessé avoir receu de... *(en blanc)* qui leur a paié pour et en acquit de la succession de Claude Regnault, conseiller du Roy, trésorier et payeur des gages des officiers et gardes de la prévosté de l'Hôtel et grande prévosté de France, la somme de 112 l. 19 s. 11 d. pour ce qui reste deu à la succession des augmentations de gages attribués audit office de trésorier dudit sʳ Regnault pour l'année xviᵉ quatre vingt quinze. Dont quittance.

Fait et passé en l'estude de Monnerat (?) notaire l'an mil six cens quatre vingt dix huit le 25ᵉ jour de juin, et ont signé *M. Mesnard, P. P. Colbert,* Monnerat et Pioger.

Bibl. nat. Pièces orig. t. 811, fᵒ 753.

Ll

Inventaire des titres produits pour les preuves de la Maison Royale de Saint-Cyr au nom de GENEVIÈVE DU PASSAGE *en l'année 1701.*

1º Son extrait baptistaire du 26 novembre 1690.

2º *Pour le 1ᵉʳ Degré :*

Le Contrat de mariage de FRANÇOIS DU PASSAGE, chevalier, sʳ de Plénoi et Caillouel, et de JEANNE-PERRETTE REGNAULT, ses père et mère, du 5 mars 1582 ;
Le partage du 24 octobre 1690 ;
La maintenue de Noblesse du 21 décembre 1679 ;
La maintenue de Noblesse du 22 juillet 1667.

3º *Pour le 2ᵉ Degré :*

Le contrat de mariage de CHARLES DU PASSAGE, chevalier, sʳ de Sinceny, et de MADELEINE DE BOUBERS du 11 juillet 1622 ;
L'arrêt de la Cour des Aides du 27 novembre 1631 ;
La commission du duc de Chevreuse du 12 février 1626 ;
Les lettres de gentilhomme de la Chambre du Roi du 22 janvier 1620.

4° *Pour le 3ᵉ Degré :*

Le contrat de mariage de JOSIAS DU PASSAGE, sʳ de Sinceny, et de MADELEINE DE FOLLEVILLE du 4 septembre 1588 ;

Procuration de MADELEINE DE FOLLEVILLE pour le mariage de CHARLES DU PASSAGE, son fils, du 9 juillet 1622 ;

Le partage des biens de la dame d'Harzillemont du 14 juin 1619 ;

La maintenue de Noblesse du 11 mars 1599 ;

Le bail judiciaire du 4 mars 1594 ;

5° *Pour le 4ᵉ Degré :*

Le contrat de mariage de NICOLAS DU PASSAGE, sʳ de Sinceny, et d'ÉLÉONORE DE JOUENNE du 21 avril 1558 ;

Le partage noble du 6 octobre 1559 ;.

L'hommage de Sinceny du 16 mai 1558.

6° *Pour le 5ᵉ Degré :*

Le contrat de mariage de CLAUDE DU PASSAGE, sʳ de Sinceny, et de GILLES DE VAULX du 11 juin 1504 ;

Le relief de Sinceny du 14 août 1508.

7° *Pour le 6ᵉ Degré :*

La sentence pour GILLES DE VAULX du 6 mars 1500 ;

L'hommage de Sinceny du 24 février 1491 ;

Un acte de vente du 20 janvier 1488.

8° *Pour le 7ᵉ Degré :*

Le certificat donné par le comte de Nevers à JACQUES DU PASSAGE, le 21 février 1491.

LII

15 mars 1724.

Certificat de service ;pour BERNARD-GABRIEL DU PASSAGE, *officier au régiment de cavalerie de Condé.*

Je soubsigné Capitaine ayde major, chargé du détail du Régiment de caualerie de Condé, Certiffie que MONSIEUR DUPASSAGE sert audit Régiment en qualitté de Cornette et de Lieutenant en pied depuis lannée 1704 et qu'il a esté page de S. A. S. Monsegneur Le Prince cinq années auparavant dantrer au service. En foy de quoy nous lui auons déliuré le présent certifficat pour luy seruir et ualoir ce que de Raison.

Fait à Mouzon le 15ᵉ mars 1724.

ANDRAU.

LIII

4 décembre 1729.

Brevet d'une place de Saint-Cyr pour ANNE DU PASSAGE DE CAILLOUEL.

Aujourd'huy quatrième de mois de décembre 1729 Le Roy étant à Versailles bien informé que Demoiselle ANNE DU PASSAGE DE CAILLOUEL a la naissance, l'âge et les autres qualitez requises pour estre admise au nombre des Demoiselles qui doiuent estre recues dans la Maison Royale de St Louis Etablie à St Cyr, ainsi qu'il est aparu par titres, actes, Certificats et autres preuues conformement aux Lettres patentes des mois de Juin mil six cent quatre vingt six et Mars mil six cent quatre vingt quatorze, SA MAJESTÉ luy a accordé une des Deux Cent Cinquante places de ladite Maison, Enjoignant à la Supérieure de la receuoir sans delay, luy faire donner les instructions conuenables, et la faire jouir des mesmes auantages dont jouissent les autres Demoiselles, en vertu du present Breuet que Sa Majesté a pour assurance de Sa Volonté signé de Sa Main et fait contresigner par moy, Conseiller Secretaire d'Etat et de ses Commandemens et finances

Signé LOUIS
Et plus bas *Phelippeaux.*

LIV

20 mai 1735.

Prise de possession pour FRANÇOIS DU PASSAGE, clerc tonsuré du diocèse de Noyon, de la chapelle Notre-Dame dite de Sainte Anne dans l'église de Villers-Carbonnel.

Ce jourdhuy vingtiesme jour de may l'an mil sept cent trente cinq, pardeuant moy notaire Royal au bailliage, gouuernement et prevostée de Péronne, avant midi, en présence et à l'assistance des témoins cy après nommés et soussignés, est comparu Maitre Guillaume Nicolas de Sercy, prêtre, chanoine régulier de la congrégation de France, prieur et curé de la paroisse de Saint-Médard de Bétancourt en Vaux au diocèse de Noyon, y demeurant, comme porteur de procuration de Maitre François du Passage, clerc tonsuré du diocèse dudit Noyon, demeurant à Paris au collège de Dainville, rue des Cordeliers, paroisse Saint-Benoit, la quelle procuration passée devant Bora et son confrère notaires au Chatelet de Paris en date du cinq may présent mois et an, deument en bonne forme, paraphée par moy notaire soussigné *ne varietur* en présence des témoins est restée anexée à la minute des présentes, lequel sieur Guillaume Nicolas de Sercy audit nom s'est adressé à Maitre Florent Leduc, prêtre, curé de la paroisse de Saint-Quentin de Villers-Carbonnel, et en suivant la commission portée par lettres de provision qui ont esté expédiées par messire Bonaventure Bauyn, docteur de Sorbonne, chancelier de l'église de Paris et abbé de Saint-Barthélémy de Noyon, en date du vingt sept auril dernier, aussi deument en bonne forme, d'une chapelle de Notre Dame appellée vulgairement *Sainte Anne* située dans l'église paroissiale dudit Villers-Carbonnel, et est signé *de Boin*, passée devant Dojeu et son confrère notaires audict Chatelet de Paris, deument scelée et insinuée à Noyon le dix may audit an, signé *Pelleton Dumeny*,

Nous nottaire et témoins cy après nommés et soussignés nous nous sommes exprès transportés dans ladite paroisse dudit Villers-Carbonnel où est située laditte chapelle, où étant nous avons ledit sieur de Sercy au nom que dessus, ce requérant, mis et installé en la possession réelle, actuelle et corporelle de ladite chapelle, de ses droits, proffits, revenus, apartenances et dépendances généralement quelconques, et ce par l'entrée libre de ladite paroisse et de ladite chapelle, la prise d'eau bénite, la génuflexion devant la vénérable image du Crucifix, l'entrée de ladite chapelle, la prière faite à genoux deuant l'autel d'icelle, le baiser et le toucher du meme autel, et généralement par l'observation de toutes les formalités en tel cas requises et accoutumées ; à quoy personne ne s'est opposé. De tout quoy ledit sieur de Cersy audit nom nous a requis le présent acte que nous notaire et témoins susdits lui avons octroyé pour lui servir ce que de raison.

Ce qui fut fait et passé pardevant moy Me Fursy Caudron, notaire royal au bailliage de Péronne, et au défaut du notaire apostolique reçu au bailliage de Péronne et attendu le décès de feu Maitre Pierre de Vaux en son vivant notaire apostolique dudit lieu et que la chambre ecclésiastique de Noyon à qui la nomination appartient n'y a pas encore pourveu.

Ce qui fut fait et passé devant moy notaire soussigné en présence de Eloy Le Roy, clerc séculier dudit lieu, et de Martin Ledoux, tailleur d'habits aussi dudit lieu, tous deux témoins par moi notaire soussigné pris et appelé au défaut d'un autre notaire, qui ont signé avec moy et ledit sieur de Sercy.

Controlé à Péronne le vingt may l'an mil sept cent trente cinq ; reçu six livres. Signé *Chauvau*.

Signé *Peleton Dumeny*.

LV

1ᵉʳ avril 1736.

Certificat de réception de BERNARD-GABRIEL DU PASSAGE, *lieutenant du régiment de cavalerie de Condé, dans l'Ordre Royal et militaire de Saint-Louis.*

1ᵉʳ Avril 1736.

Nous, Grand Maitre des Ceremonies, Brigadier d'infanterie, Colonel du Regiment de Guyenne, Chevalier de l'ordre militaire de Sᵗ Louis, Commandant pour le Roy à Nancy,

Certiffions avoir en vertu de l'ordre du Roy cy après transcrit Reçeu ce jour dhuy le Sʳ DU PASSAGE, lieutenant dans le Régiment de Cavalerie de Condé, Chevalier de l'ordre militaire de Sᵗ Louis, duquel avons receu prealablement le serment requis en pareil cas et tel qu'il est porté par l'instruction à nous envoyée en date du 25 mars 1736. En foy de quoy luy avons donné ce present certificat pour luy servir en ce que de besoin.

Fait à Nancy le 1ᵉʳ avril 1736.

Signé BREZÉ.

MONSʳ LE Mⁱˢ DE BREZÉ, La satisfaction que j'ay des services du Sʳ DU PASSAGE, lieutenant dans le Regiment de Cavalerie de Condé, m'a convié à l'associer à l'ordre militaire de Sᵗ Louis, mais comme son Eloignement ne luy permet pas de faire le voyage necessaire pour etre par moy receu audit Ordre, Je vous ay choisy et commis pour en mon nom le recevoir et admettre à la dignité de Chevalier de Sᵗ Louis, Et je vous ecris cette lettre pour vous dire que mon Intention est que conformement à l'instruction cy jointe, vous ayés à proceder à sa reception. Et la presente n'étant pour autre fin, je prie Dieu, Mons. le Mⁱˢ de Brezé, qu'il vous ait en sa sainte garde.

Ecrit à Versailles le 25 mars 1736.

Signé LOUIS

Et plus bas *Bauyn.*

A Monsr le Mⁱˢ de Brezé Bᵉʳ Colonel du Regᵗ d'infⁱᵉ de Guyenne Commandant pour mon service à Nancy, et Chevalier de l'Ordre militaire de Sᵗ Louis.

LVI

23 mai 1746.

Certificat pour le CHEVALIER DU PASSAGE, *lieutenant au régiment de Poitou, de service comme major du château de Cazal en Piémont.*

Nous soussigné, Lieutenant général des armées du Roy, commandant sous les ordres de monsieur le maréchal de Maillebois à Cazal l'hiver de l'année 1745 à 1746, Certiffions que monsieur le Chevalier d'Hébert commandant alors du château dudit Cazal, y a établi selon l'ordre que luy en auoit donné monsieur le maréchal, monsieur le CHEVALIER DU PASSAGE, lieutenant du régiment de Poitou, pour y faire la charge de major de la place, et le sieur Ganion sergent du même régiment pour y faire celle de capitaine des portes, et que l'un et l'autre se sont très bien acquittés de ces emplois depuis le premier décembre 1745 jusqu'au sixième du mois de mars suivant, que je les y ay laissés.

A Nouy le 23ᵉ may 1746.

Nous soussigné, cy deuant commandant au château de Cazal, certiffions que monsieur le CHEUALIER DU PASSAGE et le sieur Ganion dont il est fait mention au certifficat ci dessus, se sont acquitté auec beaucoup d'application et de distinction du deuoir de leurs charges audit château pendant tout l'hiuer et surtout pendant les seize jours de siége que nous y auons soutenus depuis le treize mars jusqu'au vingt huit dudit mois.

A Nouy le 23ᵉ may 1746.

Signé LE Cʜᴇʀ D'HÉBERT.

LVII

Pertes du régiment de Poitou dans l'affaire de Plaisance arrivée le 16 juin 1746.

Le comte de Revel, colonel, blessé et non prisonnier,
d'Hébert, major, blessé et prisonnier,
d'Harzillemont, ayde-major, blessé et non prisonnier,
Caffot, ayde-major, blessé et prisonnier.

Capitaines tués :

D'Anizy, l'ainé,
Sellière,
Chaban, l'ainé.
Bonneguise,
Beaumont,
La Boudry.

Lieutenants tués :

Du Peloux,
Gamaucourt,
Du Rosey,
La Cour.

Blessés et non prisonniers,

Les capitaines :

La Molinière,
Des Escherolles,
Saint-Mesnin,
Daldiguier.

Les lieutenants :

Belrose,
Pichon,
Lagrange,
Dessaugiers,
Va de Bon Cœur,
Lisleferme,
Puigombert.

Blessés et prisonniers,

Les capitaines :

Péville,
Caget,
Bonneval,
Montandre,
de Fief,
Paponville,
Savignac,
Demons,
Pouilly,
Delmue,
Poullard,
Fontenaille.

Les lieutenants :

Des Escherolles, le fils,
Vigneras,
Du Ménil,
Darrierecourt,
Pontignac.

Prisonniers non blessés,

Les capitaines :	Les lieutenants :
Montigny,	Palluau,
Du Passage	Neuvisy,
Courtin Villiers,	Beaufort,
Fontange,	Lamothe,
Drouard,	de Carle,
Paty,	Loupersac,
Campagnau.	Douzel,
	Beauregard,
	Garderat,

Total : tués, blessés et prisonniers : 58.

Copie du temps trouvée dans les papiers du chevalier d'Hébert.

LVIII

1ᵉʳ septembre 1755.

Commission de Capitaine pour LOUIS-ANTOINE-BERNARD DU PASSAGE DE CAILLOUEL.

Monsieur le Comte de Revel, Etant nécessaire de pourvoir aux Compagnies que j'ay résolu de faire lever pour porter au complet les bataillons dont est composé le Régiment d'Infanterie de Poitou que vous commandés, Je vous écris cette lettre pour vous dire que J'ai choisi le Capitaine Louis-Antoine-Bernard du Passage de Caillouel pour faire incessamment la levée de l'une desdites Compagnies du nombre de Quarante hommes (les officiers non compris) françois, des plus vaillans et agueris soldats qu'il pourra trouver ; Et que mon Intention est que vous ayés à le recevoir et faire reconnoitre en qualité de Capitaine de ladite Compagnie, de tous ceux et ainsi qu'il appartiendra, avec le rang qu'il a tenu jusqu'à présent dans ledit Régiment. Et la présente nétant pour autre fin Je prie Dieu qu'il vous ait, Monsieur le Comte de Revel, en sa Sainte garde.

Ecrit à Versailles le premier septembre 1755.

Signé Louis

Et plus bas *M. de Voyer d'Argenson.*

LIX

Lettre de pension sur le Trésor Royal pour BERNARD-GABRIEL
DU PASSAGE, *capitaine au régiment Royal-infanterie.*

A Versailles le 27 aoust 1757.

Sur le Compte, Monsieur, que j'ay rendu au Roy de la perte que vous avés
faite de votre pere, cy devant lieutenant dans le regiment de Cavalerie de Condé,
Sa Majesté a bien voulu, en consideration de la blessure que vous avés reçue à
la bataille de Fontenoy et pour vous aider à continuer vos services, vous accorder une pension de deux cens livres sur celle de quatre cens livres, dont il jouissait
sur le Trésor Royal. Je vous en donne avis et suis, Monsieur, votre très humble
et très affectionné serviteur

Signé *R. de Paulmy.*

LX

30 octobre 1758.

*Quittance du Trésorier général de la Compagnie de France au
Fort-Louis, à Pondichéry, à* DU PASSAGE *l'aîné, capitaine
d'infanterie* [1].

Je soussigné, Conseiller des Indes, Trésorier général de la Compagnie de
France en ce fort, reconnois auoir receu du Sieur DU PASSAGE l'ainé, Capitaine
d'infanterie, la somme de Cinq mille six cens cinquante six roupies trente six gandas qu'il place à cette caisse à l'intérêt de huit pour cent par an à compter de
ce jour. Au Fort Louis à Pondichéry le 30 8bre 1758. Signé *Guillard.*
A côté est écrit : *Bon pour* 5656 *R*... 36 *g.* et plus bas :

Vu au Conseil,

Signé *Duval de Leyrit, Barthélémy, Boyelleau, Le Noir,
Baustel, Duplant de Laval, Desvaux* et *Gueulette.*

[1] Voir Livre IV, chap. I, 4°.

LXI

1er janvier 1759.

Commission au sieur BERNARD-GABRIEL DU PASSAGE DE
CAILLOUEL, *premier capitaine de la brigade de Chabrié dans le
Corps Royal de l'Artillerie, pour tenir rang de Lieutenant-Colonel
d'infanterie.*

LOUIS PAR LA GRACE DE DIEU ROY DE FRANCE ET DE NAVARRE, à notre cher
et bien amé le Sr BERNARD-GABRIEL DU PASSAGE, Premier Capitaine de la Brigade
de Chabrié dans notre Corps Royal de l'Artillerie, Salut.

Mettant en considération les services que vous nous avés rendus dans toutes
les occasions qui s'en sont présentées, et voulant vous en témoigner notre satisfaction : A ces causes et autres à ce Nous Mouvans, Nous vous avons Commis,
Ordonné et Etabli, Commettons, Ordonnons et Etablissons par ces présentes
signées de notre main pour prendre et tenir Rang de Lieutenant Colonel dans nos
Troupes d'Infanterie du jour et datte de ces présentes, et ce sous notre autorité et
sous celle de nos Lieutenans généraux, là par et ainsi qu'il vous sera par Nous
ou Eux commandé et ordonné pour Notre service ; De ce faire vous donnons pouvoir, Commission, Autorité et mandement spécial. Mandons à tous qu'il apartiendra
de vous recevoir et faire reconnoître en ladite qualité et qu'à vous en ce faisant
soit obéi. Car tel est notre plaisir.

Donné à Versailles le premier jour de Janvier l'an de grace Mil sept cens Cinquante Neuf et de Notre Règne le Quarante quatrième.

Signé LOUIS.

Par le Roy

Boyer.

LXII

Lettre de LOUIS-JOSEPH DE BOURBON PRINCE DE CONDÉ à
LOUIS-BERNARD DU PASSAGE, *officier dans le régiment de son
nom.*

A Chantilly ce 28 Janvier 1759.

J'ai reçu, Monsieur, votre lettre et le memoire que vous m'avez envoyé. Je n'oublierai point la demande que vous me faites de l'agrement d'une compagnie dans mon regiment de Cavalerie. Je serois bien aise de vous marquer que je suis bien intentionné pour ce que vous desirez, et que j'ai fort envie de vous faire plaisir quand cela se pourra.

Signé LOUIS-JOSEPH DE BOURBON.

M. du Passage.

LXIII

16 avril 1759.

Brevet confirmant à JEAN-BAPTISTE DU PASSAGE, *capitaine au régiment de Poitou, le titre de Chevalier de l'Ordre Royal et militaire de Saint-Louis à lui conféré le 28 mars 1753.*

LOUIS PAR LA GRACE DE DIEU ROY DE FRANCE ET DE NAVARRE, Chef Souverain et grand maitre de l'ordre militaire de St Louis. A tous ceux qui ces présentes lettres verront, Salut.

Par l'édit de création et institution dudit ordre, la faculté nous Etant réservée de faire tel nombre de chevaliers que nous jugerons à propos, pour jouir par eux des mêmes honneurs et prérogatives que les autres chevaliers dudit ordre qui ont les pensions, avec espérance de succéder ausdites pensions lorsqu'elles viendront à vacquer, et ayant une satisfaction toute particulière des bons et fidèles services du sieur JEAN-BAPTISTE DU PASSAGE, capitaine dans le régiment d'infanterie de Poitou, étant d'ailleurs informés de ses bonnes vie et mœurs, religion catholique apostolique et romaine, nous aurions eu agréable de l'admettre dans ledit ordre le vingt huitième jour du mois de Mars de l'année mil sept cens cinquante trois, et attendu que son éloignement ne lui permettoit pas pour lors de prester entre nos mains le serment en pareil cas requis, nous aurions mandé le douzieme jour de May de la même année, à notre cher et bien amé le sieur de Puget notre lieutenant au gouvernement de St Omer, actuellement notre lieutenant à Lille, de recevoir chevalier dudit ordre ledit sieur du Passage, lequel auroit presté entre ses mains ledit serment le cinquième jour du mois suivant, ainsy qu'il paraist par le certificat cy attaché sous le contre scel de ces présentes, avec ceux qui justifient de ses services, ainsi que de ses bonnes vie, mœurs, religion catholique apostolique et romaine, et nous nous serions réservés de luy en donner nos provisions sur ce nécessaires.

A CES CAUSES et autres à ce nous mouvans, en confirmant la grâce par nous cy devant accordée audit sieur du Passage, nous l'avons fait, constitué, ordonné et étably, faisons, constituons, ordonnons et établissons par ces présentes signées de notre main, *Chevalier dudit ordre de St Louis,* pour par lui jouir dudit titre de Chevalier, tout ainsy que si les présentes lui eussent été expédiées ledit jour vingt huitième dudit mois de Mars de l'année mil sept cens cinquante trois, aux prérogatives qui y sont deues, avec faculté de tenir rang parmy les autres chevaliers dudit ordre à compter du cinquième jour du mois de juin de la même année, qu'il a presté entre les mains du sieur de Puget le serment dont il étoit tenu pour raison de ce, et de porter une croix d'or sur l'estomac attachée d'un petit ruban couleur de feu sur laquelle il y aura l'image de St Louis, à condition d'observer les statuts dudit ordre, sans y contrevenir directement ni indirectement, et de se rendre à notre cour et suite toutes fois et quantes que nous le luy ordonnerons pour notre service et pour le bien et l'utilité dudit ordre.

Si donnons en mandement à tous grands croix, commandeurs et chevaliers dudit ordre, de faire reconnoitre ledit sieur du Passage de tous ceux et ainsy qu'il appartiendra. *Car tel est notre plaisir.*

En Témoin de quoy nous avons fait mettre le scel dudit ordre à ces dites présentes.

Donné à Versailles le seizième jour du mois d'avril, l'an de grâce mil sept cens cinquante neuf, et de notre règne le quarante quatrième.

Signé Louis.

Par le chef souverain et grand maître
de l'ordre militaire de St Louis.

Boyer.

Scellé du grand sceau de France en cire rouge.

Enregistré au greffe de l'ordre Royal et militaire de Saint Louis par nous garde des archives dudit ordre. A Versailles le treize juin mil sept cent cinquante neuf.

Signé Marie.

LXIV

Pièces concernant BERNARD-GABRIEL Chevalier DU PASSAGE, *ingénieur en chef au Fort-Louis, à Pondichéry.*

20 juin 1760.

Je soussigné Conseiller Trésorier général pour la Compagnie de France en ce fort, reconnois auoir reçu de M. le chevalier du Passage, ingénieur en chef de cette place, la somme de six cens soixante onze roupies trois gandas, provenant d'une rescription du Conseil de Mahé sur le Conseil Supérieur qu'il place à ce Trésor à l'intérêt de huit pour cent par an à compter de ce jour.

Fait au Fort-Louis à Pondichéry le 20 juin 1760. Signé *Duplan de Laval.*

A côté est écrit : *Bon pour roupies* 671-3 g^d et plus bas :

Vu au Conseil,

Signé *Duval de Leyrit* [1]*, Guillard, Le Verrier, Moracin, Le Ch^er Courtin, Boyelleau, Le Noir, Denis* et *Porcher.*

15 novembre 1760.

Je soussigné Conseiller, *etc.* . . . . reconnois avoir reçu de M. LE CHEVALIER DU PASSAGE, ingénieur en chef de cette place, la somme de neuf mille deux cens soixante huit roupies, dont quatre mille quatre vingt quatorze roupies en billets de caisse, intérêt desdits billets, le tout provenant de ses apointemens et avances par luy faites pour les travaux et diverses dépenses du génie ; ladite somme mondit sieur du Passage place à ce tresor à l'intérêt. . . . . (*comme ci-dessus*).

Fait à Pondichéry, le 15 novembre 1760. Signé *Duplan de Laval.*

A côté est écrit : *Bon pour R.* 9268 et plus bas :

Vu au Conseil,

Signé *Duval de Leyrit, Guillard, Leverrier, Moracin, Le Ch^er Courtin, Boyelleau, Le Noir, Denis* et *Porcher.*

31 décembre 1760.

Etat de ce qui est du à M. LE CH^er DU PASSAGE, capitaine ingénieur en chef de cette place, pour l'entretien de son palanquin pendant quatre mois, comme suit, sçavoir :

Il est du pour quatre mois à compter du 1er septembre au 31 décembre 1760, à raison de 15 pagodes par mois, ... Pagodes 60

M. Lenoir, conseiller caissier de la Compagnie des Indes, payera la somme de soixante pagodes courantes pour le montant du présent état, laquelle somme lui sera allouée en rapportant le présent seulement.

Fait au Fort-Louis de Pondichéry le trente et un décembre mil sept cent soixante.

Signé *Duval de Leyrit.*

---

[1] Il était commandant général des Établissements français aux Indes Orientales.

9 janvier 1761.

Je reconnois devoir à M. DU PASSAGE la somme de Mille cent quatre vingt quatre Roupies que je promets lui payer au premier argent que j'aurai.
A Pondichéry le 9 janvier 1761.

Signé *Saint Paul.*

31 janvier 1761.

Je soussigné, Trésorier militaire pour la Compagnie des Indes de France à Pondichéry, Certifie que suivant l'ordonnance de M. Duboys commissaire ordonnateur des guerres en date du 10 du courant, il est dû à M. DU PASSAGE, ingénieur en chef de cette place, la somme de deux cent quatre vingt deux roupies six caches pour solde de ses appointements depuis le premier septembre 1760 jusques et y compris le 16 janvier 1761, laquelle somme je n'ai point payée, et n'ayant point des fonds en caisse pour l'acquitter.

En conséquence des ordres de M. de Lally, lieutenant général des Armées du Roy, Commissaire du Roy et Commandant en chef aux Indes, j'ai donné le présent Certificat de non payement à mondit sieur du Passage pour qu'avec ledit il puisse en France se faire payer de la ditte somme soit par Messieurs les sindics et directeurs de la Compagnie des Indes ou tous autres qu'il appartiendra.

Fait à Pondichéry le 31 janvier 1761.

Signé *Le Brun.*

LXV

Etat de la compagnie de BERNARD-GABRIEL DU PASSAGE, *capitaine au Royal-infanterie, chevalier de l'Ordre Royal et Militaire de Saint-Louis, après la conquête de Port-Mahon.*

Toulon, avril 1763.

Beauséjour, caporal,
Jolicœur, caporal,
La Vigne, caporal,

Belle fleur, anspessade,
Belle rose, anspessade,
Sans chagrin, anspessade.

Les fusiliers :

Saint-Martin,	La Geroflée,	Saint-Eloy.
L'Espérance,	Saint-Nicolas,	Aurillac,
La Déroute,	La Victoire,	La Couture,
La Tendresse,	Bel Air,	L'Ami,
La Douceur.	Des Lauriers,	La Bonté,
La Fleur,	Gachon,	Saint-Louis,
Saint-Laurent,	La Réjouissance,	L'Iroquois,
La Jeunesse,	Montpellier,	Saint-Germain.
Dargeant,	Sans Regret.	

LXVI

A Versailles le 10 9bre 1766.

Lettre du duc de Choiseul à BERNARD-GABRIEL CHEVALIER DU PASSAGE, *pour lui annoncer la pension que* LOUIS XV *venait de lui accorder.*

Sur le compte, Monsieur, que j'ay rendu au Roy de vos seruices et de l'impossibilité où vous estes de les continuer relatiuement à la suite des blessures que vous auez receues à la guerre, Sa Majesté a bien voulu vous accorder pour votre retraite des appointemens de cinq cents liures. Je vous en donne auis Et suis, Monsieur, votre très humble et très obéissant seruiteur.

Signé LE DUC DE CHOISEUL.

LXVII

Requête au Ministre de la Guerre pour LOUIS-BERNARD DU PASSAGE, *lieutenant colonel de cavalerie en retraite.*

A Monseigneur Le Comte du Muy, Ministre et Secrétaire d'Etat de La Guerre.

MONSEIGNEUR

Le CHEVALIER DU PASSAGE, cidevant capitaine d'Infanterie au Regiment Royal,

---

[1] Le comte de Muy fut ministre de la Guerre de juin 1774 au 10 octobre 1775.

a l'honneur de vous représenter que Louis Bernard Du Passage, son frère, ancien Capitaine au régiment de Cavalerie de Condé, retiré avec le brevet de Lieutenant-Colonel, demeurant actuellement à Rées Duché de Cleves, aïant pendant la Guerre fait un Mariage peu fortuné, et les armées tant du Prince Ferdinand que les Notres ayant ruiné les possessions de la Baronne de Groswelt qu'il Epousa dans ce tems là ; il se trouve aujourd'hui réduit à une pension de 600 livres après 30 ans de service et après avoir depensé soixante mille francs tant à l'achat d'une compagnie de Cavalerie qu'à son Entretien pendant la dernière guerre ; de sorte que n'ayant eu que 50 mille francs dans ses partages il s'est trouvé court de Dix mille auxquels sa famille *etc.* . . a fait honneur *etc.* . .

Le suppliant son frère, s'étant aussi épuisé à la guerre, vient implorer vos bontés pour lui faire obtenir du Roy une augmentation de pension de 200 livres sur l'Extraordinaire des guerres, *etc.* . .

Simple copie.

LXVIII

2 avril 1775.

Brevet d'Abbesse de l'Abbaye de Monchy-Humières, au diocèse de Beauvais, pour MARIE-MARGUERITE DU PASSAGE, *religieuse du Paraclet, au diocèse de Troyes.*

Aujourd'hui deuxième du mois d'Avril mil sept cent soixante quinze, le Roy étant à Versailles, bien informé des bonnes vie et mœurs, piété, suffisance, capacité et autres vertueuses qualités de la Dᵉ MARIE-MARGUERITE DU PASSAGE, Religieuse de l'Abbaye du Paraclet, diocèse de Troyes, et voulant pour ces considérations la gratiffier et traiter favorablement, Sa Majesté lui a accordé et fait accorder l'Abbaye de Monchy-Humières, ordre de Citeaux, diocèse de Beauvais, qui vacque à présent par la démission pure et simple de la Dᵉ de Montbel dernière titulaire ; M'ayant Sa Majesté commandé d'expédier toutes lettres et dépêches nécessaires en Cour de Rome pour l'obtention des Bulles en provision apostholique de laditte Abbaye, et cependant pour assurance de sa volonté le présent Brevet qu'elle a signé de sa Main et fait contresigner par moi Ministre et Secrétaire d'Etat de ses Commandements et finances.

Signé LOUIS

Et plus bas *Phelippeaux.*

LXIX

7 juillet 1775.

Procès-verbaux de fulmination et de prise de possession de l'abbaye de Monchy-Humières pour MARIE-MARGUERITE DU PASSAGE, *abbesse dudit monastère.*

Fulmination et installation.

Extrait des Minutes du Greffe de l'Officialité et Cour ecclésiastique du diocèse de Beauvais.

L'an mil sept cent soixante quinze, le septième jour de juillet, avant midy,

Nous, Pierre Alexis Levasseur de Neuilly, prêtre, licentié en théologie de la faculté de Paris, Chanoine de l'Eglise Cathédrale de Beauvais et vice gérent en l'Officialité et Cour ecclésiastique du diocèse dudit Beauvais, commissaire apostolique en cette partie pour l'absence de M. l'Official de laditte Cour, Etant en l'abbaye royale de Notre Dame de Monchy Humières autrement dit Monchy le Perreux, ordre de Citeaux, diocèse de Beauvais, où nous nous sommes transportés de la ditte ville de Beauvais, Cejourd'hier, avec Me Claude Pulleu, greffier ordinaire de la ditte Cour Ecclésiastique du Diocèse de Beauvais, en vertu de notre ordonnance du trois du présent mois étant au bas de la requête à nous présentée par Noble et Révérende Dame, sœur MARIE MARGUERITE DU PASSAGE ditte *de Ste Sophie,* religieuse professe de l'abbaye royale de la Sainte Trinité du Paraclet, ordre de St Benoist, diocèse de Troyes, tendant à ce qu'il nous plût nous transporter en la ditte abbaye et monastère de Notre Dame de Monchy à l'effet de procéder à la fulmination et exécution des Bulles de provisions à Elle accordées de la ditte Abbaye et Monastère de Notre Dame de Monchy par Notre St Père le Pape Pie VI, à nous adressées, avons mandé la ditte Noble Dame, sœur MARIE MARGUERITE DU PASSAGE ditte de *Ste Sophie,* laquelle, étant venue à la grille du grand parloir avec touttes les religieuses dudit monastère au nombre de vingt et une, Elle nous a de nouveau supplié et requis de vouloir procéder à la fulmination et exécution des dittes Bulles.

Surquoy faisant droit, nous vû les dittes Bulles de provisions accordées par Notre St Père le Pape Pie VI, à la ditte Noble Dame, sœur MARIE MARGUERITE DU PASSAGE, et par elle à nous représentées, de la ditte abbaye de Notre Dame de Monchy, vacante par la démission de Noble et Révérende Dame sœur Henriette de Montbel, dernière Abbesse d'icelle Abbaye ; les dittes Bulles données à Rome à Saint Pierre l'an de l'Incarnation de Notre-Seigneur mil sept cent soixante quinze le septième jour avant les Calendes de May, du Pontificat de Notre Saint Père l'an premier, signées au bas de plusieurs seings et sur le reply *J. Janursi Sasi,* scellées en plomb pendant à un cordon de chanvre, à nous adressées, expédiées par les soins de M. Pierre Jacques Antoine Rotrou, expéditionnaire de Cour de Rome à Paris, par luy et Marchand son confrère, düement vérifiées et certifiées suivant l'acte étant au dos du dix neuf May dernier, controllé à Paris le même jour par ledit Marchand et étant en bonne forme ; ensemble l'Arrêt du Parlement de Paris du trente dudit mois de May qui permet l'exécution dudit Bref dans l'étendue de son ressort. Vû aussi la susditte requête à nous présentée par la ditte Noble Dame, sœur MARIE MARGUERITE DU PASSAGE, aux fins de fulmination et exécution desdittes Bulles et notre Ordonnance étant au bas dudit jour, trois du présent mois. Et tout vu et considéré. Nous avons accepté avec un profond respect la Commission à nous adressée par les dittes Bulles et avons ordonné qu'il sera par nous présentement procédé à la fulmination et exécution d'icelles. Pourquoy la ditte Noble Dame, sœur MARIE MARGUERITE DU PASSAGE, nous ayant présenté l'acte de profession en religion par elle fait dans le monastère du Paraclet le cinq Mars mil sept cent quarante sept, et après nous être assurés que la Règle du Monastère de Notre Dame de Monchy est aussi stricte que celle du Paraclet, comme aussi que touttes les Religieuses dudit Monastère de Notre Dame de Monchy consentent unanimement à ce que la ditte Noble Dame, sœur MARIE MARGUERITE DU PASSAGE, soit transférée dudit Monastère du Paraclet, ordre de St Benoist, audit Monastère de Notre Dame de Monchy, ordre de Citeaux, nous avons permis à la ditte Noble Dame, sœur MARIE MARGUERITE DU PASSAGE, de demeurer dès à présent transférée dudit Monastère du Paraclet, ordre de St Benoist, en celuy de la ditte abbaye de Monchy, ordre de Citeaux ; et en conséquence la ditte Noble Dame, sœur MARIE MARGUERITE DU PASSAGE, étant revêtue de l'habillement qu'ont coustume de porter les Religieuses dudit Monastère de Notre Dame de Monchy, a fait en nos mains la profession qu'ont aussi coustume de faire lesdittes Religieuses.

Ce fait avons examiné en particulier audit parloir ladite Noble Dame, sœur MARIE MARGUERITE DU PASSAGE, et l'ayant trouvé capable de posséder, régir et gouverner ladite abbaye de Notre Dame de Monchy avec édification et fruit, nous avons de la ditte Noble Dame, sœur MARIE MARGUERITE DU PASSAGE ditte *de Ste Sophie,* reçu le serment de fidélité et profession de foy ordinaire suivant le Concile de Trente ; Ensuite de quoy nous avons fait ouvrir la porte dudit Monastère où étant entré avec ledit Me Pulleu notre greffier et les témoins cy après nommés et plusieurs autres personnes assistantes, avons fait assembler au son de la cloche en la manière accoustumée dans le lieu ordinaire du chapitre touttes les religieuses professes dudit Monastère au nombre comme il est dit de vingt et une, non compris la Noble Dame, sœur MARIE MARGUERITE DU PASSAGE ; et, étant touttes assemblées, nous avons fait faire lecture par ledit Me Pulleu notre greffier tant des dittes Bulles que de la susditte requête et de notre Ordonnance étant au bas, desquelles Bulles nous avons fait explication aux dittes Religieuses, et ensuite avons pris en particulier les suffrages de touttes les dittes Religieuses professes, lesquelles ont consenty et accordé de recevoir la ditte Noble Dame, sœur MARIE MARGUERITE DU PASSAGE ditte de *Ste Sophie*, pour leur Abbesse et Supérieure ; Et en conséquence nous, du consentement unanime de touttes les dittes religieuses, avons fulminé et fulminons les dittes Bulles, et exécutant ycelles avons mis et installé la ditte Noble Dame sœur Marie Marguerite du Passage ditte *de Ste Sophie* en la possession corporelle, réelle et actuelle de la ditte Abbaye et Monastère de Notre Dame de Monchy Humières, autrement dit Monchy le Perreux, ensemble et de tous les fruits, profits, revenus, droits et prérogatives en dépendants et y appartenants avec pleine puissance et autorité de faire, régir et gouverner en la ditte Abbaye et Monastère tout ce qui peut luy appartenir et compéter en la ditte qualité d'Abbesse, tant au spirituel qu'au temporel, luy faisant néanmoins défense de vendre, donner, engager ny aliéner en quelque sorte et manière que ce soit les biens, immeubles et possessions, ny aucuns meubles précieux dudit Monastère.

Ce faisant, nous l'avons premièrement installée dans le lieu des assemblées Capitulaires dudit Monastère, où Elle s'est assise et a pris Séance dans la Chaise principale où les Abbesses ont coustume de s'asseoir, et avons enjoint à touttes les dittes religieuses présentes de la reconnaître pour leur Abbesse et Supérieure légitime et de luy rendre touttes honneurs, révérence et obéissance, ce qu'elles ont touttes promis faire ; ensuite de quoy accompagnés de touttes les dittes religieuses nous avons conduit la ditte Noble Dame sœur Marie Marguerite du Passage ditte *de Ste Sophie* dans l'Eglise de la ditte Abbaye, où nous luy avons présenté de l'eau bénite en entrant, et pendant que les dittes Religieuses chantaient une antienne à la Ste Vierge nous avons mené la ditte Noble Dame sœur Marie Marguerite du Passage ditte *de Ste Sophie* au grand autel de la ditte Eglise par la porte de la sacristie, devant lequel elle s'est mise à genoux avec nous et a fait une prière, et dont nous l'avons mise en possession en le luy faisant baiser et toucher ensemble les saintes Reliques qui étaient posées dessus. Ensuite nous l'avons conduite devers le Chœur des Religieuses, où après lui avoir fait sonner la cloche nous l'avons installée et fait asseoir dans la première et principale stalle en entrant à main droite, que les Abbesses ont coustume d'occuper audit Chœur, où touttes les religieuses de chœur et converses dudit Monastère sont venües la saluer et la reconnoître pour leur Abbesse et Supérieure ; de là nous l'avons conduite dans le Réfectoire dudit Monastère, où elle s'est assise en la place ordinaire des Abbesses, et ensuite l'avons menée à la porte dudit Monastère dont nous luy avons donné les clefs en lui commettant la garde dudit monastère et les soins de la clôture, et avons enjoint à tous les officiers, supôts, vassaux et sujets de la ditte abbaye qui y avaient été appelés de rendre tout honneur et révérence à la ditte Noble et Révérende Dame sœur Marie Marguerite du Passage ditte *de Ste Sophie*. Après quoy nous sommes retournés au Chœur des Religieuses, où par action de grâces nous avons entonné le *Te Deum* qui a été chanté par les Religieuses et avons dit l'Oraison, et ensuite nous nous sommes retirés.

Ce fut fait et passé en la ditte Abbaye et Monastère de Notre Dame de Monchy Humières, autrement dit Monchy le Perreux, les jour et an que dessus en la présence de

Dom Nicolas Charles Claude Dorglandes de Briousse, prieur d'Élincourt ;

Dom Eloy le Sage, prieur de St Amant de Machemont ;

Me Jacques Regnaud, prêtre, procureur du prieuré d'Elincourt ;

Me Bruno Desvaerde, religieux dudit St Amant de Machemont ;

Me Maur Siro, aussi Religieux de St Amand ;

M. Pierre Ennemont Carlet la Cour, prêtre, confesseur des Dames de Ste Marie de Compiègne ;

M. Pierre Antoine Laurent Fleury de Francheville, prêtre, confesseur de la ditte Abbaye de Monchy ;

Me Pierre François Patoux, prêtre, curé de Beaugy, confesseur extraordinaire de la ditte Abbaye ;

Me Pierre Bayard, curé de Monchy ;

Me Pierre Servant, curé d'Autœuil ;

Me Jean Henry Gambart Delignière, curé de Braine ;

Me Joachim Pascal Patoux, prêtre, vicaire de Monchy ;

Me Jean Baptiste Patoux, prêtre, vicaire de Maignelay ;

Me Jean Castellan, curé de Notre Dame de Coudun ;

Messire BERNARD GABRIEL DU PASSAGE, chevalier, Seigneur de Plenoy, chevalier de l'Ordre royal et militaire de St Louis, ancien capitaine au Régiment de Royal Infanterie, frère de la ditte dame Abbesse,

Et Messire JEAN BAPTISTE DU PASSAGE, chevalier, seigneur de St Segret et autres lieux, chevalier de l'Ordre Royal et militaire de St Louis, ancien Capitaine du Régiment de Poitou, cousin germain paternel de la ditte dame Abbesse ;

Tous témoins ;

Et des dictes Religieuses, les jour et an que dessus.

Et a la ditte Noble et Révérende Dame *Sœur* MARIE MARGUERITE DU PASSAGE signé avec nous, les dits témoins, les dittes Religieuses et ledit Me Pulleu notre greffier.

Signé Pulleu.

Collationné.

Insinué et controllé à Beauvais aux Insinuations ecclésiastiques le dix Juillet mil sept cens soixante quinze. Le *Solvit* est compris dans celui qui est sur la Bulle de provisions.

Signé Patté.

Pour la fulmination seulement ; mais reçu neuf livres pour le droit de translation du monastère du Paraclet, ordre de St Benoist, en celuy de Monchy Humières, ordre de Citeaux.

Signé Patté.

Les neuf livres cy dessus ont été rendues sur la représentation à nous faitte le vingt neuf Juillet mil sept cent soixante quinze.

Signé Patté.

Prise de possession de l'Abbaye de Monchy Humières.

L'an mil sept cens soixante quinze le septieme jour de juillet avant midy en la présence de nous Antoine Gouchet Notaire Royal-Apostolique en la ville, bailliage, siège présidial et diocèse de Beauvais, résident audit Beauvais, soussigné, étant de présent en l'Abbaye Royale de Notre Dame de Monchy Humières, autrement dit Monchy Leperreux, dudit diocèse de Beauvais et des témoins ci-après nommés aussi soussignés, Mre Pierre Alexis Levasseur de Neuilly, prêtre, licencié en théologie de la Faculté de Paris, chanoine de l'église cathédrale de Beauvais et vice gérent en l'Officialité et Cour Ecclésiastique du diocèse dudit Beauvais, commissaire apostolique en cette partie pour l'absence de M. l'Official en cette Cour, étant assisté de Me Claude Pulleu greffier ordinaire de la ditte Cour Ecclésiastique et avec les dits notaires et témoins en la d^o Abbaye Royale et monastère de Monchy Humières, autrement dit Monchy le Perreux, ordre de Citeaux, dudit diocèse de Beauvais ; après avoir procédé à la fulmination des Bulles de provisions de lad^e Abbaye et monastère accordées par Notre Saint Père le Pape Pie VI, ci-après dattées, à Noble et Révérende Dame Sœur MARIE MARGUERITE DU PASSAGE dite de Ste Sophie, Religieuse professe de l'Abbaye Royale de la Très Sainte Trinité du Paraclet, ordre de St Benoit, diocèse de Troyes, et pour l'exécution desd. Bulles, a été requis par la dite Dame MARIE MARGUERITE DU PASSAGE dite de Ste Sophie de la mettre en possession de lad. Abbaye Royale et monastère de Monchy Humières, laquelle est vaccante par la démission de Noble et Révérende Dame Sœur Henriette de Montbel, dernière Abbesse d'ycelle abbaye ; à quoi mondit sieur vice gérent adhérant, il a en vertu desdites Bulles de provisions accordées comme dit est à la dite Dame sœur MARIE MARGUERITE DU PASSAGE ditte de Ste Sophie de la dite Abbaye de Monchy Humières, ainsi qu'il est plus au long porté esdites Bulles données à Rome à St Pierre l'an de l'Incarnation de Notre Seigneur mil sept cens soixante quinze le septième jour avant les Calendes de May, du pontificat de Notre Saint Père le Pape l'an premier, signées au bas de plusieurs seings et sur le repli J. Janursi Sasi, scellées en plomb pendant à un cordon de chanvre, expédiées par les soins de M^o Pierre Jacques Antoine Rotrou Expéditionnaire de Cour de Rome à Paris, par lui et Marchand son confrère, dûement vérifiées et certifiées suivant l'acte étant au dos du dix neuf Mai dernier, controlé à Paris le même jour par Marchand ; comme aussi en vertu de l'Arrêt de la Cour du Parlement de Paris obtenu par la dite dame du Passage qui permet de mettre à exécution dans l'étendue du ressort lad. Bulle de provision, donné à Paris le trente May dernier, collationné, Signé Cattin, par la Chambre signé Dufranc, et du Décret de fulmination desd. Bulles rendû par mondit sieur le vice gérent, commissaire apostolique en cette partie, de cejourd'hui. Signé Levasseur de Neuilly, contresigné Pulleu et scellé, le tout étant en bonne forme.

En la présence desd. notaire et témoins et des dames Religieuses de lad. Abbaye, mondit sieur le vice-gérent a mis et installé lad. D^e sœur MARIE MARGUERITE DU PASSAGE dite de Ste Sophie en la possession corporelle, réelle et actuelle de lad. Abbaye Royale de Monchy Humières, autrement dit Monchy le Perreux, ensemble de tous les fruits, profits, revenus, droits et prérogatives en dépendans et y appartenans ; Et à cet effet mondit sieur le vice gérent a mené et conduit ladite dame MARIE MARGUERITE DU PASSAGE dans l'Eglise de ladite Abbaye par la principale porte par laquelle lesdittes Religieuses ont coutume d'entrer dans ladite Eglise de lad. Abbaye, en laquelle ladite Dame du Passage après avoir pris de l'Eau bénite en entrant a fait prière, ensuite l'a conduite au grand autel devant lequel elle s'est prosternée et qu'elle a touché et baisé ainsi que les Saintes Reliques étantes dessus, pendant lequel tems a été chanté une antienne à la Vierge par lesd. Religieuses ; delà l'a menée et conduite dans le Chœur des Religieuses, où elle a sonné la Cloche et s'est assise et a pris séance dans la principale stale en entrant à main droite qu'occupe ordinairement l'Abesse ; après quoi étant sortie de ladite Eglise mondit sieur le vice gérant l'a conduite dans le Réfectoire dudit monastère, où elle a aussi pris Séance dans la place ordinaire de l'Abbesse, et de là à la porte dudit monastère dont il lui a donné les clefs en lui commettant la garde dudit monastère et le soin de la cloture ; et ensuite l'a reconduite au Chœur, où par une aetion de grâces mondit sieur le vice gérent a entonné le *Te Deum* qui a été chanté par les Religieuses et l'oraison dite par mondit sieur le vice gérent ; et ont été observé toutes les autres cérémonies et formalités requises pour la validité de ladite prise de possession, laquelle a été par nous notaire, en présence desdits témoins, déclarée et publiée aux assistants ; et ont fait lecture à haute et intelligible voix tant des Bulles de provisions, arrêt, décret de fulmination que de ce présent acte de prise de possession à laquelle personne ne s'est opposé.

Dont et de tout ce que dessus ladite Dame MARIE MARGUÉRITE DU PASSAGE ditte *de Ste Sophie* a requis acte à nous Notaire, présens lesdits témoins et assistants ; à elle octroyé le présent pour lui servir et valoir ce que de raison.

Fait et passé en ladite Abbaye de Monchy Humières les jour et an que dessus, en la présence de etc. . . *(Les témoins sont ceux de l'Acte précédent.)*

Et a ladite dame du Passage, abbesse, signé avec lesdits témoins assistans, les Dames Religieuses dudit monastère, mondit sieur le vice-gérent, le dit Mᵉ Pulleu greffier et nous notaire la minute des présentes, contrôlée à Beauvais le dix dudit mois par Dangicourt qui a reçu sept livres, Et demeurée en la possession dud. Gauchet notaire soussigné,

Signé *Gauchet.*

Insinué et controllé à Beauvais aux Insinuations ecclésiastiques le dix Juillet mil sept cent soixante quinze ; le *Solvit* est compris dans celui qui est sur la Bulle de provisions.

Signé *Pallé.*

LXX

*Etat des religieuses de l'abbaye de Monchy-Humières en 1789
(Archives de l'Oise).*

Madame MARIE-MARGUERITE DU PASSAGE, abbesse.

Religieuses de chœur : Mesdames :

Elisabeth Moreau,
Léocade Trocmé,
Jeanne-Elisabeth Lallart,
Philippine de Beauval,
Madelaine Fricheroult,
Thérèse Gaudelart,
Madelaine de Montbel,
Marie de Rouvray,
Henriette de Bourgogne,
Geneviève Théry,
Louise Desgouttes,
Charlotte Ringuenes,
Gabrielle Prévost,
Josèphe du Quesnoy,
Geneviève Dorlé,
Thérèse Granthome,
Amélie Huard,
Geneviève-Marie Tarloy ;

Sœuss converses au nombre de treize.

(Communication de M. l'abbé Deladreue, curé de Saint-Paul près Beauvais).

20.

LXXI

20 thermidor an IV
(7 août 1796).

N° 1   *Mandat de 1580 lb.*

DÉPARTEMENT DE L'OISE.

CANTON DE MONCHY.

Nous, administrateurs du canton de Monchy, invitons le Citoyen Decrouy
Receveur en la commune de Compiègne de payer à la citoyenne M° Marg^te du
Passage la somme de quinze cent francs valeur fixe . . . . . pour six quartiers de sa pension, comme ci devant abesse bernardine, à compter du 1er nivose
an 3, à raison de 1000 lb. par an ——— suivant l'arrêté de ce jourd'hui En se
conformant aux lois sur les Certificats de Résidence, quittances de Contributions, etc... laquelle somme sera allouée audit citoyen Decrouy dans son compte,
en rapportant quittance suffisante.

A Monchy, ce 20 Thermidor, 4e année Républicaine (7 août 1796).

Les Administrateurs Municipaux du canton de Monchy :

Signé DENET, DUPONCHELLE, VECTEU, E. PRONNIER
et TASSART.

LXXII

23 floréal An VI
(12 mai 1798).

Déclaration que donnent et passent à l'Administration Centrale du Département de la Somme le Citoyen Jean Baptiste Dupassage cultivateur demeurant à
Ste Segrée canton de Lignières Chatelain, et Geneviève Louise Charlotte Lamirée,
son épouse, père et mère de Bernard Jean Baptiste et Louis Gabriel Dupassage
absens sans quil leur soit possible d'indiquer depuis quelle époque et néanmoins
prévenus d'émigration, de l'État, Consistance et Valeur de leur mobilier et de
leurs immeubles ainsi que de leurs Capitaux et dettes actives et passives, le tout

séparément article par article, et ce pour se conformer aux lois du 9 floréal An III et 20 floréal An IV (28 avril 1795 et 9 mai 1796) ainsi qu'il suit :

I. Mobilier estimé pièce par pièce   2.600 lb.

IMMEUBLES. — *Département de la Somme.*

II. Sainte-Segrée, maisons, prés, 140 journaux de terre et 60 journaux de bois   24.600 lb.

III. Chaussoy, canton de Poix, 8 journaux de terre   1.500 lb.

IV. Bourseville et Martaigneville-sur-la-Mer, canton d'Ault, 62 journaux de terre   10.000 lb.

V. Saint Maxent, canton dudit lieu, 22 journaux   5.000 lb.

VI. Martaineville,   id.   10 journaux 37 verges   2.000 lb.

Département de l'Aisne.

VII. Pernant, canton de Cœuvres, 67 arpents de terre   10.000 lb.

VIII. Courcelles, canton de Braisne, moitié de la ferme de Crèvecœur et 117 arpens de terre   15.000 lb.

IX. Vaux-Saillon, canton d'Anizy, la ferme de Moissy et 220 arpents 1/2 de terre   16.000 lb.

X. Vierzy, canton de Septmonts, 3 pichets de jardin et chennevière   300 lb.

XI. Crouy, canton de Soissons, 1 arpent 8 setiers de vigne et terre   500 lb.

XII. Crouy,   id.   7 setiers de vigne   550 lb.

XIII. Id.   id.   12 setiers de terre, ci-devant vigne, et 3 setiers de vigne   550 lb.

XIV. St-Christophe, canton de Vic-sur-Aisne, 9 arpents 1/2 de terre et héritage   2.950 lb.

XV. Hostel, canton de Vailly, pré et sausois   300 lb.

XVI. Billy, canton d'Acy, 2 arpents et deux tiers de bois   900 lb.

Département de l'Oise.

XVII. Pierrefond, canton dudit lieu, 66 arpents de terre et héritage   15.000 lb.

XVIII. Jaulzy, canton d'Attichy, 90 arpents 1/2 de terre et héritage   10.000 lb.

XIX à XXIII. Rentes et surcens   17.330 lb.

XXIV. Créance sur la République   19.340 lb.

XXV. Huit coupons de l'emprunt forcé de l'An IV à 160 francs chacun   1.280 lb.

Total de l'Actif	155.700 lb.
Passif	1.921 lb. 17 s. 6 d.
Total	157.621 lb. 17 s. 6 d.

LIQUIDATION ET PARTAGE.

La masse à partager, déduction faite du passif, et du préciput de 20,000 francs attribué par la loi à chaque ascendant, soit   41.921 lb. 17 s. 6 d.
est de . . . . 113.778 lb. 2 s. 6 d.
lesquelles 113.778 lb. 2 s. 6 d. se divisent de la manière
suivante :

Pour un cinquième du restant de
leurs successions respectives équiva-
lant au cinquième de la masse res-
tante . . . . 22.755 lb. 12 s. 6 d.

Pour les parts et portions des Ci-
toyennes *Marie-Louise-Jeanne-Charlotte* et *Louise-Marthe* Dupassage,
leurs filles Républicoles. . . . . 45.511 lb. 5 s.

Et la République pour la part au
lieu des Emigrés *Bernard-Jean-Bap-
tiste* et *Louis-Gabriel* Dupassage. . 45.511 lb. 5 s.

Total. . . . 113.778 lb. 2 s. 6 d. ci. 113.778 lb. 2 s. 6 d.

Total égal au patrimoine déclaré. . . . . 155.700 lb.

FORMATION ET DÉLIVRANCE DES LOTS.

Aux déclarants pour les remplir des sommes ci-dessus s'élevant à 110,188 lb. 15 s. les biens compris et formant les art. Ier, II, IV, V, VI, VII, VIII, IX, XVII et XVIII.

A la République les art. III, X, XI, XII, XIII, XIV, XV, XVI, XIX à XXIII, XXIV et XXV.

« Fait au département de la Somme en séance publique le 29 floréal an VI
« (18 mai 1798) de la République Française une et indivisible, Signé Malafosse,
« *président*, Vasseur, Marotte, Cochepin et Auguste Gonnet, *administrateurs ;*
« Thierry, *commissaire du Directoire exécutif ;* et Demaux, *secrétaire en chef.* »

Les biens formant l'Art. X furent adjugés le 12 floréal an VIII (2 mai 1800) à Laon pour 1,400 francs à la compagnie Beauvais, entrepreneur général des chauffages et lumières des troupes de la République.

Ceux d'Hostel furent adjugés le même jour pour 170 francs à Louis Robert, cultivateur à Vauclerc.

Etc. . . . etc. . . .

Le même jour les biens de Pernant formant l'art. VII, quoique attribués ci-dessus aux déclarants, furent également adjugés pour 10,900 [1] francs au citoyen Charles Felice, entrepreneur général des divers services des Armées d'Italie [2].

---

[1] D'après une lettre de Rigaud, notaire à Soissons, du 29 février 1806, cette propriété fut vendue un prix exorbitant ; elle était louée cinq mencauds de blé.

[2] On pourrait, en voyant ces adjudications, croire que les fournisseurs de la République s'empressaient d'acheter des Biens Nationaux pour se couvrir de leurs avances. Les déficits de chaque année dans les finances de la Nation, le discrédit des Assignats tombés à tel point qu'un louis d'or se vendit jusqu'à 30,000 francs en papier, l'effondrement enfin du Tiers consolidé qui, la veille du 18 brumaire, fut coté 8 francs à la Bourse de Paris, justifiaient trop le bien fondé de leurs craintes.

TABLE

DES PRINCIPAUX NOMS DE PERSONNES

TABLE GÉOGRAPHIQUE

TABLE DES PREUVES

TABLE DES MATIÈRES

CHAPITRE PRÉLIMINAIRE.

LIVRE PREMIER.

LES SEIGNEURS DE SINCENY.

CHAPITRE I.

CHAPITRE II.

CHAPITRE III.

CHAPITRE III.

CHAPITRE IV.

CHAPITRE V.

LIVRE TROISIÈME.

LES SEIGNEURS DE SAINTE-SEGRÉE.

CHAPITRE I.

CHAPITRE II.

CHAPITRE III.

CHAPITRE IV.

CHAPITRE V.

CHAPITRE VI.

CHAPITRE VII.

CHAPITRE VIII.

CHAPITRE IX.

LIVRE QUATRIÈME.

LES SEIGNEURS DU CLOS.

CHAPITRE I.

CHAPITRE II.

LIVRE CINQUIÈME.

LES SEIGNEURS DE PLÉNOI.

CHAPITRE I.

CHAPITRE II.

CHAPITRE III.

LIVRE SIXIÈME.

LES SEIGNEURS DE CHARMES.

CHAPITRE I.

CHAPITRE II.

INDEX DES PLANCHES

RECTIFICATIONS ET ADDITIONS

Page 47, remplacer la note 5 par ce qui suit :

> Louis d'Estourmel, seigneur du Frestoi, le Hamel, Manancourt et le Plessis Cacheleu, enseigne de la compagnie des gens d'armes du duc d'Aumale, gentilhomme de la chambre du roi Henri III, portant la clef d'or, suivant l'état du 12 septembre 1581, chevalier de l'Ordre du Roi, fut député de la Noblesse du Vermandois aux États de Blois, prit part au siège de Senlis en 1589 et mourut à Péronne le 17 mars 1593 (Cabinet des Titres, vol. 1042, p. 531).

Page 57, ajouter au 1er alinéa de la note 5 :

> Sur le prix d'un collier dudit Ordre, en 1578, voir la *Revue Historique*, etc..., 3e série, t. II, p. 477.

Page 59, l. 9, 12-13, au lieu de *Bonnelles*, lire *Bouvelles* ou *Bovelles*. ——— Il y a, dit d'Hozier, de la noblesse et des alliances dans ce nom qui est de Picardie, auprès de Ham, et porte pour armes *de gueulles au pal d'argent acosté de deux vols d'or*. Charles de Bovelles, fils de Jean de Bovelles, seigneur d'Eppeville, et d'Elisabeth de Lespinay, fut reçu page en la Grande-Ecurie en 1668.(*Les Pages de la Grande-Ecurie de* 1667 à 1685 ; Man. de la bibl. de l'Arsenal, n° 758 bis).

Même page, l. 16, mettre en tête de la note 5 :

> Nicolas Le Clerc, seigneur de Saint-Martin-en-Brie, succéda comme président en la Chambre des Requêtes à Jean Le Clerc, son frère, qui devint conseiller d'État, chancelier du duc d'Alençon et ambassadeur de France auprès de la République de Venise. Ce dernier fut le père de Charles Le Clerc, seigneur du Tremblai et de Villeblevin, conseiller d'État d'épée, gouverneur de la Bastille, capitaine d'une compagnie de chevau-légers, maître d'hôtel du Roi et de la reine Anne, et précédemment gentilhomme ordinaire de Marie de Médicis, chevalier de l'Ordre du Roi, etc. (Cabinet des Titres, vol. 1044, p. 231).

Page 62, l. 12, au lieu de *Aucourt*, mettre *Amours*.

Même page, l. 13, au lieu de *Frial*, mettre *Foyal*.

Page 63, ligne 5, au lieu de *cavaux d'or*, mettre *cavaux de gueules*.

Page 73, l. 2, au lieu de *compagnies*, mettre : *compagnies d'arquebusiers*.

Page 89, l. 2, au lieu de *Septième degré*, mettre *Sixième degré*, et ainsi de suite jusqu'à la page 189 (La rectification est faite à la Table des Matières).

Page 100, l. 22, ajouter : Il fut élevé au collège de Dainville à Paris, fondé en 1380 par Michel de Dainville, archidiacre de la cathédrale d'Arras et conseiller de Charles V, en son nom et en celui de ses frères, Gérard, ancien évêque d'Arras, de Térouane et de Cambrai, et Jean, maître d'hôtel des Rois Jean et Charles V, pour douze élèves des diocèses d'Arras et de Noyon. Depuis, François du Passage fut pourvu, le 20 mai 1735, des bénéfices de la chapelle Notre-Dame dite de Sainte-Anne, dans l'église de Villers-Carbonnel (Pièces just. n° LIV) et d'une chapelle dans la cathédrale de Noyon, puis devint chanoine de la collégiale de Saint-Montain de La Fère. Il fut du nombre des héritiers de sa cousine, la dame de Bellesme, comme il a été dit au chapitre VII du Livre premier. Il était mort avant le 26 janvier 1771 ayant nommé N. de Tuffereau son exécuteur testamentaire.

Page 106, l. 15, après 1748, mettre en note :

(Archives du Ministère de la Guerre).

Page 114, l. 8, ajouter : Jean de Macquerel, seigneur de Quémy, Tangry, Montizel, gouverneur de Noyon, fut créé chevalier de l'Ordre du Roi par Charles IX : il était fils de Jean de Macquerel, seigneur desdits lieux, et de Jeanne de Monceau (Cabinet des Titres, vol. 1042, p. 292). Un autre Jean de Macquerel, fils de Louis de Macquerel, seigneur de Quémy, et d'Anne Le Bachelier d'Yanville, avait été reçu page en la Grande-Ecurie en 1683 *(Les Pages de la Grande-Écurie)*. Ces derniers ne sont pas mentionnés dans le *Dictionnaire de la Noblesse*, 3e édit., t. XIII, col. 134.

Page 124, l. 5, ajouter : Le 27 du même mois, en l'église Saint-Eloi [1] à Abbeville, après les fiançailles célébrées suivant la manière accoutumée, les futurs époux recevaient de l'abbé La Cauchie, curé de Vuiry, en présence de l'abbé de La Fosse, curé de ladite paroisse, la bénédiction nuptiale. L'acte qui en fut dressé [2] est signé *Dupassage, Lamiré de Montblin, Lamiré de Caumont, L. du Passage, de Rennepont de Caullière* [3], *le comte de Caullière, La Cauchie*, curé de Vuiry, et *de la Fosse*.

La famille de Lamiré portait *d'argent à la bande de sable accompagnée de six billettes d'or*. Elle était connue à Abbeville dès le XVe siècle : Gilles de Lamiré, seigneur de Caumont, et ses fils Jean, seigneur de Caumont, et Jean, seigneur de Bachimont, furent mayeurs de cette ville en 1532, 1563 et 1571 ; Jean de Lamiré, ci-dessus, le fut aussi de 1733 à 1736. — Gilles de Lamiré, seigneur de Nouvion, Grineuseville, Bourseville et Bachimont, enseigne de 50 hommes d'armes des ordonnances du Roi, fut créé le 26 septembre 1572 chevalier de son Ordre en considération de ses services. Il mourut des suites de la blessure qu'il reçut à la bataille d'Ivry en 1590 : Henri IV lui fit l'honneur de le venir voir

---

[1] L'église Saint-Éloy était bâtie place Saint-Pierre, vis-à-vis la rue des Capucins.

[2] Reg. de Catholicité aux Archives municipales d'Abbeville.

[3] Marie-Anne de Pons de Rennepont, fille de Claude-Alexandre, marquis de Pons de Rennepont, maréchal des camps et armées du Roi, et d'Anne-Dorothée de Bettainvilliers, dame dudit lieu, avait épousé par contrat du 14 mai 1746 Claude-François-Alexandre-André des Forges, comte de Caulières, capitaine de cavalerie, fils aîné de François-Alexandre des Forges, vicomte de Caulières, brigadier des armées du Roi, lieutenant-Colonel de Royal-Pologne, et d'Andrée-Agnès de Saint-Blimond ; cette dernière était tante de Jacques-Louis marquis de Saint-Blimond *(Dictionnaire de la Noblesse*, t. XVI, col. 78).

souvent depuis cet évènement malheureux, et répéta plusieurs fois qu'il perdait en la personne de ce chevalier l'un des plus fidèles et des plus vaillants hommes de son royaume [1]. — Jean-Baptiste de Lamiré, seigneur de Caumont et autres lieux, mousquetaire noir de la garde du Roi, fut enterré le 10 septembre 1746 à Bruxelles dans le cimetière de l'église Sainte-Gudule [2]. — Philippe-Louis-Séverin de Lamiré mourut le 20 mai 1750 à Paris, hôtel Notre-Dame, rue du Colombier, paroisse Saint-Sulpice [3], peu de jours avant le mariage de la comtesse de Verton, l'aînée de ses sœurs [4].

Même page, l. 41, ajouter à la note 1 :

> Sur cette origine du proverbe *Ranger en rang d'oignons,* consulter la *Revue Historique,* etc., 3ᵉ série, t. II, p. 310.

Page 126, l. 9, au lieu de : *A la chûte de Robespierre après le 9 thermidor An II* (27 juillet 1794), mettre : *Peu avant la chute de Robespierre, le 3 thermidor An II* (21 juillet 1794).

Page 136, remplacer la note 2 par ce qui suit :

> Louis de Fougières était le fils de François-Marie comte de Fougières, ci-dessus, mort le 3 mai 1787, à 65 ans et demi, et de sa seconde femme Adélaïde-Jeanne-Marie-Louise de Jourda, fille de Noël de Jourda, comte de Vaux, lieutenant général des Armées du Roi, grand'croix de l'Ordre Royal et Militaire de Saint-Louis, et de Jeanne-Marie-Philiberte-Huberte de la Porte *(Revue Historique,* etc., nouvelle série, t. VIII, p. 525). Il eut d'Adélaïde Hocquart de Montfermeil Adélaïde-Hyacinthe de Fougières, marquise Christian de Nicolay.

Page 144, l. 21, ajouter : Il a été décoré de la médaille militaire pour sa belle conduite pendant la guerre de 1870, où il fut dangereusement blessé, et est décédé à Melun le 19 mai 1887, dans sa 37ᵉ année.

Page 161, avant la note, ajouter : Dont : MARIE-JOSEPH-ANTOINE-GÉRARD DU PASSAGE, né au château de Curcy le 27 juillet 1887.

Page 162, ajouter, après la dernière ligne : *J. Agnès*-Marie-Josèphe Bosquillon de Jenlis, née à *Cassel,* le 10 mai 1887.

Page 164, l. 16, au lieu de : *Société d'Abbeville,* mettre : *Société d'Émulation d'Abbeville.*

Page 181, l. 31, au lieu de : *Pièces justificatives nᵒ LIX,* mettre : *Partage de la succession de Bernard-Gabriel du Passage, en date du 1ᵉʳ février 1757, par-devant Dupré et Caron, notaires au Châtelet de Paris.*

---

[1] Cabinet des Titres, vol. 1043, p. 346.

[2] Extrait du Registre mortuaire de l'Église collégiale et paroissiale des SS. Michel et Gudule en la ville de Bruxelles, duché de Brabant. Signé *Vanderweghe,* maître fossier ; légalisé à l'échevinage de Bruxelles, signé *Claessen,* greffier.

[3] Extrait des Registres de l'Église paroissiale de Saint-Sulpice le 21 mai 1750, signé *Le Tellier,* vicaire.

[4] Sur les Lamiré, consulter le *Grand Nobiliaire de Picardie,* les mss. de Waignart à la bibl. d'Abbeville, l'*Hist. généal. des Comtes de Ponthieu et Maïeurs d'Abbeville,* le *Nobiliaire de Ponthieu et de Vimeu,* par le marquis de Belleval, etc.

Page 192, l. 2, au lieu de : *le 1er août* 1755, *jour*, mettre : *le 1er août* 1757 (Pièces justif. n° LIX) *à la suite de*....

Même page, l. 3, au lieu de : *Le chevalier du Passage se retira alors aux Grenaux*, mettre : *Le chevalier du Passage avait hérité de Jean-Philippe de Cordouan de Langey, lieutenant aux gardes, son parent par Madeleine de Boubers, tué à Dettinghem en 1743. Après sa retraite, il se retira dans sa terre des Grenaux, à laquelle il réunit, le 4 avril* 1764....

Page 214, l. 17, au lieu de *Connan*, lire *Bonnaï*.

Page 267, ligne 32, au lieu de *mandate*, lire *mandato*.

Page 276, l. 26, supprimer le mot *aux*.

Même page, ajouter, après le dernier alinéa :

> Jean de l'Émeri ou d'Émeri, seigneur de Villers ou Villiers, gentilhomme normand, capitaine d'une compagnie de gens d'armes à pied des Vieilles bandes Françaises, *gouverneur de Chauny* et de Corbeil, l'un des plus braves et renommés officiers que Henri III eût dans son armée en 1588, fut créé par ce monarque chevalier de l'Ordre du Roi. De Thou dit que la Reine-Mère l'aimait parce qu'il avait épousé une de ses filles d'honneur. Il avait pour armoiries : *de sable à un croissant d'or accompagné de cinq molettes posées 2, 2 et 1* (Cab. des Titres, vol. 1042, p. 83).

Page 277, après la 13e ligne, mettre :

Nicolas d'Amerval, baron de Benais, seigneur d'Amerval, Liancourt, Cerfontaine et Chezierre, gentilhomme ordinaire de la Chambre du Roi, chevalier de son Ordre, enseigne de cinquante hommes d'armes de ses ordonnances, était grand bailli et gouverneur de Chauny le 13 juin 1609 (Acte chez MM. de Flavigny ; Cab. des Titres, vol. 1043, p. 315).

> Il était fils d'Antoine d'Amerval, baron et seigneur desdits lieux, et d'Adrienne Cauchon, et avait épousé en secondes noces la belle Gabrielle d'Estrées, dont il avait été séparé le 7 janvier 1593.

ERRATA

Page 39, l. 14, au lieu de : *Verdenne*, mettre *Verdonne*.

Page 50, l. 5, au lieu de : *Inval*, mettre *Ainval*.

Page 63, l. 18, au lieu de : *Delbeve*, mettre *Delbene*.

Page 85, l. 11, au lieu de : *Bonafou*, mettre *Bonafau*.

Page 102, l. 41, au lieu de : *Aune*, mettre *Anne*.

Page 182, l. 16, au lieu de : *Mouchy*, mettre *Monchy*.

Même page, l. 31, au lieu de : *Pierre-Ennemont-Carlet-Lacour*, mettre *Pierre-Ennemont Carlet-Lacour*.

Page 200, l. 7, au lieu de : *de Lannoy*, mettre *de Launay*.

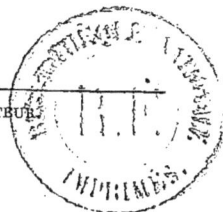

ARRAS, IMPRIMERIE DU PAS-DE-CALAIS, P.-M. LAROCHE, DIRECTEUR.

www.ingramcontent.com/pod-product-compliance
Lightning Source LLC
Chambersburg PA
CBHW071619270326
41928CB00010B/1694